実務に直結！
人事労務の
手続と書式

特定社会保険労務士
五十嵐芳樹 著

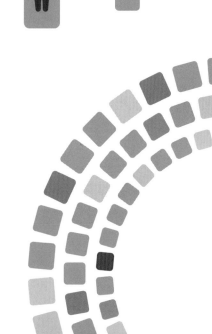

清文社

は じ め に

現在、わが国を取り巻く環境は変化が激しく、今後も企業が存続発展するには変化に対応し将来を見据えた事業展開が不可欠です。それには意欲と能力の高い人材を採用し、適切な経営のもと自発的に行動し能力を高め働いてもらうことが必要です。そのためどの企業も優秀な人材を採用したいのですが、今は若年層を中心に人手不足が顕著となり、求める人材を採用できない企業も多数あります。特に多くの中小企業で、必要な人材の採用が困難な状況にあります。20歳代から50歳代までの各年代に人材が揃わないまま高齢となった従業員の退職が続くと、企業のなかで長年磨き上げ引き継いできた技術や知識、得意先、人脈等を継承すべき若い人材が途切れ、事業の存続発展に支障を来す可能性も高まっています。

このようななか、若年層だけでなく女性、高齢者、外国人に期待する企業も多いのですが、そう簡単に採用できるわけではありません。求職者は、応募対象の企業についてその規模や名声だけでなく就業環境にも注意を払うようになり、給与額に加え労働法令の遵守意識や教育指導体制、過重労働やパワハラ・セクハラ対策等も重視しています。加えて若い求職者は労働時間の長さ、休日、有給休暇や成長支援制度を重視し、家庭や育児と仕事を両立させたい女性は希望に応じた柔軟な働き方を求め、高齢者は体力等自分の特性に合った就労環境を選択し、外国人は支援制度のある働きやすく合理的な職場環境を重視します。

よい人材を採用するには、企業の特長や将来性、仕事内容を具体的に伝えることで求める人材にアピールし、応募者には賃金や退職金だけでなく入社後の仕事内容と将来像、労働時間や休日、有給休暇、育児・介護休業等の労働条件と教育訓練制度、メンタルヘルスや各種ハラスメント等の対応策の理解を得ることが不可欠です。能力の高い人ほど賃金以外の労働条件や労働法令を遵守した経営にも敏感なため、人事労務管理担当者や中小企業事業主の方々は、労働法令に対する理解を避けては通れません。

また、大きな社会問題となった大手企業の長時間違法残業等に対応して労働法令の規制や労働基準監督体制も強められており、政府は今までの働き方を改革するため労働法令の改正を目指しています。また、企業で働く人だけでなく国民全体が企業の労働法令に対する姿勢を注視するなか、個別労働紛争の発生も増加しており、人材採用を成功させるには

就労環境も社会の意識変化に対応させなければなりません。対応できずに長時間の違法残業やパワハラ・セクハラ等が表面化しブラック企業と認識されると、企業の社会的評価を棄損し人材採用が困難となり、それを払拭するには大変な労力と時間を要します。

　そのような事態を防ぐには労働法令に精通する人事労務管理担当者が必要ですが、担当者を置く余裕のない中小企業では事業主自らが対応しなくてはなりません。それができなければ、優秀な人材から選ばれにくい企業となることは避けられません。

　そこで本書は、人事労務担当者や中小企業事業主の方々が労働法令等の基本的内容を理解し就業環境を整えていただくことを目的に、日常的に遭遇する法令や手続、労務管理上のポイントについて説明しました。取り上げている内容は、第1章：募集・採用、第2章：労働条件・労働契約、第3章：就業規則、第4章：有期労働契約、第5章：パートタイム労働者の雇用管理、第6章：労働時間・休日・休憩、第7章：賃金、第8章：労働時間の把握と記録・賃金不払残業、第9章：年次有給休暇・その他の休暇・妊産婦の保護、第10章：退職・解雇、第11章：安全衛生教育・健康診断・ストレスチェック、第12章：パワー・セクシャル・マタニティハラスメント、第13章：育児・介護休業、第14章：外国人の雇用となっています。各章で、人を雇用する際や、労務管理において日常的に遭遇する具体的な法令や制度、対策を詳しく解説しています。

　また、難解な項目では図解や箇条書の要点を順序だてて示した「理解チェック」のコーナーを設け、重要判例の要点も示しています。さらにハローワークの求人申込書や各種労使協定等項目ごとの重要な書式の記載例も示しており、この一冊で日常的に遭遇する労働関連の法令や制度、書式を理解することができます。

　なお、手前味噌ながら労働法令と関連する社会保険・労働保険の各種手続については拙著の『社会保険・労働保険の事務手続』もご参考になると思います。

　本書が皆様方のお役に立ち、事業の存続発展に少しでも寄与できれば幸いです。

平成30年7月

特定社会保険労務士
五十嵐　芳樹

本書における各種用語について

　本書で用いる使用者、労働者等の用語の定義は原則として労働基準法の規定によりますが、法令ごとに定義が異なる場合もあるため、以下各法令等における定義を簡潔に説明します。

（１）法令における定義

・労働基準法

使用者＝使用者とは、事業主または事業の経営担当者その他、その事業の労働者に関する事項について事業主のために行為をする全ての者をいう（10条）。

労働者＝労働者とは、職業の種類を問わず事業または事務所に使用される者で、賃金を支払われる者をいう（9条）。

賃　金＝賃金とは、賃金、給料、手当、賞与その他名称の如何を問わず、労働の対償として使用者が労働者に支払う全てのものをいう（11条）。

・労働契約法

労働者＝使用者に使用されて労働し、賃金を支払われる者をいう（2条1項）。

使用者＝使用する労働者に対して賃金を支払う者をいう（2条2項）。

・労働安全衛生法

事業者＝事業を行う者で、労働者を使用する者をいう（2条3号）。

事業場＝事業場とは、工場、事務所、店舗等のごとく一定の場所で相関連する組織のもとに継続的に行われる作業の一体をいう。場所的に分散していても規模が著しく小さく、1つの事業場程度の独立性がないものは直近上位の機構と一括して1つの事業場として取り扱う（昭47.9.18基発91）。

・雇用の分野における男女の均等な機会及び待遇の確保等に関する法律
・育児休業、介護休業等育児又は家族介護を行う労働者の福祉に関する法律

事業主＝事業の経営の主体をいい、個人企業では企業主、会社その他の法人組織の場合、その法人そのものが事業主である（平18.10.11雇児発1011002）。

・短時間労働者の雇用管理の改善等に関する法律

短時間労働者＝1週間の所定労働時間が同一の事業所に雇用される通常の労働者の1週間の所定労働時間に比し短い労働者(パートタイム労働者)をいう(2条)。

通常の労働者＝業務従事者に正規型の労働者がいる場合はその労働者であるが、正規型労働者がいない場合は基幹的に従事するフルタイム労働者が通常の労働者となる。フルタイムの基幹的労働者とは恒常的に従事する1週間の所定労働時間が最長の、正規型労働者でない者を指す。

正規型労働者＝社会通念に従い、無期労働契約、長期雇用を前提とした待遇、賞与、退職金、定期的な昇格昇給の有無等を総合的に判断する(平19.10.1基発1001016)。

事　業　所＝事業所単位で比較するのは、労働者の管理が通常、事業所単位で一体的に行われているためであり、支所等規模が小さく組織的関連や事務能力を勘案し独立性のないものは直近上位の機構と一括して1つの事業所とすること(平26.7.24職発0724第5号)。

・高年齢者等の雇用の安定等に関する法律施行規則

高年齢者＝55歳以上の者をいう(1条)。

（2）制度・施設における定義

・ハローワークの求人

フルタイム＝正社員(正規型労働者)の他、正社員と同じ就業時間の者は雇用形態や社内の名称を問わずフルタイムという。

パートタイム＝正社員より就業時間の短い者をいう。月給者がフルタイムで、時間給者がパートタイムとは限らない。

CONTENTS

第 1 章　募集・採用 ……………………………………………………………… 1

　第 1 節　ハローワークで行う求人　2

　第 2 節　ハローワークインターネットサービス・オンライン情報提供　5

　第 3 節　ハローワークへの求人申込と事業所登録　8

　第 4 節　職種ごとの求人申込書の記入（フルタイム）　14

　第 5 節　職種ごとの求人申込書の記入（パートタイム）　20

　第 6 節　年齢制限が認められる求人　26

　第 7 節　募集採用の際は男女の性別差別の禁止　30

　第 8 節　派遣事業者・請負事業者の求人申込　33

　第 9 節　高校・大学・短大・高専・専修学校等の新卒者に対する求人申込　36

第 2 章　労働条件・労働契約 …………………………………………………… 43

　第 1 節　労働基準法と労働契約法　44

　第 2 節　労働契約の条件提示と成立　47

　第 3 節　労働条件の明示事項　50

　第 4 節　労働契約内容と就業規則　55

　第 5 節　労働契約の内容の変更　58

　第 6 節　個別労働紛争の解決　62

　第 7 節　労働契約と試用期間　66

第 3 章　就業規則 ………………………………………………………………… 71

　第 1 節　就業規則の意義と役割　72

　第 2 節　就業規則の作成事項　75

　第 3 節　就業規則と法令・労働協約との関係　79

第4節　就業規則の変更　81

第4章　有期労働契約　85

第1節　有期契約労働者　86

第2節　有期労働契約の不合理な労働条件の禁止　90

第3節　有期労働契約の雇止め　94

第4節　有期労働契約の無期労働契約への転換　98

第5節　無期転換後の労働条件　102

第6節　無期転換申込権の5年間の通算方法　107

第7節　無期転換申込権の通算期間のクーリング　110

第8節　高度専門職の無期契約転換申込の特例　113

第9節　定年退職後の継続雇用者の無期転換申込権の特例　118

第5章　パートタイム労働者の雇用管理　123

第1節　パートタイム労働者の雇用管理　124

第2節　パートタイム労働者の同一職務判断基準　127

第3節　パートタイム労働者の待遇の均衡確保　135

第4節　パートタイム労働者の通常の労働者への転換　139

第5節　パートタイム労働者と有期契約労働者の労働条件の明示と決定　143

第6節　パートタイム労働者への説明事項、紛争の自主的解決　146

第6章　労働時間・休日・休憩　149

第1節　法定労働時間　150

第2節　法定時間外労働　155

第3節　1か月単位の変形労働時間制　158

第4節　1年単位の変形労働時間制　167

第5節　1週間単位の非定型的変形労働時間制　179

第 6 節　フレックスタイム制　184

第 7 節　事業場外のみなし労働時間制　192

第 8 節　専門業務型裁量労働制　200

第 9 節　企画業務型裁量労働制　207

第10節　トラック・バス運転者の労働時間の改善基準　215

第11節　法定休日と休日労働　228

第12節　休憩　235

第13節　深夜業の制限、年少者に関する制限　238

第14節　労働時間・休日・休憩に関する規定の適用除外　241

第15節　医療機関・社会福祉施設の継続的宿日直勤務の許可　248

第16節　時間外労働、休日労働協定　252

第17節　特別条項付36協定　260

第18節　長時間労働者の面接指導、事業場の監督強化　264

第 7 章　賃 金 ·· 269

第 1 節　賃金　270

第 2 節　賃金の非常時払い、最低賃金　275

第 3 節　賃金の欠勤控除　278

第 4 節　欠勤控除額の計算方法　283

第 5 節　平均賃金　288

第 6 節　割増賃金①　法定時間外労働　292

第 7 節　割増賃金②　1か月60時間超の時間外労働時間　299

第 8 節　代替休暇　303

第 9 節　割増賃金③　法定休日労働、所定休日労働、深夜業　310

第10節　休業手当　315

第11節　感染症等疾病時の休業手当　318

第12節　休業手当—天災事変による休業　321

第8章　労働時間の把握と記録・賃金不払残業 ……………… 323

第1節　労働基準法と労働基準監督官　324

第2節　賃金不払残業　327

第3節　労働時間の適正な把握義務　331

第4節　労働関連記録の保存義務　334

第5節　労働時間把握方法の問題と対策　336

第6節　定額残業手当と賃金不払残業　340

第7節　管理監督者、機密事務取扱者の賃金未払残業　342

第8節　監視・断続的労働従事者の賃金不払残業　344

第9節　みなし労働時間制における賃金不払残業　347

第10節　研修・手待・休憩時間と賃金不払残業　349

第11節　割増賃金単価の計算誤りによる賃金不払残業　352

第12節　年俸制の賃金不払残業　356

第13節　時間外労働の抑制策①　始業終業時刻の変更　359

第14節　時間外労働の抑制策②　変形労働時間制、みなし労働時間制　361

第15節　時間外労働の抑制策③　休日と休暇　364

第9章　年次有給休暇・その他の休暇・妊産婦の保護 ……………… 369

第1節　年次有給休暇　370

第2節　年次有給休暇の継続勤務年数に応じた付与日数　375

第3節　年次有給休暇請求と使用者の時季変更権　379

第4節　年次有給休暇の付与単位　382

第5節　年次有給休暇の計画的付与　387

第6節　年次有給休暇の時間単位付与　394

第7節　公民権行使時間の保障、生理休暇、特別休暇　398

第8節　産前産後休業、母性の健康管理と保護、育児時間　402

第10章　退職・解雇 ………………………………………………………… 407

第 1 節　退職　408

第 2 節　解雇事由と解雇の禁止　413

第 3 節　解雇の予告　418

第 4 節　整理解雇・懲戒解雇　423

第11章　安全衛生教育・健康診断・ストレスチェック ……………… 427

第 1 節　統括安全衛生管理者、安全・衛生管理者、産業医　428

第 2 節　作業主任者、統括安全衛生責任者、元方安全衛生管理者　434

第 3 節　安全衛生教育、特別教育、技能講習　441

第 4 節　一般健康診断　449

第 5 節　特殊健康診断、海外派遣労働者の健康診断、健康管理手帳　454

第 6 節　ストレスチェック　457

第12章　パワー・セクシャル・マタニティハラスメント ……………… 465

第 1 節　メンタルヘルス　466

第 2 節　パワーハラスメント　477

第 3 節　セクシャルハラスメント　485

第 4 節　マタニティ・育児介護ハラスメント　493

第13章　育児・介護休業 ………………………………………………… 505

第 1 節　育児休業の申出と育児休業期間　506

第 2 節　育児休業期間　513

第 3 節　子を養育する労働者の所定外労働制限、時間外労働の制限、深夜業の制限　521

第 4 節　所定労働時間の短縮措置、小学校就学前の子を養育する労働者への努力義務　527

第 5 節　介護休業　531

第 6 節　家族介護を行う労働者の所定外労働の制限・時間外労働の制限・深夜

業の制限　538

第 7 節　介護短時間勤務、子の看護休暇、介護休暇　544

第 8 節　不利益取扱いの禁止　549

第14章　外国人の雇用 ⋯⋯⋯⋯⋯⋯⋯⋯⋯⋯⋯⋯⋯⋯⋯⋯⋯ 555

第 1 節　外国人の在留資格　556

第 2 節　就労が可能な外国人　560

第 3 節　在留資格―高度専門職　566

第 4 節　外国人技能実習制度　572

第 5 節　外国人留学生の採用　583

第 6 節　外国人労働者の雇用管理、労働保険、社会保険　588

※本書は平成30年 6 月15日現在の法令通達によっています。

※本書において、平成31年（2019年） 4 月以降の和暦で記載した年号については西暦を付しています。

第 **1** 章

募集・採用

第1節 ハローワークで行う求人

POINT

・ハローワークでの求人と各種求人情報(賃金、求職・求人者数等)の利用は無料です。
・ハローワークでの求人では事業所情報と職種ごとの求人情報を登録します。
・ハローワークでの求人では労働法令、社会保険法令を守っていなければなりません。

1 ハローワークの求人及び、各種求人情報(賃金、求職・求人者数等)の利用は無料です。

　人材の募集には色々な方法、ルートがありますが、公共職業安定所(以下、ハローワークという)もよく利用されています。ハローワークの求人情報は全国ネットワークにより全国どこのハローワークでも利用(公開・閲覧・検索等)できます。したがって、ハローワークに登録した求職者(以下、求職登録者という)は遠隔地の工場や支店、営業所等の求人でも求人検索端末を用いればどこのハローワークからでも利用できます。

　また、ハローワークインターネットサービスで求人情報を公開すれば求職者は自宅でも検索が可能です。様々な条件を付けての検索も可能なので職種や勤務地あるいは広域の求人等、求人の事情に即した大きな効果が期待できます。

　ハローワークでは、求人に関する相談、職種ごとの求人数や求職者数、類似職種の求人者が提示している賃金額や求職者の希望している賃金額等の情報提供も行っています。

全国の主なハローワーク

- ハローワーク
- マザーズハローワーク／マザーズコーナー(仕事と子育てを両立しやすい求人情報の提供と支援)
- 新卒応援ハローワーク(新卒者の就職支援)
- わかものハローワーク／わかもの支援コーナー／わかもの支援窓口(45歳未満の労働者の正規就労を支援)

第1章｜募集・採用

ハローワークでの求人や求人求職者に関する情報等の利用には手数料等が一切かからないため、特に中小企業は効果的に活用して求人を成功させたいものです。

2 ハローワークの求人では事業所情報と職種ごとの求人情報を登録します。

　ハローワークでの求人における申込、紹介、面接、採否の手続は次の順序で行います。

ステップ1
適用事業所を管轄するハローワークで事業所情報（事業所名や所在地、事業の特長や内容）を登録

ステップ2
職種ごとに仕事内容、労働時間、休日、賃金等求人情報の登録を申し込む

ステップ3
ハローワークで求人情報を公開する。ハローワークインターネットサービスでも求人情報を公開でき、公開期限は翌々月末。期限終了後も公開したい場合は更新を申込可能

ステップ4
ハローワークから応募希望者の紹介を受けたら、面接日と試験日を決め選考を進める

ステップ5
面接試験後に採否の結果を応募者とハローワークへ通知し、募集を終了する場合はその旨をハローワークに伝える

3 ハローワークの求人では労働法令、社会保険法令を守っていなければなりません。

　ハローワークで求人を申し込むには、次の要件を満たすことが必要です。この要件が整っていなければ求人申込は受け付けてもらえないため、求人申込の前に現状の労働時間

や休日、有給休暇等や雇用保険、社会保険の加入状況が法令基準に達しているか改めて確認してください。

事業所情報は採用後のトラブルになることを避けるため、事実を正確に記載してください。求職者は求人票に記載された事業内容や会社の特徴、仕事の内容、労働条件を読んだうえで検討し、自分のよりよい将来を予想できてはじめて応募します。そのため、事業所の実態が求人票に記載された内容と異なると、事業主や事業所に対する不信感が生じてトラブルとなり短期間で離職となる可能性が高まります。特に賃金や労働時間、加入保険や退職金の制度は求職者にとって大事な検討事項ですので、実態が違うと必ずトラブルになります。

時間と労力をかけて採用した人がすぐ離職するだけでなく、その人がハローワークや労働基準監督署（以下、労基署という）等に苦情を訴えることで事業所の評判を著しく損なってしまい、今後の求人が困難となります。最近このようなトラブルが増加しており、ハローワークでも注意しています。

ハローワーク求人申込の要件

- 労働時間や休日、賃金額、年次有給休暇等の労働条件が労働関連の法令を下回っていないこと
- 事業所が労災保険、雇用保険、社会保険を法令に従い適用しており、新規雇用者も法令の規定どおりに加入させること
- 公開された求人情報と採用後の実際の仕事内容や労働条件が同じであること
- 過去1年に2回以上の同一事項の是正勧告や違法長時間労働等で企業名が公表されていないこと

第2節 ハローワークインターネットサービス・オンライン情報提供

POINT

・ハローワークインターネットサービスにより求人情報を広く提供できます。

・ハローワークインターネットサービスでの紹介・応募・採用には注意が必要です。

・ハローワークの求人情報は、地方自治体や職業紹介事業者へオンライン提供することもできます。

1 ハローワークインターネットサービスにより求人情報を広く提供できます。

　ハローワークで登録した求人情報はハローワークインターネットサービスで提供できます。求人情報の提供方法は次の4パターンから選択できますので、提供内容の特徴とメリット・デメリットを考慮して、提供方法を選択してください。

ハローワークインターネットサービスでの求人情報の提供方法

提供方法1

インターネットを利用する全ての人に事業所名や所在地等を含む求人情報を提供する

・インターネットを活用して24時間全国で幅広く募集できる

・多数の問合せや求人広告事業者等、求職者以外からの問合せにも対応する必要が生じる

提供方法2

ハローワークでの求職登録者に限定して事業所名や所在地等を含む求人情報を提供する
（求職登録者以外へは事業所名称等を除く応募条件のみが提供される）

・就職意思のある求職登録者に絞って広く募集できる

・求職登録者以外の人からの反応はないか、あっても遅くなる

提供方法3

ハローワークインターネットサービスへの求人情報は提供するが事業所名等は提供しない

・広く募集できるがハローワークで相談や紹介を受けた方からの問合せが中心となる（事業所名を知りたい求職者はハローワークへ問い合わせる）

提供方法4

ハローワークでのみ求人情報を公開しインターネットでは提供しない
- ハローワークに足を運んだ求職者に限定して求人情報を提供可能

2 ハローワークインターネットサービスの紹介と応募、採用には注意が必要です。

　ハローワークでは求職者へ職業相談や職業紹介を行っており、求職者から求人内容の相談があれば、ハローワークから求人事業所へ問い合わせることもあります。また、求職者から応募の希望があればハローワークからその事業所へ連絡し求職者と面接日時を調整したうえで、事業所に紹介します。ハローワークから紹介された求職者には「紹介状」が交付されます（求職者が面接時に紹介状を持参）。

　求職者がハローワークの紹介を経ずにハローワークインターネットサービスの情報をみて直接応募する場合は、自ら事業所に連絡し面接の日時や場所を相談のうえで決めます。なお、直接応募で実際に求人事業所に応募した場合は、「失業認定の求職活動の実績」になりますが、ハローワークの紹介を要件とする助成金や給付制限期間中の待期満了後1か月間の再就職の場合の再就職手当等の受給対象とはなりません。以上の注意点を求職者と求人者が了解したうえで応募受付から面接、採用までの手続を行ってください。

3 ハローワークの求人情報は、地方自治体や職業紹介事業者へオンライン提供することもできます。

　全国のハローワークに申し込んだ求人情報は、オンラインにより次の地方自治体や民間職業紹介事業者へ提供することもできます。提供を希望する場合は、次頁の注意点をよく読み理解したうえで提供してください。提供方法には次の4区分ありますので、それぞれの注を考慮したうえでいずれかの区分を選択してください。

オンライン提供による求人情報提供先

地方自治体	無料職業紹介を行う地方自治体や、ハローワークと連携して個別支援する地方自治体
	職業紹介事業者に委託して職業紹介事業を行う地方自治体(職業事業者へも提供される。求人者と求職者から金銭を徴収しない場合に限る)
	無料職業事業を行う学校(中学高校除く)や特別の法人
民間職業紹介事業者 (民間人材ビジネス)	有料職業紹介事業を行う事業者
	無料職業紹介事業を行う事業者

オンラインによる情報提供のパターン

提供方法1	地方自治体、民間職業紹介事業の両方に提供
提供方法2	地方自治体のみ提供
提供方法3	民間職業紹介事業のみに提供
提供方法4	地方自治体、民間職業紹介事業社の両方とも提供しない

オンライン提供利用時の注意点

- 地方自治体や民間職業紹介事業者から職業紹介関連サービスの利用を勧められることがありますが、希望する場合は自己責任で所定の手続や申込を行ってください。
- 民間職業紹介事業者からの紹介には手数料が発生することがあるため、十分な説明を受け同意してから紹介を受けてください。ハローワークは他事業者による紹介に関し手数料を一切負担しません。
- 地方自治体が行う職業紹介や民間職業紹介事業者の職業紹介サービスにはハローワークは一切の責任を負いません。
- 助成金を取り扱わない地方自治体や民間職業紹介事業者から職業紹介を受けた場合は、職業紹介事業者から紹介が要件となる助成金の支給対象となりません。

第3節 ハローワークへの求人申込と事業所登録

POINT

・事業所登録シートに事業所の事業内容と特長をわかりやすく登録します。
・求職者の目にとまるよう事業内容と特長を、わかりやすく目立つように考えてください。
・応募につながるよう事業所の事業内容と特長、安定性や将来性をアピールします。

 求職者の目にとまるよう事業内容と特長をわかりやすく目立つように考えてください。

　ハローワークに求人を申し込むには、まず事業所管轄のハローワークで求人情報を登録します。これらの情報が求人公開票で公開され、求職者が目にするためとても重要です。

　そのため、求める求職者の応募に繋げるには、求める人材の目にとまり興味を引くような事業内容と事業所の特長を記載することが重要です。事業所の事業内容と安定性や将来性をわかりやすく記載するとともに、魅力的な職場環境を整備し、入社後に成長が期待できる教育指導制度を導入して入社後の具体的な将来像をアピールすることがポイントです。

　求職者は公開された多数の求人情報を検索しながら、次の順序で応募するかどうかを判断することが多いといえます。

理解チェック

事業所情報が目にとまる ➡ 事業内容や特長が目にとまり詳しい内容を知ろうと思う

⬇

事業所情報に興味を持つ ➡ 安定性や将来性、職場環境、教育指導制度等を確認する

⬇

将来性を見込めると判断する ➡ 就職後の将来設計が見込めるので応募を検討したいと思う

2 応募に繋がるよう事業所の事業内容と特長、安定性や将来性をアピールします。

　求職者の目にとまった後に応募に結び付けるには、事業所の基本情報や事業内容、安定性や将来性等、会社の特長をわかりやすく、しかも興味を引くように記載する必要があります。事業の内容や特長がわかりにくいと、求職者は理解できず、興味もわきません。あるいは求める人材とは異なる求職者の応募がある等、応募者と求人事業所がミスマッチとなる可能性が高まります。

　求める人材にアピールするには、次の表を参照して事業所の特長をアピールしてください。ただし、事実と異なるまたは虚偽の情報を記入してはなりません。雇用した人は採用後すぐに気付き、事業所や事業主に不信感を抱きます。その場合に退職するだけでなく紹介したハローワークに苦情を申し立てられると、会社としては信用を失うことにもなります。

項　　目	求職者がイメージをつかみやすい項目
① 経営方針	顧客第一、顧客支援、自社技術、社会や地域への貢献
② 取扱品等	製品・商品・サービス名、建設建築、運送取扱品、技術技能
③ 事業所特徴	独自開発、高い技術力、営業区域、業界地位、素早い対応力
④ 得意先の特徴	優良顧客、上場企業、官公庁、長年の固定顧客、幅広い業種
⑤ 経営人事方針	能力主義、経験・資格技術重視、家族的経営、自発行動重視、育児支援
⑥ 募集理由	業務拡大、新分野進出、資格・技術者確保、代替人員確保

3 事業所登録シートに事業所の事業内容と特長をわかりやすく登録します。

① 事業所登録シート（表面）

HBの鉛筆で記入

事業所登録シート（表面）記入例

①	3欄	所在地は求職者がわかりやすいようマンション名やビル名、階数も記入してください。
②	4欄	・加入保険は事業所で適用している保険制度をチェックします。法人は人数を問わず社会保険の適用事業所となります。退職金制度や退職金に関する規程等がある場合に記載し、退職金共済制度は中小企業退職金共済等に加入している場合にチェックします。 ・定年退職年齢がある場合はその年齢を記載し、定年後の60歳以上の再雇用制度がある場合はチェックし上限年齢を記載します。 ・育児休業、看護休業、看護休暇の取得実績があるものにチェックします。 ➡保険制度や退職金制度、定年後の再雇用、育児休業取得実績は求職者が重視する内容です。

② 事業所登録シート（裏面）

ＨＢの鉛筆で記入

■　　　　　　　　　　　　　　　　　　　　　　　　　■

事業所登録シート（裏面）

※表面もあります。忘れずにご記入ください。

事業所番号　　1301-115608-2

1 5欄　創業設立 3　0：明治前　3：昭和　57年　資本金　1,0000万円
1：明治　4：平成
2：大正

2 6欄　電話番号　03－2031-8601　市外局番から左に詰めてご記入ください。
ＦＡＸ　03－2031-8601　市外局番から左に詰めてご記入ください。

ホームページ　[http://www.○○co.jp]　Ｅメール　[○○joho@saiyo.com]　携帯メールアドレスは不可

3 7欄　事業内容

事務処理、製造工程の省力化のた
めのコンピューターシステムの設
計、導入、管理の総合コンサルテ
ィングを主な事業とし、新たに省
エネ、省電力、CO_2削減を実現
するシステムを開発します。

4 8欄　会社の特長

創業以来大企業から中小企業まで
多くの種類のシステムを設計導入
し、高い評価を得ています。地球
環境の維持改善に資する新たなシ
ステムの開発と普及に向けて社員
の技術力の高度化を実現します。

産業分類　　　適用状況　　3　非該当の場合　雇用保険適用事業所番号　　－　　　－

管轄安定所　　　分類項目

1	5欄	設立年と資本金を正確に記載します。➡事業所の経営歴や規模の判断材料となります。
2	6欄	希望すると、求人検索機の「事業所情報」に事業所や仕事の画像、会社案内等を登録できます。事業所や仕事のイメージを高め効果的な求人情報になります。自社のホームページをアピールしたい場合はその情報も登録してください。
3	7欄	事業の内容や種類、規模、取扱商品・サービス・技術、営業区域、顧客層の特長等を簡潔にわかりやすく記入します。➡求職者がその事業所を理解しかつ興味を引くように。
4	8欄	経営方針や社風、重視するスキル、教育制度、将来性等記載します。➡求職者が自らの経歴やスキルを活かせるかを考え、自分の将来展望を予想し、この事業所ならば応募しようとの判断材料となるよう簡潔にわかりやすく記入します。

③ **事業所地図登録シート**

ＨＢの鉛筆で記入

■

事業所地図登録シート

登録日 □□□□□
　　　　年　月　日

□に印をつける場合は、Иのように「」」を記入してください。

2 1 1 3 1

事業所番号
1 3 0 1 - 1 1 5 6 0 8 - 2 -

（ふりがな）
事業所名 ［ 株式会社 ○○情報ポート ］

❶

❷

区分 | 事業所所在地 И ・ 就業場所 □ ・ 選考場所 □ ・ その他 □

タイトル | 本 社 □ □ □ □ □ □ □ □

所

〒 1 1 2 - 8 0 6 7

東 京 都 文 京 区 後 楽

南 1 - 0 - 1 1

ク ロ ス ビ ル 2 階

□□□□□□□□

在

地図

国道○○号　　　当社

〒 ・・ ・・
　　・・ ・・

銀行　　・・ ・・

新宿 ←—————□□—————→ 東京
　　　　　○○線○○駅

もよりの駅・バス停から徒歩（ 8 ）分

地

---

❸

区分 | 事業所所在地 □ ・ 就業場所 И ・ 選考場所 □ ・ その他 □

タイトル | シ ス テ ム 情 報 横 浜 研 究 所 □ □ □

所

〒 2 2 4 - 6 2 0 1

横 浜 市 都 筑 区 川 和

町 5 - 1 1 - ×

ク リ エ ー ト ビ ル 7

階 □□□□□□□

在

地図

市ヶ尾
　　横浜市営地下鉄
中山 ├─│川和町│─┤ 日吉
　・・ ・・
　・・ ・・
├ コンビニ 〒 横浜研究所
　　　　　　　　　　／／
・
└ 消防署

新横浜

もよりの駅・バス停から徒歩（ 8 ）分

地

---

❶ | タイトル | 本社以外に支店、営業所、工場等、最大10種類の地図を登録できます。
❷ | 地図 | 周囲の目印になるような駅、道路や街道名、ビル名階数、信号名等も記載してください。
❸ | ・求人票には、就業場所と選考場所の２種類の地図を表示できます。

要注意ポイント

　ハローワークの求人票の記載内容と実際の労働条件との間に相違があったという申出が平成27年度は１万937件にのぼったと厚生労働省が発表しました。多いのは賃金関連、就業時間、職種・仕事関連の順でした。

　このような状況を解消し職業紹介の健全化と求人情報の適正化を目的に、平成29年３月31日に職業安定法が改正され、新たに次のような規定が設けられました。

① ハローワークや職業紹介事業者等全ての求人を対象に、法令違反の求人や労働条件が通常の労働条件と比べて不適当な求人等は受理しないこと(公布から３年以内施行)

② 求人者について虚偽の求人申込を罰則対象とすること

③ 募集情報等提供事業者(求人情報サイトや情報誌)について指導監督規定を整備する。

④ 求人者・募集者について、採用時の条件があらかじめ示した情報と異なる場合の求職者への説明を義務付けること

※②、③、④は平成30年１月施行（19頁参照）

第4節	職種ごとの求人申込書の記入 （フルタイム）

POINT

・求人申込書は、募集する職種ごとに記載してください。

・求人申込書の仕事の内容は求職者が仕事を理解して応募できるように具体的にわかりやすく記入してください。

・求人申込書の賃金関連項目は、トラブルにならないよう雇用後に実際に支払う賃金額を記入してください。

1 求人申込書は、募集する職種ごとに記載してください。

　ハローワークの求人では、フルタイムとは正社員や正社員と同じ就業時間の従業員をいい、パートタイムとは正社員より就業時間の短い社員をいいます。賃金が月給(月を単位として支給される賃金)か時間給(時間を単位として支給される賃金)、日給(日を単位として支給される賃金)かは問いません。

　職種や勤務地を限定しない総合職の新卒採用と異なり、ハローワークで職種ごとの求人を行うには、募集する職種ごとの求人申込書を、雇用保険の事業所管轄のハローワークに提出します。職種名は誰もがわかりやすいような名称を記載しますが、特殊な職種の場合は、窓口担当者と相談しながら求職者がわかりやすいように実態に合わせた具体的な職種名を記載してください。求人票は申込月から3か月目の末日まで公開され、公開終了後は更新できます。

　適用事業所所在地以外の地域での募集の場合は、提出の際にその募集地域を申し出てください。勤務地と面接地が異なる場合は、その2つの場所を表示するためそれぞれの地図を登録してください。

　なお、一部の例外事由(26頁、30頁参照)を除いて、募集採用時の年齢制限及び性別を区別する職種の名称、男性・女性ごとの募集・採用や、男女の異なる取扱いは禁止されていますので、十分注意してください。

2 求人申込書の仕事の内容は求職者が仕事を理解して応募できるように次のポイントを確認しながら具体的にわかりやすく記入してください。

・求人申込書（表面）

ＨＢの鉛筆で記入

①	求人区分	フルタイムに丸をつけます。 ➡月給制＝フルタイム、時間給制＝パートではないことに注意が必要です。
②	1欄	ハローワークインターネットサービスでの情報公開について、次のいずれかの希望を記入します。 <table><tr><td>1</td><td>求人事業所の名称等を含む情報を公開する</td></tr><tr><td>2</td><td>ハローワークに求職申込済の人に限り求人事業所の名称等を含む情報を提供する</td></tr><tr><td>3</td><td>求人事業所の名称等を含まない求人情報を提供する</td></tr><tr><td>4</td><td>求人情報を提供しない</td></tr></table>
③	2欄	求人職種名を記入します。派遣か請負の場合は該当するものをチェックします。 ➡具体的な職種名が思い当たらなければ仕事内容を説明しながら窓口で相談してください。
④	3欄	仕事の内容は応募の判断材料となるため具体的にわかりやすく記入します。 ➡例：手先の細かい作業、体力のいる作業、目がよくないとできない作業、顧客と会話応対する作業、仕事で取り扱う商品、使用する工作機械・情報機器・パソコンソフト、運転車種・運転地域範囲等。主な仕事以外に他の業務があればその業務内容も記載します。
⑤	学歴経験年数	必要な経験年数や資格免許、学歴を記載します。 ➡即戦力の求人では経験年数を長く求めますが長くしすぎると応募者数が限られます。仕事の難易度、経験の必要度、採用後の教育指導体制も考慮して記載してください。
⑥	4欄	雇用形態 <table><tr><td>1</td><td>正社員</td><td>5</td><td>パート労働者</td></tr><tr><td>2</td><td>正社員以外（契約・嘱託社員）</td><td>6</td><td>登録型派遣パート</td></tr><tr><td>3</td><td>登録型派遣労働者</td><td>7</td><td>常用型派遣パート</td></tr><tr><td>4</td><td>常用型派遣労働者</td><td></td><td></td></tr></table>
⑦	5欄	就業場所の登録地図番号を記入します。転勤の可能性がある場合は範囲を記入します。
⑧	6欄	求人の年齢制限は原則認められませんが、認められる例外があります（26頁参照）。
⑨	7欄	始業・終業時間を記入し、時間外労働時間がある場合は採用後に見込まれる時間数を記入します。 ➡就業時間＝法定労働時間（150頁参照）以内です。変形労働時間制（158〜183頁参照）の場合はその旨を記入してください。休憩時間も法定（235頁参照）以上です。異なるとトラブルになります。
⑩	8欄	所定休日の曜日を記入します。変形労働時間制（158〜183頁参照）の場合はその旨記入します。フルタイム求人では所定休日、祝祭日、夏季休日、年末年始休日を含めた年間休日数を記入します。休日労働がある場合は、その見込み回数や時間を明示してください。 ➡休日＝法定休日（228頁参照）以上です。
⑪	有給休暇	6か月経過後の有給休暇の付与日数を記入します。 ➡有給休暇の付与日数＝法定日数以上です。採用後に付与要件を満たした場合は規程の日数を付与してください。

求人申込書の賃金関連項目は、トラブルにならないよう雇用後に実際に支払う賃金額を記入してください。

・求人申込書(裏面)

HBの鉛筆で記入

1	13欄	該当する番号を記入します。 ➡月給とは、基本給や手当が月単位で毎月同じ額を支給するが欠勤した時間や日数分を欠勤控除する形態をいいます。
2	14欄	実際に支給する範囲の金額を記入します。支払可能な範囲と地域、同規模事業所、同一職種等の賃金額をハローワークで確認してください。 ➡求職者の応募に直接影響する条件です。他の事業所より低い場合は、それを補う条件を提示しないと応募が期待できません。

		a	基本給は月額を記入します（日給や年棒制でも月額に換算した額を記入）。 ➡例えば初心者に支払う額を下限額とし、即戦力の経験者に支払う額を上限額とする考え方もあります。
		b	手当は定額的に支払われる手当の名称と額を記入します。a+b 欄には実際に支払われる額を記入します。 ➡雇用後の賃金がこの額を下回るとトラブルになりますので十分注意してください。
		c	家族手当や皆勤手当等条件を満たした場合に支払われる手当を記入します。

3	16欄	通勤手当は月額や日額等実際の支払予定額を記入します。マイカー通勤可の場合は可にチェックし、駐車場代金が必要な場合はその額も記載してください。
4	17・18欄	昇給・賞与は前年度の実績を記入します。実績がなかった場合は「なし」をチェックします。
5	19欄	選考結果通知は採否決定通知日までの日数を記入します。 ➡その日数以内に必ず通知してください。事情により遅れる場合は、この日数以内に事情を伝えてください。書類選考を行う場合は採否の結果通知日までの日数を「応募書類等」の「その他欄」に記入します。

		選考場所地図	就業場所と選考場所が異なる場合は選考場所の登録地図を記入
		試用期間	試用期間がある場合は期間の長さとその間の労働条件を記入
		応募書類	履歴書等応募書類は重要な個人情報のため原則返還します。廃棄する場合は「求人者の責任にて廃棄」欄をチェックします。

6	20欄	仕事の内容等該当欄に書ききれない内容や重視する点、経験者の待遇等注意事項や採用に際しての参考情報等を記入します。
7	備考欄	ハローワークの紹介が必要なことや、書類選考等結果通知やその後の面接までの手順等を記入します。ハローワークの担当者が必要事項を記入することもあります。

要注意ポイント

　多数の応募者が予想される場合は、前もって設定した面接日や応募期日に、求人を受け付けたハローワークが、応募者をまとめて紹介する応募期日設定方式を検討してください。

要注意ポイント

　年齢や性別を限定した求人はできないため仕事内容を具体的でわかりやすく記載することで、雇用者が応募の判断をしやすいようにします。これにより応募者が雇用後に自分には合わなかった、あるいは採用した事業者は応募者が期待どおりの仕事ができなかった等のミスマッチを防ぐようにします。ハローワークのデータでは仕事内容の説明文字数が多いほど応募者が多いとの調査結果もあります。

　また、長時間の過重労働を撲滅するため、厚生労働省はインターネット上の求人情報の中から高収入を謳うものや、くり返される求人等の過重労働が疑われる求人事案を監視・収集し、その情報を労基署による過重労働防止の監督指導に活用しています。

求人・募集の労働条件明示の注意点(改正職業安定法平成30年1月1日施行)

1　労働条件を明示するタイミング

　① ハローワークや自社ホームページ、求人広告で募集する場合は労働条件を明示してください。面接時に詳細を明示するなら初回面接時に全ての労働条件を明示する必要があります。

　② 明示した労働条件を変更する場合はその変更内容を直ちに明示しなければなりません。

2　最低限明示しなければならない労働条件

　求人・募集の際に書面で明示しなければならない最低限の労働条件は次のものです。業務内容、契約期間、試用期間の有無と長さ、就業場所、就業時間と休憩時間、休日、時間外労働、裁量労働制の有無と裁量労時間数、賃金、固定残業代(基本給・対応残業時間数・追加割増賃金)、加入保険、募集者氏名・名称、雇用形態(派遣労働者)

3　労働条件明示に際しての遵守事項

　① 虚偽、誇大な内容にしてはなりません。

　② 有期労働契約が試用期間の性質を有する場合は、その労働条件を明示すること
　　 試用期間中と本採用後の労働条件が異なる場合はそれぞれの労働条件を明示すること

　③ 労働条件の水準や範囲等は可能な限り限定し具体的詳細に明示するよう配慮すること

　④ 労働条件変更の可能性があればその旨を明示し,変更内容は速やかに明示すること

4　労働条件変更内容の明示方法

　① 変更前と変更後の労働条件の内容を対照できる書面の交付が望ましいです。

　② 労働条件通知書の変更内容に下線や着色する明示方法も可能とします。

第5節 職種ごとの求人申込書の記入（パートタイム）

POINT

- 正社員より就業時間の短い従業員をパートといい、月給や時間給を問いません。
- パートタイムの求人申込書(表面)は求職者が仕事を理解し、家庭との両立を考慮して応募できるように、具体的にわかりやすく記入してください。
- パートタイム求人申込書(裏面)の賃金関連項目は、トラブルにならないよう雇用後に実際に支払う賃金額を記入してください。

正社員より就業時間の短い従業員をパートといい、月給や時間給を問いません。

　パートタイム等の短時間労働者を募集する場合は、募集する職種ごとにパートタイムの雇用であることを明示した求人申込書を記入のうえ、適用事業所を管轄するハローワークの求人申込係に提出します。記入に際しての注意点はフルタイムの求人(14頁)と同様ですが、パートタイマーの場合は就業時間及び勤務日について求職者の事情に対応できるような工夫が重要です。求人票は申込み月から3か月目の末日まで公開されます。

　子育て中である等家庭との両立をしなくてはならない人は8時前後の始業、17時前後の終業、1日7時間以上・週5日以上の就労は避ける傾向があります。勤務時間や勤務日数を希望に応じて考慮できないと仕事と家庭と両立しにくいためです。一方、事情があって多くの賃金を得たい人は長い就業時間等でもこだわりません。

　適用事業所管轄以外の地域での募集の場合は、提出の際にその募集地域を申し出てください。勤務地と面接地が異なる場合は、その2つの地図を表示するためそれぞれの地図を登録してください。

　なお、一部の例外事由を除いて募集採用時の年齢制限及び性別を区別する職種の名称や男性、女性ごとの募集・採用や、男女の異なる取扱いは禁止されていますので、十分注意してください(26頁、30頁参照)。

2 パートタイムの求人申込書(表面)は求職者が仕事を理解し家庭と両立を考慮して応募できるように、具体的にわかりやすく記入してください。

・求人申込書(表面)

HBの鉛筆で記入

❶	1欄	ハローワークインターネットサービスでの情報公開について次のいずれかの希望を記入します。
			1	求人事業所の名称等を含む情報を公開する
			2	ハローワークに求職申込済の人を限り求人事業所の名称等を含む情報を提供する
			3	求人事業所の名称等を含まない求人情報を提供する
			4	求人情報を提供しない

| ❷ | 2欄 | 求人職種名を記入します。派遣か請負の場合は該当するものをチェックします。
➡具体的な職種名が思い当たらなければ仕事内容を説明しながら窓口で相談してください。 |

| ❸ | 3欄 | 仕事の内容は応募の判断材料となるため具体的にわかりやすく記入します。
➡例：手先の細かい作業、体力のいる作業、目がよくないとできない作業、顧客と会話応対する作業、仕事で取り扱う商品、使用する工作機械・情報機器・パソコンソフト等、運転車種・運転地域範囲等。主な仕事以外に他の業務があればその業務内容も記載します。 |

| ❹ | 学歴
経験
年数 | 必要な経験年数や資格免許、学歴を記載します。
➡経験年数や資格免許を厳しくすると、応募者数が限られます。 |

❺	4欄		5	パート労働者（正社員より就業時間が短い労働者）
			6	登録型派遣パート（派遣会社へ登録し派遣契約ごとに派遣会社で雇用契約する）
			7	常用型派遣パート（派遣会社が常時雇用して派遣する）

| ❻ | 5欄 | 就業場所の登録地図番号を記入します。就業場所はビル名やショッピングモール等具体名も記入します。 |

| ❼ | 6欄 | 求人の年齢制限は原則認められませんが、認められる例外があります（26頁参照）。 |

| ❽ | 7欄 | 始業・終業時間を記入し、交代制では各々の就業時間を記入します。
➡就業時間＝法定労働時間（152頁参照）以内です。「○時から○時までの４時間程度」等応募者の都合に合わせるのは効果があります。休憩時間も法定（235頁参照）以上です。子育て中の人等は就業時間が８時前後の始業や17時前後の終業、１日７時間以上や、時間外の労働は敬遠されることもあります。 |

| ❾ | 8欄 | 休日 | 所定の休日または週所定労働日数を記入
➡法定休日以上、休日や労働日を応募者の都合に合わせるのは家庭と仕事を両立させたい人や子育て中の人に効果があります。休憩時間も法定（235頁参照）以上です。 |
| | | 有給休暇 | ６か月経過後の有給休暇の付与日数を記入
➡パートタイムでも所定労働日数に応じた有給休暇を付与しなければなりません。日数は法定日数を記載してください。採用後に付与要件を満たした場合は規程の日数を付与してください。 |

３ パートタイム求人申込書（裏面）の賃金関連項目は、トラブルにならないよう雇用後に実際に支払う賃金額を記入してください。

・求人申込書（裏面）

ＨＢの鉛筆で記入

求人申込書　【裏面】

※表面もあります。忘れずにご記入ください。

ハローワーク以外への情報公開
1 地方自治体、民間人材ビジネス共に可
2 地方自治体のみ可
3 民間人材ビジネスのみ可
4 地方自治体、民間人材ビジネス共に不可

23212

1欄　事業所番号　1301-115608-2　　事業所名　株式会社情報 ○○ポート

12欄　入居可能住宅

13欄　賃金形態等

① 賃金形態　4　1月給　3日給　4時給　5年俸　6その他

② 14欄 賃金（税込）
a 基本給（月額平均）又は時間額　1100 ～ 1200 円
b 定額的に支払われる手当
a+b　1100 ～ 1200 円
c その他の手当等付記事項

15欄 賃金締切日　毎月　月末 その他　賃金支払日 毎月 25 日

③ 16欄 通勤手当　実費支給　上限あり　上限なし　一定額　月額 50000 円　マイカー通勤

④ 17欄 昇給　あり　なし

18欄 賞与　あり　なし

⑤ 19欄 選考方法　本社にて面接　即決・10日後　登録地図番号 01

課係名・役職名　人事課　氏名（みやまえ まさまる）宮前 正○

⑥ 20欄 求人条件にかかる特記事項
・社会保険は加入条件を満す場合は加入します。
・入社後３日間はパソコンのアプリ操作を指導します。

⑦ 21欄 備考
・ハローワークの紹介を受けてから、紹介状と履歴書を送って下さい。

※ 外国人雇用実績　あり・なし　（過去３年以内）

1	13欄	該当する番号を記入します。 ➡日給は日額を決めて勤務日数に応じて支給。時給は時間給額を決めて勤務時間数に応じて支給します。
2	14欄	実際に支給する範囲の金額を記入します。支払可能な範囲と地域、同規模事業所、同一職種等の賃金額をハローワークで確認してください。 ➡求職者の応募に直接影響する条件です。他の事業所より低い場合は、それを補う条件を提示しないと応募が期待できません。

a	時給の基本給は時間給の額を記入します（基本給が日額や月額の場合でも時給に換算して記入）。 ➡例えば初心者に支払う額を下限額とし即戦力の経験者に支払う額を上限額とする考え方もあります。記入前に必ず都道府県ごとの最低賃金額を確認してください。
b	定額的に支払われる手当の名称と額を記入します。a+b 欄には実際に支払われる額を記入します。 ➡雇用後の賃金がこの額を下回るとトラブルになりますので十分注意してください。
c	家族手当や皆勤手当等条件を満たした場合に支払われる手当を記入します。

3	16欄	通勤手当は月単位や日単位等実際の支払予定額を記入します。マイカー通勤可の場合は可にチェックし駐車場代金が必要な場合はその額も記載してください。
4	17・18欄	昇給・賞与は前年度の実績を記入します。実績がなかった場合は「なし」をチェックします。
5	19欄	選考結果通知は採否決定通知日までの日数を記入します。 ➡その日数以内に必ず通知してください。事情により遅れる場合はこの日数以内に事情を伝えてください。書類選考を行う場合は採否の結果通知日までの日数を「応募書類等」の「その他欄」に記入します。

選考場所地図	就業場所と選考場所が異なる場合は、選考場所の登録地図を記入
試用期間	試用期間がある場合は期間の長さとその間の労働条件を記入
応募書類	履歴書等応募書類は重要な個人情報のため原則返還し、廃棄する場合は「求人者の責任にて廃棄」欄をチェック

6	20欄	仕事の内容等該当欄に書ききれなかった内容や重視する点、経験者の待遇等注意事項や採用に際しての参考情報等を記入します。
7	備考欄	応募の際のハローワークの紹介手順や、書類選考等結果通知やその後の面接までの手順等注意点を記入します。ハローワークの担当者が必要事項を記入することもあります。

要注意ポイント

　年齢や性別を限定した求人はできないため仕事内容を具体的でわかりやすく記載することで、応募の判断をしやすいようにします。これにより雇用者が「この会社や仕事は自分には合わなかった」と思ったり、事業者は「期待どおりの仕事をしてくれない」と感じる等のミスマッチを防ぐようにします。パートの求人では具体的な仕事の内容から自分でもできるかどうか判断できることがポイントです。初心者は研修制度の有無も重視します。ハローワークのデータでは、仕事内容の説明文字数が多いほど応募者が多いとの調査結果もあります(19頁参照)。

第6節　年齢制限が認められる求人

POINT

・募集採用時の年齢制限は、例外事由に該当しない限り認められません。
・年齢制限のない募集採用では求人する職種の具体的な業務内容や必要な能力、技能を明示し応募者に理解してもらい募集採用のミスマッチを防ぎます。
・募集採用時に例外として年齢制限が認められる事由があります。

1 募集採用時の年齢制限は例外事由に該当しない限り認められません。

　募集採用時の年齢制限は、雇用対策法により例外事由がある場合を除いて禁止されています。

　募集や採用の際に年齢制限を設けることは、幅広い求職者の応募や特定の年齢層の就職機会を閉ざすおそれがあるためです。また、少子高齢化により高齢就労者が引退し若手の就労者も減少するため、将来は総就業者数が減少すると見込まれています。そのような状況下で募集採用の際に年齢制限を設けていると応募者の入口を狭め、必要な人材の確保が困難となる可能性もあります。そのため人材確保には年齢にとらわれず意欲・能力・健康状態等、個人の適性本位で募集・選考・採用することが重要となります。

　なお、年齢制限のない募集採用の際に面接前に履歴書や職務経歴書等による書類選考を行い、募集する職種と応募者の職務適合性を判断する場合は、「事前に書類選考を行い、その合格者に面接選考日を通知する」と求人票に明示してください。

求人する職種の具体的な業務内容や必要な能力、技能を明示することで応募者に理解してもらい、募集採用のミスマッチを防ぎます。

　年齢制限のない募集採用でミスマッチを防ぐには、募集している職種に求められる能力

や資質を理解した求職者が応募することが重要です。募集採用のミスマッチとは、求める能力や資質に合わない求職者が応募し、採用後「こんな会社・仕事とは思わなかった」と考え短期間で離職することです。その結果、募集、応募、選考、採用に至るまでの時間と労力そして採用後に支払った賃金、社会保険料等が無駄になることに加え、新規採用者を受け入れたものの短期間で離職された現場も混乱します。さらにハローワークには短期間で離職した事実が記録されます。

このようなミスマッチを防ぐには、求められる能力、資質、経験、資格等を求職者自らが理解できることが重要ですが、それには求人票に具体的な仕事の内容や必要とされる能力・体力等を、具体的にわかりやすく記載する必要があります。次の記載例を参考にしてみてください。

【若者向けの洋服販売員】

ファミリー向けの最新流行ファッション情報を顧客に提供し、必要に応じて販売促進のため商品を試着してもらう等、衣料品を販売する接客業務です。ファッション全般に関する最新のトレンドに詳しい人を募集します。

【経理事務員】

パソコン操作による会計ソフト○○で仕訳、データ入力、帳票出力等経理全般を処理する業務で、日商簿記2級程度の簿記知識が必要です。エクセルでの売上管理表等の作成やメールでの連絡、ファイルのやり取りも行います。また、電話や来客への応対もあります。

【食品販売員】

Aショッピングモール内の食肉食品売場での商品の陳列及び食肉の加工やコロッケ・メンチカツ・とんかつ・から揚げ・肉団子等の調理作業です。調理経験者を優遇します。また、初心者には初級から上級までの段階的教育システムで教育指導を行います。定期的な検便検査があります。

【施設介護職員】

特別養護老人ホームで入所者の食事、掃除、洗濯、入浴、レクリエーション、排せつ等日常生活全般の介護業務です。また、買い物や散歩の付添等もあります。入所者を抱える作業等では上半身や腰に負担がかかりますが、作業講習で上半身や腰痛防止となる作業方法を指導します。1ユニット10名。全室個室です。
介護福祉士を募集します。初心者は1週間の基本研修後に実務についてもらい、業務の難易度に応じて段階的な教育を実施します。

【長距離トラック運転者】

東京から神戸の間を積載量5トンの長距離トラックで定期的に往復しながら、重さ約10kgの資材を運搬する業務です。トラックへの資材の積卸しは専任者がフォークリフトで行いますが、パレットから倉庫に搬入する際には資材を持ち、上げ下げをするため、筋力と持久力が必要です。

【板金工】

液晶・電子機器の精密板金部品をＮＣ制御のプレスやベンダー、タッピングマシン等での製造加工作業です。工作機械はＮＣ制御のため、パソコンでのデータ処理や入力作業があります。また、１ｍ×１ｍ程の板金部品を機械にセットし取り外すため、筋力と持久力が必要です。実務経験３年以上必須とします。

【電気設備工】

ビル等の建築現場で電気設備工事を行う業務です。工具や資材を持ちながら足場や脚立等の高所（10ｍ程度まで）での作業もありますので、筋力と持久力が必要です。電気工事士の資格が必要です。

募集採用時に例外として年齢制限が認められる事由（例外事由）があります。

募集採用時に原則年齢制限は認められませんが、例外的に年齢制限が認められる例外事由が雇用対策法により次のように定められています。求人の際に年齢制限を設けたい場合は、該当する例外事由を申し出てください（雇用対策法施行規則１条の３第１項）。

	年齢制限の例外事由	年齢制限例外の具体例
１号	定年退職制のある事業所が、定年年齢を上限に定年年齢未満の人を期間の定めのない労働契約で募集採用する場合	定年退職年齢が60歳の事業所が募集対象者を60歳未満とする場合等 有期労働契約は更新があったとしても年齢制限は認められない
２号	労働基準法等法令の規定により年齢制限が設けられている場合	危険有害業務の募集なので18歳以上の年齢制限を設ける場合
３号のイ	長期勤続でのキャリア形成のため、若年者を期間の定めのない労働契約で募集採用する場合	対象者の職業経験については不問とし新規学卒者以外の人については教育や配置等の育成体制を新規学卒者と同等の処遇とすることが必要。普通自動車免許等実務経験を有する資格でなければ資格免許を条件とすることも認められる 下限年齢を設定することは認められない
３号のロ	技能・ノウハウ継承の観点から特定の職種において労働者数が相当程度少ない特定年齢層に限定し、かつ期間の定めのない労働契約で募集採用する場合	特定年齢層とは30歳から49歳のうちの５歳から10歳の幅の年齢層とし、同じ年齢幅の上下の年齢層と比較して人員数が２分の１以下であることが必要（企業単位または独立事業場単位、次頁図参照）
３号のハ	演劇での子役やモデル等芸術・芸能の分野における表現の真実性等の要請がある場合	例えば演劇の上演のため８歳未満の子を募集する場合
３号のニ	60歳以上の高齢者または特定の年齢層の雇用を促進する施策の対象となる者に限定して募集採用する場合	助成金等国の施策を活用しようとする場合に限り、上限年齢の制限は認められない

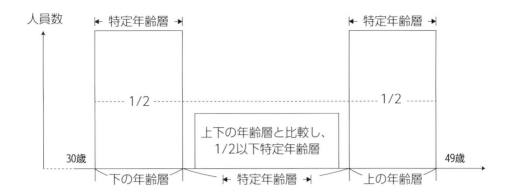

・特定職種の特定年齢層＝30－49歳のうち任意の5～10歳幅で設定可能
・特定年齢層の労働者数が上の年齢層の1／2以下、かつ下年齢層の1／2以下であること
・特定職種は、厚生労働省の職業分類の小分類・細分類または総務省の職業分類の小分類を参考にしてください。

| 第**7**節 | 募集採用の際は
男女の性別差別の禁止 |

POINT

・募集採用の対象者から男女のいずれかを排除または優先することや、募集採用の条件を男女で異なるものとすることは認められません。
・直接的な男女差別だけでなく、間接的な男女差別も禁止されます。
・業務の遂行上、一方の性別でなければならない職務では募集採用の際に男女異なる取扱いをすることは認められます。

1 募集採用の対象者から男女のいずれかを排除または優先することや募集採用の条件を男女で異なるものとすることは認められません。

雇用の分野における男女の均等な機会及び待遇の確保等に関する法律(以下、男女雇用機会均等法という)は、労働者の募集採用の際に性別を理由とする次のような差別を禁止し男女均等の取扱いを求めています。

① 募集採用の対象から男女のいずれかを排除すること

事例 総合・営業職は男性のみ、一般・事務職は女性のみ募集する

② 募集採用の条件を男女で異なるものとすること

事例 女性のみ未婚、子がいないこと、自宅通勤等の条件を付ける

③ 採用選考において能力、資質の有無等を判断する方法や基準について男女で異なる取扱いをすること

事例 男性には幹部候補生となる意欲の有無を聞き、女性には出産後の就業継続意思を確認する

④ 募集採用にあたり男女のいずれかを優先すること

事例 女性経理職が退職した後に女性経理職を募集する

⑤ 求人内容の説明等情報の提供について男女で異なる取扱いをすること

事例 男女のいずれかに詳細な募集案内を送り、いずれかには簡単な案内を送る

2 直接的な男女差別だけでなく、間接的な男女差別も禁止されます。

直接的な男女差別だけでなく、業務上の必要性等合理的な理由がないのに募集採用の際に次のいずれかを要件とすることも間接差別として禁止されます。

① 募集採用にあたって労働者の身長、体重または体力を要件とすること

事例 出入者チェックを行うだけの警備員に一定以上の身長や体重を求める
設備機械の導入により必要がないのに一定以上の筋力を求める

② 募集採用にあたって転居を伴う転勤に応じることを要件とすること

事例 転居を要する転勤がほとんどない（広域展開する支店等がない等）のに全国転勤に応じられることを採用条件とする

3 業務の遂行上、一方の性別でなければならない職務では募集採用の際に男女異なる取扱いをすることは認められます。

業務の遂行上の必要や法令の定め等による次のいずれかの場合は、募集採用の際に異なる取扱いをすることは認められます。

	次に掲げる業務（ただし、①と③は法令違反か否かを個別具体的に判断する必要があるので都道府県労働局に要相談）
①	芸術・芸能の分野における表現の真実性等の要請から男女のいずれかのみに従事させることが必要である業務
②	守衛、警備員等のうち防犯上の要請から男性に従事させることが必要である業務
③	宗教上、風紀上、スポーツにおける競技の性質上その他業務の性質上男女のいずれかのみに従事させることについて①と②の同程度の必要性があり、業務の性質上一方の性別でなければならないと認められる業務（「男性（女性）のほうが適している」という程度では該当しない）

労働基準法で定める危険有害業務等女性を就業させることができない業務、保健師助産師看護師法で定める助産師等男性を就業させることができない業務

風俗、風習等の相違により男女のいずれかが能力を発揮し難い海外での勤務が必要な場合、その他均等な取扱いをすることが困難であると認められる場合

ポジティブアクションとして男女の均等な機会・待遇の支障となる事情の改善のため女性を有利に取り扱う場合
事例 女性が男性に比較して4割を下回る雇用区分や役職等における募集・採用の際に女性を有利に取り扱うこと

第8節 派遣事業者・請負事業者の求人申込

POINT

- 派遣労働者の求人申込は、派遣先事業場が確定し速やかに雇用関係を結ぶことが明らかな場合に限り受理されます。
- 請負事業に従事する労働者の求人申込は、請負事業場が確定し速やかに就業可能な状況となっている場合に限り受理されます。
- 派遣・請負事業の求人申込は採用権限のある本社等の管轄ハローワークで行ってください。

1 派遣労働者の求人申込は、派遣先事業場が確定し速やかに雇用関係を結ぶことが明らかな場合に限り受理されます。

　派遣事業とは、派遣元事業主が雇用する労働者を派遣して派遣先事業主の指揮命令を受けて派遣先事業のために労働させる事業をいいます。

　請負事業とは、仕事の完成を目的とする注文主と請負事業者との請負契約に基づき、請負事業者が自ら雇用する労働者を自らの指揮命令のもとで労働させて、請け負った仕事の完成を目指す事業です。

　ハローワークでは、労働者派遣事業者からの求人申込は「派遣求人」として区分し、派遣先事業場が確定しており速やかに雇用関係を結ぶことを受理する要件となっています。そのため労働者派遣事業者(派遣元)は適正な労働者派遣契約を派遣先事業場(派遣先)と締結してから求人申込してください。紹介期限は派遣開始予定日の前日となります。

　ハローワークが求人申込を受け付ける際は確認のため派遣契約書等を確認します。派遣契約書等で確認できない場合は、派遣先事業所に確認することもあります。

　そのうえで求人条件が確認できない場合や派遣事業者が求人票に必要項目を表示しない場合、または求職者から苦情等があった場合は、求人申込の受付を保留・不受理とする、あるいは職業紹介を保留することもあります。

派遣労働者の求人を受理する要件

① 求人票の職種名に(派)を表示すること

② 求人票の就業場所欄に派遣先の具体的な住所、事業所名を表示すること

③ 雇用期間と派遣期間が異なる場合は求人条件欄の特記事項に派遣期間を表示すること

④ 就業場所別、職種別に求人票を作成すること

⑤ 派遣先が確定しており、速やかに雇用関係を結ぶことが明らかであること

2 請負事業に従事する労働者の求人申込は、請負事業場が確定し速やかに就業可能な状況となっている場合に限り受理されます。

　ハローワークでは、請負事業者からの求人申込は請負事業が確定しており、速やかに就業可能な状況になっていることが受理する要件となっています。そのため請負事業者は適正な請負契約を発注者と請負事業場(請負先)と締結してから求人を申し込んでください。

　また、ハローワークが求人申込を受け付ける際は確認のため担当者から詳しい状況説明を求められるとともに請負契約書、受注書等の確認、発注者に対する確認、必要に応じて職員による現地確認等も行うことがあります。そのうえで求人内容が確認できない場合や求人票に必要項目を表示しない場合、または求職者から苦情等があった場合は、求人申込の受付を保留や不受理あるいは職業紹介を保留することもあります。

　契約上は請負事業であっても、請負事業の次の全ての要件に該当しなければ偽装請負として労働者派遣事業や労働者供給事業とみなされる可能性があります。

請負の求人を受理する要件

① 求人票の職種名の欄に(請)と表示すること

② 求人票の就業場所欄に発注者の具体的な住所、事業所名を表示すること

③ 就業場所別、職種別に求人票を作成すること

④ 就業先が確定しており、就業場所で速やかに就業可能な状況であること

請負事業者の要件

① 労働者への業務遂行方法やその評価に関する指示その他の管理を自ら行うこと

② 労働・休憩時間・休日、時間外・休日労働に関する指示その他の管理を自ら行うこと

③ 秩序維持のための服務規律、配置等の決定指示その他の管理を自ら行うこと

④ 資金を自己責任で調達し、法令に規定された事業主の全責任を負うこと

⑤ 機械、設備、材料等は自己責任で準備し、自らの企画・技術等で業務処理すること

3 派遣・請負事業の求人申込は採用権限のある本社等の管轄ハローワークで行ってください。

　派遣先事業所や請負事業での場所が複数ある場合は、派遣先または就業場所ごとに求人申込書で求人申込をしてください。

　一方、派遣先事業所や請負事業での就業場所が同一の場合では、支店や営業所ごとに管轄のハローワークに求人申込をすると必要な求人数より多い募集となるおそれがあるため、使用の権限がある本社等がまとめて管轄のハローワークへ申し込んでください。受理された求人申込の情報は就業地の派遣先事業場や請負事業場を管轄するハローワークへ求人連絡し情報を提供します。

第9節　高校・大学・短大・高専・専修学校等の新卒者に対する求人申込

POINT

- 高校新卒者に対する募集採用は、定められた求人申込書とルールに従って行わなければなりません。
- 高校新卒用の求人申込書は、記載方法に従い事実を正確に記載してください。
- 大学・短大・高専・専修学校等への募集採用は、直接学校へ申し込むことができます。

高校新卒者に対する募集採用は、定められた求人申込書とルールに従って行わなければなりません。

　高校新卒者の募集採用には色々なルール、注意点があります。募集採用の時点では高校生であることを念頭に、ルールに従って行ってください。大きな特徴としては、大学の新卒のように生徒が自由に応募するのではなく学校を通して行われるということです。高校新卒者はまだ若く社会経験もないため、応募する事業所の選択には生徒本人の意向だけでなく親御さんと進路指導の先生の意見が重要となります。生徒本人はもちろんのこと親御さんや先生も安心して応募できるよう、仕事の内容も具体的に記載しかつ教育指導制度等充実させることにより「将来性のある仕事と事業所である」ということをアピールする必要があります。

　高校新卒者に対する求人手続は、具体的には次の手順で行います。

ステップ1

- 受付開始日（平成30年は6月1日）以降に事業所管轄のハローワークで求人申込書を記入し提出する
- ハローワークに利用申請後（事業所番号必要）に発行されたユーザIDとパスワードでハローワークインターネットサービスにログイン➡事業所向けメニューから求人情報仮登録※をする➡仮登録番号を、1週間以内にハローワークの職員に伝え確認➡求人を申し込む（求人情報本登録）
- 仮登録ではまだ求人手続が未完了なので、必ずハローワークで確認する

※求人情報仮登録とは、ハローワークで求人申込手続を行う前に、求人情報をあらかじめインターネットから入力し、仮登録することにより、ハローワークで求人申込書を記入する手間を軽減することができるものです。仮登録をしてから7日以内（申込日を含む）に、ID・パスワードを発行したハローワークに出向いて申込手続を行う必要があります。

ステップ2

- 7月1日（平成30年は7月2日）以降に、提出された求人申込書か仮登録の確認により求人票が発行される（求人票はハローワークで確認印が押され事業所に返戻される）
- 求人申込書の「公開希望」欄で「可」を選択したものは、「高卒就職情報 WEB 提供サービス」のホームページで公開され※、公開期間は翌年の6月まで

※公開されると推薦依頼校以外からも応募がある可能性があります。依頼校からのみの応募に絞りたい場合は公開を不可にします。

ステップ3

推薦依頼高校等募集学校があれば、募集する各高校に求人票を送付（あるいは訪問し手渡し）する

ステップ4

- 9月5日以降に応募生徒がいる学校から応募書類（全国高等学校統一用紙）が提出されるので、応募があった場合は高校及び応募者に選考日程を連絡する
- なお、応募者には指定された応募書類以外の用紙の提出は一切求めない

ステップ5

9月16日以降に選考及び採用内定を開始する

ステップ6

採否は選考後速やかに（極力7日以内）決定し結果を学校及び本人に通知し、採否結果はハローワークにも報告する

ステップ7

求人内容の変更や募集終了、充足（予定人員に達し応募受付を終了）した場合は、必ずハローワークに報告する（報告の方法は各地で様式が異なるので管轄のハローワークに確認する）

2 高校新卒用の求人申込書は、記載方法に従い事実を正確に記載してください。

求人申込書【高卒1／3】　事前に事業所管轄のハローワークで事業所情報の登録が必要です。

求人申込書【高卒1／3】

※3面の記入用紙がございます。忘れずにご記入ください。
□に印をつける場合は、◻のように「|」を記入してください。

受理日 [　　　　　] 年 月 日

`2 1 2 3 1`

1欄 事業所番号 `1414-10xxxx1-1`　（フリガナ）カブシキガイシャ　事業所名 **株式会社ショップリーダー**

2欄 職種 `営 業`

3欄 求人数・従業員数
通勤 `1 0`人　住込 [　]人　不問 [　]人　雇用形態 `1`　2正社員以外を選んだ場合の名称及び特記事項 [　　]　雇用形態 1 正社員 2 正社員以外

4欄 企業全体 `9 6`人　就業場所 `4 5`人　うち男性 `3 6`人　うち女性 `0`人

5欄 仕事の内容
入社後3か月は営業部員のアシスタントとして営業事務を担当し、
その後6か月間は商品知識や顧客情報を身につけるため、
商品の入出庫管理と顧客への配達を上司とともに担当します。
ATのライトバンを運転します。その後、各人の能力の向上度に応じて
上司とともに固定顧客を担当し、コンサルティング営業を行います。
担当顧客は関東に所在し、大量の納品は運送会社が担当します。

作業を行う上で必要な知識または技能（免許・資格科目等）
普通自動車免許
（AT限定可）
（入社後取得可）

不問 ・ [　]

6欄 雇用期間 なし `|` ・ あり [　]　期間 [　　] 年 月 ～ [　　] 年 月　契約更新の有無 あり [　] 条件付 [　] なし [　]

7欄 就業場所 事業所登録内容に同じ [　]　異なる場合 [　]　※就業場所の所在地及び事業所名（支店名等）を記入してください。 〒 [　－　]（　　）下車徒歩（　）分　転勤の可能性 あり [　]

8欄 就業時間
(1) `8 30`～`17 30`　時 分 ～ 時 分　(2) [　]時[　]分～[　]時[　]分　(3) [　]時[　]分～[　]時[　]分　休憩時間 [　]時[　]分
該当する場合のみ記入 1特定曜日のみ(2)(3) 2交替制 3フレックス 4裁量 5変形 → [　] 1 1か月単位 2 1年単位 3 1週間単位非定型的　残業 あり [　]・ なし [　] → 月平均 `1 0`時間　休憩時間 `6 0`分

9欄 休日
月 火 水 木 金 土 日 祝 他 [　]　休日、週休二日制以外その他の場合 [　]　有給休暇 入社時 `0`日　6ヶ月経過後 `1 0`日
週休二日制 `|`　1毎週 2隔週 3その他 4なし　年間休日数 `1 2 1`日　最大 `2 0`日

10欄 加入保険等 事業所登録内容に同じ [　]　異なる場合 [　]　雇用 [　] 労災 [　] 公災 [　] 健康 [　] 厚生 [　] 財形 [　]　企業年金 [　]　退職金制度 [　]　勤続 [　]年以上　退職金共済 [　]

11欄 定年等 事業所登録内容に同じ [　]　異なる場合 [　]　定年制 あり [　] 一律 [　] → [　]歳　なし [　]　再雇用 あり [　] [　]歳まで　勤務延長 あり [　] [　]歳まで

201503【裏面へ】

1	3欄	用意した住居（宿舎）に入居が条件の場合は住込、用意しない場合は通勤、希望に応じて用意する場合は不問となります。
2	5欄	業務内容を具体的にイメージできるように記入します。 ➡仕事内容は生徒が重視する部分で、文字数が多く具体的なほど就職後の仕事をする姿がイメージでき応募者も増加する傾向との調査結果があります。
3	8欄	就業時間は法定労働時間内の勤務時間を記載し、残業時間が増える時期は求人申込書（高卒3／3）の特記事項に記載します。
4	9欄	休日　法定休日以上の休日を記入し、年末年始・夏期・特別休暇も記入
		有給休暇　法定以上の日数を9欄有給休暇の欄の空欄に記入

38　第1章｜募集・採用

求人申込書【高卒2／3】

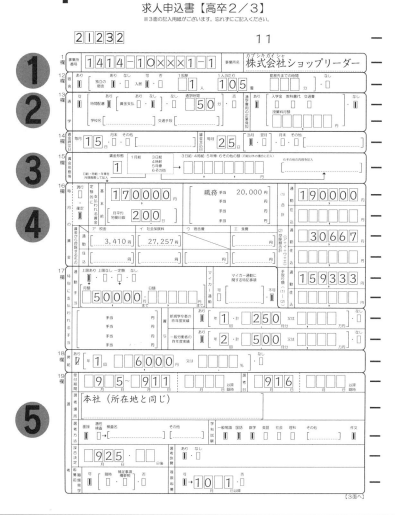

①	12欄	宿舎とは、求人者の住居や工場等を一部改造したものではなく独立した建物をいいます。
②	13欄	通学を許可し、時間配慮「あり」にする場合は、労働義務の免除時間に対応する賃金の支払の「あり」「なし」のいずれかを選択します。徒歩、バス等交通手段と時間を記入します。
③	15欄	月給は月額を欠勤しても控除しない場合、日給は欠勤した日は日割計算で欠勤控除する場合、時給は時間給制、年棒は年額を各月に配分し支給する場合をいいます。
④	16欄	毎月の賃金は就職後の初任給確定額を記載します。未確定の場合は当年度採用新卒者の現行賃金を記載し、日給の場合は賃金計算の基礎日数を掛けた月額を記載します。「定期的に支払われる賃金」とは、賃金支払時に全員に決まって支給される賃金です。「手取り」欄は、控除合計額や合計支給額をもとに実際に計算した額を記載します。
⑤	19欄	受付期間は、応募受付開始日の9月5日(沖縄8月30日)以降です。選考開始日は9月16日以降です。

求人申込書【高卒３／３】

求人申込書【高卒３／３】

※３面の記入用紙がございます。忘れずにご記入ください。

```
21233
```

1欄 事業所番号 `1414-10xxx1-1` 事業所名 カブシキガイシャ **株式会社ショップリーダー**

20欄 担当者
- 課係名 役職名 [総務人事部長] （ふりがな）氏名 うちだ ゆうぞう [内田 勇造]
- 電話番号 事業所登録内容に同じ ☑ 異なる連絡先 □ ［　　　－　　　－　　　］ 内線 [　　　]
- FAX 事業所登録内容に同じ ☑ 電話番号に同じ □ ［　　　　　　　　　］
- Ｅメール 事業所登録内容に同じ ☑ 異なる連絡先 □ 携帯メールアドレスは不可 [　　　　　　　　　]

1

21欄 赴任 入社日 `25` 年 `4` 月 `1` 日 赴任旅費 あり・なし

22欄 公開希望 インターネットによる全国の高校への公開 可・不可

23欄 補足事項
1. 当社は今までにない効率性の高い受発注・流通システムを作り、消費者、小売、卸売、メーカー間を直に結びつけ、消費者の声を反映した商品を素早く提供します。
2. 社員の能力向上のため、段階に応じた教育を定期に実施し、成長を目指します。
3. 新入社員には１年間アドバイザーとなる先輩社員をつけ、仕事のアドバイスや相談にマンツーマンで対応します。
4. 会社の利益は社員の業績に応じて還元します。
5. 全員スマートフォンを業務に利用しているため、情報や報告の伝達が早く、定時終業が増えています。

2

27欄 高校既卒者の応募

高校既卒者の応募：可・否
⇒可の場合、卒業後概ね　　　年
入社日：

高校中退者の応募：可・否
⇒可の場合、中退後概ね　　　年
入社日：

24欄 求人条件にかかる特記事項
○残業が増えるのは４月、７～８月、１２月～１月頃です。

○スマートフォンやパソコンの使い方は入社後指導します。

○都市部のお客様へ行く時はなるべく自動車は使用しないようにしています。

○夏休みは３日で、土日を含め５日間です。前後に計画的付与による有休を合わせる人もいます。

3

＜固定残業代について＞
　　　手当は時間外労働の有無に関わらず、　　　時間分の固定残業代として支給し、　　　時間を超える時間外労働分は追加で支給します。

25欄 求人連絡・推薦数

	県	安定所	求人連絡数	学校	推薦人員	学校	推薦人員
	○○	○○	3				
	○○	○○	3				
	○○	○○	3				

求人連絡総数　　　所　　　人
推薦依頼総数（管内）　　　校　　　人
（管外）　　　校　　　人

26欄 応募者数・採用者数・離職者数状況

	`26`年 3月卒	`27`年 3月卒	`28`年 3月卒
応募者数	`15`人	`23`人	`26`人
採用者数	`6`人	`11`人	`10`人
離職者数	`1`人	`1`人	`0`人

*職業分類 1 [　　　－　　] 2 [　　　－　　]

2015.03

1	22欄	全国の高校に対してWEB情報提供サービスで求人情報を公開希望の場合は「可」、希望しない場合は「不可」を選択します。
2	23欄	応募上の注意事項や、採用に際しての参考事項を記載します。 ➡生徒は自分の未来像を具体的にイメージできる情報に興味を持つため、企業の特徴や教育・フォロー体制等の魅力を具体的に記載すると効果的に企業をアピールできます。
3	24欄	書ききれなかった求人条件を具体的に詳しく記載します。 ➡就職後の不安を解消し、将来像をイメージできるため早期離職を防止する効果があります。

40　第1章｜募集・採用

3 大学・短大・高専・専修学校への新卒求人は、直接学校へ申込できます。また、ハローワークでも新卒求人を申込できます。

1 大学・短大・高専・専修学校等への新卒求人

　大学・短大・高専・専修学校等への新卒求人は、直接学校へ申し込むことができます。学校ごとに求人票の受付日や具体的な求人方法を問い合わせてください。

　なお、一般社団法人日本経済団体連合会等が大学生・短大・高専の新卒の「採用活動に関する指針」を発表していますので、求人活動に入る前に確認してください。

2 大学新卒者に対するハローワークでの求人

　大学新卒者等の新卒求人はハローワーク（事業所管轄、以下同じ）でも受け付けており、登録した求人情報は、4月1日から新卒応援ハローワーク等の求人情報提供端末により学生に公開される他、インターネットにも公開します。求人票は2月1日以降に次のいずれかの方法で申し込んでください。求人内容の変更や充足の場合はすぐにハローワークへ連絡してください。なお、求人申込書の記入方法は高校新卒用を参照してください。

ハローワークでの大学等の求人申込

① ハローワークで求人申込書を記入し提出します。

② ハローワークに利用申請後に発行されたユーザIDとパスワードで、ハローワークインターネットサービスにログインし、事業所向けメニューから求人情報を仮登録後に表示された仮登録番号を1週間以内にハローワークに行き職員に伝えます。仮登録だけでは求人受理は未完了です。

---

3 新卒応援ハローワーク

　新卒応援ハローワークは、大学・短大・高専・専修学校の新卒者や20代の既卒求職者の就職支援のため全国に設置されています。全国のハローワークで受理された求人票の公開、職業相談、セミナー、イベント等を開催して就職支援を行っています。

　多数の新卒者が会員登録しインターネットから求人票や企業情報等を検索しており、求人票の公開だけでなく就職後に働いている姿や社会生活等を具体的にイメージできるよう

41

な企業情報等を掲載すると、応募者に対するよい効果が期待できます。

4 外国人雇用サービスセンター

　外国人雇用サービスセンターは日本企業への就職希望の留学生や専門的技術的分野での就職を希望する外国人の相談・紹介等を行うため東京、名古屋、大阪に設置されています。ハローワークで求人申込を行った後、求人番号を伝える等すると外国人向け求人として活用されます(588頁参照)。

第 **2** 章

労働条件・労働契約

第1節 労働基準法と労働契約法

POINT

- ・労働契約法は労働契約の民事ルールを定めることで個別労働関係の安定を図ります。
- ・労働基準法は労働条件の最低基準を定め、罰則と監督指導により履行させます。
- ・労働契約は労働者と使用者が合意すると成立します。

1 労働契約法は労働契約の民事ルールを定め、個別労働関係の安定を図ります。

　労働の価値観や就業形態の多様化に応じて個々の労働者の労働条件も多様化するなかで、労働者と使用者との間で個別労働紛争が増加し個別労働関係が不安定となっています。そこで個別労働紛争の解決と個別労働関係の安定を目的とした労働契約法が制定されました。

　労働契約法は、労働基準法とは異なり労働契約における権利義務関係を確定させる法的根拠を示すことで、公正公明な民事的ルールを明らかにします。これにより労働者と使用者の個別労働紛争の解決の予測可能性が高まるとともに、労働契約の成立や変更等の際は労使双方に労働契約法のルールに沿った合理的な行動を促すことで、個別労働紛争の発生を事前に予防することを目的とします。

　個別労働紛争は、労使双方が自主的な早期解決を目指しますが、総合労働相談コーナーや都道府県労働局長による助言や指導、紛争調整委員会によるあっせん等によりその防止や解決を目指します。それでも解決できない場合は、最終的に裁判所で解決を目指すことになります。

2 労働基準法は労働条件の最低基準を定め、罰則と監督指導により履行させます。

　労働基準法は、法定労働時間や法定休日、割増賃金といった労働条件の最低基準を定めかつ労働基準監督官（以下、監督官という）による監督指導及び罰則の適用により、その最

低基準を履行させる労働者保護を目的とした強行法規です。

これに対して労働契約法は、労働基準法を前提に労働契約に関する民事ルールを明示するもので、監督官による監督指導や罰則により履行させることはしません。国は労働契約法の趣旨や内容を周知し相談に応じることで、合理的な労働条件の決定や変更の実現を目指します。

そのため、個別労働紛争の原因に労働基準法等法令違反がある場合は、監督官が監督指導し是正勧告等の行政指導により法令違反の是正を図りますが、法令違反がなく、民事ルール上の問題が原因の場合は、監督官は介入しません。

3 労働者と使用者が労働条件に合意すると労働契約は成立します。

1 労働契約法上の労働者と使用者

労働契約は、労働者が「使用者に使用されて労働」することと、使用者が「労働した労働者に対して賃金を支払う」ことに合意すると成立します。

労働者とは、使用者に使用されて労働する者であり、使用者の指揮監督のもとで労働し、その報酬として賃金を支払われる者ですが、労働者であるか否かは労務提供の形態や報酬の労務対償性等を総合的にみて判断します。そのため、請負や委任等の契約であっても労働者の実態が認められ賃金が支払われていれば労働者です。

使用者とは、指揮命令のもとに労働者を使用し賃金を支払う労働者と相対する労働契約の締結当事者のことで、個人事業では事業主個人を、法人組織ではその法人をいいます。

2 賃金

賃金とは、賃金、給料、手当、賞与その他名称を問わず、労働の対償として使用者が労働者に支払う全てをいいます。

例えば慶弔見舞金等は、使用者が労働者の個人的な出来事に対して恩恵的に支払うものならば賃金ではありませんが、就業規則等で支給条件が定められていれば、使用者には支払義務があり労働者には受給権利があるため賃金とみなされます。

45

> 理解チェック

労働契約法は、罰則はなく労働契約の民事的ルールを規定し個別労働紛争防止が目的

▼

労働基準法は労働条件の最低基準を定めかつ、罰則と監督指導により履行させる強行法規

▼

労働基準法違反には監督官が監督指導し法令を遵守させるが、民事ルール上の紛争には介入しない

▼

個別労働紛争は、労使双方が自主的な早期解決を目指すが、都道府県労働局長による助言や指導、紛争調整委員会によるあっせん等によりその防止や解決を図る

▼

それでも解決できない場合は最終的に裁判所で解決を目指す

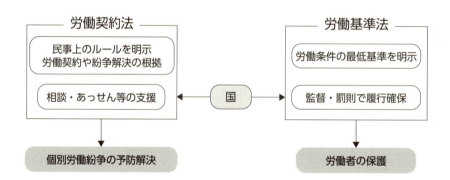

第 2 節　労働契約の条件提示と成立

POINT

・労働契約は労働者と使用者の合意による民事契約であり、労働者と使用者の双方に権利と義務があります。
・労働契約は労働者と使用者が5つの原則に従い締結・変更しなければなりません。
・労働者に提示する労働条件及び労働契約の内容は、労働者の理解を深めるよう使用者が書面で明示し誠実に説明してください。

労働契約は労働者と使用者の合意による民事契約であり、労働者と使用者の双方に権利と義務があります。

　労働契約は、「労働者が使用者に使用されて労働し」、「使用者が労働した労働者に賃金を支払う」ことについて「労働者と使用者が合意する」ことにより成立します。ただし、労働者と使用者には経済的・社会的な現実の力関係の不平等が存在するため、労働契約は、労働契約法で定める5つの原則に則り労働者と使用者の対等の立場による合意で締結することが原則です。

　労働契約を労働者から見ると、一定の対価(＝賃金)と一定の労働条件のもとに、自己の労働力の処分を使用者に委ねる契約です。そのため労働者には、権利とともに使用者の指揮命令に従った完全な労働提供等の義務が発生します。

　また、労働者は使用者の指定した場所に配置され、使用者の供給する設備、器具等を用いて労働に従事するため、労働契約の内容に安全配慮を具体的に定めずとも、使用者は労働者が生命、心身の安全を確保して労働できるよう必要な配慮をしなければなりません。労働契約法で定める使用者の労働者に対する安全配慮義務は、とても重要です。使用者は労働基準法等労働関連法で多くの義務が定められていますが、労働契約法では使用者だけでなく労働者にも労働契約の遵守、信義誠実な権利行使と義務履行、及び権利を濫用してはならないことを定めています。

2 労働契約は労働者と使用者が5つの原則に従い締結・変更しなければなりません。

　労働契約法では、次の労働契約5原則を定めており、使用者と労働者はこの原則に従って労働契約を締結・変更することが求められます。これにより経済的・社会的な立場の劣る労働者を考慮した労働契約の締結を実現させ、個別労働紛争発生の予防を目指します。

労働契約の5原則

① 労働者と使用者が対等の立場における合意により締結または変更します。

② 労働者と使用者が就業の実態に応じて均衡を考慮して締結または変更します。

③ 労働者と使用者が仕事と生活の調和にも配慮して締結または変更します。

④ 労働者と使用者は労働契約を遵守し、信義に従い、誠実に権利を行使し義務を履行します。

⑤ 労働者と使用者は労働契約の権利の行使にあたってはそれを濫用してはなりません。

---

3 労働者に提示する労働条件の内容は、労働者の理解を深めるよう使用者が書面で明示し誠実に説明してください。

　労働者が労働条件の内容を十分理解せずに労働契約を締結・変更すると、双方の認識が異なり雇用後に労働条件について個別労働紛争を生じることがあります。これを防ぐため、労働契約の締結前や変更前に、使用者が労働者に提示する労働条件の内容は、労働者の理解を深めるよう、使用者が書面で確認しながら誠実に説明し、労働者の質問に答えなければなりません。これにより労使双方が契約内容を自覚し曖昧な労働契約が成立・継続しないようにします。

　なお、使用者に対する労働条件の書面提示義務は、労働基準法及び短時間労働者の雇用管理の改善に関する法律(以下、パートタイム労働法という)でも定めています。

48　第2章｜労働条件・労働契約

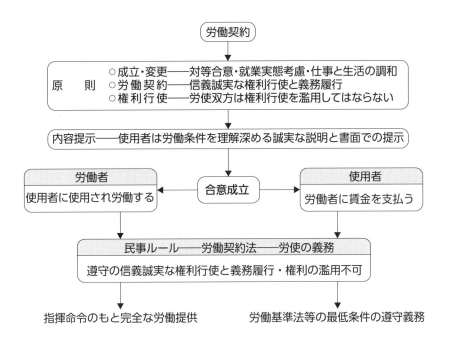

第3節 労働条件の明示事項

POINT

・労働者を雇用する場合は、賃金や労働時間等の条件を明示しなければなりません。

・必ず書面で明示しなければならない労働条件が労働基準法で定められています。

・有期労働契約では契約期間と契約更新の有無、契約更新基準を書面で明示してください。

1 労働者を雇用する場合は、雇用後の賃金や労働時間等の条件を明示しなければなりません。

　使用者は労働契約を締結するに際しては、賃金や労働時間等の労働条件を明示しなければなりません。明示した労働条件に労働者と使用者双方が同意したうえで労働契約を結びかつ雇用後の労働条件は明示したものと同じ内容にしないと、労働紛争になります。雇入後の労働条件が締結した契約内容と違うと採用した労働者が事業所や事業主に疑問や不信感を抱いたり、せっかく採用したのに退職することもあります。さらに労働者がハローワークや労基署に苦情を訴え、あるいは損害賠償を求めて訴訟を提起することもあります。これでは募集採用から勤務までの双方の時間と労力が無駄になるだけでなく、職場が混乱したり事業所の社会的評判を損なうことにもなってしまいます。

2 必ず書面で明示しなければならない労働条件が労働基準法で定められています。

1 使用者が明示しなければならない労働条件

　労働基準法(15条、労基法規則5条)では、使用者が明示しなければならない労働条件を次のように定めています。このうち、①～⑥は必ず明示しなければならない事項であり、⑦～⑭は制度を設ける場合に明示しなければならない事項です。

第2章│労働条件・労働契約

また、これらの労働条件は書面で明示しなければならないものと口頭での明示でもよいものがありますので、書面で明示しなければならない労働条件は労働条件通知書等で明示してください。

なお、明示された労働条件が事実と相違する場合は、労働者は即時に労働契約を解除できます。その場合、就業のために住居を変更した労働者が、契約解除から14日以内に帰郷する場合は、使用者は必要な旅費を負担しなければなりません（労基法15条2項、3項）。

書面の交付による明示事項

① 労働契約の期間（有期労働契約では契約更新に関する事項）
② 就業の場所・従事する業務の内容
③ 始業・終業時刻、所定労働時間を超える労働の有無、休憩時間、休日、休暇、交替制勤務をさせる場合は就業時転換（交替期日あるいは交替順序等）に関する事項
④ 賃金の決定・計算・支払方法、賃金の締切り・支払の時期に関する事項
⑤ 退職に関する事項（解雇の事由を含む）

口頭の明示でもよい事項

⑥ 昇給に関する事項
⑦ 退職手当の定めが適用される労働者の範囲、退職手当の決定、計算・支払の方法、支払時期に関する事項
⑧ 臨時に支払われる賃金、賞与等に関する事項
⑨ 労働者に負担させる食費、作業用品その他に関する事項
⑩ 安全・衛生に関する事項
⑪ 職業訓練に関する事項
⑫ 災害補償、業務外の傷病扶助に関する事項
⑬ 表彰、制裁に関する事項
⑭ 休職に関する事項

要注意ポイント

就業規則に当該労働者に適用される労働条件が具体的に規定されており、労働契約締結時に労働者一人ひとりに対し、その労働者に適用される部分を明らかにしたうえで就業規則を交付すれば、再度、同じ事項について書面を交付する必要はありません。その場合でも賃金、就業場所と業務内容は書面での明示が必要です。

2 短時間労働者に書面で明示しなければならない特定事項の労働条件

短時間労働者の雇用管理の改善に関する法律（以下、パートタイム労働法という）では、短時間労働者に対して文書の交付（労働者が希望した場合はFAXまたは電子メールの送信含む）により明示しなければならない労働条件として、次の特定事項を定めています。

そのため短時間労働者を雇用するときは、労働基準法で定める労働条件の明示の他に、この特定事項の労働条件についても文書を交付することにより明示してください。

短時間労働者に文書の交付で明示する特定事項

① 昇給の有無

② 退職手当の有無

③ 賞与の有無

④ 雇用管理の改善に関する相談窓口

---

3 有期労働契約では契約期間と契約更新の有無・契約更新基準を書面で明示してください。

契約の開始と満了のある労働契約を有期労働契約といいます。パートタイムやアルバイト、契約社員等の有期労働契約労働者は契約期間が終わった後の契約更新の有無をとても重視するため、更新の有無が有期労働契約の締結に大きく影響します。有期契約労働者としては、契約期間満了後にその労働契約の更新を予定していたにも関わらず契約が更新されないと、収入が途絶え予定していた生活設計に支障が出ます。そのため、契約更新をめぐり個別労働紛争となることがあります。

そのようなトラブルを未然に防ぐため、有期労働契約では次の労働条件を書面で明示しなければなりません（労基法施行規則5条）。

有期労働契約において書面で明示する事項

① 契約期間

② 契約更新の有無

③ 契約更新がある場合の契約更新基準

（一般労働者用；常用、有期雇用型）

労働条件通知書

年　　月　　日

中野　○也　殿

事業場所在地　　　東京都台東区池之端5-○-21
名　　称　　　○○クラリス企画株式会社
使用者職氏名　代表取締役　杉並　淳○　　　　　印

契約期間	☑期間の定めなし　□期間の定めあり（　　年　　月　　日～　　年　　月　　日） ※以下は、「契約期間」について「期間の定めあり」とした場合に記入 1　契約の更新の有無 　[自動的に更新する・更新する場合があり得る・契約の更新はしない・その他（　　　）] 2　契約の更新は次により判断する。 　┌　・契約期間満了時の業務量　　　・勤務成績、態度　　　　・能力 　│　・会社の経営状況　・従事している業務の進捗状況 　└　・その他（　　　　　　　　　　　　　　　　　　　　　　　） 【有期雇用特別措置法による特例の対象者の場合】 無期転換申込権が発生しない期間：Ⅰ（高度専門）・Ⅱ（定年後の高齢者） 　Ⅰ　特定有期業務の開始から完了までの期間（　　年　　か月（上限10年）） 　Ⅱ　定年後引き続いて雇用されている期間
就業の場所	東京都台東区池之端5-○-21　本社
従事すべき 業務の内容	食品販売促進支援ツール・システム・PCアプリの新規顧客への営業 【有期雇用特別措置法による特例の対象者（高度専門）の場合】 ・特定有期業務（　　　　　　　開始日：　　　　完了日：　　　）
始業、終業の 時刻、休憩時 間、就業時転 換((1)～(5) のうち該当す るものに○を 付けること。)、 所定時間外労 働の有無に関 する事項	1　始業・終業の時刻等 （①）始業（ 8 時 30 分）　終業（ 17 時 30 分） 【以下のような制度が労働者に適用される場合】 (2) 変形労働時間制等；（　　）単位の変形労働時間制・交替制として、次の勤務時間の 　　組み合わせによる。 　┌　始業（　時　分）終業（　時　分）（適用日　　　　　） 　│　始業（　時　分）終業（　時　分）（適用日　　　　　） 　└　始業（　時　分）終業（　時　分）（適用日　　　　　） (3) フレックスタイム制；始業及び終業の時刻は労働者の決定に委ねる。 　　　　　　　（ただし、フレキシブルタイム（始業）　時　分から　　時　分、 　　　　　　　　　　　　　　　　（終業）　時　分から　　時　分、 　　　　　　　　　　コアタイム　　　　　　時　分から　　時　分） （④）事業場外みなし労働時間制；直行直帰の場合＝始業（９時30分）終業（18時00分） (5) 裁量労働制；始業（　時　分）終業（　時　分）を基本とし、労働者の決定に委ね 　　る。 ○詳細は、就業規則第○条～第○条、第○条～第○条、第○条～第○条 2　休憩時間（60）分 3　所定時間外労働の有無（（有）,　無　）
休　　　日	・定例日；毎週土日曜日、国民の祝日、その他（　　　　　　　　　　） ・非定例日；週・月当たり　　　日、その他（　　　　　　　　　　） ・1年単位の変形労働時間制の場合－年間　　　日 ○詳細は、就業規則第○条～第○条、第○条～第○条
休　　　暇	1　年次有給休暇　6か月継続勤務した場合→　　10 日 　　　　　　　　継続勤務6か月以内の年次有給休暇　（有・（無）） 　　　　　　　　→　　か月経過で　　日 　　　　　　　　時間単位年休（有・（無）） 2　代替休暇（有・（無）） 3　その他の休暇　有給（特別休暇等　　　　　　） 　　　　　　　　　　　　無給（産休、育休、介護休等） ○詳細は、就業規則第○条～第○条、第○条～第○条

（次頁に続く）

賃　　金	1	基本賃金　イ　月給（基本給180,000円）、ロ　日給（　　　　　円） 　　　　　ハ　時間給（　　　　円）、 　　　　　ニ　出来高給（基本単価　　　円、保障給　　　円） 　　　　　ホ　その他（　　　　円） 　　　　　ヘ　就業規則に規定されている賃金等級等 　　　　　　□
	2	諸手当の額又は計算方法 　イ（職能手当50,000円　／計算方法：毎月定額　　　　　　　　） 　ロ（職務手当20,000円　／計算方法：毎月定額　　　　　　　　） 　ハ（住宅手当15,000円　／計算方法：毎月定額　　　　　　　　） 　ニ（通勤手当23,850円　／計算方法：1か月の定期代　　　　　） 3　所定時間外、休日又は深夜労働に対して支払われる割増賃金率 　イ　所定時間外、法定超　月60時間以内（　25　）％ 　　　　　　　　　　　　　月60時間超　（　50　）％ 　　　　　　　　所定超　（　　）％ 　ロ　休日　法定休日（　35　）％、法定外休日（　25　）％ 　ハ　深夜（　25　）％ 4　賃金締切日（　　　）－毎月15日、（　　　）－毎月　　日 5　賃金支払日（　　　）－毎月25日、（　　　）－毎月　　日 6　賃金の支払方法（指定口座への振込み　　　　　） 7　労使協定に基づく賃金支払時の控除（無）、有（　　　）） 8　昇給（会社の業績と本人の意欲能力.成果が良い場合は4月に昇給することがある） 9　賞与（　有（会社業績と本人の成績・成果に応じて7月と12月に支給　）　） 10　退職金（　有（勤続2年目以降から退職金規程に基づき支給する　）　）
退職に関する事項		1　定年制　（有（60歳）　，　無　） 2　継続雇用制度（有（65歳まで）　，　無　） 3　自己都合退職の手続（退職する2か月以上前に届け出ること） 4　解雇の事由及び手続 　　　就業規則の解雇事由に該当した場合は、30日前までに予告するか 　　　または平均賃金30日分の解雇予告手当を支払い即日解雇する ○詳細は、就業規則第○条～第○条、第○条～第○条
そ　の　他		・社会保険の加入状況（　厚生年金　健康保険　労災保険　その他（上乗労災保険）） ・雇用保険の適用（　有り　） ・その他 ※　以上のほかは、当社就業規則による。 ※　労働条件通知書については、労使間の紛争の未然防止のため、保存しておくことをお勧めします。

> 　労働契約法第18条の規定により、有期労働契約（平成25年4月1日以降に開始するもの）の契約期間が通算5年を超える場合には、労働契約の期間の末日までに労働者から申込みをすることにより、当該労働契約の期間の末日の翌日から期間の定めのない労働契約に転換されます。ただし、有期雇用特別措置法による特例の対象となる場合は、この「5年」という期間は、本通知書の「契約期間」欄に明示したとおりとなります（113頁、118頁参照）。

第4節 労働契約内容と就業規則

POINT

・労働契約締結時に適正に作成された就業規則を周知していれば、労働契約の内容はその就業規則によります。

・「就業規則を周知させる」とは、就業規則の存在や内容を労働者が常時知り得る状況にしておくことをいいます。

・正規労働者と労働条件の異なる非正規労働者がいる場合は、非正規労働者を対象とする就業規則を作成・周知する必要があります。

1 労働契約締結時に適正に作成された就業規則を周知していれば、労働契約の労働条件はその就業規則の内容になります。

労働契約は、詳細な労働条件を定めなくとも労働者と使用者の合意があれば成立しますが、後日の個別労働紛争の発生を防ぐため、使用者は一定の労働契約の内容を労働者が理解できるように書面で明示する必要があります。ところが労働契約締結の際に詳細な労働条件を書面で説明し労働契約書で定めることは、量的にも時間的にも理解の点でも難しくなります。

ところで書面で明示しなければならない労働条件は就業規則の記載内容とほぼ同じであることを活用し、適正に作成された就業規則を周知させた場合は、労働契約の内容は、就業規則で定める内容となります(労契法7条)。ただし、就業規則を周知する場合でも、就業規則には規定されていない個々の労働者ごとの賃金額や業務内容、就業場所等は別に書面で明示してください。

労働条件となる就業規則の内容はとても重要です。実態に合わない内容や事実と異なる内容の就業規則を作成し、そのまま周知すると、労働者から就業規則の規定を権利主張されたときに使用者が実行できなくなった場合は、雇用後に個別労働紛争発生の可能性が高まります。

特に危険なのは、他社の就業規則を内容も確認しないまま単にコピーしたものを自社の就業規則として定めることです。自社の実態に合わない条文がそのままになっていたり、法改正に対応していなかったりして、個別労働紛争の温床になります。

なお、労働者と使用者が就業規則と異なる労働条件を合意した部分は、就業規則の規定に達しないものを除いてその合意によります。

また、労働契約締結後に制定された就業規則は、制定前に労働契約を締結していた労働者の労働契約の内容にはなりません。

理解チェック

使用者は労働条件を明示し説明しなければならないが、時間上も理解上も困難

労働契約締結のときに就業規則を周知すればその内容が労働条件の内容となる。就業規則に規定されない就業場所、職務内容、賃金額等は別に書面で明示する

就業規則と異なる内容の労働契約は、就業規則に達しないものを除き有効となる

労働契約法は、罰則はなく労働契約の民事的ルールを規定し個別労働紛争防止が目的

2 就業規則の周知とは、就業規則の存在や内容を労働者が常時知り得る状況にしておくことをいいます。

「就業規則の周知」とは、労働者が就業規則の存在や内容を常時知り得る状態にしておくことをいいます。周知しておけば、労働者が実際にその存在や内容を知っていたか否かに関わらず周知させていたことになります。一方、就業規則を作成していても周知されていない場合は、労働条件を明示したことにはなりません。就業規則を「常時知り得る状態」にしているとは、就業規則が次のいずれかの状態にあることをいいます。

> **就業規則を常時知り得る状態**
> ① 常時作業場の見やすい場所へ掲示し、または備え付けられている状態
> ② 個々の労働者へ交付されている状態
> ③ 磁気媒体等の記録内容を労働者が常時確認できるよう機器が設置されている状態

労働条件の異なる非正規労働者がいる場合は、非正規労働者を対象とする就業規則を作成・周知する必要があります。

　周知させた就業規則の合理的な労働条件が労働契約の内容となりますが、正規労働者と労働条件の異なる非正規労働者がいる場合は、非正規労働者の労働条件を反映した非正規労働者専用の就業規則の作成と周知が必要です。非正規労働者専用の就業規則がなければ、正規労働者用の就業規則の内容が非正規労働者の労働条件となるためです。

　非正規労働者と正規労働者の賃金や昇給、賞与、退職金等の労働条件が異なる場合に、非正規労働者の労働条件を定めた専用の就業規則がなければ、非正規労働者から正規労働者と同じ賃金や昇給、賞与、退職金等の労働条件を要求される可能性があります。そのとき使用者がその要求に応じなければ非正規労働者と個別労働紛争を引き起こす可能性が高まります。

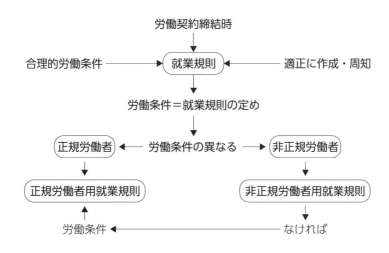

第5節 労働契約の内容の変更

POINT

・就業規則に満たない個別合意の労働条件は、就業規則の労働条件まで引き上がります。
・労働者と使用者は、合意により労働条件を変更できます。
・労使の合意がない就業規則の不利益変更は、変更後の就業規則を周知させ、かつ変更内容及び労働者等との交渉状況が合理的でなければなりません。

1 就業規則と異なる個別合意の就業規則を下回る労働条件は、就業規則の労働条件まで引き上がります。

　労働契約締結の際に、使用者が適正に作成された就業規則を周知させていた場合の労働契約の内容は、就業規則で定める労働条件になりますが、労働契約で就業規則の内容と異なる労働条件を労働者と使用者が個別に合意していた場合は、その合意内容が労働条件となります。これにより労働者ごとの事情に合わせて労働条件を個々の労働者ごとに柔軟に定めることができます。

　ただし、個別合意の労働条件が就業規則で定める労働条件を下回る場合は、その下回る部分の労働条件は無効となり、就業規則で規定する労働条件まで引き上がります(労契法12条)。下回る部分以外のその他の個別合意の労働条件は有効となります。

2 労働者と使用者は、合意により労働条件を変更できます。

　労働契約の成立後、色々な事情で賃金や労働時間等労働条件の変更が必要となる場合は、労働者と使用者は合意により労働条件を変更できます（労契法8条）。変更できる労働条件には、個別合意の労働条件だけでなく、就業規則で定める労働条件等全て含みます。労働条件を変更するには、労働紛争の防止のためにも使用者と労働者が十分話し合って合意することが重要です。

　労働者と使用者は合意により労働条件を変更できますが、変更した労働条件のうち就業規則規定に満たない部分は無効となり、就業規則の定める労働条件に引き上がるため、使用者が労働条件を就業規則未満の労働者にとって不利益変更したい場合は、就業規則を変更するしかありません。ところが原則として使用者は、労働者との合意なしに就業規則の変更によって労働条件を労働者の不利益となるように変更できません（労契法9条）。

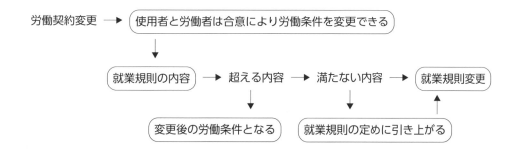

3 労使の合意のない就業規則の不利益変更は、変更後の就業規則を周知させかつ変更内容及び労働者等との交渉状況が合理的でなければなりません。

　使用者が就業規則の内容を労働者にとって不利益変更するには、労働者との合意が必要なため、使用者は労働者の合意を得られるよう変更の必要性及び変更後の労働条件の影響と効果を何度でも誠実に説明し、話し合うことが重要です。

　それでも労働者の合意を得られない場合は、次の3条件の全てを満たした場合に限り労働者の合意がなくとも労働条件は変更後の就業規則の定めによることができると考えられます。ただし、労働契約で就業規則の変更では変更されない労働条件を合意していた部分は、就業規則に達しないものを除いてその合意によります（労契法10条）。

合意のない就業規則の不利益変更の3要件

- 変更後の就業規則を労働者に周知させていること
- 労働者の受ける不利益の程度、使用者にとっての労働条件の変更の必要性、変更後の就業規則の内容の相当性、代償措置やその他の労働条件の改善状況が合理的であること
- 労働組合等との交渉状況、その他の変更に係る諸事情が合理的であること

　この就業規則の変更には、条項規定の改廃だけでなく新設も含まれます。労働条件の変更のため労働者の合意なしに就業規則を労働者にとって不利益な内容に変更するには、この3条件を満たすべく誠意をもって慎重に労働者と話し合い、交渉することが必要です。

　ただし、労働者が使用者の就業規則の変更を受け入れず提訴した場合は、裁判所が変更の是非を判断します。

理解チェック

就業規則を下回る個別合意の労働条件は就業規則の労働条件に引き上がる

▼

労働条件を変更しても、就業規則を下回る内容は就業規則の労働条件に引き上がる

▼

労働条件を就業規則未満の労働者にとり不利益変更するには就業規則を変更するしかない

▼

労働者にとって不利益な変更には労使の合意が必要だが3条件を満たせば合意なく変更できると考えられる

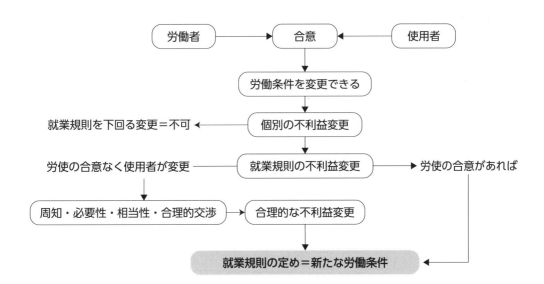

第6節 個別労働紛争の解決

POINT

・個別労働紛争は、労働者と使用者の当事者同士が自ら解決しなければなりません。

・国や都道府県等では相談、指導・助言、あっせん等で解決を支援しています。

・自主解決できない個別労働紛争は、最終的に裁判所で解決を目指します。

1 個別労働紛争は、労働者と使用者の当事者が自ら解決しなければなりません。

　労働契約は、労働者と使用者の自主的な合意により成立しまたは変更されるため、労働契約上の紛争が発生した場合は、労働者と使用者の自主的な交渉で解決しなければなりません。労基署に相談・申告しても、国は直接関与しませんが、労働条件の最低基準を定める労働基準法等の法令違反がある場合は、監督官が権限をもとに行政指導や司法警察官の職務を行う等して法令違反を是正させます。例えば法定労働時間を超えた時間外労働時間には労働基準法で25％以上の割増率の割増賃金を支払わなければならないと定めていますので、監督官が時間外労働時間に割増賃金を支払っていないことを確認すると、使用者に是正勧告等で支払うように行政指導を実施します。

　ところが、配置転換や役職昇降の判断、昇給額や賞与の支給額の決定等使用者の人事権に基づく措置には労働基準法等の規定はないため、監督官は介入する法令上の根拠がありません。そのため、法令違反以外の問題について個別労働紛争が発生した場合は、労働者と使用者の双方が労働契約法のルールに従って自主的に解決を目指すこととなります。

2 国や都道府県等では相談、指導・助言、あっせん等で解決を支援しています。

　個別労働紛争は、当事者が労働契約法のルールを順守して早期に誠意をもって自主的に解決しなければなりませんが、解決できない場合は国や都道府県労働局等での相談や指導、あっせん等を利用して解決を目指します。民事上の個別労働紛争の解決のため、紛争当事者は国や都道府県から、次の支援を受けることができます。これらの相談、指導、あっせん手続等に費用はかかりません。

国の支援

総合労働相談コーナーの設置	都道府県労働局に設置され情報提供や相談に応じる
労働局長の助言・指導	紛争の問題点と解決の方向性を示し、話合い解決を促す
労働局紛争調整委員会によるあっせん	公平中立な第三者が非公開で紛争当事者双方の主張の要点を確かめ調整し、双方の求めに応じて具体的なあっせん案を提示し、合意し受諾されたあっせん案は民法上の和解契約となる
労働局雇用環境均等部(室)の調停	男女雇用機会均等法、育児・介護休業法※、パートタイム労働法に関する紛争に対して労働局長または調停委員による解決のための援助と調停を行う

※　育児休業、介護休業等育児又は家族介護を行う労働者の福祉に関する法律（以下、育児・介護休業法という）

都道府県等の支援

　都道府県の労政事務所・労働相談情報センター等は、労使での自主的な解決が困難な個別労働紛争について、双方の要請のもとに第三者の立場で相談を受け、自主的な解決を支援し、解決が困難な場合はあっせんを行い、双方の合意と解決を支援する

裁判外紛争解決手続（ADR）

　裁判によらない紛争解決を行う民間の労働紛争解決機関がある。例えば、社労士会労働紛争解決センターでは、特定社会保険労務士があっせん委員となり、労使双方の言い分を聞き個別労働紛争の解決を目指している

3 当事者では自主解決できない個別労働紛争は、最終的に裁判所で解決を目指します。

　当事者同士の話合いや、国や都道府県等での相談、指導・助言、あっせん等を利用しても自主的に解決ができない個別労働紛争は、最終的に裁判所で解決を目指します。具体的には、以下のいずれかの手続となります。どちらの裁判所を用いるかは、それぞれの特徴から検討する必要があります。

1 簡易裁判所の手続

　簡易裁判所とは、民事事件では訴訟の目的となる物の価格が140万円を超えない請求事件について裁判権を持っています。また、原則1回の期日で審理を終え判決を出す少額訴訟や調停委員会が当事者双方の言い分を聞き合意を目指す調停の制度もあります。

　簡易裁判所の労働紛争解決手続には、次のものがあります。

簡易裁判所の労働紛争解決手続

① 調停	労使双方が話合いで円満な解決を目指す非公開の裁判外紛争解決手続（ADR）で、調停委員会が話合いを進め解決を目指すものであり、ここでの合意は、判決と同じ効力を持つ
② 少額訴訟	原告の申出に被告に異議がない場合は、60万円以下の支払を求める訴訟で、原則1回の審理で直ちに判決を出す
③ 訴訟	140万円以下の支払を求める訴訟で、法廷で労使双方が言い分や証拠を出し合い、裁判所がどちらの言い分が正しいか判決等で最終的に判断し、手続中に双方の合意ができれば、和解により終了することもある

2 地方裁判所の手続

　地方裁判所とは、民事事件では訴訟の目的となる物の価格が140万円を超える請求事件について裁判権を持っており、簡易裁判所の民事判決の控訴事件についても裁判権を持っています。また、原則3回の審理で柔軟な解決案を提示する労働審判の制度もあります。

　地方裁判所の個別労働紛争解決手続には、次のものがあります。

地方裁判所の個別労働紛争解決手続

① 労働審判	専門家による労働審判委員会が、双方の言い分や証拠をもとに3回以内の期日で審理し、実情に合った柔軟な解決案を提示。手続中に調停も試みる。確定した労働審判や成立した調停は裁判上の和解と同じ効力があり、強制執行の申立ても可能。労働審判に異議申立てがあれば審判は失効し、訴訟に移行
② 訴訟	140万円を超える支払を求める訴訟で、法廷で労使双方が言い分や証拠を出し合い裁判所がどちらの言い分が正しいか判決等で最終的に判断し、手続中に双方の合意ができれば、和解により終了することもある

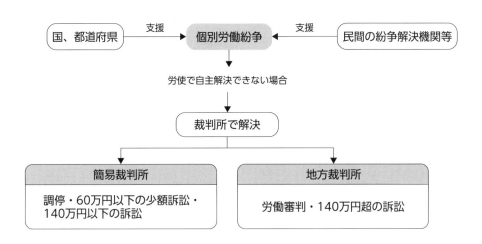

3 第一審の判決に不服のある場合

　第一審裁判所の判決に不服のある当事者は、次のように判決送達日から2週間以内に上級裁判所に控訴することができ、第二審(控訴審)裁判所の判決に不服のある当事者は、さらに上告することができます。

　・第一審＝地方裁判所の判決─控訴→高等裁判所─上告→最高裁判所
　・第一審＝簡易裁判所の判決─控訴→地方裁判所─上告→高等裁判所─憲法問題がある
　　　　　場合─特別上告→最高裁判所

原判決に不服がある当事者は常に控訴できます。控訴審では、裁判所は第一審と同様に事実認定を行い、第一審裁判所の判決への不服の限度で事実と法律の適用を再度審査します。

　上告審は法律問題に関する審理を行い、上告審の裁判所は原則として原判決で認定された事実に拘束されます。

第 7 節　労働契約と試用期間

POINT

・試用期間を定めた労働契約は、使用者が解約権を留保する労働契約とみなされます。
・試用期間の長さは労働契約で定めることができますが、不安定な労働者の地位を考慮して長さを決める必要があります。
・試用期間満了後に本採用しない場合、客観的かつ合理的な理由の明示と解雇予告制度への対応が必要です。

1　試用期間を定めた労働契約は、使用者が解約権を留保する労働契約とみなされます。

　新規に採用した労働者の労働条件に試用期間を定めることがあります。試用期間とは採用した労働者の勤務状況、能力、協調性等職務上の適性を一定の期間で判断する期間です。試用期間を定めた労働契約は、試用期間満了後に特段の問題がなければ本採用とし、職務上の適性がなければ使用者が労働契約を解約することもあるという、使用者が解約権を留保する労働契約（解約権留保付き労働契約）と理解されています。

　解約権留保付き労働契約とは、通常の労働契約に加えて使用者に労働契約の解約権が留保されている契約をいいます。具体的には就業規則等に定める解雇事由に制限されなくとも、合理的で社会的相当性のある理由により、使用者が労働者に職務上の適性がないと判断した場合は使用者が解約できる労働契約をいいます。

　試用期間を定める場合は、募集採用時の労働条件にその旨を明示してください。特に試用期間中の賃金等労働条件が募集時の内容と変わる場合は、試用期間中の労働条件も明示してください（19頁参照）。

　また、新規に採用した正規労働者の能力や適性を判断するための労働契約期間を定めたときは、労働契約期間満了時に契約が終了すると合意されている場合を除いて、その労働契約期間は試用期間とみなされることもあります（最高裁三小平2.6.5神戸弘陵学園事件）。

66　第2章│労働条件・労働契約

2 試用期間の長さは労働契約で定めることができますが、不安定な労働者の地位を考慮して長さを決める必要があります。

　試用期間の長さに関する法令の規定はありませんので、試用期間の長さは労働条件で自由に定めることができます。ところが試用期間は使用者にとって解約権を留保している労働契約であり、労働者にとっては本採用と比べ地位が不安定になります。そのため、あまりに長い試用期間は公序良俗違反となるおそれがあり、また、求職者の応募の妨げとなる可能性もあります。逆に、試用期間が短いと採用した労働者の適性の判断が困難になる、あるいは判断を誤り本採用した労働者の適性や能力が、使用者の求める水準に合わずトラブルに発展する可能性もあります。以上のことを考慮して、試用期間の長さを決める必要があります。

　一般には試用期間を3か月から1年としている事業所が多くみられますが、事業の種類や職務の内容、責任度合等を考慮して事業所に適した試用期間の長さを決める必要があります。

　また、試用期間中に病気欠勤した等で、勤務状況から職務適格性を確認できない場合や、試用期間中に職務不適格と判断したが直ちに解雇するのではなく試用期間を延長して教育指導したうえで職務適格性を判断したいという場合もあるでしょう。こういう場合に備えて、試用期間を延長できる根拠の規定を労働条件または就業規則に定めることも検討する必要があります。ただし、根拠規定に基づく合理的な理由のない安易な試用期間の延長は、認められず延長しても本採用と判断されることもあるため避けてください。さらに試用期間の再々延長が認められず本採用されたと判断されると、その労働者の解雇には正規労働者と同じ解雇事由が必要となります。

　なお、試用期間の満了時までに解約権が行使されずに試用期間が経過した場合は、試用期間中の解約権留保付き労働契約が、解約権留保のない労働契約に移行したものと理解されます。

　労働基準法では(解雇予告制度)、その適用を除外する試用期間は2週間と定めていますので、たとえ試用期間満了に伴う解雇の場合でも採用後2週間を経過している場合は解雇予告制度が適用されます。

3 試用期間満了後に本採用しない場合は、客観的かつ合理的な理由の明示と解雇予告制度への対応が必要です。

　使用者が試用期間中の勤務状況から職務上不適格と判断して、留保している解約権を行使して労働者を解雇する(本採用しない)場合は、就業規則で定める本採用した労働者と同じ解雇事由ではなくとも客観的で合理的かつ社会通念上も相当な理由が必要です。そのため明確な理由もなく単に従業員としての「適性がない」として解雇せずに、その根拠となる事由を労働者に明示する必要があります。就業規則の解雇事由に該当する場合は、その事由を明示します。

　また、解約権を行使して解雇する場合は、解雇日が試用期間満了日を過ぎていないことが重要です。解約権を行使しないまま試用期間満了日を過ぎてしまうと本採用となり解約権のない労働契約に移行するためです。

　解約権を行使し労働者を解雇する場合でも採用後2週間を過ぎている場合は、「① 解雇の30日前までに予告する」か「② 平均賃金30日分の解雇予告手当を支払い即日解雇」するか、いずれかの解雇予告制度が適用されます。

　そのため事前に「試用期間満了日」、「試用期間満了日の30日前の日」を確認しておいてください。例えば試用期間が3か月の場合、試用期間満了日の30日前の日は試用期間の開始からほぼ2か月経過日ですので、解雇予告制度が適用となります。仮に試用期間満了日を解雇日として30日前に解雇予告する場合は、実質2か月間で職務上の適性を判断する必要があります。

　したがって、新たに採用した労働者に試用期間を設けている場合は、次のポイントをおさえて対応することが重要です。

試用期間がある場合の対応

新規採用する労働者に試用期間の有無と、試用期間中の労働条件が変わる場合はその内容を説明

試用期間中は勤務状況から職務上の適性を確認し、上司や同僚にも試用期間の意味を周知し、職務適性を判断するための事実を記録するよう伝える

試用期間中に職務上不適正と判断する事実があれば記録し、また教育指導をした場合はその事実も記録する

試用期間満了日とその30日前の日を事前に確認する

本採用せずに解雇する場合は、解雇の30日以上前に解雇予告するか、試用期間満了日までに平均賃金30日分の解雇予告手当を支払い即日解雇するかを判断する

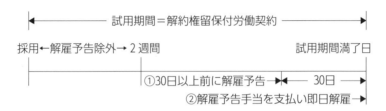

第 **3** 章

就業規則

第1節 就業規則の意義と役割

POINT

- 就業規則とは、使用者の指揮命令の根拠及び労働者の権利と義務を明示して職場のルールを定めるものです。
- 就業規則に制裁や解雇の事由、働き方の指針や制裁・解雇の事由等を規定することで経営方針を反映した規律ある職場環境を維持できます。
- 就業規則の作成義務があるのは、正規労働者だけでなく非正規労働者を含め常時10人以上の労働者を使用する使用者です。

1 就業規則とは、使用者の指揮命令の根拠及び労働者の権利と義務を明示して職場のルールを定めるものです。

　事業所では年齢や性別だけでなく、意欲や能力、考え方や価値観の異なる色々な人がともに働いています。使用者にとっては、これらの多様な人が経営方針と統一されたルールのもとで規律を保ち意欲的に働いてくれなければ、統制のとれた自律的な経営はできません。また、個々の労働者にとってはどのように働くべきか、してはいけないことは何か等のルールと、賃金や賞与、有給休暇等労働条件が明確になっていれば安心して働けます。

　就業規則は、事業場の労働条件を統一的に定めたもので、使用者の指揮命令や制裁、解雇等の根拠を示し、また労働者の権利と義務等職場のルールを明確にする使用者と労働者の双方が守るべき重要なものです。

　労働契約法では、適正に作成され、周知されている就業規則の内容が労働条件となると定めています。そのため、大まかな内容や不明確な規定の就業規則では指揮命令の根拠になりません。また、実現不可能あるいは管理の実態を反映していない内容では、労働者から就業規則をもとに権利を主張されても実行できず、労務トラブルを引き起こすことになります。そのため、出来合いの就業規則や安易に他事業所の就業規則を借用したりせず、事業所の経営方針と実際の労務管理を反映した就業規則の作成が重要です。

2 就業規則に働き方の指針や制裁・解雇の事由等を規定することで、経営方針を反映した規律ある職場環境を維持できます。

　使用者が労働者を解雇する場合は、就業規則にどのような場合に解雇となるのかという解雇事由を定めておく必要があります。労働者に制裁を科す場合も就業規則にどのような場合にどのような制裁を科されるのかという制裁事由を定めておく必要があります。

　これら以外にも遅刻や欠勤、休業休職時の取扱い、人事異動、年次有給休暇の取り方、賃金、賞与、退職金等、就労に際してのルールが就業規則で定められていなければ、日々発生する労務管理上の問題に対処できなくなってしまいます。就労中の私的なスマートフォンや携帯電話の利用、業務上の秘密情報や個人情報の漏洩、パワハラ・セクハラ等の問題も増加しており、職場での働き方の規律やトラブルの際の対処方法を就業規則で規定しておかなければ、日々の事業運営に支障をきたす可能性が高まっています。

　かつては、口に出していわなくても社会人の常識として働く際の基本的なルールは共有し理解されていました。しかし、現在は残念ながらそれを期待することは難しくなっています。就業規則に詳細な規定があればそれに基づき使用者は指揮命令でき、未然に労務トラブルを防止できます。また、労働者が就業規則の規定に従い労働することで職場の労働関係が安定し、使用者は事業経営に専念できます。

　さらに、正規労働者の労働条件とパートタイマー等短時間労働者の労働条件が異なる場合は、各々の対象労働者に適用する別個の就業規則を制定しないと、正規従業員の就業規則が短時間労働者にも適用されます。従業員に複数の種別があり、かつそれぞれの労働条件が異なる場合は注意してください。

就業規則の作成義務があるのは、正規労働者と非正規労働者を含め常時10人以上の労働者を使用する使用者です。

　労働基準法では、正規労働者だけでなく非正規労働者を含め常時10人以上の労働者を使用する使用者は、一定の事項を定めた就業規則を作成し届け出なければならないと定めています（労基法89条）。ときには10人未満となる場合があっても、常態でみればパートタイマー等も含め10人以上の労働者を使用している場合は、就業規則の作成義務があります。

使用者は事業場ごとに就業規則を作成・変更しなければなりませんが、事業場とは、法人全体や事業全体を１つの事業場とするのではなく、原則としてそれぞれ同一の場所にある本社、支店、工場、営業所を１つの事業場と判断します。そのため常時使用労働者数が10人以上の支社や支店、工場、営業所はそれぞれの事業場ごとに就業規則を作成する義務があります。

　また、労働者派遣事業の派遣元事業者は、派遣中の労働者とそれ以外の労働者を合わせて常時10人以上の労働者を使用している場合に就業規則の作成義務があります。

　なお、使用する労働者数が常時10人未満の事業場には就業規則の作成義務はありませんが、就業規則の意義と役割からみれば、作成するほうが規律ある経営の実現には重要です。

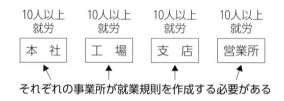

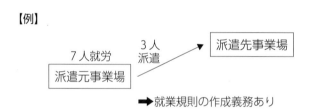

第2節 就業規則の作成事項

POINT

・就業規則には、必ず記載すべき事項と、定めがある場合は記載すべき事項があります。

・作成した就業規則は、労働者の意見を聴取した書面を添付して労基署へ届け出ます。届け出た就業規則は事業場内で労働者に周知します。

・就業規則は原則として事業場ごとに届出しますが、本社が事業場ごとの就業規則を一括して作成し本社管轄の労基署へ届出することもできます。

1 就業規則には必ず記載すべき事項と、定めがある場合は記載すべき事項があります。

労働基準法は、就業規則作成の際に規定すべき事項として、必ず記載すべき事項と定めがある場合は記載すべき事項を定めています。それぞれの記載事項は次のものです。記載しなければならない事項の一部を記載していない就業規則も他の要件を満たしていれば有効となりますが、就業規則の作成規定に違反していることになります。

①就業規則に必ず記載しなければならない事項

① 始業・終業の時刻、所定労働時間を超える労働の有無、休憩時間、休日、休暇、交替制労働をさせる場合は就業時転換に関する事項

② 賃金(臨時の賃金除く)の決定・計算・支払の方法、賃金の締切・支払の時期、昇給に関する事項

③ 退職に関する事項(解雇の事由も含む)

②定めをする場合に記載しなければならない事項

① 退職手当に関する事項

② 臨時の賃金(賞与)・最低賃金額に関する事項

③ 食費・作業用品等の負担に関する事項

④ 安全衛生に関する事項

⑤ 職業訓練に関する事項

⑥ 災害補償、業務上外の傷病扶助に関する事項

⑦ 表彰、制裁に関する事項

⑧ その他全労働者に適用される事項

※就業規則は、労働基準法等の関係法令、または労働協約に反してはいけません。

2 作成した就業規則は、労働者の意見を聴取した書面を添付して労基署へ届け出ます。届け出た就業規則は事業場内で労働者に周知します。

1 労働者の意見聴取

　作成した就業規則は、事業場を管轄する労基署へ届け出る必要があります。労基署へ届け出るときは、労働者の過半数で組織する労働組合がある場合はその労働組合、その労働組合がない場合、労働組合はあっても労働者の過半数で組織する労働組合がない場合は、労働者の過半数を代表する者の意見を聴いたうえでその意見書を添付しなければなりません（労基法90条）。

　就業規則は使用者が一方的に作成するものであるため、労働者の意見を聴くことで使用者に労働者の意見を確認し尊重する機会を作ります。ただし、労働者の意見は聴いたうえで意見書を添付すればよいのであり、たとえ同意しないまたは反対意見であってもその内容を記した意見書を添付すれば届出ができますし、届け出た就業規則は有効となります。

　正規労働者以外のパートタイマー等短時間労働者や職種別労働者を対象とする就業規則を作成する際も同様に、短時間労働者や職種別労働者の過半数で組織される労働組合がある場合はその労働組合、労働組合がない場合は、短時間労働者や職種別労働者の過半数を代表する者から意見を聴きます。

　なお、労働者の過半数を代表する労働者とは、次のいずれをも満たす必要があります。

---

① 労働基準法に規定する監督または管理の地位にある者でないこと

② 労使協定の締結当事者、就業規則の作成・変更の際に使用者から意見を聴取される者であることを明らかにして実施される投票、挙手等の手続により選出された者であり、使用者の意向により選出された者でないこと

2 届出と周知

就業規則を労基署へ届出する際は、提出用(1部)と控え用の1部(控えが2部必要な場合は2部)の就業規則それぞれに労働者の意見書を添えて届け出ます。労基署が受理すると控え用の就業規則が受理印を押印されて返却されます。

労基署に届け出た就業規則は、労働者に周知しなければなりません。周知とは、労働者が就業規則の存在や内容を常時知り得る状態にしておくことをいいます。この状態にしておけば労働者が実際にその存在や内容を知っていたか否かは問われません。就業規則を作成していても周知されていない場合は、労働条件を明示したことにはなりません。「常時知り得る状態」とは、就業規則が次のいずれかの状態にあることをいいます。

- 常時作業場の見やすい場所へ掲示し、備え付けること
- 個々の労働者へ交付すること
- 磁気媒体等の記録内容を労働者が常時確認できるよう機器を設置すること

就業規則は原則として事業場ごとに届出しますが、本社が事業場ごとの就業規則を一括して作成し本社管轄の労基署へ届出することもできます。

本社以外に支社や支店、工場等複数の事業場を有する企業等が、それぞれ複数の事業場に同一の就業規則を適用したい場合は、本社等で一括して就業規則を作成し、かつ本来は、それぞれの事業場の所在地を管轄する労基署長あてに届け出る就業規則を、本社の使用者がとりまとめたうえで、本社管轄の労基署長に届け出します(本社一括の届出をする場合は事前に本社管轄の労基署に問い合わせる)、次のいずれもの要件を満たす場合に限り、本社以外の複数の事業場の就業規則についても届出があったものとします。

なお、電子媒体による届出も可能です。

① 本社の所轄労基署長に対する届出の際には、本社分を含め事業場数に対応した必要部数の就業規則と意見書を提出すること
② 各事業場の名称、所在地及び所轄の労働基準監督署署長名、就業規則に定める事項について当該企業の本社で作成された就業規則が同一の内容のものである旨が付記されていること(事業場の一覧表を2部作成し、欄外に同内容である旨、付記する)

③ 労働者から聴取した意見書については、その正本が各事業場の就業規則ごとに添付されていること

理解チェック

常時10人以上の労働者を使用する事業場は就業規則の作成義務がある

就業規則には、必ず記載すべき事項と定めがあれば記載する事項がある

就業規則は労働者の過半数を代表する者の意見書を添付して労基署に届け出る

届け出た就業規則は必ず事業場内に周知しておく

本社が支店、工場等各事業場の就業規則を一括して届け出ることもできる

第 3 節 就業規則と法令・労働協約との関係

POINT

・就業規則は、当然に労働基準法等法令に違反してはなりません。

・就業規則は、労使交渉で合意した労働協約に違反してはなりません。

・就業規則は労働契約の際の労働条件となり、労使が合意しても就業規則の基準に達しない労働条件はその部分が無効となり、就業規則の基準に引き上がります。

1 就業規則は、当然に労働基準法等の法令に違反してはなりません。

労働基準法は労働条件の最低基準を定めるものであり、使用者が一方的に作成する就業規則は当然に労働基準法等の法令に違反してはなりません。法令とは労働基準法とその関連及びその他の法律、政令、省令をいいます。就業規則の法令違反の部分は無効となるため労働条件とはならず、その無効となった部分は法令の基準に引き上げられます。無効となった部分以外の就業規則の定めは有効です。

労基署長は法令に抵触する就業規則を変更するように命じることができ、使用者は労働者の意見を聴いたうえで変更しなければ労働基準法違反となります。

この就業規則には、常時10人以上の労働者を使用する使用者が作成する就業規則だけではなく、10人未満の労働者を使用する使用者が作成する就業規則も含みます。

2 就業規則は、労使交渉で合意した労働協約に違反してはなりません。

「労働協約」とは、賃金、労働時間、休日等の労働条件や、労働組合活動、団体交渉等の労使関係のルールについて、労働組合と使用者が書面でとりかわした約束事項です。

労働協約が締結されると、その有効期間中は一定の労働条件が保障されるため労働者は安心して働くことができ、また、使用者側にとっても労使関係の安定を維持することがで

79

きます。

　就業規則は、労働者の意見は聴くものの使用者が一方的に作成するものですが、労働協約は使用者と労働者が労使交渉を経て合意したうえで締結したものであり、使用者が一方的に作成する就業規則より優先されます。そのため就業規則は、労働関係に関する労働組合と使用者の合意である労働協約に違反してはならず、労働協約に違反する部分は無効となります。

　労基署長は労働協約に抵触する就業規則を変更するように命じることができ、使用者は労働者の意見を聴いたうえで変更しなければ労働基準法違反となります。

3 就業規則は労働契約の際の労働条件となり、労使が合意しても就業規則の基準に達しない労働条件はその部分が無効となり、就業規則の基準に引き上がります。

　労働契約法では、使用者は労働契約の締結の際に労働者に対して賃金や労働時間等の労働条件を明示しなければならないと定めています。特に労働時間や賃金等書面で明示しなければならない労働条件が定められており、労働契約締結の際に詳細な労働条件を書面で明示し理解を得ながら丁寧に説明するのは時間的にも難しいものがあります。

　そこで労働契約を締結する場合に、適正に作成された就業規則を労働者に周知させていれば、就業規則で定める労働条件が労働契約を締結する労働者の労働条件となります。

　労働契約は労働者と使用者の合意により締結されますが、いくら合意があっても就業規則で定める基準に達しない労働条件を定める労働契約は、その部分は無効となり就業規則で定める基準がその労働条件となります。

　なお、就業規則で定める基準を上回る労働契約の労働条件は有効ですが、事業場の労働条件を統一的に定めるという就業規則の意義からすれば、その上回る基準に他の労働者が納得できる理由がない場合は、後々のトラブルが予想されるため、その上回る基準に合わせた就業規則の変更を検討する必要があります。

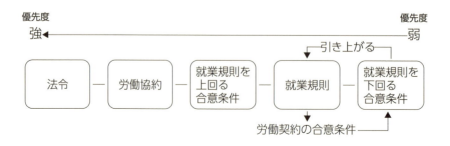

第 4 節　就業規則の変更

POINT

・法令の改正や労働条件の変更が必要な場合は、就業規則を変更しなければなりません。

・労働者にとって就業規則の不利益変更は、労働者の同意がない場合、3つの条件を満たしていなければ有効となりません。

・就業規則の変更届を労基署に提出する際は、作成時と同様に労働者の意見書を添付します。届出後の変更した就業規則は必ず周知してください。

1　法令の改正や労働条件の変更が必要な場合は、就業規則を変更しなければなりません。

1　就業規則変更が必要な場合

　就業規則は法令または労働協約に反してはならないため、法令や労働協約が変更された場合は、それに対応して就業規則も変更する必要があります。特に労働基準法等労働関連の多くの法令は、毎年のように改正されるため、その都度、その法令に対応する就業規則の規定も変更する必要があります。

　法令の改正はなくとも労働条件を変更する場合もあります。社会の変化や労働者の考え方、価値観等の変化に伴い、就労環境を整備するため労働条件もそれに応じて変更する必要が生じるためです。就業規則の内容が労働条件となるため、その労働条件を変更するには、就業規則を変更しなければなりません。

2　就業規則の労働者にとっての不利益変更

　就業規則の変更には、従来の労働条件を上回る変更と下回る変更があります。就業規則の変更は使用者が一方的にできますが、労働者の既得権である従来の労働条件を下回る変更については、過去の最高裁判所の判例において次のように示されています。

81

判例チェック

　秋北バス事件（最高裁昭43.12.25）では、既得の権利を奪い労働者に不利益な労働条件を一方的に課することは原則として許されないが、労働条件の集合的処理、特に統一的かつ画一的な決定を建前とする就業規則の性質からいって、就業規則の条項が合理的なものである限り、個々の労働者においてこれに同意しないことを理由に、その適用を拒否することは許されないとしました。

　この判例からは、①労働者の既得権を奪う従来の労働条件を下回る就業規則の変更は原則として労働者の同意が必要ですが、②就業規則の変更が合理的ならば労働者の同意がなくとも使用者が変更する就業規則は有効となる、といえます。

2 労働者にとって不利益変更は、労働者の同意がない場合、３つの条件を満たしていなければ有効となりません。

　就業規則の変更には条項規定の変更と廃止だけでなく、新設も含まれます。就業規則の変更は使用者が一方的に行いますが、就業規則の規定を労働者にとって不利益となる内容に変更するには原則として労働者の同意が必要なため、使用者は、個々の労働者の同意を得られるよう変更の必要性及び変更後の労働条件の影響と効果を何度でも労働者に対して誠実に説明し、話し合うことが重要です。

　それでも労働者の同意が得られない場合は、次の３つの要件の全てを満たした場合に限り個々の労働者の合意がなくとも、労働条件は変更後の就業規則の定めによることができると考えられます。ただし、労働者が使用者の就業規則の変更を受け入れず提訴した場合は裁判所が変更の是非を判断します。

① 変更後の就業規則を労働者に周知させていること
② 労働者の受ける不利益の程度、使用者にとっての労働条件の変更の必要性、変更後の就業規則の内容の相当性、代償措置やその他の労働条件の改善状況が合理的であること
③ 労働組合等や他の労働者との交渉状況、その他の変更に係る諸事情が合理的であること

　なお、労働契約締結の際に就業規則の変更では変更されないという労働条件を合意して

いた場合、その部分は、就業規則に達しないものを除いてその合意によります(労契法10条)。

3 就業規則の変更届を労基署に提出する際は、作成時と同様に労働者の意見書を添付します。届出後の変更した就業規則は必ず周知してください。

　変更した就業規則を労基署に届け出る際は、作成時と同様に労働者の過半数で組織する労働組合、その労働組合がない場合は労働者の過半数を代表する者の意見を聴いた意見書を添付して届け出ます。

　意見書は、提出用(1部)と控え用の(控えが2部必要な場合は2部)の就業規則それぞれに添付します。労基署が受理されると控え用の就業規則が受理印が押印され返却されます。

　労基署に届け出た変更後の就業規則は労働者に周知しなければなりません。周知とは、労働者が就業規則の存在や内容を常時知り得る状態(56頁参照)にしておくことをいい、周知しておけば労働者が実際にその存在や内容を知っていたか否かを問いません。就業規則を変更していても周知されていない場合は、労働条件を明示したことにはなりません。

　就業規則の変更は従来の労働条件を変更することになるため、変更部分を明示してください。特に労働者にとって従来の労働条件を下回る不利益変更では労働者の同意がない場合は、変更後の就業規則を周知させていることが変更を有効とするための条件の1つであることに注意してください。

理解チェック

法令改正や労働条件の変更があれば就業規則を変更しなければならない

就業規則の変更には、従来の条件を上回る変更と下回る変更、規定の新設、廃止がある

従来の条件を下回る不利益変更に労働者の同意がない場合は3要件を満たす必要がある

変更後の就業規則は労働者の意見書を添付し労基署に届け出て、事業場内で周知する

第 **4** 章

有期労働契約

第1節　有期契約労働者

POINT

・有期労働契約とは期間の定めのある労働契約をいい、契約期間満了日に労働契約は終了します。

・有期労働契約の契約期間には３年の上限がありますが職種等により例外もあります。

・有期労働契約を締結するには、契約期間満了後の契約更新の有無と更新がある場合はその更新基準を明示しなければなりません。

1　有期労働契約とは期間の定めのある労働契約をいい、契約期間満了日に労働契約は終了します。

　労働契約期間には、期間の定めのない無期労働契約と期間の定めのある有期労働契約があります。無期労働契約とは、「いつから、いつまで」という契約期間の定めのない労働契約をいい、無期労働契約を締結すると、労働者が自ら退職を申し出るか解雇するまで労働契約は終了しません。ただし、定年退職や休職期間満了による退職等が就業規則で定められている場合は、その定めによります。無期労働契約は一般に長期雇用を前提にした、正規労働者といわれる人の契約形態です。

　これに対して契約期間の定めのある労働契約を有期労働契約といい、契約期間満了とともに有期労働契約は終了します。有期労働契約には、使用者と労働者にとって次のような特徴があります。

使用者

必要な業務を必要な期間だけ行うために、必要な人数の労働者を雇用し、契約期間満了とともに労働契約が終了するため、業務量に応じた柔軟で効率的な人員配置ができる

労働者

希望する職務に希望する期間だけ労働し、契約期間満了とともに労働契約が終了するため、長期に拘束されることがなく自分の生活を優先できる

2 有期労働契約の契約期間には３年の上限がありますが、職種等により例外もあります。

　有期労働契約で就労する労働者(有期契約労働者)にとっては、いつまで雇用されるという契約期間は生活設計にとって特に重要なため、有期労働契約を締結するときは契約期間を明示しなければなりません。契約期間があまりに長期になるとその期間中は労働者を拘束することになるため、有期労働の契約期間には３年の上限を設けられています。また、有期契約労働者は有期労働契約締結から１年を経過すると使用者に申し出ることで、いつでも退職できます。

　なお、有期労働契約期間の上限は原則３年ですが、次のような場合は３年とは異なる上限があります。

1 高度の専門的な知識等を有する労働者との契約期間

　次のような基準以上の高度で専門的な知識、技術、経験を有する労働者との労働契約期間は５年を上限とします。

　ただし、これは高度専門知識を必要とする業務に就く場合に限り、必要としない業務に就く場合の上限は３年となります。

高度な知識・技術・経験を有する者

① 博士

② 公認会計士、医師、歯科医師、獣医師、弁護士、１級建築士、税理士、薬剤師、社会保険労務士、不動産鑑定士、技術士、弁理士

③ ITストラテジスト、システムアナリスト、アクチュアリーの資格試験合格者

④ 特許発明者、登録意匠創作者、登録品種育成者

⑤-1 大学卒で５年、短大・高専卒で６年、高卒で７年以上の実務経験を有する農林水産業・鉱工業・機械・電気・建築・土木の技術者、システムエンジニアまたはデザイナー(いずれも年収1,075万円以上)

⑤-2 事業運営の情報システム活用の問題点把握・活用・考案・助言業務に就こうとする者(いずれも年収1,075万円以上)

⑥ 国・地方公共団体、一般社団・財団法人等が知識、技術、経験が優れていると認定した者(労働基準局長が認める者)

---

2 満60歳以上の労働者との契約期間

満60歳以上の労働者（前記**1**の労働契約除く）との契約期間は５年が上限となります。

3 事業の完了に必要な期間を定める場合

土木工事やビル建築等の現場作業労働者等、事業の完了に必要な期間を定める場合、その期間を上限とします。

3 有期労働契約を締結するには、契約期間満了後の契約更新の有無と更新がある場合はその更新基準を明示しなければなりません。

1 有期契約労働者の労働条件の明示

有期契約労働者は、望んで有期契約を締結する人もいますが、希望した無期労働契約が締結できないため、やむを得ず有期労働契約を締結した人も多く、それらの人のなかには契約期間満了後も契約更新をくり返して、できるだけ長く働きたい人もいます。そのような人にとって、契約更新の有無はとても重要です。有期契約を締結する際に、契約期間満了後も契約更新できるものと期待し生活設計を立てたところ、契約更新されず有期労働契約が終了してしまうと、収入が途絶え生活に支障が出てしまうためです。

また、契約更新に関する個別労働紛争も増加しているため、労働基準法では有期労働契約の締結の際には、契約更新の有無について次のいずれかを書面で明示するよう定めています。

・自動的に更新する	・更新する場合がある	・契約の更新はしない

また、有期労働契約の更新がある場合は、契約更新の判断について次のような更新基準を書面で明示しなければなりません。有期労働契約を更新しないことが明らかな場合は、更新基準の明示義務はありません。

・期間満了時の業務量	・労働者の勤務成績や態度	・労働者の能力や健康状態
・事業の経営状況	・担当業務の進捗状況	・部門の人員充足状況

2 短時間労働者（パートタイム労働者）の労働条件の明示

　短時間労働者（パートタイム労働者）とは、１週間の所定労働時間が通常の労働者に比べて短い労働者をいいます。有期契約労働者かつパートタイム労働者である労働者を雇用したときは、労働基準法に定める労働条件に加えて、パートタイム労働法に定められているように昇給の有無、退職金の有無、賞与の有無及び相談窓口も文書等で明示してください（これら４つの事項を、特定事項という）。また、特定事項以外の労働条件も、使用者は文書の交付等で明示するよう努めてください（50頁参照）。

理解チェック

期間の定めのある有期労働契約は、契約期間満了後に労働契約は終了する

有期労働契約の契約期間には主に３年または５年の上限がある

有期労働契約は、契約更新の有無と更新がある場合は更新基準を文書で明示する

有期労働契約の期間満了後に契約更新する場合、再び有期労働契約を締結する

有期労働契約者かつパートタイム労働者である場合は、労働条件の特定事項についても文書で明示する

第2節 有期労働契約の不合理な労働条件の禁止

POINT

- 有期契約労働者の労働条件を、期間の定めを理由に無期労働者に比べ不合理に相違させることは禁止されます。
- 労働条件の相違が不合理か否かは、職務内容、配置変更の範囲、その他の事情を考慮し判断します。
- 不合理と認められた労働条件は無効となり、基本的に無期契約労働者と同じ労働条件が認められます。

有期契約労働者の労働条件を、期間の定めを理由に無期労働者に比べ不合理に相違させることは禁止されます。

　有期契約労働者の労働条件が、同一の使用者と期間の定めのない無期労働契約を締結している労働者（無期契約労働者）と相違する場合は、その相違が業務の内容と責任の程度、

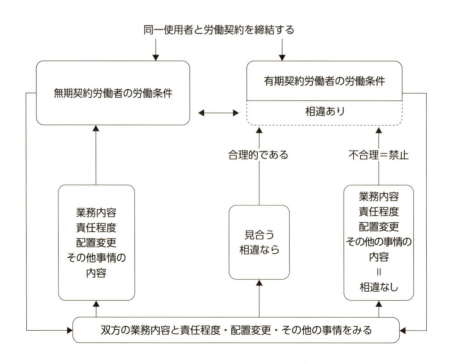

配置変更の範囲その他の事情からみて不合理であってはなりません(労契法20条)。

　有期契約労働者の労働条件を、期間の定めを理由にして無期契約労働者の労働条件と不合理に相違させることは禁止されるため、有期契約労働者と無期契約労働者を同時に雇用している場合は、双方の労働条件に相違があるかないか、相違がある場合はその相違に合理的な理由があるか否かを確認する必要があります。

　この場合の「労働条件」とは、賃金、労働時間だけでなく、災害補償、服務規程、教育訓練、福利厚生や通勤手当、食堂の利用、安全管理等も含む一切の待遇をいいます。

不合理な相違が禁止される労働条件

- 賃金、労働時間、業務内容、責任の程度、配置転換の範囲
- 災害補償、服務規律、教育訓練、福利厚生等一切の待遇
- 通勤手当の有無や食堂利用の是非、安全管理の労働条件

---

2 労働条件の相違が不合理か否かは、職務内容、配置変更の範囲、その他の事情を考慮して判断します。

1 有期契約労働者の労働条件

　同一の使用者と労働契約を締結した有期契約労働者と無期契約労働者の労働条件の相違が合理的か否かの判断は、次に挙げる事情を考慮して個々の労働条件ごとに判断します。なお、「同一の使用者」とは労働契約締結の法律上の主体である者をいい、本社や支店、工場等の事業場単位ではなく、法人ならば法人単位、個人事業ならば個人事業主単位で判断します。

① 職務内容

労働者が従事している業務内容とその業務に伴う責任の程度

② 職務内容の変化と配置変更範囲

今後の見込を含む転勤、昇進等の人事異動、本人の役割の変化の有無や範囲(配置変更を伴う職務内容の変更を含む)

③ その他の事情

合理的な労使慣行(企業内で事実上の制度となっており、それが労使間で認められるもの)等の諸事情

なお、定年退職後に有期労働契約で継続雇用された労働者(継続雇用者)の労働条件が、定年退職前の他の無期契約労働者の労働条件と相違する場合があります。これについては、定年退職前後の職務の内容、その職務の責任の程度と配置変更範囲等の変更が一般的であることを考慮すれば、特段の事情がない限り不合理とは認められないと解されます。ただし、定年退職後の継続雇用者の職務内容や責任程度が定年退職前と同一の場合に、賃金等の労働条件を低下させることは認められないとの判例が出ており注意を要します。

2 短時間労働者(パートタイム労働者)の待遇

　パートタイム労働者とは1週間の所定労働時間が通常の労働者より短い労働者をいいますが、事業主は、パートタイム労働者の待遇をフルタイムで働く労働者(フルタイム労働者)と相違させる場合は、不合理なものとしてはなりません。

　職務内容、人材活用の仕組みの実態が通常の労働者と同視できるパートタイム労働者の差別的な待遇は禁止されています(パートタイム労働法8条、9条)。

　パートタイム労働者が通常の労働者と同視できるかどうかはそのパートタイム労働者の「職務の内容」と「人材活用の仕組み」を比較検討して判断します(127頁参照)。

　有期契約労働者かつパートタイム労働者の待遇が通常の労働者と比べて相違するならば、その相違が業務内容や人材活用その他の事情から合理的か否かを十分検討してください。

3 不合理と認められた労働条件は無効となり、基本的に無期契約労働者と同じ労働条件が認められます。

　有期契約労働者と無期契約労働者の労働条件の相違が不合理と認められた場合は、その労働条件の相違は無効となり、無効とされた労働条件は基本的に無期契約労働者と同じ労働条件が認められると解されます。

　労働契約法の不合理な労働条件の相違の禁止規定は民事的効力があるため、不合理な労働条件の相違が、故意・過失による権利侵害とみなされると、不法行為として損害賠償が認められることもあります。民事訴訟では、有期契約労働者は労働条件が期間の定めを理由とする不合理なものであることを主張立証し、これに対して使用者は職務内容や配置の変更範囲等から合理的であると主張立証します。双方の主張立証の結果が総体として司法上判断されるもので、立証の負担が有期契約労働者側に一方的に負わされるものではないと解されます。こうした事態も想定し、有期労働契約の労働条件を無期労働契約の労働条件と相違させる場合は、その内容と合理的な理由の有無に十分な注意が必要です。

判例チェック

- 長澤運輸事件—東京地裁（平28.5.13）は定年退職後の嘱託社員と正社員の職務内容、配置変更に全く違いがなく嘱託社員の賃金の相違は不合理と判断し、控訴審で東京高裁（平28.11.2）は定年退職後の継続雇用の際の賃金引き下げは社会的通例であり老齢厚生年金、高年齢雇用継続給付もあり不合理でないと判断し、最高裁は（平30.6.1）定年退職後の嘱託社員の各賃金項目を職務内容及び配置変更の範囲その他の事情で個別に考慮すると、精勤手当は職務内容が同じ嘱託社員と正社員に皆勤奨励の必要性の相違はなく嘱託社員の不支給は期間の定めによる相違であり不合理だが、その他の賃金の相違や賞与の不支給は老齢厚生年金の受給等を考慮すると不合理ではないと判断しました。
- ハマキョウレックス事件—最高裁（平30.6.1）は有期契約社員と正社員の職務内容が同じだが配置変更その他の事情が異なり住宅手当の不支給は不合理でないが、皆勤・無事故・作業・給食・通勤手当の相違は職務内容に差異がなく期間の定めによる相違であり不合理である。また、労働条件の相違が労働契約法20条に違反しても有期契約社員の労働条件が正社員と同一とはならず有期契約社員に正社員就業規則は適用されないと判断しました。
- 日本郵便事件—東京地裁（平29.9.14）は新一般職と契約社員の職務内容や配置変更の範囲の差異を検討し、外務・早出勤務手当や夏期年末手当等の契約社員への不支給は不合理ではなく、年末年始勤務手当や住居手当、夏期冬期・病気休暇等の格差は不合理と判断しました。

理解チェック

有期契約労働者の労働条件を、期間の定めを理由に無期契約労働者に比べ不合理に相違させることは禁止

不合理な相違が禁止される労働条件は、賃金や労働時間だけでなく一切の待遇

労働条件の相違が不合理であるか否かは、職務内容、配置変更の範囲、その他の事情を考慮して労働条件ごとに判断する

不合理な相違の労働条件は無効となり、基本的に無期契約労働者と同じ労働条件となる

不合理な労働条件の相違は損賠賠償請求の対象となるため、相違の程度と職務内容、配置変更範囲、その他の事情を十分検討する

第 3 節 有期労働契約の雇止め

POINT

- 反復更新や更新を期待させた有期労働契約の雇止めは認められず、労働者が申し込めば同じ労働条件の有期労働契約が更新されます。
- 無効な雇止めに際しての有期契約労働者の契約更新の申込は、使用者の雇止めの意思表示に対して「嫌だ」、「困る」等と反対する意思表示も認められます。
- 1年を超えるまたは3回以上更新された有期労働契約を更新せず雇止めするには、契約期間満了の30日前までに予告しなければなりません。

1 反復更新や更新を期待させた有期労働契約の雇止めは認められず、労働者が申し込めば同じ労働条件の有期労働契約が更新されます。

　有期労働契約の契約期間満了後に使用者が契約更新を拒否することを「雇止め」といいますが、下記の①または②の有期労働契約の場合に、有期契約労働者が次のAまたはBのいずれかの意思表示をしたときは、使用者の雇止めは認められません。

　この場合、使用者は従前と同一の労働条件で、労働者の契約更新または労働契約締結の申込を承諾したものとみなされます。

理解チェック

使用者の雇止めが認められない有期労働契約
① 過去に反復更新された有期労働契約で、その雇止めが無期労働契約の解雇と社会通念上同視できると認められるとき
② 労働者が、有期労働契約の契約期間満了時にその有期労働契約が更新されるものと期待することについて合理的な理由があると認められること

これらの有期労働契約に対して

労働者の意思表示

Ａ：満了日までに労働者が契約更新を申し込んだ場合

Ｂ：契約期間満了後に遅滞なく労働契約の締結を申し込んだ場合で、使用者がその申込を拒絶することが、客観的合理的な理由を欠き社会通念上相当であると認められないとき

使用者はこれらの申込を承諾したとみなす

同一の労働条件の有期労働契約が締結された

判例チェック

- 東芝柳町工場事件(最高裁昭49.7.22)では、反復更新された無期労働契約と実質的に異ならない状態の有期労働契約には解雇権濫用法理が類推適用されるとし、使用者の雇止めには合理的な理由と社会通念上の相当性が必要と判断しました。
- 日立メディコ事件(最高裁昭61.12.4)では、有期労働契約の更新に合理性が認められれば、解雇権濫用法理が類推適用されると判断しました。

そのため上記①の有期労働契約は、期間満了時に対象労働者の意欲や能力、成績及び担当職務の業務量等の契約更新基準を検討せずに安易に何度も契約更新を反復更新することは避けるべきです。

②の有期労働契約では、契約期間中の業務が繁忙だからといって契約期間満了時の業務量を予測せずに安易に契約更新を伝えると、雇止めが認められない原因となります。

労働者が契約更新されると合理的な期待を抱いた後に、使用者が一方的に更新の年数や上限を宣言しても労働者の合理的な期待は直ちに否定されません。

現在は業種や職種によっては売上等や業務量は短期間で激変し、それにより有期契約労働者の必要人数も変わる可能性があることを考慮する必要があります。

2 有期契約労働者の契約更新・締結の申込は、使用者の意思表示に対して「嫌だ」、「困る」等の意思表示も認められます。

使用者の雇止めが認められない有期労働契約の場合に、有期契約労働者から期間満了前の更新申込や、期間満了後遅滞なく契約締結の申込があった場合は、合理的な理由のない

使用者の拒絶は認められません。その場合、使用者は同じ労働条件の有期労働契約を承諾したものとみなしますが、使用者の雇止めの意思表示に対する有期契約労働者の反対の意思表示は、明確な契約の更新または締結の申込だけでなく、「嫌だ」、「困る」等何らかの反対の意思表示が使用者に伝われば認められます。

また、訴訟の提起や紛争処理機関への申立等の場合、労働者は使用者に直接・間接的に申込を伝えたことを主張・立証すれば足りるため、使用者が安易に労働契約の更新・締結の申込を否定しても、有期契約労働者の申込が認められる可能性は高いといえます。

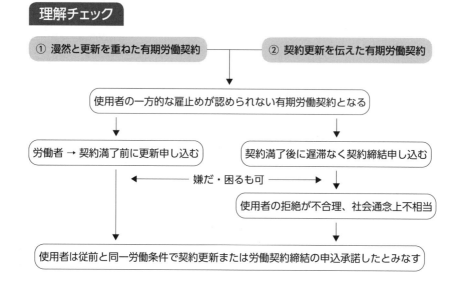

3 1年を超えるまたは3回以上更新された有期労働契約を更新せず雇止めするには、契約期間満了の30日前までに予告しなければなりません。

1 有期労働契約の雇止めの予告

使用者が次の有期労働契約を更新せず雇止めする場合は、契約期間満了の30日前までに予告しなければなりません。ただし、あらかじめ契約更新しないと明示されている有期労働契約は除きます。

雇止めの予告が必要な有期労働契約

- 3回以上更新された有期労働契約
- 1年を超える契約期間の有期労働契約
- 1年以下の有期労働契約が反復更新され、締結後継続して1年を超える有期労働契約

---

2 雇止め予告理由の明示

　有期労働契約の雇止め予告後または雇止め後に、労働者から理由の証明書を請求された場合は、次のような理由を記した証明書を遅滞なく交付しなければなりません。ここでの理由は、「契約期間の満了」とは別の理由が必要です。

有期労働契約雇止め理由の例

- 前回更新時に更新しない合意があった
- 契約締結当初から更新回数上限がある
- 担当業務が終了や中止となった
- 事業縮小
- 業務遂行能力が不十分と認められる
- 職務命令違反、無断欠勤遅刻等勤務不良

第4節 有期労働契約の無期労働契約への転換

POINT

- 有期労働契約が更新され通算5年を超えると、労働者は無期労働契約への転換申込ができます。
- トラブル防止のため労働者は無期転換申込を書面で行い、使用者は申込書の受理通知書を交付します。
- 無期転換申込で成立した無期契約労働者の解雇は、「客観的に合理的な理由を欠き社会通念上相当であると認められない」場合は権利濫用により無効となります。

有期労働契約が更新され通算5年を超えると、労働者は無期労働契約への転換申込ができます。

　同一の使用者との間で、平成25年4月1日以後に開始された有期労働契約が、1回以上更新され通算5年（大学等の研究者や教員は10年）を超えた労働者が、更新後の有期労働契約の初日から末日までの間に無期労働契約の締結を申し込む（無期転換申込）場合は、労働契約法により使用者はその申出を承諾したものとみなし、有期労働契約が無期労働契約へ転換します（労契法18条）。更新後5年を超えた有期労働契約期間中に申し込まなかった場合は、その後再度更新された有期労働契約期間中でも申込ができます。これを無期転換申込権といい、無期転換申込をするかしないかは労働者の自由です。

　転換後の無期労働契約は、無期契約転換申込権行使の時点で成立しており、実際に無期労働契約となるのは転換申込時の有期労働契約が終了した翌日からです。

　無期契約転換申込が有効かどうかは、次の事情で判断します。なお、無期転換申込権の発生する有期労働契約の締結前に、無期転換申込権を行使しないことを更新の条件にする等の無期転換申込権を放棄させることは認められず、無期労働契約への転換申込権を放棄する有期契約労働者の意思表示は、公序良俗に反し無効と解されます。

使用者

使用者が同一であること(労働契約締結の主体で事業場単位でなく法人または個人事業主単位)

5年超の有期労働契約

有期労働契約が1回以上更新されていること

　無期契約転換申込権は定年退職後に同一の使用者に引き続き雇用された労働者にも発生します。ただし、事業主が配置、職務及び職場環境を配慮する雇用管理計画(第二種計画認定・変更申請書)を厚生労働大臣に提出し認定を受けた場合は、その雇用期間中に無期契約転換申込権は発生しません。

　また、就業規則等で無期転換した労働者を対象とした適正な手続で定年退職年齢を定めた場合は、労働者がその定年年齢に達したことにより雇用を終了できます。

　なお、派遣労働者は労働契約の主体である派遣元事業主との有期労働契約です。

2 トラブル防止のため労働者は無期転換申込を書面で行い、使用者は申込書の受理通知書を交付してください。

　有期契約労働者からの無期転換申込は口頭でも有効ですが、後日のトラブル防止のためには労働者は書面(無期労働契約転換申込書)で申し込み、受理した使用者は確認のため受理通知書を交付する必要があります。

　なお、無期転換申込は、原則として使用者は承諾したものとみなされ、その申込日に無期労働契約が成立します。使用者は、受理通知書とは別に、転換後の労働条件を書面で通知する必要があります。

無期労働契約転換申込書

○○株式会社
人事労務部長　殿

平成　　年　　月　　日

所属部署
氏　名　○　○　○　○　　　印

　私は、現在の有期労働契約の契約期間の末日までに通算契約期間が5年を超えますので、労働契約法第18条の規定に基づき、期間の定めのない労働契約への転換を申し込みます。

```
            無期労働契約転換申込受理書

○　○　○　○　　殿
                                      平成　　年　　月　　日
                                      ○○株式会社
                                      人事労務部長　　　　　印

　あなたから平成　　年　　月　　日に提出された無期労働契約転換申込書については、受理しま
したので通知します。
```

無期転換申込で成立した無期契約労働者の解雇は、「客観的に合理的な理由を欠き、社会通念上相当であると認められない」場合は権利濫用により無効となります。

　有期契約労働者が無期転換申込権を行使すると、現在締結している有期労働契約の契約期間が満了する日の翌日から転換後の無期労働契約が、その無期契約転換申込権行使の時点で成立します。そのため、現在締結している有期労働契約の契約期間が満了する日をもって有期契約労働者との契約関係を終了させようとする使用者は、無期転換申込により成立した無期契約労働者を解雇する必要があります。しかし、その解雇が「客観的に合理的な理由を欠き、社会通念上相当であると認められない場合」は解雇権の濫用となり無効となります（労契法16条）。

　また、現在締結している有期労働契約を、契約期間満了日前に使用者が終了させようとする場合は、有期労働契約の契約期間中の解雇であるため、さらに「やむを得ない事由」（労契法17条）がなければなりません。この場合の「やむを得ない事由」とは、前述の「客観的に合理的な理由を欠き社会通念上相当であると認められない場合」より、さらに狭く重い事由が必要となります。

　何故なら有期労働契約は労働者と使用者が契約期間等労働条件について合意した労働契約であり、有期契約労働者はその有期労働契約に基づいて生活設計を立てます。契約で定められた期間満了前に、使用者の都合で簡単に解雇されると収入が途絶え生活基盤を失うからです。

　この「やむを得ない事由」は個別具体的な事案に応じて判断され、その主張の立証責任は使用者側にあります。

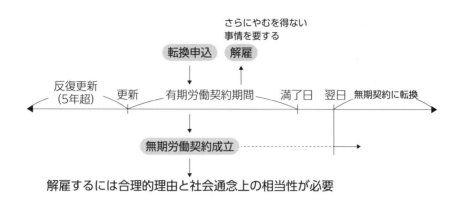

第5節 無期転換後の労働条件

POINT

・無期転換後の労働条件は、期間の定めを除き直前の有期労働契約と同一ですが、労働条件の変更には転換後の労働者の活用方法が反映されます。

・転換後の期間の定め以外の労働条件の変更は、就業規則で別段の定めをする方法と、個別労働者との合意で変更する方法があります。

・無期転換後の労働条件の変更は、職務変更がないのに賃金を低下させる等、無期転換申込権の行使抑制や公序良俗に反してはなりません。

1 無期転換後の労働条件は、期間の定めを除き直前の有期労働契約と同一ですが、労働条件の変更には転換後の労働者の活用方法が反映されます。

1 無期転換後の労働条件の変更

転換後の無期労働契約の労働条件は、「有期契約から無期契約へ」という期間の定めのみの変更のため、その他の労働条件はすでに締結している有期労働契約と同一です。無期転換申込は、有期契約労働者を正社員等へ転換させる制度ではないからです。

しかし期間の定め以外の労働条件を、無期転換前の有期労働契約の労働条件と同一にしなければならないというわけではなく、労働協約や就業規則、個々の労働契約（労使の合意）等別段の定めにより無期転換後の労働条件を変更できます。使用者あるいは労働者のどちらからでも無期転換後の労働条件の変更を申し出ることができます。

2 無期転換後の労働者の位置付けと活用

無期労働契約への転換を申し込んだ労働者には、転換後も転換前の有期労働契約と同様の限定された時間や日数、職務で働きたい人や、転換後は労働条件を変更して正社員等より高い賃金や、より責任ある業務に就きたい人等多様な人がいます。また、使用者としては、無期転換後の労働者の労働条件は職務内容あるいは業務上の必要性や都合に応じて有

102 第4章 有期労働契約

期労働契約のときの内容から変更したい場合もあります。

　無期転換後の労働条件の内容は、無期転換後の労働者をどのように位置付けて、どのような職務、責任度合い、配置転換で活用するかが大きく影響します。無期転換後の労働者を具体的に次のように位置付けることが考えられます。

無期契約労働者

職務内容も労働条件も有期労働契約と同一とし、期間の定めだけを無期とする

多様な正社員

勤務地や職務、労働時間等を限定した従来のいわゆる「正社員」とは異なる多様な正社員として区分し、その区分に応じた職務と労働条件に変更する(例：勤務地限定正社員、業務限定正社員)

正社員

職務、労働時間、配置転換等を限定せず、賃金等労働条件も正社員のものを適用する

3　無期転換後の業務上の必要性と労働者の適性の評価

　有期契約労働者が担当する職務や業務の必要な期間や量が限定され、その職務や業務の終了後は有期契約労働者を雇用する必要がなくなった場合に、無期転換後はその労働者の活用方法に苦慮します。

　一方、有期契約労働者の能力や意欲等が高く無期転換後はより高い難易度や責任度合いの職務を担当できると見込まれるなら、その労働者を大いに活用できる可能性があります。

　また、能力や意欲が高いだけでなく協調性もありかつ幅広い職務の配置転換や広域異動も可能であり正社員と同様の活躍が期待できる人は、積極的に無期転換を勧め、位置付けや労働条件を正社員に変更したうえで活用したい場合もあります。

　このように有期契約労働者の無期転換後の活用には多様な可能性があるため、無期転換申込権が発生する通算契約期間が5年超となる前に、有期契約労働者の能力や意欲等適性を日頃からきちんと評価し、その労働者の必要性と無期契約転換後の活用方法を慎重に検討する必要があります。

　業務上、有期契約労働者の無期転換を認める必要はないと判断する場合、通算契約期間が5年を超えないように、契約締結時または契約更新時に次のような労働条件とする必要があります。

① 契約当初に契約期間満了後は更新しないと定めること

② 契約更新はあるが、更新回数や通算契約期間5年等の上限を設けること

③ 契約更新はあるが、通算5年を超える前の契約が最後の契約と合意すること

2 転換後の期間の定め以外の労働条件の変更は、就業規則で別段の定めをする方法と、個別労働者との合意で変更する方法があります。

1 就業規則での別段の定め

適正に作成され周知されている就業規則は労働契約の労働条件となり、労働者に一律に適用されます。そのため無期転換後の労働条件について事前に就業規則で別段の定めをし周知しておけば、労働者が無期転換後の労働条件を事前に検討できます。無期転換申込権を行使するかどうかについての判断材料を提供することで、無期転換に際しての労働条件変更のトラブルを未然に防ぐことが期待できます。

この場合、就業規則では、無期転換後の労働者をどのように位置付け、どのような職務、責任度合い、労働時間・日数、配置転換で活用するかを十分検討し、定め、周知する必要があります。

2 合意による労働契約での別段の定め

事前に就業規則で別段の定めをしていなくとも、無期転換申込の際に、転換後の労働条件について個々の労働契約で別段の定めをする方法もあります。労使が合意した場合は、その労働契約に基づいて労働条件を変更できます。

別段の定めについて合意できなければ、期間の定めだけが有期から無期に変更されその他の労働条件は変更されず転換前の有期労働契約と同一になります。

労働者との合意による労働契約で変更後の労働条件を別段に定める場合は、個々の労働者の適性や能力、意欲等と使用者の業務上の必要性をもとに十分に話し合うことが重要です。合意に合理性がなければ、その契約を締結した労働者だけでなく、他の無期転換をした労働者からも不満が出てトラブルとなることも考えられます。

3 無期転換後の労働条件は、職務変更がないのに賃金を低下させる等、無期転換申込権の行使抑制や公序良俗に反してはなりません。

　事前に就業規則で無期転換後の労働条件について別段の定めをし周知しておくことは、トラブルの防止になります。しかし、その別段の定めが次のように、労働者に無期転換申込権の行使を抑制させる目的、あるいは公序良俗に反すると認められる場合は、その労働条件の変更は無効となることもあります。これは、労働契約による別段の定めの場合も同様です。

- 職務内容等が変更されていないのに、無期転換後の賃金等労働条件を従前より低下させること
- 実務上の必要性がないのに、無期転換後の労働条件として就業規則に配置転換を定めること

　無期転換前の有期労働契約の更新時に、所定労働時間や始業終業時刻等の労働条件が定期的に変更されていた場合は、無期転換後も従来どおり定期的に労働条件の変更を行うことができる旨を労働協約や就業規則、個々の労働契約等で別段の定めをすることは可能です。

　なお、無期転換後の解雇の是非は個々の事情で判断されますが、一般的には勤務地や職務が限定される等労働条件が正社員と大きく異なる無期転換後の労働者は、労働条件に限定のない労働者(いわゆる正社員)とは当然に同じ基準では扱われることにはならないと解されます。

理解チェック

無期転換後の労働条件は、期間の定め以外は直前の有期労働契約と同じ

▼

無期転換後の契約期間以外の労働条件は、労働者と使用者の合意により変更できる

▼

労働条件の変更は、就業規則か個別労働者との合意による労働契約で変更する方法がある

▼

無期転換後の労働条件は、労働者の位置付けと活用方法を反映した内容とする

合理性のない賃金低下や配置転換等は公序良俗に反し無効となる可能性がある

| 第6節 | 無期転換申込権の5年間の通算方法 |

POINT

・無期転換申込権の発生要件である「有期労働契約期間5年」の通算は、平成25年4月1日以後に開始した労働契約を対象とします。

・有期労働契約期間の通算は暦を用いて年、月、日ごとの単位で計算します。

・前の有期労働契約と次の有期労働契約との間に、有期労働契約のない6か月以上の空白期間があるときは、その前の有期労働契約期間は通算せずリセットされます。

1 無期転換申込権の発生要件である有期労働契約期間5年の通算は、平成25年4月1日以後に開始した労働契約を対象とします。

有期労働契約から無期労働契約への転換申込権の要件は、更新後5年超となる次の通算契約期間です。

ステップ1
平成25年4月1日以後に開始した労働契約を対象とし、その前に開始した労働契約は通算対象としない

ステップ2
1回以上更新された2つ以上の有期労働契約を通算し5年を超えたか否か判断する

ステップ3
契約期間が5年を超える有期労働契約は更新されなければ対象外とする

また、労使の関係や労働条件は以下の点に注意が必要です。

同一事業主

有期労働契約期間中や契約期間満了の際に勤務先事業場が変わっても、同一の事業主の事業場間の移動ならば契約期間は通算される

就労実態

就労実態がない派遣契約や請負契約を偽装して形式的に他の使用者との契約に切り替えても、就労実態が同じならば同一使用者の契約期間が継続しているとみなされる

労働しない期間

通算契約期間は労働契約の存続期間で計算し、育児休業等で労働しなかった期間も労働契約が続いていれば通算される

無契約期間

有期労働契約の前後に契約のない期間がある場合は、その無契約期間は通算契約期間に算入されない

2 有期労働契約期間の通算は暦を用いて年、月、日ごとの単位で計算します。

　有期労働契約期間の通算は暦を用いて年、月、日ごとの単位で計算します。契約期間の初日から翌月の応当日(月違いの同日)の前日までを1か月とし、複数の契約期間に1か月未満の端数がある場合は、その端数同士を合算した後の日数が30日になれば1か月と換算します。

事例 **1か月未満の端数の計算方法**

　　前の契約 = 4月1日〜10月15日 = 6か月 + 15日

　　次の契約 = 12月1日〜3月20日 = 3か月 + 20日

　　通算契約期間 = 9か月35日 ➡ 10か月 + 5日

---

3 前の有期労働契約と次の有期労働契約との間に、有期労働契約のない6か月以上の空白期間があるときは、その前の有期労働契約期間は通算せずリセットされます。

　1年以上の有期労働契約の契約期間満了日と次の有期労働契約の契約期間の初日との間に、有期労働契約のない6か月以上の空白期間があるときは、その空白期間の前に満了した有期労働契約の契約期間は通算契約期間に算入せずリセットします（労契法18条2項）。これを「通算期間のクーリング」といいます。

　有期労働契約期間に空白期間がない2つ以上の有期労働契約期間がある場合は、全てを通算します。また、6か月以上の空白期間は通算対象となる有期労働契約期間の長さに応じて変わります（110頁参照）。

第7節 無期転換申込権の通算期間のクーリング

POINT

- 有期労働契約の間に6か月以上の無契約期間がある場合、その前の契約期間はリセットされ通算されません。これをクーリングといいます。
- 前の有期労働契約期間がリセットされる空白期間の長さは、空白期間の前の有期労働契約期間の長さに応じて決まります。
- 空白期間の前後の有期労働契約を通算する際に、1か月に満たない端数がある場合は、30日をもって1か月と計算します。

有期労働契約の間に6か月以上の無契約期間がある場合、その前の契約期間はリセットされ通算されません。これをクーリングといいます。

　同一の使用者との間の有期労働契約が、通算5年を超えてくり返し更新された場合、労働者の申込があれば有期労働契約が無期労働契約へ転換します。ただし、同一の有期契約労働者と使用者との間で、空白期間をおいて有期労働契約が再度締結された場合、その有期労働契約と前の有期労働契約との間に契約がない空白期間が6か月以上あるときは、空白期間前に終了している全ての有期労働契約期間は通算対象に含めずリセットされます。これを通算契約期間のクーリングといいます。1年以上の有期労働契約と次の有期労働契約の間の空白期間が6か月未満の場合は、前後の有期労働契約の期間を通算します（労契法18条2項）。

前の有期労働契約期間がリセットされる空白期間の長さは、空白期間の前の有期労働契約期間の長さに応じて決まります。

　通算対象となる直前の有期労働契約期間（2つ以上の有期労働契約期間がある場合は通算し

た期間）が１年未満の場合は、次の表アの空白期間前の有期労働契約期間の長さに応じて、空白期間がそれぞれ次の表イの期間に該当するときは、空白期間前に満了した有期労働契約期間はクーリングされます。

　この場合、空白期間前の通算対象となる有期労働契約期間が２つ以上ある場合はその全てを通算した期間がクーリングされます。空白期間が表アに応じた表イに満たない場合はクーリングされず通算されます。

ア＝通算対象となる有期労働契約の契約期間	イ＝契約がない空白期間
２か月以下	１か月以上
２か月超～４か月以下	２か月以上
４か月超～６か月以下	３か月以上
６か月超～８か月以下	４か月以上
８か月超～10か月以下	５か月以上
10か月超～	６か月以上

期間１と期間２が通算対象の場合
➡（期間１＋期間２）と①を比較
　：①がアの期間に応じたイの期間
　　の長さ以上の場合は通算しない

期間４がクーリングされ期間５と期間６が
通算対象の場合
➡（期間５＋期間６）の期間と②を比較
　：②がアの期間に応じたイの長さ以上の場
　　合は通算しない

※Ａ～Ｈはそれぞれ個別の有期労働契約期間とし、①と②は契約のない空白期間とします。

3 空白期間の前後の有期労働契約を通算する際に、１か月に満たない端数がある場合は、30日をもって１か月と計算します。

　有期労働契約のない空白期間の前後の有期労働契約を通算する際に、１か月に満たない端数がある場合は、それらの日数を合計した後の日数の30日をもって１か月と計算します。この場合の１か月は暦どおりに契約期間の初日から起算し、翌月の応当日の前日を１か月とします。具体的には次のように計算します。

|事例| 空白期間前後の通算において1か月に満たない端数がある場合

① 前の契約
- 平成〇〇年5月11日～同年8年21日＝3か月＋11日

② 次の契約
- 平成〇〇年9月5日～同年11年1日＝1か月27日

③ 通算契約期間
- （3か月＋11日）＋（1か月27日）＝4か月38日→5か月＋8日

④ 通算対象の有期労働契約期間
- 4か月超～6か月以下 ➡ 空白期間3か月以上

⑤ ②の有期労働契約からその次の有期労働契約までの空白期間が3か月未満の場合は、空白期間の前後の有期労働契約期間は連続すると認められる。

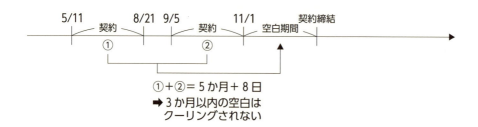

第 8 節　高度専門職の無期契約転換申込の特例

POINT

・高度専門職である有期契約労働者は、更新した契約期間が通算5年を超えても特例により無期契約転換申込権は発生しません。

・使用者が、高度専門職者の無期転換申込権の特例を受けるには、「第1種計画認定・変更申請書」を労働局に提出し、認定を受けなければなりません。

・高度専門職者がプロジェクトから外れたり年収要件を満たさない場合は、特例がなくなり通常の無期転換申込権が発生します。

1 高度専門職である有期契約労働者は、更新した契約期間が通算5年を超えても特例により無期契約転換申込権は発生しません。

　5年を超える期間内に完了予定の特定有期業務(以下、プロジェクトという)に従事する、有期労働契約を締結した第1種特定有期雇用労働者に該当する高度専門職者(以下、高度専門職者という)は、無期転換申込権の発生する更新後の通算契約期間の「5年」が「プロジェクトの開始日から完了日までの期間(年・月数)」となります。例えば、完了期間が7年のプロジェクトでは、雇入日からの更新後の通算契約期間が7年を超えない限り無期転換申込権は発生せず、7年を超えて契約が更新されると発生します。通常は更新した契約期間が通算5年超で無期転換申込権が発生しますが、この特例では通算更新期間は10年を上限とし、更新後10年またはプロジェクト完了までは無期転換申込権が発生しません。

　無期契約転換申込の特例対象となる高度専門職は、契約期間中の残業手当や業績給、賞与等を除いて確実に支払われる見込の年収が1,075万円以上の次の労働者です。

高度専門職者

① 博士

② 公認会計士・医師・歯科医師・獣医師・弁護士・一級建築士・税理士・薬剤師・

社会保険労務士・不動産鑑定士・技術士・弁理士

③ ITストラテジスト・システムアナリスト・アクチュアリー資格試験合格者

④ 特許発明者・登録意匠創作者・登録品種育成者

⑤ 大卒5年(短大高専6年、高校7年)以上の実務経験のある農林水産業・鉱工業・機械・電気・建築・土木の技術者・システムエンジニア・デザイナー

⑥ システムエンジニアの実務経験5年以上のシステムコンサルタント

⑦ 国・地方公共団体・一般社団・財団法人等の認定した者

❷ 使用者が、高度専門職者の無期転換申込権の特例を受けるには、「第1種計画認定・変更申請書」を労働局に提出し、認定を受けなければなりません。

　高度専門職者の無期転換申込権の特例を受けるには、使用者がプロジェクトの内容と対象労働者が能力を有効に発揮できるような次のいずれかの雇用管理措置の実施計画についての「第1種計画認定・変更申請書」を本社・本店を管轄する労働局へ申請し認定を受け、かつ対象者に書面でその内容を明示しなければなりません。プロジェクト開始後に認定を受けても特例の対象となりますが、すでに無期転換を申し込んだ高度専門職者は特例の対象となりません。

【いずれかを導入する雇用管理措置】

教育訓練休暇の付与

　能力の維持向上を自主的に図る教育訓練を受ける有給または長期休暇の付与

教育訓練時間の確保

　教育訓練を受けるための勤務時間の短縮や始業終業時刻の変更

教育訓練費用の援助

　自発的な教育訓練の受講料等費用の助成

職業能力検定の機会

　適切な職業能力検定を受けられる機会の確保

> **情報相談機会の確保**
> 技能知識の情報提供やキャリアコンサルタントの相談機会の確保

3 高度専門職者がプロジェクトから外れたり年収要件を満たさない場合は、特例がなくなり通常の無期転換申込権が発生します。

「第1種計画認定・変更申請書」の認定を受けた事業主に有期契約雇用される高度専門職者は、次のいずれかに該当する場合は通常の無期転換制度が適用され、更新後の通算契約期間が5年を超えていれば無期転換申込権が発生します。

- プロジェクトに従事しなくなった場合
- 年収が1,075万円を満たさなくなった場合
- 事業主が計画の認定を取り消された場合

高度専門職者の無期転換申込権の特例は、具体的には次のように取り扱われます。プロジェクトとの関係によって取扱いが異なるので注意が必要です。

1 すでに雇用している高度専門職者を新たにプロジェクトに加入させる場合

すでに有期労働契約で雇用中の高度専門職者を、例えば3年経過時点から新たにプロジェクト（完了期間7年）に従事させると、雇入日からの通算契約期間がプロジェクトの完了期間（7年）を超えない限り無期転換申込権は発生しません。プロジェクトの完了期間が7年の場合、雇入日から7年を超えると無期転換申込権が発生します。

また、プロジェクト終了後に引き続き有期労働契約を更新すると、無期転換申込権が発生します。

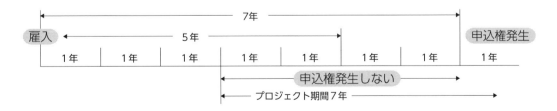

2 プロジェクトの完了後、引き続き別のプロジェクトに従事させる場合

　例えば期間6年のAプロジェクト（期間6年）従事のため雇い入れた高度専門職者は、Aプロジェクト完了までは無期転換申込権は発生しません。その高度専門職者を引き続き別のBプロジェクト（期間7年）へ従事させる場合は、雇入日からの通算契約期間が、Bプロジェクトの完了期間である7年までは無期転換申込権は発生せず、7年を超えると無期転換申込権が発生します。

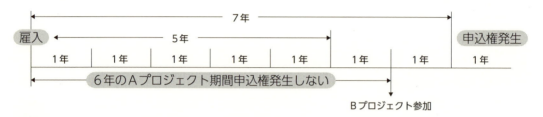

3 プロジェクトの途中で、別のプロジェクトに従事させる場合

　例えば期間6年のCプロジェクトの途中に別の期間7年のDプロジェクトに従事させた場合は、雇入日からの通算契約期間が、Dプロジェクト完了期間である7年までは無期転換申込権は発生せず、7年を超えると無期転換申込権が発生します。

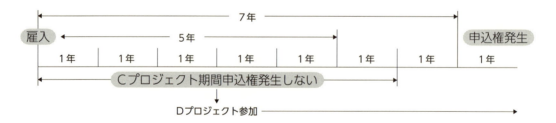

4 プロジェクトの途中から雇用して従事させ、完了後も引き続き雇用する場合

　例えば、進行中の期間7年のEプロジェクトの3年経過時点に雇い入れた高度専門職者をEプロジェクトに従事させている間は、通算契約期間がプロジェクトの完了期間7年を超えるまでは無期転換申込権は発生しません。Eプロジェクト完了後も引き続き雇用する場合は、雇入れから通算契約期間が5年を超えた場合に無期転換申込権が発生します。

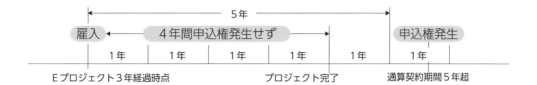

5 特例対象となる期間

　平成25年4月1日より前に開始されたプロジェクトでも特例の対象となりますが、通算契約期間としてカウントするのは平成25年4月1日以降の契約期間に限られます。

| 第9節 | 定年退職後の継続雇用者の無期転換申込権の特例 |

POINT

- ・雇用管理計画の認定を受けた同一の使用者に定年退職後も引き続き有期雇用される労働者には、特例により無期転換申込権が発生しません。
- ・使用者が、定年退職者の無期転換申込権の特例を受けるには、「第2種計画認定・変更申請書」に労働局の認定を受けなければなりません。
- ・定年退職者の無期転換申込権の特例は、同一の使用者と特殊関係事業主による雇用が対象となります。

1 雇用管理計画の認定を受けた同一の使用者に定年退職後も引き続き有期雇用される労働者には、特例により無期転換申込権が発生しません。

　使用者が適切な雇用管理計画の認定を受けた場合は、60歳以上の定年退職後(平成25年4月1日以降)に引き続き同一の使用者やその特殊関係事業主(グループ会社等)に雇用される有期労働契約を締結した労働者には、無期転換に関し、特例が設けられています。定年退職者の無期転換申込権の特例が適用されると、継続雇用される期間中は無期転換申込権が発生しません。定年退職後に同一の使用者に継続雇用され、その後に特殊関係事業主に引き続き雇用された場合もこの特例の対象となります。

　なお、通算契約期間は同一使用者ごとにカウントされるため、特殊関係事業主に雇用された場合は、その時点から通算契約期間が新たにカウントされます。

2 事業主が、定年後の継続雇用者の無期転換申込権の特例を受けるには、「第2種計画認定・変更申請書」に労働局の認定を受けなければなりません。

　定年退職後も継続雇用する労働者に対する事業主が無期転換申込権の特例を受けるには、対象労働者が能力を有効に発揮できるような雇用管理措置の実施計画について「第2種計画認定・変更申請書」を本社・本店を管轄する労働局へ申請し認定を受けることが必要です。また、対象者には、引き続いて雇用されている期間は無期転換申込権が発生しないことを、書面で明示する義務があります。雇用管理措置には、次のようなものがあります。

　なお、特例の認定が取り消されると、取消の時点で通算契約期間が5年を超えていれば原則どおり無期転換申込権が発生します。

【いずれかを導入する雇用管理措置】

高年齢者雇用推進者の選任
　作業施設改善や条件整備等の知識経験を有する者を選任

教育訓練の実施
　職業能力の開発向上のための教育訓練の実施

作業の施設や方法改善
　機械設備や照明動作環境の改善、作業方法の平易化、事故防止策の構築等

職域拡大
　能力、知識、経験を活用した職域拡大のため高齢化に対応した職務の再設計

高齢者活用の配置処遇
　高齢者の知識経験等を活用できる配置処遇や評価制度の推進

賃金体系見直し
　高齢者の就労機会確保のための能力や職務を重視する賃金制度の整備

勤務時間の弾力化
　短時間勤務、隔日勤務、フレックスタイム、ワークシェアリング等の導入

> 理解チェック

無期契約労働者が、定年退職後に同一使用者に有期労働契約で継続雇用される

↓

更新後5年経過で発生した無期契約転換申込権を行使すれば無期契約へ転換する

↓

事業主が「第二種計画認定・変更申請書」の認定を受けると定年後継続雇用者の無期転換申込権は発生しない

↓

契約更新後5年を経過しても有期労働契約を更新でき、合理的な期間満了で終了できる

定年退職者の無期転換申込権の特例は、同一の使用者と特殊関係事業主による雇用が対象となります。

　定年後継続雇用者の無期転換申込権の特例の対象となるのは、定年退職後に同一の使用者またはその特殊関係事業主に引き続き雇用される場合です。特殊関係事業主とはいわゆるグループ会社(関連グループの親会社や子会社、関連会社等)をいいます。定年退職時に労働者を雇用していた事業主をAとした場合の、特殊関係事業主は次のものです。

特殊関連事業主の範囲
① 事業主Aの子法人等
② 事業主Aを子法人等とする親法人等
③ 事業主Aを子法人等とする親法人等の子法人
④ 事業主Aの関連法人等
⑤ 事業主Aを子法人等とする親法人の関連法人等

また、各特殊関係事業主には、以下の要件(概略)が定められています。

親法人

① 他の法人の議決権の過半数を有する

② 40%以上50%以下の議決権を所有しかつ次のいずれかの場合

・同じ議決権を行使すると認められる者の議決権との合計が過半数

・親法人の役員や社員が取締役会等の構成員の過半を占めている親法人が、事業方針決定を支配する契約や資金調達額の過半を融資する(意思決定の支配が推測される事実の存在)

③ 議決権所有割合が40%未満である場合、親法人と同じ議決権行使が認められる者の議決権との合計が過半数

子法人

・親法人等に意思決定機関を支配されている法人

関連法人

① 議決権の20%以上を所有する法人(子法人等以外)

② 法人が15%以上20%未満、あるいは15%未満の議決権を所有しかつ次のいずれかの場合

・親法人の役員や社員が取締役等の役員に就任している

・法人から重要な融資や重要な技術提供を受けている場合

・重要な販売仕入等の取引や方針決定に重要な影響を与える場合

※特殊関係事業主の要件は概略のため詳細は必ず労働局等で確認してください。

第 **5** 章

パートタイム労働者の雇用管理

第1節 パートタイム労働者の雇用管理

POINT

- 短時間労働者(パートタイム労働者)とは、1週間の所定労働時間が通常の労働者に比べて短い労働者をいい、その雇用管理の改善が法律で定められています。
- パートタイム労働者を雇用したときは、労働基準法に定める労働条件に加えて、特定事項(昇給・退職金・賞与の有無と相談窓口)も文書等で明示してください。
- 特定事項以外の労働条件も、使用者は文書の交付等で明示するよう努めてください。

1 短時間労働者(パートタイム労働者)とは、1週間の所定労働時間が通常の労働者に比べて短い労働者をいい、その雇用管理の改善が法律で定められています。

　短時間労働者(以下、パートタイム労働者という)とは、1週間の所定労働時間が同一事業所に雇用される通常の労働者に比べて短い労働者をいいます。パートタイマー、アルバイト、契約社員等の名称は問いません。ここでいう「通常の労働者」とはいわゆる正規労働者のことをいいますが、その事業場に通常の労働者がいなければ、基幹的な業務に従事する労働者またはフルタイムで働く労働者がいる場合はそのフルタイム労働者を通常の労働者とします。これらに該当する労働者がいなければ1週間の所定労働時間が最長の労働者を通常の労働者とします。

　パートタイム労働者は、短時間で多様な働き方の人が多いため、個々の労働条件に関しての個別労働紛争が増加しています。そこでパートタイム労働法で、事業主はパートタイム労働者について通常の労働者(以下、本章では正社員という)と均衡ある待遇をとり、その能力を有効に発揮させるよう雇用管理を改善するよう定めています(パートタイム労働法3条)。

2 パートタイム労働者を雇用したときは、労働基準法に定める労働条件に加えて、特定事項(昇給・退職金・賞与の有無、相談窓口)も文書等で明示してください。

　労働基準法は、労働契約の締結時に一定の労働条件について文書による明示(50頁参照)を義務付けていますが、パートタイム労働者を雇い入れた場合も同様です(契約更新による雇入れも含む)。事業主は、紛争防止のためさらに次の特定事項について文書の交付あるいは労働者の希望によりFAXや電子メール(書面で出力できる場合のみ)により明示しなければなりません。また、これら特定事項以外の労働条件についてもできるだけ文書等で明示するように努めてください(パートタイム労働法6条)。

特定事項の労働条件

① 昇給の有無　② 退職手当の有無　③ 賞与の有無　④ 雇用管理改善の相談窓口

　なお、昇給や賞与の支給が業績や勤務成績等の評価、勤続年数により行っているため、昇給が実施されないまたは賞与が支給されない可能性があるときは、制度としては「あり」と明示したうえで、その制度の内容も明示しなければなりません。また、相談窓口とは組織や個人、名称は問わずパートタイム労働者からの相談に応じることができる体制を整備することをいいます。

3 特定事項以外の労働条件も、使用者は文書の交付等で明示するよう努めてください。

1 特定事項以外の労働条件の明示義務

　使用者は、特定事項や労働基準法で定める事項以外の労働条件についても、文書の交付等により明示するように努めなければなりません。具体的な項目は、以下のとおりです。

　なお、パートタイム労働者に適用される就業規則を交付することで明示することもできます。

文書明示の努力義務のある労働条件

① 昇給(有無以外の昇給時期や基準等)

② 退職手当(有無以外の支払基準や支払方法等)、臨時的賃金、賞与(有無以外の支払基準や支払方法等)、1か月を超える期間の出勤成績により支給される精勤手当、1か月を超える一定期間の継続勤務に対して支給される勤続手当、1か月を超える期間にわたる事由により算定される奨励加給や能率手当

③ 所定労働日以外の労働の有無

④ 所定労働時間を超えて、または所定労働日以外の日に労働させる程度

⑤ 安全及び衛生

⑥ 教育訓練

⑦ 休職

2 パートタイム労働者に適用される就業規則作成・変更の意見聴取

　パートタイム労働者も含めて常時10人以上の労働者を使用する使用者は就業規則を作成しなければなりません。就業規則を作成または変更するときは、その事業場における労働者の過半数で組織する労働組合か、その労働組合がない場合は労働者の過半数を代表する者の意見を聴かなければなりませんが、パートタイム労働者に適用される就業規則を作成または変更する場合は、同様にそのパートタイム労働者の過半数代表者の意見も聴くようにしてください(パートタイム労働法7条)。正規労働者とパートタイム労働者の労働条件が異なる場合は、パートタイム労働者に適用される就業規則を作成しないと、パートタイム労働者にも正規労働者の就業規則が適用されます。

理解チェック

労働者を雇用するときは、労働条件を文書で、一部は口頭で明示

パートタイム労働者を雇用するとき昇給・退職手当・賞与の有無と相談窓口を文書で明示

特定事項以外の労働条件もできるだけ文書で明示

パートタイム労働者に適用する就業規則の作成・周知も可

第2節 パートタイム労働者の同一職務判断基準

POINT

- 事業主は、職務の内容及び人材活用の仕組みと運用が、正社員と同一のパートタイム労働者の賃金、教育訓練、福利厚生等の待遇を差別的に取扱いできません。
- パートタイム労働者と正社員との職務の内容が同一か否かは、双方の業務の種類、中核的業務の内容、業務に伴う責任の程度等で判断します。
- 職務の内容が同じと判断されたパートタイム労働者は、次に人材活用の仕組みと運用について比較し、正社員と同じか否かを判断します。

1 事業主は、職務の内容及び人材活用の仕組みと運用が、正社員と同一のパートタイム労働者の、賃金、教育訓練、福利厚生等の待遇を差別的に取扱いできません。

1 パートタイム労働者の不合理な相違の禁止

　事業主は、雇用するパートタイム労働者の待遇と正社員の待遇を相違させる場合は、その相違は、業務の内容とその責任の程度(職務の内容)、配置変更の範囲、その他の事情を考慮して不合理ではあってはなりません(パートタイム労働法8条)。

　正社員とパートタイム労働者の待遇の相違が不合理か否かは、パートタイム労働者と正社員の職務の内容とその配置変更の範囲、その他の待遇を比較考慮して判断する必要があります。

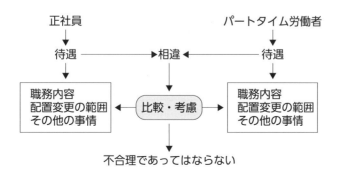

2 パートタイム労働者に対する差別的待遇の禁止

職務の内容及び人材活用の仕組みと運用が、正社員と同一のパートタイム労働者については、パートタイム労働者であることを理由に、賃金の決定、教育訓練の実施、福利厚生施設の利用、その他の全ての待遇について差別的な取扱いはできません（パートタイム労働法9条）。

職務内容や人材活用の仕組みが同じパートタイム労働者に対する差別的取扱いは、有期労働契約であっても禁止されます。「やっていることは同じなのに、待遇だけが劣る」という不満はパートタイム労働者に増加しており、それを放置しておくとよい人材の募集や定着に支障をきたすおそれが高まります。

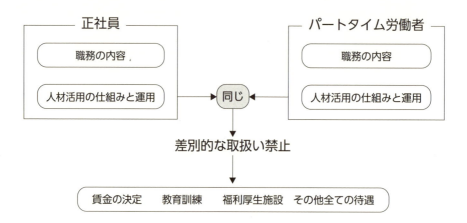

> **2** パートタイム労働者と正社員との職務の内容が同一か否かは、双方の業務の種類、中核的業務の内容、業務に伴う責任の程度等で判断します。

事業主は、雇用するパートタイム労働者が正社員と同一か否かについて、双方の職務の内容を判断します。具体的には次のステップ1（業務の内容）とステップ2（業務に伴う責任の程度）に沿って比較し判断します。

ステップ１－①＝業務の種類を比較

- はじめに業務の内容が実質的に同じかどうかを判断するため、双方の具体的な業務の種類（職種）を比較する。例えば販売職、事務職、製造工、印刷工、配送員、自動車運転手等従事する業務の種類が同じかどうかを比較
- 業務の種類が異なる場合は、職務の内容は異なる、と判断
- 業務の種類が同じ場合は、次にステップ１－②で双方の中核的業務を判断

ステップ１－②＝中核的業務を比較

- 業務の種類が同じ場合は、次に業務分担表等で双方の個々の業務を分割して整理した後に、双方ごとに細分化した個々の業務のなかから中核的業務を抽出

パートタイム労働者の分担業務	通常労働者の分担業務
Ａ業務・Ｂ業務・Ｃ業務 ＝ 中核的業務	Ｂ業務・Ｃ業務・Ｄ業務・Ｅ業務 ＝ 中核的業務

　中核的業務とは、職務に伴う個々の業務のうち次のような中核的な業務をいい、パートタイム労働者と正社員それぞれの中核的業務を比較します。実質的に同じならば同じ職務と判断します。準備等付随的作業が異なっても通常の中核的作業が実質的に同一ならば同じ職務と考えられます。中核的業務の内容が一見異なる場合は、ステップ１－③で必要とされる知識と技術の観点から判断します。

中核的業務の定義

- 与えられた職務に不可欠な業務
- 業務の成果が事業所の業績や評価に大きな影響を与える業務
- 労働者の職務全体に占める時間や頻度において割合が大きい業務

ステップ１－③＝中核的業務に必要な知識、技術水準を比較

- 正社員とパートタイム労働者の中核的業務の内容が一見異なる場合は、次にそれぞれの中核的業務に必要な知識と技能の水準の観点から、業務の性質や範囲が実質的に同じかどうかを比較
- 実質的に異なる場合は、業務の内容は異なると判断
- 実質的に同じなら中核的業務の内容は実質的に同じと判断、次のステップ２で業務に伴う責任の程度を判断する

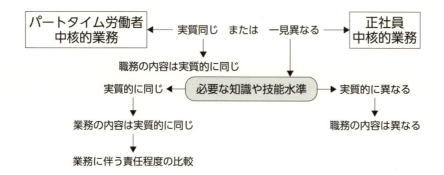

ステップ2＝業務に伴う責任程度の比較

- 中核的な業務の内容が同じ場合は、次に業務に伴う責任の程度を比較する
- 比較する責任の程度とは次の事項をいい、役職名等外見的なものだけで判断せず、実態を見て判断する
- 総合的に比較して、業務に伴う責任の程度が著しく異なる場合は職務の内容は異なると判断し、著しく異ならない場合は、業務の内容は同じと判断
- ステップ2で業務の内容が同じと判断されたパートタイム労働者は、正社員と職務の内容が同じパートタイム労働者と判断

業務に伴う責任程度の項目

- 与えられている権限の範囲（単独契約の範囲、部下の人数、決裁権限範囲等）
- 業務の成果についての役割
- トラブル発生時の臨時、緊急時に求められる対応の程度
- ノルマ、成果への期待度

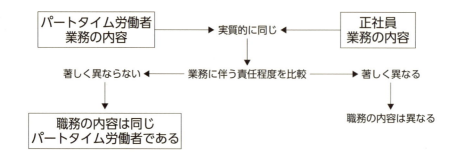

3 職務の内容が同じと判断されたパートタイム労働者は、次に人材活用の仕組みと運用について比較し、正社員と同じか否かを判断します。

1 人材活用の仕組みと運用の比較

　職務の内容が正社員と同じと判断されたパートタイム労働者は、次に人材活用の仕組みと運用について比較します。具体的には次の事項について、次のステップ3からステップ6に沿って比較し判断します。

　なお、パートタイム労働者も正社員もともに、転勤、職務内容の変更、配置の変更がない場合は、双方の人材活用の仕組みと運用は、同じと判断されます。

人材活用の仕組みと運用の比較事項
- 転勤や異動、配置変更の有無とその範囲
- 職務内容の変更態様等の人事異動の幅とその頻度
- 役割・責任・権限変化等制度化された職務経験を積ませる仕組みの有無及びその仕組みの運用対象か否か

ステップ3＝転勤の有無を比較
- 正社員と職務の内容が同じと判断されたパートタイム労働者は、次に転勤の有無を正社員と比較
- 双方ともに転勤がある場合は、次にステップ4で転勤の範囲を比較
- 双方ともに転勤がない場合は、人材活用の仕組みは同じと判断して次のステップ5で職務の内容と配置の変更を比較
- 一方のみ転勤ありの場合は、人材活用の仕組みと運用は異なると判断

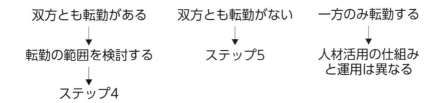

ステップ4＝転勤の範囲を比較

- 双方とも転勤がある場合は、次に全国転勤やエリア限定等の転勤の範囲を比較
- 転勤の範囲が実質的に同じ場合は人材活用の仕組みは同じと判断し、異なる場合は異なると判断

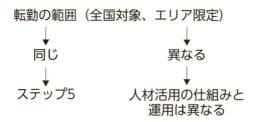

ステップ5＝職務の内容と配置の変更の有無を比較

- 双方ともに転勤がないか、双方ともに転勤がありその範囲が同じ場合は、次に職務内容と配置の変更の有無を比較
- 双方ともに変更がある場合は、次にステップ6で変更範囲を比較
- 双方ともに変更なしという場合は人材活用の仕組みと運用は同じと判断
- 一方のみ変更がある場合は、人材活用の仕組みは異なると判断

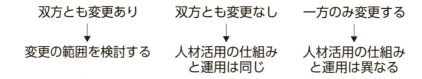

ステップ6＝職務内容・配置変更の範囲を比較

- 職務の内容と配置の変更が双方ともにある場合は、最後に職務内容と配置変更の範囲を比較（この範囲とは、経験すると見込まれる部署や昇進すると思われる役職等の範囲）
- 双方ともに変更の範囲が異なる場合は、人材活用の仕組みと運用は異なると判断
- 双方ともに実質的に同じなら人材活用の仕組みと運用は同じと判断
- ステップ6で同じと判断されたパートタイム労働者は、職務の内容と人材活用の仕組みと運用が正社員と同一であると判断

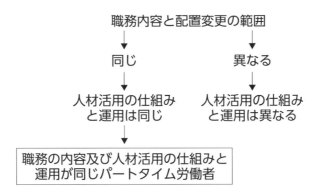

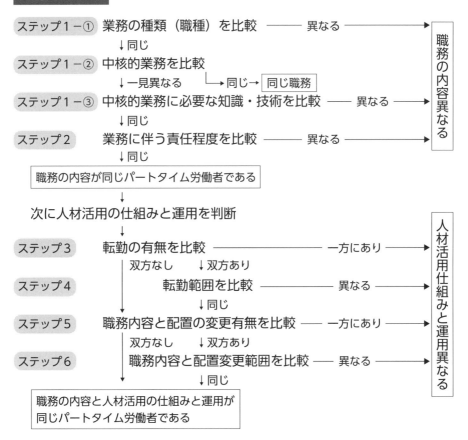

2 パートタイム労働者の3つの形態

　パートタイム労働者と正社員との「職務の内容」と「人材活用の仕組み」を比較検討した結果、待遇の相違を検討するパートタイム労働者は次の3つの形態に分類できます。この3つの形態に応じてパートタイム労働者の待遇の取扱いが決まります。

	職務の内容	人材活用の仕組運用
正社員と同一のAパートタイム労働者	同じ	同じ
職務内容が同じBパートタイム労働者	同じ	異なる
正社員と異なるCパートタイム労働者	異なる	異なる

| 第 **3** 節 | パートタイム労働者の待遇の均衡確保 |

POINT

- 事業主は、職務の内容及び人材活用の仕組みと運用が正社員と同一のパートタイム労働者については、全ての待遇を正社員に比べ差別的に取り扱ってはなりません。
- 職務の内容が正社員と同じパートタイム労働者にも、正社員と同様に職務遂行に必要な能力を身に付ける教育訓練を実施してください。
- 職務の内容及び人材活用の仕組みと運用が正社員と異なる全てのパートタイム労働者には、給食施設、休憩室、更衣室等の利用機会を与えるよう配慮してください。

1 事業主は、職務の内容及び人材活用の仕組みと運用が正社員と同一のパートタイム労働者については、全ての待遇を正社員に比べ差別的に取り扱ってはなりません。

　職務の内容及び人材活用の仕組みと運用が正社員と同一のＡパートタイム労働者(134頁参照。Ｂパートタイム労働者、Ｃパートタイム労働者も同様)は、就業の実態が正社員と同じと判断されます。そのため事業主は、賃金の決定、教育訓練の実施、福利厚生施設の利用、その他の全ての待遇について、Ａパートタイム労働者であることを理由に差別的に取り扱うことは禁止されます(パートタイム労働法9条)。

　所定労働時間が短いことに基づく合理的な差異や、勤務成績を評価して生じる待遇の差異は認められますが、所定労働時間の長短に関係なく支給されている通勤手当や家族手当、慶弔見舞金や教育訓練の実施については、時間比例の待遇とすることに合理性がないため、正社員と同じ取扱いとする必要があります。

- 職務の内容
- 人材活用の仕組みと運用

↓

正社員と同じＡパートタイム労働者

↓

次の全ての待遇の差別的取扱い禁止

賃金の決定＝基本給・賞与・役付手当・退職手当・家族手当・通勤手当等

教育訓練＝職務遂行に必要な能力付与訓練、キャリアアップ訓練等その他

福利厚生＝給食施設、休憩室、更衣室、慶弔休暇、社宅、食事手当、その他

❷ 職務遂行に必要な能力を身に付けさせる教育訓練を正社員に実施する場合は、職務の内容が正社員と同じパートタイム労働者にも同様に実施してください。

　人材活用の仕組みと運用は正社員と異なっていても、職務の内容が同一のＢパートタイム労働者については、事業主はその待遇を次のように取り扱ってください。

1 賃金の決定＝努力義務

　賃金（退職金・家族手当・通勤手当等を除く）は、正社員とのバランスを図りながらＢパートタイム労働者の職務の内容、成果、意欲、能力や経験等をもとに決めるよう努めてください（パートタイム労働法10条）。

　特に、基本給や賞与、役付手当等職務の内容に密接に関連する賃金を決めるときは、正社員と比べ差別的にならないようバランスを図りながら、Ｂパートタイム労働者個々人の職務の内容、成果、意欲、能力、経験等を反映して決定するよう努めてください。

　例えば「Ｂパートタイム労働者は時間給一律○○円」等と全員同じ金額とするのではなく、個人ごとの職務の内容や能力レベル、貢献度等に応じて決定するよう努めてください。

　なお、複数の職種でＢパートタイム労働者を雇用している事業所で、職種ごとに賃金を決めているだけではこの努力義務を満たしていません。この場合は、職種ごとに課されている責任の程度や、Ｂパートタイム労働者個々人の能力や意欲の向上度や成果等の反映を検討して賃金を決めるように努めてください。

2 教育訓練の実施＝実施義務＋努力義務

　職務の遂行に必要な知識や技術を身に付けさせるために正社員に実施している教育訓練

は、Bパートタイム労働者にも正社員と同様に実施してください。

時間の制約のため、正社員と同様の教育訓練に参加できないBパートタイム労働者には、同様の内容の知識や技術を習得できるような教育訓練をBパートタイム労働者が受講できるように別のかたちで提供する必要があります。

また、職種転換のためのキャリアアップ訓練等は、職務の内容の違いの有無に関わらず、Bパートタイム労働者ごとの職務の内容、成果、意欲、能力、経験等に応じた内容で実施するよう努めてください。

3 福利厚生施設＝配慮義務

正社員が利用している福祉施設のうち、給食施設、休憩室、更衣室等の利用の機会を与えるよう配慮することが義務付けられています（パートタイム労働法12条）。

この配慮とは、施設の広さや定員等の関係で事業所の全労働者の利用が困難な場合に、増築等して全員の利用機会を与えることまでを求めるものではありませんが、Bパートタイム労働者も利用できるよう昼食時間帯をずらす等の措置を求めています。

3 職務の内容及び人材活用の仕組みと運用が正社員と異なる全てのCパートタイム労働者には、給食施設、休憩室、更衣室等の利用機会を与えるよう配慮してください。

職務の内容及び人材活用の仕組みと運用が異なる全てのCパートタイム労働者の待遇については、事業主は次のように取り扱ってください。

1 賃金の決定＝努力義務

賃金（通勤手当や退職金等を除く）は、正社員とのバランスを図りながらCパートタイム労働者の職務の内容、成果、意欲、能力や経験等をもとに決めるように努めてください。

2 教育訓練の実施＝努力義務

職種転換のためのキャリアアップ訓練等の教育訓練を実施する場合は、正社員とのバランスを図りながらCパートタイム労働者ごとの職務の内容、成果、意欲、能力、経験等に応じた内容で実施するよう努めてください。

3 福利厚生施設＝配慮義務

　正社員が利用している福祉施設のうち、給食施設、休憩室、更衣室等の利用の機会を与えるよう配慮することが義務付けられています。

【パートタイム労働者のタイプ別に講ずる措置】

〈パートタイム労働者の待遇の原則〉 パートタイム労働者の待遇について、正規従業員の待遇との相違は、職務の内容、人材活用の仕組み、その他の事情を考慮して、不合理と認められるものであってはならない。							
【パートタイム労働者の態様】 正規従業員と比較して		賃　　金		教育訓練		福利厚生	
職務の内容（業務の内容及び責任）	人材活用の仕組みや運用等（人事異動の有無及び範囲）	職務関連賃金・基本給・賞与・役付手当等	左以外の賃金・退職手当・家族手当・通勤手当※等	職務遂行に必要な能力を付与するもの	左以外のもの（キャリアアップのための訓練等）	・給食施設・休憩室・更衣室	左以外のもの（慶弔休暇、社宅の貸与等）
通常の労働者と同視すべきAパートタイム労働者		◎	◎	◎	◎	◎	◎
同じ	同じ						
通常の労働者と人材活用の内容が異なるBパートタイム労働者		△	―	○	△	○	―
同じ	異なる						
通常の労働者と職務の内容も人材活用も異なるCパートタイム労働者		△	―	△	△	○	―
異なる	―						

（講じる措置）
◎…パートタイム労働者であることによる差別的取扱いの禁止
○…実施義務・配慮義務
△…職務の内容、成果、意欲、能力、経験等を勘案する努力義務
―…パートタイム労働指針に基づき、就業の実態、通常の労働者との均衡等を考慮するように努めるもの

※　ただし、現実に通勤に要する交通費等の費用の有無や金額如何に関わらず、一律の金額が支払われている場合等、名称は「通勤手当」であっても、実態としては基本給等の職務関連資金の一部として支払われている場合等は、「職務関連賃金」にあたります。

（厚生労働省「パートタイム労働法の概要」を一部改変）

| 第 **4** 節 | # パートタイム労働者の
通常の労働者への転換 |

POINT

・事業主は、パートタイム労働者を通常の労働者への転換を推進してください。
・通常の労働者への転換制度は、日頃からパートタイム労働者へ広く周知させるとともに、通常の労働者を募集することも広く周知してください。
・通常の労働者への転換制度は、条件が厳しすぎる制度ではなく、現実的に転換可能な制度を設けてください。段階的な転換制度も可能です。

1 事業主は、パートタイム労働者を通常の労働者への転換を推進してください。

　パートタイム労働者のなかには、通常の労働者として働く希望があってもその機会がないためやむを得ずパートタイム労働者として働いている人も多くいます。また、一度パートタイム労働者になってしまうと通常の労働者に転換して働くことが難しいという実態があります。これでは雇用するパートタイム労働者の就労意欲の維持やキャリアアップの面で問題となっているだけでなく、社会全体としての活力低下や公平性の欠如としても懸念されています。

　そこで能力や意欲のあるパートタイム労働者を通常の労働者への転換を推進するため、事業主はパートタイム労働者について次のいずれかの措置を講じる必要があります。

　なお、通常の労働者の募集の際は、事前にパートタイム労働者に募集内容を周知して応募機会を優先的に与えてください。それにはパートタイム労働者の応募から公平な選考を行い、適格な者がいなかった場合に社外で応募するといった方法が考えられます。また、通常の労働者への転換のための条件整備や登用試験制度等も導入してください。

1 通常の労働者の労働条件の事業場内周知

　通常の労働者の募集を行う場合は、その募集する事業所に次の事項を掲示することで雇用するパートタイム労働者へ周知しなければなりません（パートタイム労働法13条）。

① 従事すべき業務内容 　② 賃金・労働時間・その他の募集要項

2 配置転換申出の機会付与

通常の労働者の配置を新たに行う場合は、その配置の希望を申し出る機会をパートタイム労働者にも与える必要があります。

3 正規従業員への転換推進

一定の資格を有するパートタイム労働者を対象とした通常の労働者への転換のための試験制度を設けること等、通常の労働者への転換を推進するための措置を講ずる必要があります。

2 通常の労働者への転換と通常の労働者の募集については広くパートタイム労働者に周知してください。

パートタイム労働者から通常の労働者への転換制度を推進するには、転換制度の内容をパートタイム労働者へ広く周知する必要があります。広く周知されないと転換制度を知らなかった人から後日不満が生じるおそれや、転換の条件や基準がわからず応募を躊躇したため転換チャンスを逃したとの不満が生じることも考えられます。

このような不満は事業所への不満となり、就労意欲が低減するおそれもありますので、次の周知方法を取り入れて事業所内に広く周知してください。

1 転換制度の周知方法

日頃から転換制度を周知するためには、以下の方法があります。複数の方法を組み合わせると、より有効です。

① 就業規則に規定する方法
② 労働条件通知書に記載する方法
③ 事業所内の掲示板に掲示する方法
④ 書面で事業所内に回覧する方法
⑤ 社内メール等で告知する方法
⑥ 給与明細等に資料を同封する方法

2 通常の労働者の募集時や配置転換希望受付の際の周知方法

募集や配置転換を行う際には、以下のような方法で周知を行います。

① 事業所内の掲示板に掲示する方法
② 書面で事業所内に回覧する方法
③ 社内メール等で告知する方法
④ 人事考課の面接等で希望を聴取する方法
⑤ 給与明細等に資料を同封する方法

3 通常の労働者への転換制度は、条件が厳しすぎる制度ではなく、現実的に転換可能な制度を設けてください。段階的な転換制度も可能です。

パートタイム労働者から通常の労働者への転換制度を設ける場合は、次の事項を参考にしながら、意欲や能力のあるパートタイム労働者が自発的かつ率先して通常の労働者へ転換できるようにします。事業所全体の人的能力のレベルアップのためにも積極的に取り組む必要があります。

1 必要以上に厳しい転換条件は無効

パートタイム労働者から通常の労働者への転換の条件として、勤務期間の条件や資格の取得等を課すことは事業所の実態に応じたものであれば問題ありません。しかし、必要以上に厳しい条件を課している転換制度は、意欲や能力のあるパート労働者が通常の労働者に転換することを断念させるだけでなく、そもそも転換制度とはいえず、法令違反になる場合もあります。

2 段階的な転換制度は有効

パートタイム労働者から一般に契約社員といわれる労働者へ転換させ、その後さらに正規型の通常の労働者へ転換させるような、複数の段階からなる転換制度はパートタイム労働法における転換制度といえます。労働者数の多い事業所では、検討に値する制度です。

3 短時間正社員への転換制度は有効

　パートタイム労働者から一般に短時間正社員といわれる労働者へ転換させることは、パートタイム労働法の転換制度といえます。また、短時間正社員への転換制度を導入する場合は、できれば労働者の希望に応じて短時間正社員から正規型通常労働者への転換制度を併せて設けることが望ましいといえます。

　短時間正社員とは、次の特徴を持つ労働者です。

短時間正社員
① 期間の定めのない労働契約を締結している
② 時間当たりの基本給等や賞与、退職金等の算定方法が同一事業所に雇用されている同種の通常の労働者と同等である者

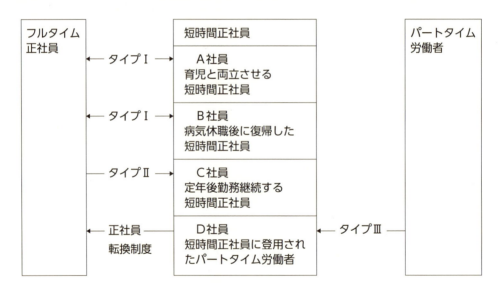

【タイプⅠ】正社員が一時的に短時間勤務後に戻るタイプ
【タイプⅡ】正社員が恒常的・無期で短時間勤務するタイプ
【タイプⅢ】パートタイム労働者を短時間正社員に登用するタイプ

第5節 パートタイム労働者と有期契約労働者の労働条件の明示と決定

POINT

・雇用するパートタイム労働者と有期契約労働者のそれぞれの労働者に適用される規定を確認してください。
・労働条件の明示は、全ての労働者は労働基準法、パートタイム労働者はパートタイム労働法、有期契約労働者は労働契約法で定められています。
・パートタイム労働者の待遇の原則はパートタイム労働法で、有期契約労働者の労働条件の原則は労働契約法で定められています。

 雇用するパートタイム労働者と有期契約労働者のそれぞれの労働者に適用される規定を確認してください。

通常の労働者よりも所定労働時間が短いパートタイム労働者には、有期労働契約を締結した有期契約労働者もいます。

全ての労働者には労働基準法で、パートタイム労働者にはパートタイム労働法で、有期契約労働者には労働契約法で、労働条件の明示と不合理な待遇や労働条件の禁止を定めています。事業主は、労働契約を締結する労働者が次のどの区分の労働者なのかと、その労働者に適用される規定を確認したうえで適切に対応してください。

パートタイム労働者
1週間の所定労働時間が同一の事業所に雇用される通常の労働者に比べて短い労働者をいい、有期契約の場合と、無期契約の場合がある

有期契約労働者
労働契約期間の開始と終了が定められている労働契約(有期契約)を締結した労働者をいう

パートタイム労働者であり有期契約労働者
1週間の所定労働時間が同一の事業所に雇用される通常の労働者に比べて短く、かつ労働契約期間の開始と終了が定められている労働契約(有期契約)を締結した労働者をいう

【パートタイム労働者と有期契約労働者の関係】

```
┌─────────────────────────────────────────────┐
│ パートタイム労働者                              │
│   ┌──────────────────────────────────────┐   │
│   │ パートタイムの      │  有期契約労働者      │   │
│   │ 有期契約労働者      │                     │   │
│   └──────────────────────────────────────┘   │
│                                               │
└─────────────────────────────────────────────┘
```

2 労働条件の明示は、全ての労働者は労働基準法、パートタイム労働者はパートタイム労働法、有期契約労働者は労働契約法で定められています。

　労働契約を締結するときは、使用者は労働者に対して労働条件を書面で明示しなければなりません。次のように全ての労働者には労働基準法で、パートタイム労働者にはパートタイム労働法で、有期契約労働者には労働契約法により書面で明示すべき労働条件(労働条件の明示規定)が定められています(50〜54頁参照)。

　それぞれの労働条件の明示規定を確認したうえで、適切に労働条件を明示してください。

1 労働基準法の労働条件明示規定

　使用者は、労働契約を締結するときは、賃金や労働時間等の一定の労働条件を書面で明示しなければなりません。これは全ての労働者が対象となります。

2 パートタイム労働法の労働条件明示規定

　使用者は、パートタイム労働者を雇い入れたときは、速やかに「昇給の有無」、「退職手当の有無」、「賞与の有無」、「相談窓口」を書面で明示しなければなりません。

3 労働契約法の労働条件明示規定

　有期労働契約の締結の際は、使用者は、有期契約労働者を雇い入れたときは、「契約期間」、「契約更新の有無」、「更新基準」を書面で明示しなければなりません。

3 パートタイム労働者の待遇の原則はパートタイム労働法で、有期契約労働者の労働条件の原則は労働契約法で定められています。

　パートタイム労働法はパートタイム労働者の待遇の原則について、労働契約法は有期契約労働者の労働条件の原則について、それぞれ次のように規定しています。

　事業主は、パートタイム労働者の待遇と有期契約労働者の労働条件を定める場合は、次の原則を確認したうえで、適切に決定する必要があります。

1 パートタイム労働者の待遇の原則

　事業主が雇用するパートタイム労働者の待遇と通常の労働者の待遇を相違させる場合は、その相違は職務内容、人材活用の仕組み等を比較し、その実態が不合理であってはなりません(127頁参照)。

　通常の労働者と同視できるパートタイム労働者の待遇は、パートタイム労働者であることを理由として差別的取扱いをしてはなりません。

2 有期契約労働者の労働条件の原則

　有期契約労働者の労働条件が、期間の定めがあることにより同一の使用者と契約締結する無期契約労働者の労働条件と相違する場合は、その相違は職務内容と責任程度、配置変更の範囲等を比較し、その実態が不合理であってはなりません(90頁参照)。

145

| 第6節 | パートタイム労働者への
説明事項、紛争の自主的解決 |

POINT

- 事業主は、パートタイム労働者の雇入時に雇用改善措置について説明し、また、求められたら待遇決定の考慮事項を説明しなければなりません。
- 事業主はパートタイム労働者の相談に応じる相談窓口を整備してください。また、短時間雇用管理者を選任しパートタイム労働者の雇用管理を改善してください。
- パートタイム労働者からの苦情は、事業主が自主的な解決に努めてください。当事者の双方か一方は、労働局長に紛争解決の援助を求めることができます。

1 事業主は、パートタイム労働者の雇入時に雇用改善措置について説明し、また、求められたら待遇決定の考慮事項を説明しなければなりません。

　事業主は、パートタイム労働者を雇い入れたときは、速やかに実施する雇用改善措置の内容（下記①）について説明しなければなりません（パートタイム労働法14条）。

　また、事業主は、雇用するパートタイム労働者から求められたときは、その待遇を決定するにあたり考慮した事項（下記②）を説明しなければなりません。ただし、パートタイム労働者の納得を得るまで説明することが求められているのではありません。

① 雇入時の説明事項

- 待遇の差別的取扱い禁止
- 賃金の決定方法
- 教育訓練の実施
- 福利厚生施設の利用
- 正社員への転換推進のための措置

② 説明を求められたときの説明事項

- 労働条件の書面交付
- 就業規則の作成手続
- 待遇の差別的取扱い禁止
- 賃金の決定方法
- 教育訓練の実施
- 福利厚生施設の利用
- 正社員への転換推進のための措置

146　第5章｜パートタイム労働者の雇用管理

2 事業主はパートタイム労働者の相談に応じる相談窓口を整備してください。また短時間雇用管理者を選任しパートタイム労働者の雇用管理を改善してください。

パートタイム労働者は、多様な所定労働時間と所定労働日、職務の内容で働いているため、個々人の労働条件も多様化し他者との相違に対する疑問や不満、苦情が生じやすくなっています。その疑問や不満、苦情は適切に解決しないと就労意欲や協調性の低下につながるおそれがあります。そのため、パートタイム労働法では、事業主に次の措置を講じることを求めています(パートタイム労働法16条)。

1 パートタイム労働者からの相談窓口

事業主は、雇用するパートタイム労働者からの相談に応じ、適切に対応するために必要な体制を整備しなければなりません。相談に応じることができる窓口等であればその名称は問わず、また、窓口は担当部署等の組織であっても、担当係等の個人であってもかまいません。

2 短時間雇用管理者の専任

パートタイム労働者は個別多様な労働条件が多く、事業主本人が全ての労働者にきめ細かい管理を行うことは困難です。そこでパートタイム労働者の雇用管理の改善のため、事業主は常時10人以上のパートタイム労働者を雇用する事業所ごとに、次の事項を担当する短時間雇用管理者を必要な知識や経験を有すると認められる者のなかから選任するように努めなければなりません。

短時間雇用管理者の担当事項

- 法定事項、指針事項その他短時間労働者の雇用管理の改善に関する事項について事業主の指示に従い必要な措置を検討し、実施するとともに、必要に応じて関係行政機関と連絡を行うこと
- パートタイム労働者の労働条件、就業環境に係る事項に関し、パートタイム労働者の相談に応じること

---

3 パートタイム労働者からの苦情は、事業主が自主的な解決に努めてください。当事者の双方か一方は労働局長に紛争解決の援助を求めることができます。

1 苦情の自主的解決

　パートタイム労働者から苦情が出されたときは、事業主は事業主及び労働者の代表により構成される苦情処理機関等で自主的に解決するように努めなければなりません。この自主的な解決のための努力には人事担当者や短時間雇用管理者による相談も含まれます。

2 都道府県労働局長の紛争解決の援助

　紛争の当事者であるパートタイム労働者と事業主の双方または一方は、都道府県労働局長に紛争解決のための援助を求めることができます。労働局長は、紛争が生じたパートタイム労働者または事業主から解決の援助を求められた場合は、当事者に対して助言、指導または勧告することができます。

　なお、事業主は援助を求めたことを理由に、パートタイム労働者を解雇する等、不利益に取り扱ってはなりません。

第 6 章

労働時間・休日・休憩

第1節 法定労働時間

POINT

- ・労働時間とは労働者が使用者の指揮監督下にある時間をいいます。身体を使い、実際に仕事をしている時間だけをいうのではありません。
- ・法定労働時間は、休憩時間を除いて1日8時間、1週40時間です。このいずれかの時間を超えた労働時間が時間外労働の時間となります。
- ・1日8時間、1週44時間の特例の法定労働時間が適用される事業があります。

1 労働時間とは労働者が使用者の指揮監督下にある時間をいいます。身体を使い実際に仕事をしている時間だけをいうのではありません。

1 労働時間

　労働時間とは、労働者が使用者の指揮監督のもとにある時間をいいます。いいかえれば使用者の指揮命令により労働者が自由にできない時間を労働時間といいます。そのため、実際には労働のために身体を動かしてはいなくとも、次の時間等は労働者が自由にできないため労働時間となります。

労働時間とみなされる時間

- 実施が義務付けられた始業前の準備行為、清掃、朝礼、体操等の時間
- 法令で義務付けられた装具保護等の装着や準備、後始末等の時間
- 作業上不可欠で使用者の点呼確認がある装具保護具装着更衣等の時間
- 自動車運転手の待機時間や2名乗車の交替制で仮眠中の時間
- 販売員がお客を待つ手待時間
- 休憩中の来客当番・電話番や留守番中の事務員の時間
- 倉庫員が荷物配送トラックの到着を待っている手待時間

150　第6章 | 労働時間・休日・休憩

2 異なる事業場での労働時間

2つ以上の異なる事業場で労働した場合は、使用者が同じか否かを問わず各々の労働時間を通算します。複数の派遣先で労働した派遣労働者は、各々の労働時間を通算します。

判例チェック

三菱重工長崎造船所事件(最高裁平12.3.9)では、労働基準法上の労働時間とは、労働者が使用者の指揮命令下に置かれている時間をいい、実作業に当たり作業服及び保護具等の装着を義務付けられ、所定の更衣所等において行うものとされていたため、更衣所での作業服及び保護具等の装着・準備体操上場までの移動は使用者の指揮命令下に置かれたもの(労働時間)として評価できるとしています。

日野自動車工業事件(最高裁昭59.10.18)では、入門後職場までの歩行や更衣等は、作業に不可欠としても、労働力提供の準備行為であり労働力そのものではないのみならず、特段の事情のない限り使用者の直接支配下でなされるわけではないから、これを労働時間に含めるか否かは就業規則にその定めがあればこれに従い、定めがなければ職場慣行により決するのが最も妥当であるとし、労働時間としなくてもよいとしています。

石川島播磨東第二工場事件(東京高裁昭59.10.31)では、始業時刻と同時に業務を開始すべき旨の定めがあるときは、始業時刻に業務を開始するには、それに間に合うように始業時刻前に入門していなければならないので、労働契約上の労働時間の起算点は入門の時点ではないとしています。

---

3 休憩時間

休憩時間とは、労働者が使用者の指揮命令下にない時間をいいます。いいかえれば労働者が自由に利用できる時間をいい、労働者が権利として労働から離れることを保障されている時間です。休憩時間は労働時間ではなく賃金支払義務もありません。

2 法定労働時間は、休憩時間を除いて1日8時間、1週40時間です。このいずれかの時間を超えた労働時間が時間外労働の時間となります。

1 1日の法定労働時間

　使用者が労働者に労働を命じられる法定労働時間は、労働基準法で休憩時間を除いて1日8時間、1週40時間と定めています。そのため1週間の各日については8時間を超えて労働させてはなりません(労基法32条)。

　1日とは、午前0時から午後12時までの暦日をいいます。継続勤務が2暦日にわたる場合はたとえ暦日が異なっても1勤務として取り扱い、その勤務は始業時刻の属する日の労働として、その日1日の労働とします(昭63・1・1基発1)。

　また、前日の労働時間から引き続く時間外労働が翌日まで延長された時間も、翌日の始業時刻までは前日からの労働時間の延長とみなされます。

2 1週間の法定労働時間

　1週間の法定労働時間は40時間(特例事業を除く)です。使用者は労働者に1週40時間を超えて労働させてはなりません。この1週間とは就業規則等で起算日を特に定めていない場合は、日曜日から土曜日までの1週間とします。

　この場合、1週40時間以内とするには次のような日ごとの労働時間が考えられます。

1日8時間労働	1週5日労働＝8時間×5日＝40時間
1日6時間40分労働	1週6日労働＝6時間40分×6日＝40時間
1日7時間を5日＋1日5時間の労働	1週6日労働（7時間×5日＝35時間）＋（5時間×1日）＝40時間

　以上から1日の所定労働時間を減らす、日によって所定労働時間を減らす等1日の所定労働時間を8時間未満に変更すれば、特に週休2日制としなくとも週休1日でも1週40時間とすることができます。

　1日8時間及び1週40時間のいずれかの法定労働時間を超えた労働時間が、法定時間外労働(時間外労働)となります。

3 1日8時間、1週44時間の特例の法定労働時間が適用される事業があります。

1 法定労働時間の特例

原則の法定労働時間は1日8時間、1週40時間ですが、特例の法定労働時間として、常時10人未満の労働者を使用する次の事業の法定労働時間は、特例として1日8時間、1週44時間と定めています(労基法施行規則25条の2)。

①	物品販売、配給、保管、賃貸、理容の事業
②	映画、演劇、その他の興行の事業(映画制作除く)
③	病者虚弱者の治療、看護その他の保健衛生の事業
④	旅館、料理店、飲食店、接客業、娯楽場の事業

これにより1週6日のうち5日を8時間労働とし1日を4時間労働とすると、1週間の労働時間が44時間となります。

1週6日のうち、(5日×8時間=40時間) + (1日×4時間=4時間) = 1週44時間

2 法定労働時間の特例適用時の変形労働時間制

法定労働時間1週44時間の特例が適用される場合の変形労働時間制は、以下の要件を備える必要があります。

① 1か月単位の変形労働時間制では、変形期間の平均労働時間が1週44時間を超えないこととします。

② フレックスタイム制では清算期間(労働契約上、総労働時間を定めた一定期間。187頁参照)を平均して1週44時間を超えないこととします。

153

理解チェック

労働時間とは、使用者の指揮命令下にあり労働者が自由にできない時間をいう

休憩時間とは、労働が義務付けられておらず労働者が自由にできる時間をいう

休憩時間は労働時間ではなく、賃金支払義務はない

原則の法定労働時間は1日8時間、1週40時間

特例の法定労働時間は1日8時間、1週44時間（常時10人未満の労働者を使用する一定事業）

第2節 法定時間外労働

POINT

- 1日8時間1週40時間の法定労働時間を超える労働時間は、時間外労働となります。
- 使用者が労働者に時間外労働を命じるには、労働条件や就業規則で時間外労働を命じることを定め、かつ36協定を締結し労基署に届け出る必要があります。
- 災害等臨時の必要がある場合は、使用者は36協定の締結届出がなくとも労基署長の許可を受けて、時間外労働や休日労働をさせることができます。

1 1日8時間1週40時間の法定労働時間を超える労働時間は時間外労働となります。

1 時間外労働

1日8時間、1週40時間(特例事業44時間(以下、1週40時間という))の法定労働時間を超えて使用者は労働者に労働させてはなりませんが、業務上の都合によりやむを得ずこの法定労働時間を超えて労働させる必要がある場合があります。

法定労働時間を超えた労働時間が法定時間外労働時間(以下、時間外労働時間という)です。ただし常時10人未満の労働者を使用する事業は、例外として1週44時間を超えた時間が時間外労働時間となります。変形労働時間制を導入している場合は別の定めがあります。

時間外労働時間は1日8時間または1週40時間をのいずれかの時間を超えた労働時間のため、1日の所定労働時間が7時間の場合と8時間の場合で月曜から土曜日まで週6日労働した場合の時間外労働の時間は、次のようになります。

1日7時間労働×6日	月曜から土曜=42時間 土曜日の7時間のうち5時間が1週40時間以内となり2時間が1週40時間を超える時間外労働時間となる
1日8時間労働×6日	月曜から土曜=48時間 土曜日の8時間は1週40時間を超える時間外労働時間となる

2 変形労働時間制での時間外労働

変形労働時間制とは、１か月以内や１年以内等の一定期間を平均して１週当たりの労働時間が40時間以内になるならば、特定された日や週に法定労働時間を超えた労働を命じられる制度ですが、この変形労働時間制での時間外労働の時間は次のようになります。

変形労働時間制での時間外労働

① １日については８時間、または８時間を超える労働時間を定めた日はその労働時間を超えた労働時間

② １週については40時間、または40時間を超える労働時間を定めた場合はその時間を超えた労働時間

③ 変形期間については労働時間の上限（以下、総枠という）を超えた限度時間

ただし、１年単位の変形労働時間制の場合、中途採用・退職等により実際の労働期間が変形期間より短い場合は、次の計算式で算出した時間が時間外労働となります。

時間外労働時間

実労働時間－実労働期間の法定労働時間の総枠（（実労働期間の暦日数÷７日）×40時間）

2 使用者が労働者に時間外労働を命じるには、労働条件や就業規則で時間外労働を命じることを定め、かつ36協定を締結し労基署に届け出る必要があります。

使用者が労働者に時間外労働を命じるには、時間外労働を命じる場合もあることを労働契約締結の際の労働条件や就業規則等で明示したうえで、労働者と使用者が締結した時間外・休日労働協定（以下、36協定という）を労基署に届け出る必要があります。これにより労働条件や就業規則の適用を受ける労働者は、労働条件や就業規則の定めに従って法定労働時間を超えて労働する義務を負います（労基法36条）。

たとえ36協定を締結し労基署に届け出ていても、それだけでは労働者は時間外労働をする義務を負いません。何故なら36協定は労働基準法に違反しないという免責効果を持つものであり、労働者の休日労働の義務は36協定から直接生じるものではなく、労働契約や就業規則等の根拠が必要だからです。

156　第6章｜労働時間・休日・休憩

なお、妊産婦が時間外労働の免除を請求した場合、使用者は時間外労働を命じることができず(労基法66条2項)、育児・介護をする労働者には時間外労働の時間に制限があります(育介休業法17条、18条)。

3 災害等により臨時の必要がある場合は、使用者は36協定の締結届出がなくとも労基署長の許可を受けて、時間外労働または休日労働させることができます。

　災害その他避けることのできない事由により臨時の時間外労働を命じる必要がある場合は、使用者は労基署長の許可を受けて、時間外労働または休日労働をさせることができます。

　避けることのできない事由とは、発生が予測されても発生を確定的に予測できない、あるいはいつ発生するか予想できない場合をいい、臨時とは常日頃から必要性が生じる場合は含みません。使用者はこれらを満たす場合、労基署長の許可を受ければ36協定の締結届出がなくとも時間外労働や休日労働をさせることができます。また、18歳未満の年少者にも同様に命じることができます。

　なお、事態が急を要するため労基署長の許可を受けられない場合は、事後に遅滞なく届け出なければなりませんが、労基署長が時間外労働や休日労働が不適当と認めるときは、事後にその時間外労働時間や休日労働時間に相当する休憩や休日を労働者に与えるよう命じられることもあります(労基法33条)。

理解チェック

1日8時間1週40(44)時間の法定労働時間を超える時間外労働が予想される

時間外労働を命じるために必要な労働条件や就業規則を作成して根拠を定める

36協定を締結し労基署に届け出る

災害時等、臨時で時間外労働を命じる必要がある場合は労基署長の許可を受け時間外労働を命じることができる

第3節　1か月単位の変形労働時間制

POINT

- 1か月以内の一定期間を平均して1週当たりの労働時間が40時間以内になるならば、特定された日や週には法定労働時間を超えて労働させることができます。
- 1か月単位の変形労働時間制では、変形期間の所定労働時間の合計が、暦日数に応じた限度時間以内になれば1週の平均労働時間が法定労働時間以内となります。
- 1か月単位の変形労働時間制では、事前に変形期間内の日ごと週ごとの所定労働時間を特定しなければなりません。

1か月以内の一定期間を平均して1週当たりの労働時間が40時間以内になるならば、特定された日や週には法定労働時間を超えて労働させることができます。

1　1か月単位の変形労働時間制

　職種や業務によっては月末の1週間、あるいは毎月1日から10日までが繁忙期間であるが、その他の週や日は特に落ち着いて忙しくないこともあります。このように職種や業務の都合によっては、特定の日や週に1日8時間、1週40時間の法定労働時間を超えた時間外労働をさせる必要も生じます。このような場合、使用者が労働者に時間外労働を命じるには、時間外労働を命じることを労働契約締結の労働条件や就業規則等で明示したうえで、36協定を締結し労基署に届け出る必要があります。

　しかし36協定を締結し届け出なくとも1か月以内の一定期間を平均して1週当たりの労働時間が40時間（法定労働時間の特例事業は44時間）以内になるならば、特定された日や週に法定労働時間を超えた労働を命じられる制度があります。

　これを1か月単位の変形労働時間制といい、1か月以内の一定期間のなかで、ある日や週の労働時間を減らし別の日や週の労働時間を増やすことで、その期間を平均して1週当たりの労働時間を法定労働時間以内とする制度です。

　平均する期間は1か月以内の一定期間のため1か月に限ることではなく、2週間や4週

間単位とすることもできますが、いずれの期間でも起算日を決める必要があります。

　この制度を導入すれば、事前に特定した日や週の所定労働時間が１日８時間や１週40時間の法定労働時間を超えても時間外労働にはならず、割増賃金の支払の必要もありません（労基法32条の２）。

2　１か月単位の変形労働時間制の適用除外

　次の労働者は、１か月単位の変形労働時間制に適用制限が設けられているか、適用除外となります。

① 年少者

満15歳以上18歳未満の年少者は１日８時間、１週48時間を超えない範囲内でないと１か月単位の変形労働時間制の対象としてはなりません（労基法60条３号２項）。

② 妊産婦

妊娠中及び産後１年を経過していない妊産婦が時間外労働の免除を請求した場合は、１か月単位の変形労働時間制でも法定労働時間を超えて労働させてはなりません（労基法66条１項）。

③ 特別の配慮を必要とする者

育児を行う者、老人等の介護を行う者、職業訓練や教育を受ける者やその他特別の配慮を要する者は、１か月単位の変形労働時間制でも必要な時間を確保できるよう配慮しなければなりません（労基法施行規則12条の６）。

3　１か月単位の変形労働時間制の導入

　１か月単位の変形労働時間制を導入するには、使用者が就業規則等で必要事項を定めるか、または労働者の過半数で組織する労働組合、その労働組合がなければ労働者の過半数を代表とする者と労使協定を締結し、協定届（様式第３号の２）を労基署へ届け出なければなりません（労基法施行規則12条の２の２）。

4　派遣労働者の１か月単位の変形労働時間制

　派遣元事業主が、１か月単位の変形労働時間制について就業規則等で必要事項を定めるか、または労働者の過半数で組織する労働組合、その労働組合がなければ労働者の過半数を代表とする者と労使協定を締結し、協定届を労基署へ届け出なければなりません。この定めにより派遣先事業主は１か月単位の変形労働時間制により派遣労働者を使用できます。

なお、派遣先事業所が１週の法定労働時間の特例事業所の場合は、平均した１週の労働時間を44時間とすることができます。

【就業規則の規定例】

（労働時間及び休憩時間）

第○条　１週間の所定労働時間は、１か月単位の変形労働時間制により平成○年○月○日を起算日として１か月ごとに平均して１週間当たり40時間とする。

　２　始業終業時刻及び休憩時間は次のとおりとし、１日の所定労働時間は７時間15分とする。ただし、毎年４月と６月の第１土曜日は３時間30分とする。

　　①　通常の労働日（②以外）の始業終業時刻

　　　始業時刻　８時30分　から　終業時刻　17時　まで

　　　休憩時間　12時から13時　まで、　15時から15時15分　まで

　　②　毎年４月と６月の第１土曜日の始業終業時刻

　　　始業時刻　８時30分　から　12時　まで

（休日）

第○条　休日は次のとおりとする。

　　①　日曜日

　　②　平成○年○月○日を起算日とする１か月ごとに第２土曜日

　　　　及び毎年６月の第４土曜日

　　③　国民の祝日

　　④　夏期休日　８月中に３日　事前に特定する。

　　⑤　年末年始休日　12月から翌年１月にかけて４日　事前に特定する。

　　⑥　その他会社が指定する日

【労使協定の締結例（協定書）】

１か月単位の変形労働時間制についての協定

　○○テック商会株式会社　代表取締役　鈴木○郎と労働者代表　田中○夫は、１か月単位の変形労働時間制について次のとおり協定する。

第１条　所定労働時間は、１か月単位の変形労働時間制によることとし、変形期間の起算日は次のとおりとする。

　　　　変形期間の起算日＝毎月11日

第２条　変形期間の各月の各労働日の所定労働時間、始業・終業時刻及び休憩時間は、次のとおりとする。

　　　① 毎月11日から24日及び翌月１日から10日まで

　　　　所定労働時間　８時30分から17時まで　　休憩時間　12時から13時まで

　　　　労働時間　７時間30分

　　　② 毎月25日から月末まで

　　　　始業時刻　８時30分から18時30分　　休憩時間　12時から13時まで

　　　　労働時間９時間

第３条　休日は次のとおりとする。

　　　① 毎週土曜日及び日曜日

　　　② 国民の祝日

　　　③ 夏期休日　毎年８月中に３日　事前に特定する。

　　　④ 年末年始休日　毎年年末から翌年年始にかけて５日　事前に特定する。

第４条　この協定の有効期間は平成○年○月○日から平成○年○月○日までとする。

　　　　　　　　　平成○年○月○日

　　　　　　　　　事業主　　　○○テック商会株式会社

　　　　　　　　　　　　　　　代表取締役　鈴木　○郎　　印

　　　　　　　　　労働者代表　　　田中　○夫　　　　　印

様式第3号の2（第12条の2の2関係）

1箇月単位の変形労働時間制に関する協定届

事業の種類	事業の名称	事業の所在地（電話番号）	常時使用する労働者数
機械器具金属材料卸売業	○○テック商会株式会社	横浜市港北区大倉台2-5-15　045-○25-5○71	40人

業務の種類	該当労働者数 （満18歳未満の者）	変形期間 （起算日） ①	変形期間中の各日及び各週の労働時間並びに所定休日 ②	協定の有効期限
営業 ③	15人 0人）	1か月 （毎月11日）	別紙勤務表のとおり	平成○○年○月○日から 平成○○年○月○日まで
労働時間が最も長い日の労働時間数 （満18歳未満の者）	9　時間　00　分 （　　時間　　分）	労働時間が最も長い週の労働時間数 （満18歳未満の者）	54　時間　00　分 （　　時間　　分）	

④ 協定の成立年月日　　○○　年　　○　月　　○　日
協定の当事者である労働組合の名称又は労働者の過半数を代表する者の　職名　代表取締役
氏名　鈴木　○郎
協定の当事者（労働者の過半数を代表する者の場合）の選出方法　（　挙手による選任　）
　　　　年　　月　　日
　　　　　　　　　　　　　　　　　　　　　　　　　　使用者　職名　営業
　　　　　　　　　　　　　　　　　　　　　　　　　　　　　　氏名　田中　○夫　　㊞

　　　　　　横浜北　労働基準監督署長　殿

記載心得
1　法第60条第3項第2号の規定に基づき満18歳未満の者に変形労働時間制を適用する場合には、「該当労働者数」、「労働時間が最も長い日の労働時間数」及び「労働時間が最も長い週の労働時間数」の各欄に括弧書きすること。
2　「変形期間」の欄には、当該変形労働時間制における時間通算の期間の単位を記入し、その起算日を括弧書きすること。
3　「変形期間中の各日及び各週の労働時間並びに所定休日」の欄中に当該事項を記入しきれない場合には、別紙に記載して添付すること。

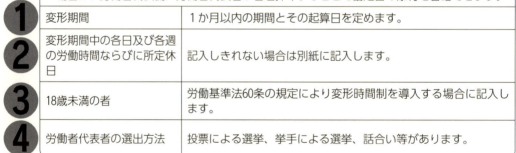

- この協定届は、1か月単位の変形労働時間制を導入する場合の届出です。導入するにはこの協定届を締結し所轄の労基署へ届け出るか、就業規則等で必要事項を定めなければなりません。
- 協定届には、協定書を添付して届け出ます。ただし、協定届の各欄に協定内容が記載できる場合は、労働者代表欄に労働者代表者が署名押印することで協定書の添付を省略できます。

①	変形期間	1か月以内の期間とその起算日を定めます。
②	変形期間中の各日及び各週の労働時間ならびに所定休日	記入しきれない場合は別紙に記入します。
③	18歳未満の者	労働基準法60条の規定により変形時間制を導入する場合に記入します。
④	労働者代表者の選出方法	投票による選挙、挙手による選挙、話合い等があります。

2

1か月単位の変形労働時間制では、変形期間の所定労働時間の合計が、暦日数に応じた総枠以内になれば1週の平均労働時間が法定労働時間以内となります。

1 変形期間の所定労働時間の総枠

　1か月単位の変形労働時間制では、一定期間を平均して1週の労働時間が法定労働時間以内とする制度のため、変形期間内の総所定労働時間の総枠が変形期間の暦日数に応じた総枠以内となれば要件を満たすことになります。総枠とは変形期間内の所定総労働時間の上限をいいます。

　この所定労働時間の総枠は、次の計算方法で算出できます。

$$
\text{変形期間内の所定総労働時間の総枠} = \text{1週の法定労働時間} \times \frac{\text{変形期間の日数}}{\text{7日}}
$$

　この計算方法で変形期間を1か月または4週間、2週間単位とした場合の所定労働時間の総枠は次の表の時間となります。各変形期間の所定総労働時間が各変形期間に対応する総枠の時間以内であれば、変形期間を平均した週の労働時間が法定労働時間以内となり、特定の日や週の労働時間が法定労働時間を超えても時間外労働時間とはならず、割増賃金の支払も必要ありません。

所定労働時間	31日の月	30日の月	29日の月	28日の月	4週	2週
1週40時間	177.1時間	171.4時間	165.7時間	160時間	160時間	80時間
1週44時間	194.8時間	188.5時間	182.2時間	176時間	176時間	88時間

2 変形期間の所定総労働時間を休日で管理する場合

　変形期間内の総所定労働時間を休日で管理する場合は、1日の所定労働時間ごとに月の暦日数に応じた次の表の休日(1週40時間の場合)を確保する必要があります。特定の日を半日労働にする等他の日と異なる労働時間を組み合わせて管理することもできます。

　例えば1日の所定労働時間を10時間とし1週間の労働日を4日、休日を3日とすれば、1週40時間(=法定労働時間以内)となり1日10時間のうちの2時間の労働に割増賃金の支

払は必要ありません。

1日の所定労働時間	31日の月	30日の月	29日の月	28日の月
10時間	休14.5日/出17.5日 (175時間)	休13日/出17日 (170時間)	休12.5日/出16.5日 (165時間)	休12日/出16日 (160時間)
9時間	休11.5日/出19.5日 (175.5時間)	休11日/出19日 (171時間)	休11日/出18日 (162時間)	休日10.5/出17.5日 (157.5時間)
8時間	休9日/出22日 (176時間)	休9日/出21日 (168時間)	休8.5日/出20.5日 (164時間)	休8日/出20日 (160時間)
7.5時間	休7.5日/出23.5日 (176.25時間)	休7.5日/出22.5日 (168.75時間)	休7日/出22日 (165時間)	休7日/出21日 (157.5時間)
7時間	休6日/出25日 (175時間)	休6日/出24日 (168時間)	休5.5日/出23.5日 (164.5時間)	休5.5日/出22.5日 (157.5時間)

※括弧内は所定総労働時間

3 1か月単位の変形労働時間制の時間外労働、休日振替

　1か月単位の変形労働時間制における時間外労働は、次の時間となります。なお、1か月単位の変形労働時間制で時間外労働を命じるには、労働条件や就業規則で時間外労働を命じることを定め、かつ36協定を締結し労基署へ届け出ることが必要です。

【1か月単位の変形労働時間制の時間外労働】

①	1日については8時間または8時間を超える労働時間を定めた日は、その労働時間を超えた労働時間
②	1週については40時間または40時間を超える労働時間を定めた場合は、その時間を超えた労働時間(①の時間を除く)
③	変形期間については労働時間の総枠を超えた限度時間(①と②の時間を除く)

4 1か月単位の変形労働時間制での休日振替

　振替休日とは、本来の休日を他の日に振り替えることで、その休日は労働日となり、振り替えた先の日が休日となる制度ですが、振替休日を実施すると特定した日ごと週ごとの所定労働時間が変わります。その場合の取扱いは次のとおりです。

> ① 振替休日の結果、1日8時間または1週40時間を超えない所定労働時間が設定されている日や週に、1日8時間または1週40時間を超えて労働させることになった場合は、その超える時間が時間外労働の時間となります。

164　第6章｜労働時間・休日・休憩

② ある週の休日を他の週に振り替えた場合の振替後の週の労働時間が、事前に法定労働時間を超える労働時間を定めた所定労働時間を超えた場合は、その超えた労働時間が時間外労働となります。

3 1か月単位の変形労働時間制では、事前に変形期間内の日や週の所定労働時間を特定しなければなりません。

　1か月単位の変形労働時間制を導入するには、就業規則等で変形期間の各日、各週の所定労働時間を具体的に定め、前もって特定する必要があります。そのため就業規則等で変形期間とその限度時間は定めていても、各日や各週の労働時間を使用者が業務の都合により任意に変更できる制度は、この変形労働時間制には該当しません。労働者は事前に特定された日や週ごとの労働時間に合わせて自らの生活計画を立てて生活できますが、任意に労働時間を変更されると生活設計を立てられないためです。

　1か月単位の変形労働時間制を導入する場合に、業務の都合から月ごとの勤務シフト表を作成する必要がある場合は、就業規則等で各日ごとの始業終業時刻や休憩時間及び月ごとの勤務シフト表の作成手続や周知方法を定めておきます。その定めに従い変形期間の開始前までに勤務シフト表を定めておくことにより日ごとの労働時間や休日を特定できます。なお、この場合でも業務の都合により使用者が任意に労働時間を変更することは認められません。

| 事例 | 毎月月末までの10日間が繁忙の場合 |

1か月31日の月→所定労働時間の総枠＝177時間

→第4週の労働時間、労働日数を増やし、他の週を減らす

第1週	第2週	第3週	第4週	第5週(3日)
1日7時間×5日 ＝35時間	1日6時間×5日 ＝30時間	1日6時間×5日 ＝30時間	1日9時間×6日 ＝54時間	1日9時間×3日 ＝27時間
				合計176時間

| 事例 | 営業時間が長いため週休3日の交代制とする場合（1日9時間労働） |

1か月31日の月→所定労働時間の総枠＝177時間

➡営業時間に合わせ、1日の労働時間を
長くし、各週の労働日数を減らす

第1週	第2週	第3週	第4週	第5週（3日）
1日9時間×4日 ＝36時間	1日9時間×4日 ＝36時間	1日9時間×4日 ＝36時間	1日9時間×4日 ＝36時間	1日9時間×3日 ＝27時間
				合計171時間

理解チェック

1か月のなかで業務が繁忙になる期間と繁忙でない期間が毎月ある

繁忙期間の必要な労働日数と1日の労働時間及びその他の1日の労働時間を調べる

繁忙期の労働日数を増やす場合は、増やした労働日数に応じた休日と労働時間を調べる

暦日数ごとの所定労働時間の総枠内で所定労働日と各日の所定労働時間を定める

就業規則で変形労働時間制を定めるか労使協定を締結し協定届を労基署に届け出る

実労働時間が日と週ごとの所定労働時間を超える場合は、36協定を締結し労基署に届け出る

変形労働時間制を運用し、時間外労働が生じた場合は割増賃金を支払う

第4節　1年単位の変形労働時間制

POINT

- ・1か月を超え1年以内の変形期間を平均して1週の労働時間が40時間以内になるなら、特定された日や週に法定労働時間を超えた労働を命じることができます。
- ・1年単位の変形労働時間制には、変形期間の総労働日数、1日及び1週間の労働時間、連続労働日数に制限があります。
- ・退職や異動等により1年単位の変形労働時間制を途中で外れた労働者には、法定労働時間を超えた労働時間に対し割増賃金を支払わなければなりません。

1　1か月を超え1年以内の変形期間を平均して1週の労働時間が40時間以内になるなら、特定された日や週に法定労働時間を超えた労働を命じることができます。

1　1年単位の変形労働時間制

　業種や職種によっては、季節の変化、夏休みやゴールデンウィーク等の連休、催事等による業務の繁閑が生じることがあります。このような繁閑に対応するため特定の期間の日や週に1日8時間、1週40時間の法定労働時間を超えた労働（時間外労働）を命じるには、時間外労働を命じることを労働契約締結時の労働条件や就業規則等で明示しなくてはいけません。そのうえで、労働者と使用者が締結した36協定を労基署に届け出る必要があります。

　しかし、1年単位の変形労働時間制を用いることで、36協定を締結し届け出なくとも1か月を超え1年以内の対象期間を平均して1週当たりの労働時間が40時間以内になるならば、特定された日や週に法定労働時間を超えた労働を命じられます。この制度は、ある期間内の特定の日や週の労働時間を減らし別の日や週の労働時間を増やすことで、その期間を平均して1週当たりの労働時間を法定労働時間以内とするものです。1年単位の変形労働時間制では、特例事業の1週44時間の規定は適用されません（労基法32条の4）。

　平均する変形期間は1か月以上1年以内の一定期間であり、1年だけでなく6か月、3

167

か月等の期間で導入することができますが、いずれの期間でも起算日を決める必要があります。この制度を導入すれば、事前に特定された日や週の所定労働時間が１日８時間や１週40時間の法定労働時間を超えても時間外労働になりません。

2 １年単位の変形労働時間制の適用除外

次の労働者は、１年単位の変形労働時間制から適用除外となります。

① 年少者

満15歳以上18歳未満の年少者は１日８時間、１週48時間を超えた１年単位の変形労働時間制の対象とすることはできません（労基法60条３号２項）。

② 妊産婦

妊娠中及び産後１年を経過していない妊産婦が時間外労働の免除を請求した場合は、１年単位の変形労働時間制でも法定労働時間を超えて労働させてはなりません（労基法66条１項）。

③ 特別の配慮を必要とする者

育児を行う者、老人等の介護を行う者、職業訓練や教育を受ける者やその他特別の配慮を要する者は、１年単位の変形労働時間制でもその労働者が必要な時間を確保できるよう配慮しなければなりません（労基法施行規則12条の６）。

3 １年単位の変形労働時間制の導入

１年単位の変形労働時間制を導入するには、使用者が労働者の過半数で組織する労働組合、その労働組合がなければ労働者の過半数を代表とする者と労使協定を締結し、書面（様式第４号）で次の事項を定めて労基署へ届け出なければなりません（労基法施行規則12条の４）。

１年単位の変形労働時間制の労使協定の協定事項

① 対象労働者の範囲（全労働者、部門や部署ごと、職種ごと、個人ごと等の範囲）

② １か月を超え１年以内の対象期間（１年、６か月、３か月等）及び起算日

③ 業務が繁忙となる特定期間（連続労働７日以上の期間）

④ 対象期間の労働日と労働日ごとの労働時間（対象期間を区分する場合は下記⑥）

⑤ 労使協定の有効期間（３年以内が望ましい）

⑥ 対象期間を区分することとした場合の必要事項

長い対象期間の繁閑の把握が難しいため、対象期間を1か月以上の期間ごとに区分することとした場合は、次の事項

・区分した最初の期間の労働日と労働日ごとの労働時間

・最初の期間を除く各期間の労働日数と総労働時間

様式第4号（第12条の4第6項関係）

1年単位の変形労働時間制に関する協定届

事業の種類	事業の名称	事業の所在地 （電話番号）		常時使用する労働者数
機械器具製造業	○○マイクロメカ株式会社	東京都渋谷区神東3-○-18	03-○786-6○78	250 人

該当労働者数 （満18歳未満の者）	対象期間及び特定期間 （起算日）	対象期間中の各日及び各週の 労働時間並びに所定休日	対象期間中の1週間の平均労働時間数	協定の有効期間
220 人 （　0 人）	1 年間　平成○○年○月○日 （ 特定期間10月18日～10月31日 ）	別 紙	40時間　00分	平成○○年○月○日 から1年間

労働時間が最も長い日の労働時間数 （満18歳未満の者）	8時間　30分 （　時間　分）	労働時間が最も長い週の労働時間数 （満18歳未満の者）	51 時間 00 分 （　時間　分）	対象期間中の総労働日数	257日
労働時間が48時間を超える週の最長連続週数		3 週	対象期間中の最も長い連続労働日数		6 日間
対象期間中の労働時間が48時間を超える週数		7 週	特定期間中の最も長い連続労働日数		12 日間

旧協定の対象期間	平成○○年○月○日から1年間	旧協定の労働時間が最も長い日の労働時間数	8 時間　00分
旧協定の労働時間が最も長い週の労働時間数	48 時間 00 分	旧協定の対象期間中の総労働日数	258 日

協定の成立年月日　　平成○○年　○月　○日

協定の当事者である労働組合の名称又は労働者の過半数を代表する者の　職名 製造員
　　　　　　　　　　　　　　　　　　　　　　　　　　　　　　　　　氏名 宇田川 ○郎

協定の当事者（労働者の過半数を代表する者の場合）の選出方法 （投票による選挙　　　　　　　　　　　　　　　　）

　　年　　月　　日　　　　　　　　　　　　使用者　職名 ○○マイクロメカ株式会社　代表取締役
　　　　　　　　　　　　　　　　　　　　　　　　　　氏名 中目黒 ○治　　　　　　　㊞

　　渋谷　　労働基準監督署長　　殿

記載心得
1　法第60条第3項第2号の規定に基づき満18歳未満の者に変形労働時間制を適用する場合には、「該当労働者数」、「労働時間が最も長い日の労働時間数」及び「労働時間が最も長い週の労働時間数」の各欄に括弧書きすること。
2　「対象期間及び特定期間」の欄のうち、対象期間については当該変形労働時間制における時間通算の期間の単位を記入し、その起算日を括弧書きすること。
3　「対象期間中の各日及び各週の労働時間並びに所定休日」については、別紙に記載して添付すること。
4　「旧協定」とは、則第12条の4第3項に規定するものであること。

・1年単位の変形労働時間制を導入する場合に所轄の労基署に提出します。
・この届には、協定書を添付して届け出ます。ただし、この協定届の各欄に協定内容が記載できる場合は、労働者代表欄に労働組合または労働者代表者が署名押印することで省略できます。

❶	対象期間	週平均労働時間が40時間を超えない範囲で労働させる期間をいい、特定期間とは対象期間内の特に業務が繁忙になる期間をいいます。
❷	対象期間中の各日及び各週の労働時間ならびに所定休日	記入しきれない場合は別紙に記入します。
❸	労働時間が最も長い日の労働時間数（満18歳未満の者）	満18歳未満の者の労働時間数は労働基準法60条の規定により変形時間制を導入する場合に記入します。
❹	協定の当事者の選出方法	投票による選挙、挙手による選挙、話合い等、選出方法を記入します。

4 派遣労働者の1年単位の変形労働時間制

派遣労働者に1年単位の変形労働時間制を導入する場合は、派遣元事業主が、労働者の過半数で組織する労働組合、その労働組合がなければ労働者の過半数を代表とする者と労使協定を締結し、協定届(様式第4号)を労基署へ届け出る必要があります。それにより派遣先事業主は1年単位の変形労働時間制により派遣労働者を使用できます。なお、所定の労使協定は派遣元事業主が派遣元事業主を管轄する労基署へ届け出ます。

5 区分期間

1年単位の変形労働時間制では、事前に特定の日ごと週ごとの所定労働時間を定める必要がありますが、対象期間が1年等の長い場合は、労使協定の締結時には季節や催事等の業務の繁閑予測が難しいことがあります。そのため対象期間を1年以下(1か月以上の必要あり)の期間に区分することができます。この区分した期間(区分期間)を設ける場合、労使協定の締結時に「最初の区分期間の労働日と労働日ごとの所定労働時間」を定め、「その後の各区分期間については労働日と総労働時間」を定めます。

その後、各区分期間の初日の少なくとも30日前までに、労働者の過半数で組織する労働組合、その労働組合がなければ労働者の過半数を代表とする者の同意を得て、労使協定で定めた区分期間ごとの労働日と総労働時間の範囲内で、各区分期間の労働日と労働日ごとの労働時間を書面で定めてください。この同意が得られない場合は、区分期間の労働日の所定労働時間が特定されていないことになり、法定労働時間どおりに労働させ、時間外労働させた時間には割増賃金を支払うことになります。

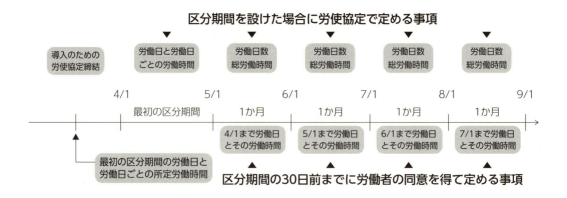

6 1年単位の変形労働時間制の時間外労働

1年単位の変形労働時間制における時間外労働の時間は、次の時間となります。

【１年単位の変形労働時間制の時間外労働】

①	１日については８時間、または８時間を超える労働時間を定めた日はその労働時間を超えた労働時間
②	１週については40時間、または40時間を超える労働時間を定めた場合はその時間を超えた労働時間（①の時間を除く）
③	変形期間については所定労働時間の総枠を超えた限度時間（①と②の時間を除く）

　時間外労働には36協定の締結と労基署への届出及び割増賃金の支払が必要です。変形期間の労働時間が総枠を超えたか否かは変形期間の終了時点で確定するため、総枠を超えた労働時間の割増賃金は変形期間終了直後の賃金支払日に支払うことになります。

2 １年単位の変形労働時間制には、変形期間の総労働日数、１日及び１週間の労働時間、連続労働日数に限度があります。

1 １年単位の変形労働時間制の制限

　１年単位の変形労働時間制には、１か月単位の変形労働時間制とは異なり、変形期間の総労働日数、１日及び１週間の労働時間、連続労働日に次の限度が定められています。
　労働日は、対象期間が３か月を超える場合、１年当たりの労働日数の限度は年間280日です。280日以上労働させてはいけません。
　１年当たりの労働日が280日ならば、休日は365日－280日＝85日（うるう年は86日）日以上設ける必要があります。対象期間が１年未満の場合は、次の計算方法で労働日数の限度を計算します。

$$\text{対象期間の労働日数の限度（小数点以下切捨て）} = 280日 \times \frac{\text{対象期間の暦日数}}{365日}$$

2 １日及び１週間の労働時間の限度

　１日及び１週間の労働時間には次のように限度が定められています。
① １日の労働時間は10時間を限度とします（隔日タクシー運転者は１日16時間）。
② １週間の労働時間は52時間を限度とします。
③ 対象期間が３か月を超える場合は、１週48時間を超える週は連続３週まで、３か月ご

との区分した期間で48時間を超える週の初日の数が3以下でなくてはいけません。週とは対象期間の初日の曜日を起算とする7日です。

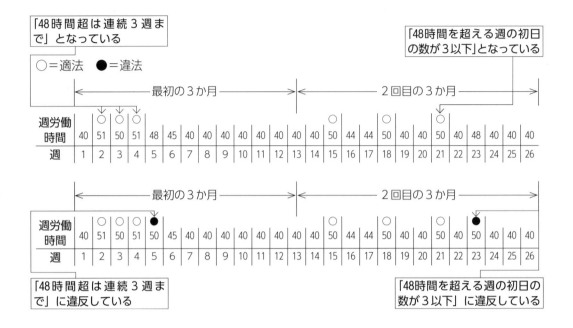

3 連続して労働を命じられる日の限度

連続して労働を命じられる日には次のように限度が定められています。特定期間とは労使協定により対象期間のうち特に業務が繁忙な時期に定められた期間です。

① 特定期間以外の通常期の連続して労働させる日数は6日を限度とします。
② 特定期間の連続労働日数は、図のとおり1週間に1日の休日を確保できる日数は12日とします。

4 特定労働日による管理

変形期間を１年とする変形労働時間制の年間の総所定労働時間数を、特定した労働日（特定労働日）で管理する場合は、勤務表等で前もって次のような１日の所定労働時間に応じた年間休日を定めなければなりません。この休日数を確保し、かつ１日と１週間の労働時間の限度と連続する労働日数を確保できれば、特定の日や週の労働時間が法定労働時間を超えても割増賃金の支払は必要ありません。なお、年間休日数は次の計算式で算出されます。

1日の 所定労働時間数	年間休日数	
	365日 （うるう年以外）	366日 （うるう年）
9時間	134日	134日
8時間	105日	105日
7時間45分	96日	97日
7時間30分	87日	88日

$$年間休日数 \geqq \frac{（1日の所定労働時間 \times 7日 - 40時間）}{1日の所定労働時間 \times 7日} \times 365日（うるう年は366日）$$

5 変形期間の労働時間の総枠

１年単位の変形労働時間制では、変形期間を平均して１週の労働時間が法定労働時間以内とするため、変形期間内の総所定労働時間の総枠が変形期間の日数に応じた総枠の時間以内となっていればよいということになります。

この場合の総枠の時間は、次の計算式で算出できます。

$$変形期間の労働時間の総枠 = 1週40時間 \times \frac{変形期間の日数}{7日}$$

なお、変形期間が１年、６か月、３か月の場合の所定労働時間の総枠は、次のようになります。１年、６か月、３か月のいずれかの期間で変形労働時間制を採用する場合は、勤務表で定める総所定労働時間が総枠を超えない時間で定めなければなりません。

変形期間の 労働時間の総枠	1年(365日)	1年(366日)	6か月(182日)	6か月(183日)	3か月(92日)	3か月(91日)
	2,085.7時間	2,091.4時間	1,040時間	1,045.7時間	525.7時間	520時間

理解チェック

1年のなかで業務が繁忙になる期間と繁忙でない期間が毎年ある

繁忙期間に増やしたい労働日数と1日の労働時間及び通常時の1日の労働時間を調べる

1年の労働日数、1日及び1週間の労働時間、48時間超の連続3週を超えないか確認

繁閑期間ごとの所定労働日と各日の所定労働時間を定め、年間総労働時間の総枠を確認

労使協定を締結し協定届を労基署に届け出る

実労働時間が日と週ごとの所定労働時間を超える場合は、36協定を締結し労基署に届け出る

変形労働時間制を運用し、時間外労働が生じた場合は割増賃金を支払う

3 退職、異動等により1年単位の変形労働時間制を途中で外れた労働者には、法定労働時間を超えた労働時間に対し割増賃金を支払わなければなりません。

1 変形期間を途中で外れる労働者

　1年単位の変形労働時間制では、季節の変化やゴールデンウィーク等の連休、行事、催事等に応じた業務の繁閑に連動して、あらかじめ特定した所定労働時間が法定労働時間より長くなる期間と短くなる期間(変形期間)があります。変形期間の途中に新規採用や異動、退職等で、法定労働時間よりも長くなる期間だけ労働し、法定労働時間より短い期間は労働していない労働者は、結果的に法定労働時間よりも長い時間の労働だけをしたことになります。

　このような場合は、実際に労働させた期間の労働時間のうち法定労働時間(40時間)を超えた労働時間について割増賃金の支払が必要となります。新規採用者や中途退職者等、労働期間が変形期間より短い場合の時間外労働時間は、次の方法で算出します。

$$時間外労働時間 = 実労働時間 - 法定労働時間の総枠\left(\frac{実労働期間の暦日数}{7日} \times 40\right)$$

事例　1年単位の変形労働時間制を中途で外れた：9月30日退職

- 1年間の労働時間の総枠 ＝ 2,085時間　実労働時間1,134時間＋882時間＝2,016時間
- 4/1 〜 9/30までの半年183日、労働日126日の総所定労働時間＝1,134時間
- 10/1 〜 3/31までの半年182日、労働日126日の総所定労働時間＝882時間
- ➡ 時間外労働時間＝1,134時間－1,045時間$\left(\frac{183日}{7日} \times 40\right)$＝89時間

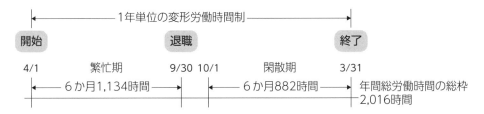

法定労働時間を超えた時間＝時間外労働89時間 ➡ **割増賃金の支払必要**

2 変形期間の途中で採用する労働者・再雇用する労働者

　変形期間の途中で採用する労働者も1年単位の変形労働時間制の対象とすることができます。ただし、1つの事業所で複数の1年単位の変形労働時間制を採用することになりますので、採用の度にその労働者と1年単位の変形労働時間制について労使協定を締結し労基署に届け出ることが必要です。

　なお、変形期間の途中に定年退職となり、その後嘱託等で再雇用することになっている労働者や、定年退職後に希望すれば引き続き再雇用されることが明確に規定されている労働者は、定年退職前と同じ1年単位の変形労働時間制の対象者に含めることができます。

【１年単位の変形労働時間制に関する協定書（区分期間がある場合）】

１年単位の変形労働時間制に関する労使協定書

　　○○マイクロメカ株式会社（以下会社という）と○○マイクロメカ株式会社従業員代表 宇田川○郎（以下従業員代表という）は、１年単位の変形労働時間制に関し、次のとおり協定する。

（勤務時間）
第１条　所定労働時間は、１年単位の変形労働時間制によるものとし、１年を平均して週40時間を超えないものとする。
　　　　変形期間には、１ヶ月ごとの区分期間を設ける。区分期間は、起算日から１ヶ月ごとの期間とする。
　　　　１日の所定労働時間は 8 時間 00 分とし、始業・終業の時刻、休憩時間は次のとおりとする。
　　　　始業：　 8 時 30 分　　　　　終業：17 時 30 分
　　　　休憩：　12 時 00 分～　13 時 00 分

（起算日）
第２条　変形期間の起算日は、平成○○年○月○日とする。

（休　日）
第３条　４月の休日は別紙カレンダーのとおりとする。
　　　　５月以降の各月については、従業員代表の同意を得て、各月の初日の30 日前に勤務割表を作成して特定する。勤務割表は作成し次第、従業員に配布する。

（５月以降の各月の所定労働日数と所定労働時間数）
第４条　５月以降の各月の所定労働日数と所定労働時間数は次のとおりとする。

月	5 月	6 月	7 月	8 月	9 月	10 月
所定労働日数	21 日	22 日	21 日	21 日	23 日	23 日
所定労働時間数	168 時間	176 時間	168 時間	168 時間	184 時間	184 時間

月	11 月	12 月	1 月	2 月	3 月
所定労働日数	21 日	21 日	21 日	21 日	21 日
所定労働時間数	168 時間	168 時間	168 時間	168 時間	168 時間

（時間外手当）
第５条　会社は、第１条に定める所定労働時間を超えて労働させた場合は、時間外手当を支払う。

（対象となる従業員の範囲）
第６条　本協定による変形労働時間制は、次のいずれかに該当する従業員を除き、全従業員に適用する。
　　（１）18 歳未満の年少者
　　（２）妊娠中又は産後１年を経過しない女性従業員のうち、本制度の適用免除を申し出た者
　　（３）育児や介護を行う従業員、職業訓練又は教育を受ける従業員その他特別の配慮を要する従業員に該当する者のうち、本制度の適用免除を申し出た者

（特定期間）
第７条　特定期間は10月18日から10月31日までとする。

（有効期間）
第８条　本協定の有効期間は、起算日から１年間とする。

　　　　平成○○年○月○日

　　　　　　（使用者）○○マイクロメカ株式会社 代表取締役　中目黒○治　㊞

　　　　　　（従業員代表）○○マイクロメカ株式会社 従業員代表　宇田川○郎　㊞

【１年単位の変形労働時間制に関する協定書（区分期間がない場合)】

１年単位の変形労働時間制に関する労使協定書

　　○○マイクロメカ株式会社（以下会社という）と、○○マイクロメカ株式会社従業員代表　宇田川○郎は、１年単位の変形労働時間制に関し、次のとおり協定する。

（勤務時間）
第１条　所定労働時間は、１年単位の変形労働時間制によるものとし、１年を平均して週40時間を超えないものとする。
　　　　　１日の所定労働時間は８時間00分とし、始業・終業の時刻、休憩時間は次のとおりとする。
　　　　始業：　８時　30分　　　　　　終業：　17時　30分
　　　　休憩：　12時　00分～　　13時　00分

（起算日）
第２条　変形期間の起算日は、平成○○年○月○日とする。

（休　　日）
第３条　　変形期間における休日は、別紙年間カレンダーのとおりとする。

（時間外手当）
第４条　会社は、第１条に定める所定労働時間を超えて労働させた場合は、時間外手当を支払う。

（対象となる従業員の範囲）
第５条　本協定による変形労働時間制は、次のいずれかに該当する従業員を除き、全従業員に適用する。
　（１）18歳未満の年少者
　（２）妊娠中又は産後１年を経過しない女性従業員のうち、本制度の適用免除を申し出た者
　（３）育児や介護を行う従業員、職業訓練又は教育を受ける従業員その他特別の配慮を要する従業員に該当する者のうち、本制度の適用免除を申し出た者

（特定期間）
第６条　特定期間は10月18日から10月31日までとする。

（有効期間）
第７条　本協定の有効期間は、起算日から１年間とする。

　　平成○○年○月○日

　　　　　　（使用者）○○マイクロメカ株式会社　代表取締役　中目黒○治　㊞
　　　　　　（従業員代表）○○マイクロメカ株式会社従業員代表　宇田川○郎　㊞

第5節 1週間単位の非定型的変形労働時間制

POINT

・日ごとの業務に繁閑の差があり、かつ各日の労働時間の予測が困難な一定の事業では、1週間単位の変形労働時間制により1日10時間までの労働を命じることが可能です。

・1週間単位の非定型的変形労働時間制を導入するには、労使協定を締結し労基署に届け出なければなりません。

・1週間単位の非定型的変形労働時間制では、各日の労働時間はその週の開始前に書面で特定しなければなりません。

1 日ごとの業務に繁閑の差があり、かつ各日の労働時間の予測が困難な一定の事業では、1週間単位の変形労働時間制により1日10時間までの労働を命じることが可能です。

1 1週間単位の変形労働時間制での労働時間

　一定期間のなかで業務に著しい繁閑の差が生じる日をある程度予測できれば、1か月単位の変形労働時間制等を導入できます。しかし、日ごとの繁閑を予測し、就業規則等により各日の労働時間を特定することが困難な事業では、1か月単位の変形労働時間制の導入は困難です。

　そこで、日ごとの業務に著しい繁閑の差が生じることが多く、かつ、これを予測し就業規則等に各日の労働時間を特定することが困難であると認められる一定の事業では、1日に10時間までの労働を命じることが可能です。

　これを1週間単位の非定型的変形労働時間制といい、導入できるのは次の事業です。例えば「翌々週に急な団体予約や複数の予約がまとまって入った」といった場合のように、定型的な業務の繁忙ではなく、急に生じた業務の繁忙に効果的に活用できます。この制度を導入するには労使協定を締結し、協定届（様式第5号）を労基署に届け出ます（労基法32条の5、労基法施行規則12条の5）。

この制度を適用する場合、1日8時間を超えた労働時間でも割増賃金の支払は必要ありません。ただし、1週の法定労働時間は原則どおり40時間となり、特例事業のように1週44時間の法定労働時間は適用されません。この制度を導入できるのは、以下の事業です。

【1週間単位の非定型的変形労働時間制の対象事業】
常時使用労働者数30人未満の、以下の事業となります。

①	小売業
②	旅館
③	料理店
④	飲食店

2　1週間単位の変形労働時間制での時間外労働

かなりの繁忙が予測され、1日10時間または1週40時間を超えた労働が必要なときも生じると見込める場合は、36協定を締結し労基署に届け出ることにより1日10時間または1週40時間を超えた労働を命じることができます。1週間単位の変形労働時間制における時間外労働は次のいずれかの時間です。この労働時間数を超えた時間は時間外労働時間となり、割増賃金の支払が必要です。

> ① 事前に通知した所定労働時間が1日8時間を超える場合はその所定労働時間、
> 　　1日8時間を超えない場合は1日8時間を超えた時間
> ② 1週間40時間を超えた労働時間

3　1週間単位の変形労働時間制の適用除外対象者

1週間単位の非定型的変形労働時間制は、次の者は適用除外となります。

① 満18歳未満の年少者（労基法60条1項）

② 妊産婦

妊娠中及び産後1年を経過していない妊産婦で適用除外を請求した者（労基法66条1項）

180　第6章｜労働時間・休日・休憩

③ 非現業の一般職の公務員（地方公務員法58条）

④ 特別の配慮を必要とする者

育児を行う者、老人等の介護を行う者、職業訓練や教育を受ける者やその他特別の配慮を要する者。1週間単位の変形労働時間制でも必要な時間を確保できるよう配慮しなければなりません（労基法施行規則12条の6）。

2 1週間単位の非定型的変形労働時間制を導入するには、労使協定を締結し労基署に届け出なければなりません。

1週間単位の非定型的変形労働時間制を導入するには、使用者が労働者の過半数で組織する労働組合、その労働組合がなければ労働者の過半数を代表とする者との労使協定により次の事項を定めた協定届（様式第5号）を労基署へ届け出なければなりません。なお、就業規則には1週間単位の非定型的変形労働時間制の導入と日ごとの所定労働時間の通知方法等を規定しておきます。

1週間単位の変形労働時間制に関する労使協定締結事項

① 事業の種類、名称、所在地　　② 業務の種類　　③ 該当労働者数

④ 1週間の労働時間　　⑤ 変形労働時間制の期間

【１週間単位の非定型変形労働時間制に関する協定届】

様式第５号（第12条の５第４項関係）

１週間単位の非定型的変形労働時間制に関する協定届

事業の種類	事 業 の 名 称	事業の所在地（電話番号）	常時使用する 労 働 者 数
料理店	割烹○○株式会社	東京都品川区下大崎3-○-2	23　人
業務の種類	該当労働者数 （満18歳以上の者）	１週間の所定 労 働 時 間	変形労働時間制による期間
食事調理 宴会の給仕 その他の 応援	男８名 女15名 計23名	40時間	平成○○年○月○日から １年間

協定の成立年月日　　平成○○　年　　○　月　　○　日

協定の当事者である労働組合の名称または労働者の過半数を代表する者の

　　　　　　　　　　職　名　調理員

　　　　　　　　　　氏　名　五反田　○夫

協定の当事者（労働者の過半数を代表する者の場合）の選出方法

（　　挙手による信任　　　　　　　　　　　　　　　　　　　　）

　平成○○　年　　○　月　　○　日

　　　　　　　　　　　　使用者　職名　　代表取締役

　　　　　　　　　　　　　　　　氏名　　大井　○雄　　　　　㊞

　　　　品川　　　　労働基準監督署長　　殿

---

3 **１週間単位の非定型的変形労働時間制では、各日の労働時間はその週の開始前に書面で特定します。**

1 各日の労働時間の特定

　１週間単位の非定型的変形労働時間制では、業務の繁忙に応じて１日10時間、１週40時間まで労働させることができますが、１週間の各日の労働時間はその週の開始前までに書

182　　第６章　労働時間・休日・休憩

面で労働者に通知しなければなりません。また、使用者が1週間の各日の労働時間を定める際には、労働者の意思を尊重するように努めなければなりません。

この制度では、例えば1週間の各日の労働時間を次のように特定することが考えられます。

		月曜	火曜	水曜	木曜	金曜	土曜	日曜
1週間の開始前までに各日の労働時間を書面で通知	事例A	5時間	休日	休日	5時間	10時間	10時間	10時間
	事例B	6時間	休日	休日	7時間	10時間	10時間	7時間
	事例C	休日	10時間	休日	休日	10時間	10時間	10時間

2 緊急時の所定労働時間の変更

台風や豪雨等天候の急変等の緊急時でやむを得ない事由がある場合は、労働時間を変更しようとする日の前日までに書面で通知することにより、あらかじめ通知した労働時間を変更することができます(昭63・1・1基発1)。

理解チェック

日ごとの業務に繁閑の差があるが予測することが困難な一定の事業で、1か月単位の変形労働時間制の導入が困難な場合、翌週の各日の労働時間の特定が可能で労使協定を届出すると1週間単位の変形労働時間制が導入可能

適用すると1週40時間以内ならば1日10時間まで労働を命じることが可能

その週の開始前までに各日の労働時間を特定し通知する

労働時間が1日8時間1週40時間を超える場合は、36協定を締結し届け出ておく

第6節 フレックスタイム制

POINT

- フレックスタイム制とは、一定の範囲内で労働者自身が始業時刻、終業時刻を自由に決めて働く制度です。
- フレックスタイム制では、必ず労働しなければならないコアタイムと始業終業時刻を自ら決められるフレキシブルタイムを設定できます。
- フレックスタイム制で時間外労働となる時間は、清算期間の労働時間の総枠を超えた労働時間です。

フレックスタイム制とは、一定の範囲内で労働者自身が始業時刻、終業時刻を自由に決めて働く制度です。

1 フレックスタイム制

　業務や職種によっては、優秀な人材を採用し定着させ、かつその能力を自発的に発揮させるには、個人の事情に応じて仕事の進め方や始業終業時刻の決定を大幅に労働者に任せたほうが効果的な場合があります。

　一律の始業終業時刻で労働時間を管理せずに、始業・終業時刻の決定を労働者に委ねることで、その労働者は仕事と個人の生活を調和させながら能力を発揮して労働できます。

　この始業終業時刻を労働者の決定に委ねる制度をフレックスタイム制といい、就業規則で始業時刻、終業時刻の両方の決定を労働者に委ねることを規定した労働者については、清算期間を平均して週40時間(特例44時間)以内の範囲で1日8時間または1週40(44)時間の法定労働時間を超えて労働させることができます。その超えた労働時間には、割増賃金の支払は必要ありません。

　始業時刻、終業時刻の決定を労働者に委ねるということは、使用者は始業時刻、終業時刻の両方を指示できないことになります(労基法32条の3)。

なお、フレックスタイム制は満18歳未満の年少者は適用除外となるため、対象となりません。

2 フレックスタイムの導入要件

フレックスタイム制を導入するには、労働者の過半数で組織する労働組合、その労働組合がない場合は労働者の過半数代表者と使用者との労使協定により、書面で次の事項を定める必要があります。

労使協定に有効期間の定めは必要なく、労基署への届出も必要ありません。

労使協定の協定事項

① フレックスタイム制で労働させられる労働者の範囲（個人、部署、職種、全員等）

② 週平均40時間（特例44時間）を超えない範囲で労働させる１か月以内の清算期間

③ 清算期間の総労働時間

④ 標準となる１日の労働時間

⑤ 設定した場合はコアタイムとフレキシブルタイム

---

3 標準となる１日の労働時間

労使協定の協定事項である標準となる１日の労働時間とは、清算期間の総労働時間を清算期間中の所定労働日数で割った時間をもとに定めます。標準となる１日の労働時間を定めることで年次有給休暇の取得日や事業場外みなし労働日は、その標準となる１日の労働時間を労働したものとして計算することができます。

【記載例　フレックスタイム制に関する労使協定】

(参考例)

フレックスタイム制に関する労使協定

　横浜○○株式会社と横浜○○株式会社従業員代表とは、労働基準法第32条の3の規定に基づき、フレックスタイム制について、次のとおり協定する。

(フレックスタイム制の適用従業員)
第1条　設備管理課所属の従業員を除く、全従業員にフレックスタイム制を採用する。

(清算期間)
第2条　労働時間の清算期間は、毎月1日から末日までの1ヶ月とする。

(所定労働時間)
第3条　清算期間における所定労働時間は、清算期間を平均して1週40時間の範囲内で、1日8時間に清算期間中の労働日数を乗じて得られた時間数とする。

(1日の標準労働時間)
第4条　1日の標準労働時間は、8時間とする。

(コアタイム)
第5条　コアタイムは、午前10時から午後3時までとする。ただし、正午から午後1時までは休憩時間とする。

(フレキシブルタイム)
第6条　フレキシブルタイムは、次のとおりとする。
　　　　始業時間帯　午前7時から午前10時
　　　　終業時間帯　午後3時から午後7時

(超過時間の取扱い)
第7条　清算期間中の実労働時間が所定労働時間を超過したときは、会社は、超過した時間に対して時間外労働割増賃金を支給する。

(不足時間の取扱い)
第8条　清算期間中の実労働時間が所定労働時間に不足したときは、不足時間を次の清算期間の法定労働時間の範囲内で清算するものとする。

(有効期間)
第9条　本協定の有効期間は、平成○○年○月○日から1年間とする。ただし、有効期間満了の1ヶ月前までに、会社、従業員代表いずれからも申出がないときには、さらに1年間の有効期間を延長するものとする。

平成○○年　○　月　○　日

　　　　　　　　　　　　　　横浜○○株式会社　　代表取締役　小杉 ○史　㊞
　　　　　　　　　　　　　　横浜○○株式会社　　従業員代表　中原 ○裕　㊞

記入・提出上の注意	・まず、就業規則で始業終業時刻を労働者に委ねる旨を定め、その労働者に関して労使協定を締結します。 ・この労使協定は、労基署に提出する必要はありません。 ・フレックスタイム制が適用される労働者の範囲を特定します。

3 派遣労働者のフレックスタイム制

　派遣先事業主も、派遣労働者をフレックスタイム制により使用できます。その場合、派遣元事業主が、フレックスタイム制について労働者の過半数で組織する労働組合、その労働組合がなければ労働者の過半数を代表とする者と書面による労使協定を締結し、かつ派遣先事業主との労働者派遣契約で派遣労働者をフレックスタイム制により労働させることを定めている必要があります。

4 フレックスタイム制の清算期間

　フレックスタイム制では、始業時刻、終業時刻を労働者が自ら決定することで日ごと週ごとの労働時間は１日及び１週の法定労働時間を超えた労働を命じることができます。ただし、清算期間を平均した労働時間を１週40時間(特例44時間)以内の範囲としなければなりません。

　この清算期間とは、フレックスタイム制で労働者を労働させる期間をいい、１か月以内の期間に限られます。

　清算期間を平均した週の労働時間が40時間(特例44時間)以内とするには、清算期間の総所定労働時間が清算期間の暦日数に応じた法定労働時間ごとの総枠の時間以内であることが必要です。これにより特定の日や週の労働時間が１日８時間、１週40時間(44時間)の法定労働時間を超えても時間外労働時間とはならず割増賃金の支払も必要ありません。

　清算期間の法定労働時間の総枠の計算方法と、清算期間の暦日数に応じた総労働時間の総枠は次のとおりです。フレックスタイム制を導入した場合は、清算期間の労働時間がこの総枠の時間内となるようにしてください。

【清算期間の日数に応じた法定労働時間の総枠の計算方法】

$$\text{清算期間の総労働時間の総枠} = \text{１週の法定労働時間} \times \frac{\text{清算期間の日数}}{\text{７日}}$$

【清算期間の暦日数と法定労働時間に応じた所定労働時間の総枠】

法定労働時間	1か月31日	1か月30日	1か月29日	1か月28日	4週	2週
1週40時間	177.1時間	171.4時間	165.7時間	160時間	160時間	80時間
1週44時間	194.8時間	188.5時間	182.2時間	176時間	176時間	88時間

2 フレックスタイム制では、必ず労働しなければならないコアタイムと始業終業時刻を自ら決められるフレキシブルタイムを設定できます。

1 コアタイム

　フレックスタイム制には、必ず労働していなければならない時間であるコアタイムと労働者が自由に始業時刻、終業時刻を決められる時間であるフレキシブルタイムがあります。コアタイムは必ず設定しなければならない時間ではありませんが、業務の都合上全ての労働者がそろって働く時間が必要な場合は設定します。例えばコアタイムを10時から15時までと設定した場合は、その時間帯にフレックスタイム制の対象労働者は必ず労働していなくてはなりません。

　コアタイムを設定するには、労使協定でコアタイムの開始時間と終了時間を定めますが、コアタイムの時間の長さが１日の標準となる労働時間の長さとあまり変わらない場合は、フレックスタイム制の意義がなくなるため認められません。

　また、コアタイムは全ての労働日に設定しなければならないわけではなく、設定する日と設定しない日を定めることができ、日ごとにコアタイムの時間が異なることや、さらにコアタイムの時間を１日のうちで分割することも、労使協定で定めることができます。

2 フレキシブルタイム

　フレキシブルタイムとは、労働者が労働する時間を自ら決められる時間の範囲をいい、必ず設定しなければならない時間ではありませんが、設定した場合はその時間の範囲内で労働者は自ら始業時刻、終業時刻を決め労働する時間を決定します。

　例えば、フレキシブルタイムで始業時刻を７時から10時とし、終業時刻を15時から19時とすると、労働者は始業時刻を７時から10時の間で、終業時刻を15時から19時の間で自由に決められます。これにより業務の都合と個人の生活に応じた柔軟な働き方とが期待できます。

3 フレックスタイム制における休憩時間

　フレックスタイム制を採用した場合でも、労働時間が６時間を超える場合は45分、８時間を超える場合は60分の休憩時間を労働時間の途中に与えなければなりません。また、休憩時間は原則としていっせいに与えなければならないため(236頁参照)、コアタイムを設

定している場合はそのコアタイムの間に休暇時間を定めてください。

　書面による労使協定を締結した場合や、一斉休憩が適用除外されている業種の事業では、休憩時間を労働者が自ら決めることができます。休憩時間と長さを労働者が自ら決めることにする場合は、就業規則でその旨を規定します。

4　フレックスタイム制の効果的な運用

　フレックスタイム制では、始業時刻と終業時刻を自ら決めることで次のようなメリットとデメリットが考えられます。デメリットを克服し、フレックスタイム制を効果的に運用することで、人材の定着と能力発揮を実現し、労働者の事業への貢献が期待されます。

① フレックスタイム制のメリット

- 能率や効果・成果が高まり仕事に集中できるときは、それに応じた労働時間にできる
- 業務繁忙時には長い労働時間で業務を処理し、繁閑時は短い労働時間にできる
- 育児や介護等に合わせて労働時間を調整でき、家庭と仕事の両立を図りやすい

② フレックスタイム制のデメリット

- フレキシブルタイムに人が揃わず会議や打合せを入れられない
- コアタイムに社内会議等を入れると貴重な時間に顧客等との営業打合せ時間が調整しにくい
- 担当者がフレキシブルタイムで不在にしていると緊急案件が処理できない

③ フレックスタイム制の効果的な運用

- なるべく各人が日ごとのフレキシブルタイムの始業・終業時刻の予定を立てておく
- 社内会議等は業務の都合に応じて計画的に開催日を定め、会議時間も厳守する
- 緊急案件の処理手順をなるべく定めておき、各人と連絡の取れる体制を作っておく

3 フレックスタイム制で時間外労働となる時間は、清算期間の労働時間の総枠を超えた労働時間です。

1 フレックスタイム制での時間外労働

　フレックスタイム制での時間外労働は、清算期間における法定労働時間の総枠を超えた労働時間となるため、実際の労働時間を把握し総枠を超えたかどうか判断しなければなりません。そのためフレックスタイム制を採用した使用者は、対象労働者の労働日ごとの労働時間を把握し正確に記録する必要があります。

　清算期間の法定労働時間の総枠を超える時間外労働がある場合は、36協定の締結と労基署への届出、及び割増賃金(25%以上)の支払が必要となります。

　また、清算期間において法定労働時間の総枠を超えた労働時間の累計が60時間を超えた時点から50%以上の割増賃金を支払わなければなりません(一定の中小企業は適用猶予)。

　法定休日以外の所定休日の労働時間の割増率を時間外労働とは異なる率にして時間管理している場合でも、上記の60時間を超えたか否かは、双方の時間を合算して判断します。

　なお、休日労働、休憩時間、深夜労働に関する労働基準法の規定はそのまま適用されます。

2 清算期間における実際の労働時間の過不足

（1）実際の労働時間に過剰があった場合

　清算期間内の実際の労働時間が、法定労働時間の総枠を超え過剰となった場合は、その総枠を超えた労働時間は時間外労働となり、その労働時間には割増賃金を支払わなければなりません。総枠を超えた時間外労働時間を次の清算期間の労働時間に充当することは、清算期間内の労働の対価をその期間の賃金支払日に支払わないことになるため認められません。

（2）実際の労働時間に不足があった場合

　清算期間内の実際の労働時間が、法定労働時間の総枠に対して不足となった場合に、その清算期間の総労働時間として定められた時間分の賃金をその期間の賃金支払日に全額支払い、総枠の時間に不足した時間分を次の清算期間中の総労働時間に上乗せして労働させるという方法があります。これが法定労働時間の総枠の範囲内である限りは、その清算期

間においては実際の労働時間に対する賃金よりも多く支払い、次の清算期間でその分の賃金の過払い分を清算することと同様と考えられるため認められます。

　ただし、次の清算期間の総労働時間が法定労働時間の総枠未満の場合は総枠の時間までは上乗せできますが、総労働時間が法定労働時間の総枠いっぱいとなっている場合は、不足した時間を上乗せできる余地はありません。実質的に不足した労働時間分の賃金を多く支払うことになります。これではノーワークノーペイの原則からすれば、フレックスタイム制の対象とならない労働者から不満が生じるおそれがあります。

　清算期間内の実際の労働時間が不足した場合は、その不足時間分の賃金をその期間の賃金支払日の賃金から欠勤控除する方法があります。

| 第**7**節 | 事業場外のみなし労働時間制 |

POINT

- 事業場外労働のため労働時間の算定が困難な場合は、就業規則等で定めた所定労働時間を労働したものとみなします。これを、みなし労働時間制といいます。
- みなし労働時間は、業務を遂行するために通常所定労働時間を超えた労働が必要な場合は、その通常必要な時間を労働したものとみなします。
- 労使協定でみなし労働時間を定めることが重要です。みなし労働時間が法定労働時間を超える場合は、この労使協定と36協定を労基署に届け出ます。

1 事業場外の労働のため労働時間の算定が困難な場合は、所定労働時間を労働したものとみなします。これを、みなし労働時間制といいます。

1 事業場外みなし労働時間制

サービス業や営業職、情報取材等の、事業場外の労働場所と自宅を直行直帰する場合や事業場外での労働や在宅勤務労働では、使用者が労働時間を管理できないため労働時間の算定が困難です。このような労働時間の全部または一部を事業場外で労働し、使用者の具体的な指揮監督が及ばず労働時間が算定し難い場合は、あらかじめ労働契約や就業規則等で定めた所定労働時間を労働したものとみなします。この制度を事業場外労働のみなし労働時間制といい、みなし労働時間が法定労働時間以下の場合は、割増賃金の支払は必要ありません。

ただし、次の場合は使用者の指揮監督が労働者に及ぶため、みなし労働時間制の対象からは除外します。また、トラックやバスの運転手等同じルートを配送や運行するような業務の労働者は、たとえ事業場外での業務であってもトラックやバスの運転自体が業務であり、同じルートを配送・運行する労働者は労働時間を把握し管理できるため、みなし労働時間制から除外されます(労基法38条の2)。

事業場外みなし労働時間制の対象とならない場合
① 複数人が事業場外労働に従事する場合で、その複数人のなかに労働時間を管理する者がいる場合
② 事業場外で従事する者が携帯電話、無線機器等で随時使用者の指示を受けながら労働する場合
③ 事業場で訪問先や打合せ、納品、帰社時刻等当日の業務の具体的指示を受けてから、事業場外でその指示どおりに業務に従事した後に事業場に戻る場合

1 事業場外みなし労働時間制の労働時間

　事業場外みなし労働時間制では、所定労働時間を労働したものとみなします。所定労働時間とは労働契約や就業規則であらかじめ定めた労働時間をいい、職種等労働者ごとに異なる場合は、その労働者ごとに定めた労働時間をいいます。

2 事業場内外の労働時間

　例えば、午前に事業場内で4時間労働し午後は事業場外で労働した後に直帰した場合等、事業場外で所定労働時間の一部を労働しているため、その日全体の労働時間の算定が難しい場合は、その事業場内の労働時間を含めて所定労働時間労働したものとみなします。ただし、事業場内での労働時間にはみなし労働時間は適用されませんので、事業場内の労働時間は把握し記録しなければならず、労使協定で定めるみなし労働時間は、事業場外の労働時間だけとなります(昭63・3・14基発150)。

事業場内外の労働時間＝把握・記録した事業場内の労働時間 ＋ 事業場外の業務に通常必要とされる労働時間

3 在宅勤務のみなし労働時間制

　情報通信機器の発展に伴い在宅勤務が増えてきていますが、労働者が自宅で情報通信機器(パソコン、スマートフォン等個人所有のものも含む)を用いて労働する在宅勤務では、次のいずれの要件も満たす場合は、事業場外みなし労働時間制を適用できます(平16・3・5基発0305001)。

① 業務が起居寝食等の私生活を営む自宅で行われること
② 情報通信機器を使用者の指示により常時通信可能な状態にして、使用者からの電子メール等による具体的な指示に即応する待機状態を維持しなくともよく、単に回線が接続されているだけで、離席が自由なこと
③ 業務目標や期限以外の業務が、随時使用者の具体的な指示に基づいて行われていないこと

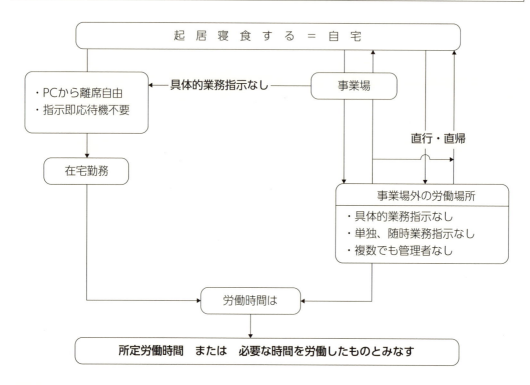

4 在宅勤務の効果的な運用

在宅勤務は事業場に出勤せずに自宅で労働するため、次のようなメリットとデメリットが考えられます。デメリットを克服し、在宅勤務を効果的に運用することで、人材の採用定着と能力発揮を実現し、労働者の事業への貢献が期待されます。

① 在宅勤務のメリット

・電話対応や人間関係に気を使わず自宅で仕事に集中できるため能率や成果が高まる
・労働者が通勤時間や休憩時間を育児や介護等家庭生活に充てることができ、家庭と仕事の両立を図りやすい
・業務遂行と労働時間を自ら管理するため、労働者が自律的かつ効率的に働ける

② 在宅勤務のデメリット

・会話や声かけがないためコミュニケーションが取りにくく労働者が疎外感を感じやすい
・始業終業時刻等の勤怠管理、業務への専念等が確認しにくく、労使双方が不安になる
・対象者の能力、成果、勤務等評価の基準や方法が確立できなければ業績への効果が生まれない

③ 在宅勤務(テレワーク)の効果的な運用

・最初は期限を設け、週1回から等と制限を設け効果的な運用方法を確立しながら運用する
・運用しやすい職種や、自発的・自立的に業務遂行できる労働者から対象とし徐々に範囲を広げる
・勤怠管理ツールや電子メールを活用し勤怠管理と報告連絡を密にし成果物を確認する
・TV電話での報告や相談、Web会議を活用し意思疎通を図り課題や方針を共有する

2 みなし労働時間制では、業務を遂行するために所定労働時間を超えた労働が必要な場合は、その必要な時間を労働したものとみなします。

1 事業場外みなし労働時間制の労働時間

　事業場外みなし労働時間制では、所定労働時間を労働したものとみなします。所定労働時間とは労働契約や就業規則であらかじめ定めた労働時間をいい、職種等労働者ごとに異なる場合は、その労働者ごとに定めた労働時間をいいます。

2 所定労働時間を超える場合

　みなし労働時間制では、業務を遂行するために所定労働時間を超えて労働することが必要な場合は、その必要な労働時間を労働したものとみなします。この必要な労働時間を「通常必要とされる労働時間」といい、業務の状況や労働者によって通常必要とされる労働時間が8時間30分であったり9時間30分であったりと日によって異なっていても、客観的にみて業務遂行のために通常必要とされる労働時間が9時間ならば9時間労働したものとみなします。

　例えば事業場外の通常必要とされる労働時間が5時間の場合で、事業場内の労働時間が4時間の日の労働時間は合計9時間とみなし、事業場内の労働時間が5時間の日の労働時間は合計10時間とみなします。

3 労使協定で定める時間

　みなし労働時間制では、業務を遂行するために所定労働時間を超えて労働することが必要な場合に、その事業場に労働者の過半数で組織する労働組合があるときはその労働組合、該当する労働組合がない場合は労働者の過半数を代表する者とみなし労働に関する労使協定を締結する必要があります。その労使協定で定めた時間を通常必要とされる労働時間とみなします。

理解チェック

労働時間の算定が難しいみなし労働では、所定労働時間労働したものとみなす

事業場内と事業場外で労働した場合は、合わせて所定労働時間労働したものとみなす

事業場内の労働時間は把握し記録する

所定労働時間を超えた労働が必要な場合は、通常必要とされる時間労働したとみなす

労使協定があるときは労使協定で定めた時間を通常必要とされる労働時間とみなす

3 事業場外みなし労働時間制では労使協定でみなし労働時間を定めることが重要です。みなし労働時間が法定労働時間を超えるならこの労使協定と36協定を労基署に届け出ます。

1 事業場外みなし労働時間制の労使協定

　事業場外みなし労働時間制では、労使協定で業務の遂行に通常必要とされる労働時間を定めた場合は、その時間を労働したものとみなします。通常必要とされる労働時間は業務の実態をよく知る労使が協議して決めることがより実態を反映できて適切といえます。労

使協定で定めたみなし労働時間が法定労働時間以下の場合は、この労使協定を労基署へ届け出る必要はありませんが(労基法施行規則24条の２第３項)、労使協定の意義からすればみなし労働に関する協定はできる限り締結することが求められます。

　事業場外みなし労働時間制では、事業場、業務の種類や範囲、地域等により業務の遂行に通常必要とされる労働時間が異なる場合は、業務の実態を反映するためそれぞれの事業場や業務に応じた労使協定で各々通常必要とされる労働時間を定める必要があります。

2 法定労働時間を超える事業場外みなし労働時間

　事業場外みなし労働時間制では、１日のみなし労働時間が９時間である等、法定労働時間を超える場合は、事業場外みなし労働に関する労使協定とともに、法定労働時間を超える時間(みなし労働時間が９時間なら１時間)については36協定の締結と届出及び割増賃金の支払が必要です。

　また、週の法定労働時間にはみなし労働時間は適用されないため、１日８時間の法定労働時間を超えた時間外労働の時間の他に、１週40時間の法定労働時間を超える時間外労働の時間にも36協定の締結と割増賃金の支払が必要です。

3 労使協定の協定内容

　事業場外みなし労働に関する労使協定は、その事業場に労働者の過半数で組織する労働組合があるときはその労働組合、該当する労働組合がない場合は労働者の過半数を代表する者と一定事項を定めて締結します。

　労使協定の協定事項は次のもので、事業場や業務の種類により通常必要とされる労働時間が異なる場合は、事業場や業種ごとにそれぞれ協定します。協定で定める時間は事業場外の労働時間であり、事業場内の労働時間を含めた時間ではありません。

労使協定の協定事項

① 業務種類　　　　　　④ 事業場外労働時間

② 該当労働者数　　　　⑤ 有効期間

③ １日の所定労働時間

---

4 事業場外みなし労使協定の届出

　協定で定めた１日のみなし労働時間が法定労働時間を超える場合は、事業場外みなし労働に関する労使協定(様式12号)を労基署に届け出なければなりません。この様式に代えて

197

36協定に付記して届け出ることもできます。

　なお、事業場外みなし労働に関する労使協定で定めたみなし労働時間が法定労働時間以下の場合や、事業場内外の労働時間を通算すると法定労働時間を超えても、事業場外の労働時間が法定労働時間を超えない場合は、事業場外みなし労働時間の労使協定を労基署へ届出する必要はありません。

理解チェック

みなし労働時間では業務実態の反映のため労使協定で通常必要とされる労働時間を定めることが重要

事業場、業務の種類や範囲、地域で業務遂行に通常必要な労働時間が異なる場合は、それぞれの労使協定で業務実態を反映したみなし労働時間を定める

みなし労働時間が法定労働時間を超える場合は、みなし労働時間に関する労使協定と36協定を締結し労基署に届け出る

みなし労働時間に関する労使協定は36協定に付記することでも届出できる

【事業場外労働に関する協定届】

様式第12号（第24条の２第３項関係）

事業場外労働に関する協定届

事 業 の 種 類	事 業 の 名 称	事業の所在地（電話番号）		
食料品販売業	株式会社蒲田〇〇販売	東京都大田区中蒲田6-〇-11　　03-〇857-2〇56		
業 務 の 種 類	該当労働者数	１日の所定 労 働 時 間	協定で定める 時 間	協定の有効 期 間
外勤営業	51人	７時間30分	８時間30分	平成〇〇年〇月〇日 から1年間
時間外労働に関する協定の届出年月日			平成　〇〇　年　〇月　〇　日	

協定の成立年月日　　　　平成〇〇　年　〇　月　　　〇　日
協定の当事者である労働組合の名称又は労働者の過半数を代表する者の
　　　　　　　　　　　職　名　外勤営業部員
　　　　　　　　　　　氏　名　大森　〇輔
協定の当事者（労働者の過半数を代表する者の場合）の選出方法
（　　　　　挙手による選任　　　　　　　　　　　　　　　　　）
　　　　　平成　〇〇　年　　〇　　月　〇　日
　　　　　　　　　　　　　使用者　職名　株式会社蒲田〇〇販売
　　　　　　　　　　　　　　　　　氏名　奥沢　〇和　　　　　　　㊞
　　　　　大田　　　　　**労働基準監督署長殿**

　　　記載心得
　　　「時間外労働に関する協定の届出年月日」の欄には、当該事業場における時間外
　　労働に関する協定の届出の年月日（届出をしていない場合はその予定年月日）を記
　　入すること。

第 **8** 節 専門業務型裁量労働制

POINT

・使用者による労働時間の配分指示が困難で、労働時間管理を労働者に委ねたほう
　が効果的な一定の専門業務では、あらかじめ算定した時間を労働したものとします。
・専門業務型裁量労働制が適用される研究開発や情報、放送、デザイン等専門性の
　高い業務は、厚生労働省令で定められています。
・専門業務型裁量労働制での労働時間は、労使協定で定めた時間を労働したものと
　します。

> # 1
> 使用者による労働時間の配分指示が困難で、労働時間管理を労働者に委ねたほうが効果的な一定の専門業務では、あらかじめ算定した時間を労働したものとします。

1 専門業務型裁量労働制

　専門業務には、仕事の進め方や労働時間を大幅に労働者の裁量に任せたほうが早くよい結果が出るものがあります。このような業務では一律の始業終業時刻で労働時間を管理せずに、業務の遂行方法や時間配分を労働者に委ねることで、あらかじめ算定した時間を労働したものとすることができます（労基法38条の３）。

　この制度を専門業務型裁量労働制といい、適用するには労働者の過半数で組織する労働組合、その労働組合がなければ労働者の過半数代表者と次の事項について書面による労使協定を締結し、協定届（様式第13号）とともに労働基準監督署長に届け出なければなりません。この協定届は算定労働時間が法定労働時間内でも届け出る必要があります。

　なお、専門業務型裁量労働制が適用される場合であっても、休日、深夜業、休憩、年次有給休暇等の規定は法令どおり適用されます。

2 数人でのプロジェクトチームによる開発業務

　数人でプロジェクトチームを組んで開発業務を行っている場合で、実際上プロジェクト

チームのチーフの管理のもとに業務遂行、時間配分を行うケースはこの専門業務型裁量労働制には該当しません。

3 専門業務型裁量労働制の労使協定

労使協定は、次の事項について協定し労基署へ届出後に労働者へ周知します。みなし労働時間は対象業務の遂行に必要とみなされる時間を1日当たりの労働時間として定めます。1か月等1日以外の期間の労働時間を定めることはできません。

このみなし労働時間制は、日ごとの労働時間を特定する変形労働時間制とは異なるため、変形労働時間制との重複はなじみません。

専門業務型裁量労働制は、年少者及び妊産婦は適用が除外されるため、例えば妊産婦から請求された場合は、実労働時間が1日8時間1週40時間の法定労働時間を超えないようにしなければなりません（平12・1・1基発1）。

専門業務型裁量労働制の労使協定の協定事項

① 業務の性質上業務の遂行方法を労働者の裁量に委ねる必要があるため、使用者による遂行手段や時間配分の指示が困難な一定の業務のうち、労働者に就かせることとする対象業務

② 対象業務に就かせる労働者の労働時間として算定される時間

③ 対象業務の遂行手段や時間配分の決定に関して使用者が労働者に具体的に指示しないこと

④ 労使協定の有効期間（制度の適切な運用のため3年以内が望ましい）

⑤ 労働時間に応じて労働者の健康と福祉の確保のための措置を定め、それに従い措置を講ずること

⑥ 労働者の苦情処理に関する措置を定めに従い講ずること

⑦ 対象労働者の健康福祉確保の措置及び苦情処理に関する措置の記録の3年間の保存

---

4 健康・福祉を確保するための措置

労使協定には、健康・福祉確保措置を定めますが、その措置をどのように講ずるかを判断するには、対象となる労働者の勤務状況の把握が必要です。使用者が対象労働者の労働時間等勤務状況を把握する方法としては、労務を提供できる状態にあったことを明らかにできる出退勤時刻や入退出時刻の記録等によるものであることが望ましいことに注意してください。健康・福祉確保措置としては次のものが考えられます。

健康・福祉確保措置

- 把握した対象労働者の勤務状況、健康状態に応じて、代償休日や特別休暇を付与することすること

- 把握した対象労働者の勤務状況、健康状態に応じて、健康診断を実施すること

- 働きすぎの防止のため、連続した日数の年次有給休暇の取得を促進すること

- 心と体の健康問題についての相談窓口を設置すること

- 把握した対象労働者の勤務状況、健康状態に応じて、必要な場合は適切な配置転換をすること

- 働き過ぎによる健康障害防止のため、必要に応じて産業医等の助言、保険指導を受けること

5 苦情処理のための措置

労使協定で定める苦情処理に関する措置は、対象労働者が苦情を申出しやすい仕組みとするため、次のような内容を明らかにする必要があります。

苦情処理に関する措置

- 苦情処理申出窓口と担当者の設置及び取り扱う苦情の範囲、処理の手順と方法の明示

- 相談しやすい環境のため、使用者や人事担当者以外の担当者を窓口に配置すること

- 取り扱う苦情の範囲は、対象労働者に適用される評価制度、賃金制度等付随する事項に関する苦情も含めること

2 専門業務型裁量労働制が適用される研究開発や情報、放送、デザイン等専門性の高い業務は、厚生労働省令で定められています。

業務の性質上、業務の遂行方法を労働者の裁量に委ねる必要があるため、使用者による遂行手段や時間配分の指示が困難な一定の業務のうち、専門職型裁量労働制の対象となる業務は次のいずれかの業務です。

①	新商品、新技術の研究開発等高度な科学知識を必要とする業務
②	情報処理システムの分析または設計の業務
③	新聞、出版の記事の取材・編集の業務または放送番組の制作のための取材・編集業務
④	衣服、室内装飾、工業製品、広告デザインの考案等デザイナー業務
⑤	放送番組・映画等のプロデューサー、ディレクターの業務
⑥	厚生労働大臣の指定した次の業務 ［1］ 広告宣伝における内容や特長の文章を考案するコピーライターの業務 ［2］ 情報処理システム活用方法を考案助言するシステムコンサルタントの業務 ［3］ 建物内の照明や家具の配置を考案、表現するインテリアコーディネーターの業務 ［4］ ゲーム用ソフトウェアの創作の業務 ［5］ 有価証券市場の相場分析や有価証券の分析評価や投資を助言する証券アナリスト ［6］ 金融工学の知識を用いて行う金融商品の開発業務 ［7］ 大学における教授研究の業務（主として研究に従事する者） ［8］ 公認会計士の業務 ［9］ 弁護士の業務 ［10］ 建築士の業務 ［11］ 不動産鑑定士の業務 ［12］ 弁理士の業務 ［13］ 税理士の業務 ［14］ 中小企業診断士の業務

3 専門業務型裁量労働制での労働時間は、労使協定で定めた時間を労働したものとします。

1 専門業務型裁量労働制の労働時間

　専門業務型裁量労働制での労働時間は、使用者が時間配分の決定をすることが困難なため、1日単位で労使協定により定めた時間を労働したものとみなします。例えば労使協定で労働時間を1日につき8時間と定めた場合は、8時間労働したものとみなします。法定休日以外の所定休日にも、8時間労働したものと定めた場合は8時間労働したものとします。

　また、使用者は業務遂行の手段や時間配分の決定等に関して労働者に具体的な指示をせず、労働者が自らの裁量で業務の遂行の手段や時間配分を決定するため、日ごとの実際の労働時間は協定で定めた時間より短くなったり長くなったりすることもあります。その場合でも、労使協定により定めた時間を労働したものとみなします。

2 専門業務型裁量労働制の時間外労働時間

　専門業務型裁量労働制のみなし労働時間が法定労働時間を超える場合は、その超えた労働時間が時間外労働時間となるため、36協定の締結届出と時間外労働時間に割増賃金の支払が必要です。なお、専門業務型裁量労働制を採用した場合でも、労働基準法の休憩時間、法定休日労働、深夜業の規定はそのまま適用されるため、法定休憩時間の確保及び法定休日労働と深夜業の労働時間にはそれぞれ割増賃金の支払が必要です。

　また、専門業務型裁量労働制を採用した場合でも、休憩時間、深夜労働、休日の労働基準法の規定はそのまま適用されるため、法定の休憩時間の確保及び法定休日や深夜業に労働させた場合はその労働時間に応じた割増賃金の支払が必要となります。

理解チェック

専門業務型裁量労働制の対象業務があり、導入効果と必要なみなし労働時間を検討する

労使協定で必要な協定事項を協定する（有効期間3年以内が望ましい）

労基署に労使協定を届け出て周知する（みなし労働時間が法定労働時間内でも届け出る）

みなし労働時間が法定労働時間を超える場合は36協定の届出と割増賃金を支払う

専門業務型裁量労働制を導入し実施する。業務遂行手段と時間配分に具体的指示しない

法定休憩時間を確保し、法定休日と深夜業の労働時間にはそれぞれ割増賃金を支払う

労働時間状況を把握し、必要な健康・福祉措置を実施し、記録を3年間保存する

対象業務そのものでない業務に就く場合はみなし労働時間の法的効果は生じない

【書式　専門業務型裁量労働制に関する協定届 様式第13号】

様式第13号（第24条の2の2第4項関係）

専門業務型裁量労働制に関する協定届

事業の種類	事業の名称			事業の所在地（電話番号）		
化学工業	株式会社○○新開発化学			○○市川崎区浮島1－○－23	（044-3○1-25○7）	

業務の種類	業務の内容	該当労働者数	1日の所定労働時間	協定で定める労働時間	労働者の健康及び福祉を確保するために講ずる措置（労働者の労働時間の状況の把握方法）	労働者からの苦情の処理に関し講ずる措置	協定の有効期間
研究開発	自らの研究開発により新規商品を開発する	7名	8時間	9時間	2か月に1回、所属長が健康状態のヒアリングを行い、必要に応じて特別健康診断を実施し特別休暇を付与する（IDカード）	毎週金曜日12時から13時に裁量労働相談室を設け、裁量労働の運用・評価・賃金・処遇制度の苦情を取り扱う。本人のプライバシーに配慮し実態調査を行い解決策を労使委員会に報告する	平成○○年○月○日から1年間

時間外労働に関する協定の届出年月日　　　　　　　　　○○　年　○　月　○　日

協定の成立年月日　　　○○　年　○　月　○　日

協定の当事者である労働組合の名称又は労働者の過半数を代表する者の　　　　職　名　株式会社○○新開発化学労働組合　執行委員長
　　　　　　　　　　　　　　　　　　　　　　　　　　　　　　　　　氏　名　宮前　○利
協定の当事者（労働者の過半数を代表する者の場合）の選出方法　（　　　　　　　　　　　　　　　　　　　）

　　　○○　年　○　月　○　日　　　　　　　　使用者　職名　代表取締役
　　　　　　　　　　　　　　　　　　　　　　　　　　　氏名　遠藤　○司　㊞

記載心得　川崎南　　　労働基準監督署長殿

1　「業務の内容」の欄には、業務の性質上当該業務の遂行の方法を大幅に当該業務に従事する労働者の裁量にゆだねる必要がある旨を具体的に記入すること。
2　「労働者の健康及び福祉を確保するために講ずる措置（労働者の労働時間の状況の把握方法）」の欄には、労働基準法第38条の3第1項第4号に規定する措置の内容を具体的に記入するとともに、同号の労働時間の状況の把握方法を具体的に（　）内に記入すること。
3　「労働者からの苦情の処理に関して講ずる措置」の欄には、労働基準法第38条の3第1項第5号に規定する措置の内容を具体的に記入すること。
4　「時間外労働に関する協定の届出年月日」の欄には、当該事業場における時間外労働に関する協定の届出の年月日（届出をしていない場合はその予定年月日）を記入すること。ただし、協定で定める時間が労働基準法第32条又は第40条の労働時間を超えない場合には記入を要しないこと。

専門業務型裁量労働制を導入する場合に、次頁の労使協定とともに事業所管轄の労働基準監督署長に提出します。

1	業務の種類	対象業務として定められている業務を記載し、業務の内容は具体的に記載します。
2	協定で定める労働時間	1週間、1か月といった一定期間ではなく、1日当たりのみなし労働時間を記載します。
3	労働者の健康及び福祉を確保するために講ずる措置	従業員の健康状態を良好に保つ方法を括弧書きで記載します。
4	労働者からの苦情の処理に関して講ずる措置	対応策について具体的に記載します。
5	協定の有効期間	3年以内の期間で協定します。
6	協定の当事者	労働組合以外の労働者の代表者の場合は、その者の職名と氏名を記載します。
7	協定の当事者の選出方法	労働者の過半数を代表する者の場合は投票による選挙、挙手による選挙、話合い等、選出方法を記載します。

【記載例　専門業務型裁量労働制の労使協定】

専門業務型裁量労働制の労使協定

　　株式会社○○新開発化学と労働者代表宮前○利は、専門型裁量労働制に関し、次のとおり協定する。

第１条　裁量労働適用者は、原則として当該業務の遂行について裁量を有する。会社は業務の遂行手段及び時間配分の決定等についてはその労働者の裁量に委ねることとする。

第２条　裁量労働制の適用対象者は、自らの研究開発により新規商品を開発する業務に従事する者とする。

第３条　所定労働日に勤務した場合は、９時間勤務したものとみなす。

第４条　みなし労働時間が所定労働時間を超える部分については、賃金規程に基づき割増賃金を支給する。

第５条　業務の都合により深夜または休日に労働する場合は、事前に所属長の許可を得るものとし、その労働時間はみなし労働時間に含めない。

第６条　裁量労働の適用者は、タイムカードに時刻を打刻することにより出社または退社の時刻を記載しなければならない。

　２　所属長は、タイムカードの記録から適用社員の在社時間を把握しなければならない。

第７条　裁量労働の適用者は、２ヶ月に１回自己の健康状態について所定の自己診断カードに記入し所属長に提出する。

　２　所属長は、自己診断カードを受領後は速やかに健康状態等についてヒアリングを行う。

　３　使用者は、裁量労働適用者の在社時間、自己診断カード、健康状態についてのヒアリング結果を取りまとめ産業医に提出する。産業医が必要と認めるときは次の措置を実施する。①定期健康診断以外に特別健康診断を実施する。　②特別休暇を与える。

第８条　前条の措置の結果、裁量労働の適用がふさわしくないと認められた場合または裁量労働適用者が裁量労働の中止を申し出た場合は、使用者はその労働者に裁量労働を適用しない。

第９条　裁量労働者から苦情があった場合は、次の措置を講じて対応する。

　⑴　毎週金曜日午後１時から午後３時まで総務部に相談室を開設する。

　⑵　取り扱う苦情は、裁量労働制の運用に関する全般の事項、人事評価制度及び賃金等処遇制度全般の事項とする。

　⑶　相談内容は相談者のプライバシーを保護に努め、解決策を講ずることとする。

第10条　使用者は、裁量労働者の勤務状況、健康と福祉の確保のために講じた措置、苦情に対して講じた措置の記録をこの協定の有効期間の始期から有効期間終了後３年間保存する。

第11条　この協定の有効期間は平成○年４月１日から平成○年３月31日までの３年間とする。

　　　平成○年○月○日

　　　　　　　　　　　　株式会社○○新開発化学代表取締役　遠藤　○司　　㊞
　　　　　　　　　　　株式会社○○新開発化学労働組合執行委員長　宮前　○利　　㊞

記入・提出上の注意	労使協定は必要事項を協定したうえで労基署に届け出て、その内容を労働者に周知しなければなりません。

| 第 **9** 節 | 企画業務型裁量労働制 |

POINT

・企画業務型裁量労働制を導入するには、対象業務のある事業場で対象業務、対象労働者、みなし労働時間等必要事項をあらかじめ決議し労基署に届け出ます。

・企画業務型裁量労働制の対象業務は、業務の適切な遂行のためには遂行方法を労働者に委ね、使用者が遂行手段や時間配分の具体的指示をしない一定の業務です。

・企画業務型裁量労働制の対象業務に就く対象労働者の労働時間は、決議で定めた労働時間を労働したものとみなします。

1 企画業務型裁量労働制を導入するには、対象業務のある事業場で対象業務、対象労働者、みなし労働時間等必要事項をあらかじめ決議し労基署に届け出ます。

1 企画業務型裁量労働制

　企画や調査業務等は、仕事の進め方や労働時間を大幅に労働者の裁量に任せたほうが早くよい結果が出ることがあります。このような業務では一律の始業終業時刻で労働時間を管理せずに、業務の遂行方法や時間配分を労働者に委ねることであらかじめ算定した時間を労働したものとすることができます。

　この制度を企画業務型裁量労働制といい、導入するには労働条件を調査審議する労使委員会で、委員の５分の４以上の議決により決議した次の事項を労基署に届け出たうえで、対象労働者からみなし労働時間について個別に同意を得なければなりません。同意をしなかった労働者に対して解雇その他不利益な取扱いをしてはなりません（労基法38条の４）。

　専門業務型裁量労働制を採用するには、みなし労働時間等の一定事項を定めた労使協定を締結し労働基準監督署へ届け出る必要がありますが、企画業務型裁量労働制では、労働条件を調査審議する労使委員会においてみなし労働時間等一定事項について決議し、その決議書を労働基準監督署へ届け出たうえで、対象となる労働者から個別に同意を得る必要があります。

なお、労使委員会で決議した労働者の健康・福祉を確保する措置及び苦情処理に関する措置については、専門業務型裁量労働制と同等のものとすることが望ましいとされています(201頁参照)。

労使委員会の決議事項

① 事業運営に関する事項の企画・立案・調査・分析等の業務で業務遂行方法を労働者の裁量に委ね、使用者が遂行手段や時間配分の具体的指示をしない対象業務

② 対象業務に就かせたときは決議時間を労働したものとする労働者の範囲

③ 対象業務に従事する労働者について算定される1日当たりのみなし労働時間

④ 対象業務に従事する労働者の労働時間の状況に応じた労働者の健康と福祉確保のための措置を決議で定めるところにより使用者が講ずること

⑤ 対象労働者の苦情処理に関する措置決議で定めた使用者が講ずる措置

⑥ 対象労働者を対象業務に就かせる労働者の個別同意を得なければならないこと及び同意しない労働者を不利益な取扱いをしてはならないこと

⑦ その他厚生労働省令で定める事項(特に3年以内の有効期限の決議が望ましい)

---

2 労使委員会の構成

企画業務型裁量労働制を導入するには労使委員会の決議が必要ですが、労使委員会を開催し必要な決議を議決するため、使用者は対象業務や対象労働者、労働時間を議決する労使委員会の招集、定足数、議事その他の必要な運営についての運営規程を策定します。労使委員会とは、賃金、労働時間その他の労働条件に関する事項を調査審議し、事業主に意見を述べる組織です。

労使委員会の委員は、使用者が指名した使用者を代表する者と、半数は労働者の過半数で組織する労働組合、その労働組合がない場合はその事業場の労働者の過半数を代表する者が、管理監督者以外の者から任期を定めて指名した者を構成員とします。

構成員の任期に制限はありませんが、あまり長期は望ましくありません。委員の人数は任意で決められますが、使用者代表1名、労働者代表1名のみを構成員とする労使委員会は認められません。

3 労使委員会の決議事項の届出

企画業務型裁量労働制を導入するには、労使委員会が委員の5分の4以上の多数により必要事項を決議し、使用者は決議事項を決議届(様式13号の2)により労基署に届け出なけ

ればなりません（労基法施行規則24条の2の3）。

また、労使委員会は決議に際しての議事録を作成し保存するとともに、事業場の労働者に対して掲示や交付、情報機器への登録等の方法により周知を図らなければなりません。

4 決議届出後の労使委員会の報告

企画業務型裁量労働制の導入のため決議事項を労基署に届け出た使用者は、決議日から6か月後と、その後は1年以内に1回、次の事項について書面（様式13号の4）により労働基準監督署長に次の事項の実施状況を報告しなければなりません。

- 対象となる労働者の労働時間
- 労働時間の状況に応じたその労働者の健康及び福祉の確保のための措置の実施状況

2 企画業務型裁量労働制の対象業務は、業務の適切な遂行のためには遂行方法を労働者に委ね、使用者が遂行手段や時間配分の具体的指示をしない一定の業務です。

企画業務型裁量労働制の対象となる業務は、「事業運営に関する事項の企画、立案、調査、分析の業務で、適切に遂行するには遂行方法を労働者の裁量に委ねる必要があるため、使用者が遂行手段や時間配分の具体的指示をしない業務」（労基法38条の4の1項1号）と定められていますが、定義が大まかであるため対象業務の判断が事業所ごとに異なることも考えられます。

そこで厚生労働省は次のような「労働者の適正な労働条件の確保を図るための指針」（平11・12・27労告149号）を定め、対象業務の定義を具体的に示しています。この指針における対象業務の概略は次のとおりです。

209

【労働者の適正な労働条件の確保を図るための指針（平11・12・27労告149号）による事業場、業務の定義】

		本社・本店である事業場
[1] 対象となる 事業場の定義	本社・本店以外の事業場で右記のような事業場	① 事業場の属する企業等の事業運営に大きな影響を及ぼす決定を行う事業本部や本社等の具体的な指示を受けずに独自に事業計画の決定を行っている工場等の事業場 ② 本社等の具体的な指示を受けずに複数の支社を含む地域の事業場の事業運営に大きな影響を及ぼす生産、販売等の事業計画等を決定する支社や支店等の事業場
[2] 対象となる 業務の定義	対象となる業務は右記の①から④のいずれにも該当する業務であり、一部に該当しない業務を労使委員会で対象業務として決議しても企画業務型裁量労働制の対象とはならない	① 対象事業場の属する企業等の事業運営に影響を及ぼす事項や独自の事業・営業計画 ② 企画、立案、調査、分析という相互に関連し合う作業を組み合わせて行う業務で、部署が所掌する業務ではなく、個々の労働者が使用者に遂行を命じられた業務 ③ 使用者が主観的に必要性を判断しその遂行方法を大幅に労働者に委ねている業務ではなく、業務の性質に照らし客観的にその必要性が存する業務 ④ 企画、立案、調査、分析という相互に関連し合う作業を、いつ、どのように行うか等について広範な裁量が労働者に認められている業務
[3] 具体的な 対象業務	企画業務型裁量労働制の対象となると考えられる具体的な業務	① 経営企画担当部署の経営状態・経営環境等を調査分析し経営計画を策定する業務 ② 経営企画担当部署の社内組織制度を調査分析し新たな社内組織を編成する業務 ③ 人事労務担当部署で人事制度の問題点等を調査分析し新たな人事制度を策定する業務 ④ 人事労務担当部署で業務遂行に必要な能力を調査分析し教育研修計画を策定する業務 ⑤ 財務経理担当部署で財政状態を調査分析し財務に関する計画を策定する業務 ⑥ 広報担当部署で効果的な広報手法等を調査分析し広報を企画立案する業務 ⑦ 営業企画担当部署で営業成績や活動上の問題点を調査分析し営業計画の策定する業務 ⑧ 生産企画担当部署で生産効率や原材料市場動向を調査分析し生産計画を策定する業務

3 企画業務型裁量労働制の対象業務に就く対象労働者の労働時間は、決議で定めた労働時間を労働したものとみなします。

企画業務型裁量労働制の労働時間

　企画業務型裁量労働制を採用した場合の対象業務に就労する対象労働者の労働時間は、労使委員会で決議した1日のみなし労働時間を労働したものとみなします。業務遂行の手

段や時間配分の決定を労働者に委ねるため、実際の労働時間を問わず決議によるみなし労働時間を労働したものとみなします。ただし、割増賃金の節約のため実態よりも短い時間を決議することはこの制度の趣旨に反しているため注意してください。

　なお、企画業務型裁量労働制を採用した場合でも、休憩時間、深夜労働、休日に関する労働基準法の規定はそのまま適用されるため、法定休憩時間の確保及び法定休日や深夜に労働させた場合はその労働時間に応じたそれぞれ割増賃金の支払が必要となります。

理解チェック

企画業務型裁量労働制の対象業務があり、この制度導入が有効か否かを検討する

導入が有効なら労使委員会を設置し、その後、委員会の運営規程を策定する

労使委員会で委員の5分の4以上の賛成で必要事項を決議する

労基署に決議届を届け出る

個々の対象労働者からみなし労働時間について個別に同意を得る

企画業務型裁量労働制を導入し実施する

決議日から6か月後と、その後は1年以内に1回、労働者の労働時間や健康福祉の状況等を労基署へ報告する

決議の有効期間後も、継続する場合は、改めて労使委員会で決議する

【記載例　企画業務型裁量労働制に関する決議届　様式第13号の2】

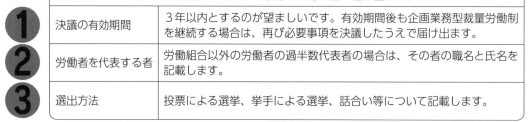

①	決議の有効期間	3年以内とするのが望ましいです。有効期間後も企画業務型裁量労働制を継続する場合は、再び必要事項を決議したうえで届け出ます。
②	労働者を代表する者	労働組合以外の労働者の過半数代表者の場合は、その者の職名と氏名を記載します。
③	選出方法	投票による選挙、挙手による選挙、話合い等について記載します。

・企画業務型裁量労働制を導入する場合に労使委員会で決議した内容を提出します。
・労使委員会で決議した決議書(次頁参照)を添付して労基署に届け出ます。

【記載例　企画業務型裁量労働制に関する労使委員会の決議書】

企画業務型裁量労働制に関する労使委員会の決議書

　　○○洋菓子株式会社本社事業場労使委員会は、企画業務型裁量労働制について、次のとおり決議する。

第1条　企画業務型裁量労働制を適用する業務範囲は次のとおりとする。
　　(1)　人事部で人事計画を策定する業務
　　(2)　経営企画部で経営企画を策定する業務

第2条　企画業務型裁量労働制を適用する労働者(以下、裁量労働者)は、前条の業務に常時従事する者でかつ入社10年目以上で職能等級が5級以上の者とする。ただし、管理監督者を除く。

第3条　裁量労働者を対象業務に従事させる場合は、決議の内容や同意しなかった場合の配置等について説明したうえで事前に本人の書面による同意を得ることとする。

第4条　前条の同意をしなかった者についてそのことを理由とする不利益な取扱いをしない。

第5条　裁量労働に同意した者が、所定労働日に勤務した場合は、1日8時間労働したものとみなす。

第6条　裁量労働者が、出退勤した場合はIDカードに時刻を打刻することにより出退勤の時刻を記録しなければならない。

　　2　裁量労働者が業務の都合により事業場外で従事する場合は、事前に所属長の承認を得なければならない。この場合の労働は前条に定める時間を労働したものとする。

第7条　裁量労働者の健康と福祉を確保するため、次の措置を講ずる。
　　(1)　健康状態把握のための措置
　　　　①所属長は、IDカードにより在社時間を把握する。
　　　　②2ヶ月に1回、自己の健康状態について自己診断カードに記入し所属長に提出する。
　　　　③所属長は自己診断カードを受領後、速やかに労働者ごとに健康状態に関するヒアリングを行う。
　　(2)　使用者は、在社時間、自己診断カード、ヒアリングの結果をまとめ、産業医に提出する。産業医が必要と認めるときは、次の措置を講ずる。
　　　　①定期健康診断以外に特別健康診断を実施する。
　　　　②特別休暇を与える。
　　(3)　精神、身体の健康についての相談室を総務部に開設する。

第8条　前条の措置後に、企画業務型裁量労働制を適用することがふさわしくないと認められた場合または裁量労働者が中止を申し出た場合は、使用者は企画業務型裁量労働制を適用しないこととする。

第9条　裁量労働者から苦情があった場合は、次の措置を講じて対応する。
　　(1)　毎週木曜日午後1時から午後3時まで総務部に相談室を開設する。
　　(2)　取り扱う苦情は、裁量労働制の運用に関する全般の事項、人事評価制度及び賃金等処遇制度全般の事項とする。
　　(3)　相談内容については相談者のプライバシーの保護に努め、解決策を講ずることとする。

第10条　決議時点では予見できない事情が発生し、委員の半数から労使委員会の開催の申出があった場合は、有効期限の中途であっても決議内容を変更するため等の労使委員会を開催する。

第11条　使用者は、裁量労働者の勤務状況、健康と福祉の確保のために講じた措置、苦情に対して講じた措置、裁量労働者から得た同意に関する労働者ごとの記録をこの協定の有効期間の始期から有効期間終了後3年間保存する。

第12条　使用者は、裁量労働者に適用される人事評価制度及び賃金制度を変更する場合、事前にその内容について委員に対して説明するものとする。

第13条　使用者は、裁量労働者の勤務状況、健康と福祉確保のための措置、苦情について講じた措置については労使委員会で報告する。

第14条　この協定の有効期間は平成○○年○月○日から平成○○年○月○日までの3年間とする。

　　平成○○年○月○日

　　　　　　　　　　　　　　　　　　　　　　　　　○○洋菓子株式会社　本社事業場労使委員会
　　　　　　　　　　　　　　　　　　　委員　桜上　○子　㊞　　　宮坂　○二　㊞
　　　　　　　　　　　　　　　　　　　　　　八幡　裕○　㊞　　　上町　○香　㊞
　　　　　　　　　　　　　　　　　　　　　　芦花　○勝　㊞　　　瀬田　達○　㊞
　　　　　　　　　　　　　　　　　　　　　　上北　優○　㊞　　　松原　健○　㊞
　　　　　　　　　　　　　　　　　　　　　　千歳　成○　㊞　　　山下　○里　㊞

記入・提出上の注意	・企画業務型裁量労働制を導入する場合に決議し、所轄の労基署長へ速やかに届け出なければなりません。 ・労使委員会での決議の内容は、定められた決議事項について決議しなければなりません。 ・決議の有効期間後も裁量労働制を継続する場合は、労使委員会で新たに決議を行い、労基署に届け出なければなりません。 ・企画業務型裁量労働制を導入するには、就業規則に裁量労働制を適用する旨を規定しなければなりません。

【記載例　　企画業務型裁量労働制に関する報告】

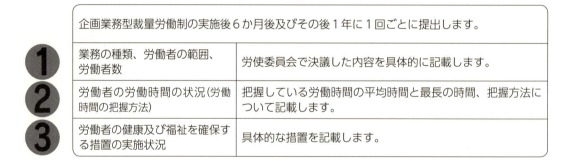

214　第6章｜労働時間・休日・休憩

| 第10節 | トラック・バス運転者の労働時間の改善基準 |

POINT

・自動車運転者を使用する使用者は、「自動車運転の労働時間の改善のための基準」 (改善基準)に従って、労働者を自動車の運転業務に就かせてください。

・自動車運転者の運転時間は、2日(始業時刻から48時間)を平均して9時間が限度となります。

・自動車運転者の休日は、「休息期間＋24時間の連続した時間」をいい、いかなる場合でも休日の時間が30時間を下回ってはなりません。

・時間外労働及び休日労働は、1日の最大拘束時間16時間、1か月の最大拘束時間293時間の範囲内で命じなければなりません。

---

1 自動車運転者を使用する使用者は、「自動車運転の労働時間の改善のための基準」(改善基準)に従って、労働者を自動車の運転業務に就かせてください。

1 「自動車運転者の労働時間の改善のための基準」(改善基準)の遵守義務

　自動車の運転業務に就く労働者は、荷主や配送先、交通事情や天候等の影響から長時間労働となりやすい面があるため、厚生労働省はトラック運転者、バス運転者、タクシー運転者の労働条件の改善を図ることを目的に「自動車運転者の労働時間の改善のための基準」(以下、改善基準という)を策定しています。自動車運転者を使用する使用者は、この改善基準に従って労働者を自動車運転の業務に就かせてください。

2 拘束時間・休息期間

　自動車運転者の拘束時間、労働時間、休憩時間、休息期間の定義は次のとおりです。

拘束時間	始業時刻から終業時刻までの時間をいい、労働時間(所定労働時間・時間外労働・休日労働時間含む)と休憩時間(仮眠時間を含む)の合計時間
労働時間	所定労働時間、時間外労働時間、休日労働時間を含む時間
休憩時間	通常の休憩時間と仮眠時間を含む時間
休息期間	勤務と次の勤務との間の時間をいい、睡眠時間を含む労働者の生活時間として、労働者にとって全く自由な時間

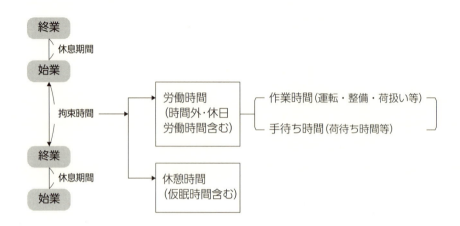

3 トラック運転者の1か月の拘束時間の限度

(1) 拘束時間の限度

トラック運転者の拘束時間には、次の原則と延長できる限度があります。

1か月の拘束時間の限度(原則)	293時間
延長限度 1か月の拘束時間の延長限度	毎月の拘束時間の限度を定める拘束時間延長に関する労使協定で次の事項を締結した場合、1年のうち6か月までは、1年間の拘束時間が3,516時間(293時間×12か月)を超えない範囲内で、1か月の拘束時間を320時間まで延長可能

○:拘束時間の限度(原則)内　●:拘束時間の限度(原則)を超えているので拘束時間延長に関する協定の締結が事前に必要

●	○	○	●	○	○	●	●	●	○	○	●
320時間	265時間	291時間	306時間	267時間	264時間	319時間	307時間	306時間	273時間	293時間	304時間
4月	5月	6月	7月	8月	9月	10月	11月	12月	1月	2月	3月

貨物自動車運転者の1か月の拘束時間延長に関する労使協定の協定事項

- 協定の対象者
- 1年間について毎月の拘束時間
- 協定の有効期間
- 協定変更手続

（2）改善基準の判断

　1か月の拘束時間が改善基準を満たしているかどうかは、1か月間の各勤務の始業時刻から終業時刻までの拘束時間を合計して判断してください。改善基準では1か月の拘束時間の原則の限度は293時間のため、この時間を超える可能性がある場合は、貨物自動車運転者の1か月の拘束時間延長に関する労使協定を締結してください(216頁参照)。

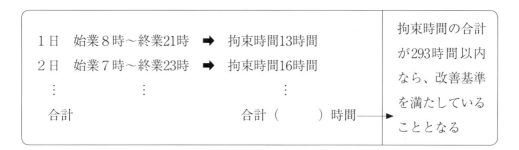

4　バス運転者の4週間の拘束時間

　改善基準では、バス運転者の労働条件の改善を図るため拘束時間に次の原則の限度時間と貸切バス及び高速バス運転手について、旅客自動車運転者の4週平均の1週当たり拘束時間延長に関する労使協定を締結した場合の延長の限度時間を設けています。

バス運転者の拘束時間の限度（原則）	4週間を平均して1週間当たり65時間
延長限度 （貸切バスを運行する営業所において運転業務に従事する者、貸切バスに乗務する者及び高速バスの運転者）	書面による労使協定で以下の事項を締結した場合には、52週間のうち16週間までは、4週間を平均した1週間当たりの拘束時間を71.5時間まで延長可能

旅客自動車運転者の4週平均1週当たり拘束時間延長に関する労使協定の協定事項
- 協定対象者
- 4週間を平均した1週間当たりの拘束時間が65時間を超えることとなる「4週間」及びその「4週間」における1週間当たりの拘束時間（通常よりも拘束時間を延長する期間と延長時間をあらかじめ明示する）
- 当該協定の有効期間

5　貸切バスの交代運転者の配置基準

　国土交通省では、「旅客自動車運送事業運輸規則の解釈及び運用について」のなかで

「高速バス及び貸切バスの交替運転者の配置基準について」を策定し、次の項目について、その詳細を解説しています。旅客自動車運送事業については合わせて参照してください。

① 基準概要

② 昼間・夜間、一運行、1日の考え方

③ 距離による基準の考え方

④ 運転時間による基準の考え方

⑤ 連続運転時間・休憩の考え方

⑥ 連続乗務回数の考え方

⑦ 乗務中の体調報告・デジタル式運行記録計による運行管理

6 自動車運転者の1日の拘束時間と休息期間の限度

（1）自動車運転者の1日の拘束時間の限度

改善基準では、トラック・バス運転者の労働条件の改善を図るため、1日の拘束時間と休息期間にも次の限度時間を設けています。なお、拘束時間と休息期間は1日24時間のなかで次のように互いに連動する関係にあります。

また、拘束時間が15時間を超える回数は1週間につき2回が限度のため、片道の拘束時間が15時間を超える長距離の往復運送は1週間に1回しかできません。

拘束時間の原則限度時間 休息期間の限度時間	・拘束時間は1日（始業開始から24時間）13時間以内 ・休息期間は継続8時間以上
拘束時間の延長限度時間 拘束時間の延長限度回数	・1日の拘束時間の延長時間は16時間が限度 ・拘束時間が15時間を超える回数は1週間につき2回が限度

1日24時間における拘束時間と休息期間の関係

1日（24時間）＝拘束時間16時間（限度時間）以内＋休息期間8時間以上

事例 拘束時間が日をまたぐ場合

月曜日　始業8時〜終業21時　➡　拘束時間13時間＋2時間＝15時間[※]・休息期間9時間

火曜日　始業6時〜終業22時　➡　拘束時間16時間・休息期間8時間

※月曜日の始業8時から24時間は火曜日の8時のため、火曜日の6時から8時までの2時間は月曜日の拘束時間となります。火曜日の始業時刻6時から24時間には6時から8時までの2時間はカウントします。

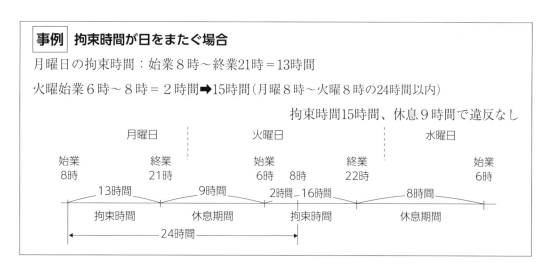

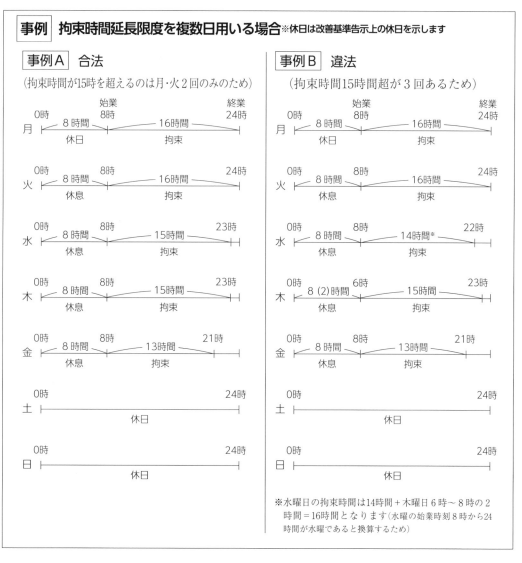

（2）自動車運転者の休息期間

休息期間とは、勤務と次の勤務との間の時間をいい、睡眠時間を含む労働者の生活時間として欠かせない時間です。トラック運転者、バス運転者とも自動車運転者の１日の休息期間が改善基準により定められています。

自動車運転者の休息期間は、運転者の住所地での休息期間がそれ以外の場所での休息期間より長くなるように努めてください。

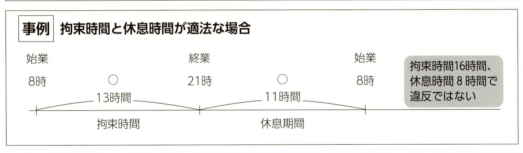

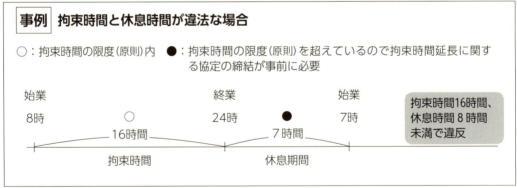

（3）拘束時間と休息期間の特例

① 休息期間の特例

業務の必要上、勤務の終了後継続した８時間以上の休息期間を与えることが困難な場合は、当分の間、一定期間（原則として２週間から４週間程度）における全勤務回数の２分１の回数を限度として、休息期間を拘束時間の途中及び拘束時間の経過直後に分割して与えることができます。ただし、分割された休息期間は１日において１回当たり継続４時間以上、

合計10時間以上としなくてはなりません。

② ２人乗務の特例

　自動車運転者が同時に１台の自動車に２人以上乗務する場合（車両内に身体を伸ばして休息できる設備がある場合に限る）においては、１日の最大拘束時間を20時間まで延長でき、また、休息期間を４時間まで短縮できます。ただし１か月の拘束時間は293（320）時間に制限されます。

③ 隔日勤務の特例

　業務の必要上やむを得ない場合には、当分の間、次のいずれもの条件のもとに隔日勤務に就かせることができます。

　・２暦日における拘束時間は21時間を超えないこと

　　ただし、事業場内仮眠施設または使用者が確保した同種の施設において、夜間に４時間以上の仮眠時間を与える場合には、２週間について３回を限度に２暦日における拘束期間を24時間まで延長することができます。なお、２週間の総拘束時間は126時間を限度とします。

　・勤務終了後、継続20時間以上の休息期間を与えること

④ フェリーに乗船する場合の特例

　運転者が勤務の中途においてフェリーに乗船する場合には、フェリー乗船時間のうち２時間（乗船時間が２時間未満の場合はその時間）については拘束時間として取り扱い、その他の時間については休息期間として取り扱います。

　フェリー乗船時間が２時間を超える場合には、その休息期間とされた時間を改善基準に定められた休息期間８時間（２人乗務の場合４時間、隔日勤務の場合は20時間）から減じることができます。つまり、フェリー乗船が８時間だった場合、２時間は拘束時間、６時間は休息期間となります。なお、この拘束時間とする２時間は労働時間である手待時間とみるか、休憩時間とみるかは労働条件で定めます。ただし、その場合においても減算後の休息期間は、２人乗務の場合を除きフェリー下船時刻から勤務終了時刻までの間の時間の２分の１を下回ってはなりません。

理解チェック

勤務と次の勤務の間の休息期間は継続８時間以上必要➡１日の拘束時間は16時間が限度

一定期間内における全勤務回数の１／２までは、休息期間を拘束時間の途中か直後に４時間以上合計10時間分割で与えられる

221

２人乗務ならば１日の拘束時間を20時間まで延長でき休息期間を４時間まで短縮できる

隔日勤務では２暦日の拘束時間を21時間以内とする

事業場内仮眠施設で夜間４時間以上仮眠を与えれば２週間に３回限度で２暦日の拘束時間を24時間まで延長できる。ただし、２週間の総拘束時間は126時間を限度とする

勤務終了後は継続20時間以上の休息期間を与える

フェリー乗船時間の２時間は拘束時間とし、他の時間は休息期間８時間から減算可能

減算後の休息期間はフェリー下船から勤務終了までの時間の１／２を下回らない

2 自動車運転者の運転時間は、２日（始業時刻から48時間）を平均して９時間が限度となります。

1 １日の運転時間の限度

　自動車運転者の運転時間は、２日（始業時刻から48時間）を平均して９時間が限度となります。１日当たりの運転時間の計算にあたっては、使用者が特定した日（特定日）を起算日として２日ごとに区切りその２日間を平均することが望ましいです。ただし、この特定日の最大運転時間が改善基準の告示に違反するか否かは、次の①と②がともに９時間を超える場合は改善基準に違反し、そうでない場合は違反とはなりません。具体的には次の 事例A 、事例B 、事例C のように判断されます。

$$① \quad \frac{（特定日の前日の運転時間）＋（特定日の運転時間）}{2}$$

$$② \quad \frac{（特定日の運転時間）＋（特定日の翌日の運転時間）}{2}$$

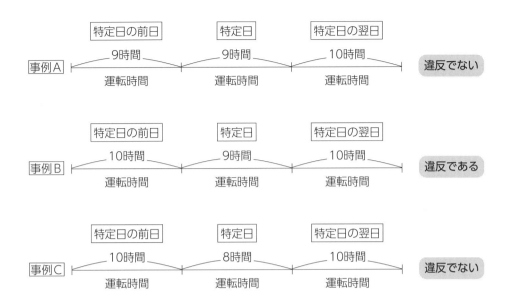

2　1週間の運転時間の限度

1週間の運転時間は、2週間ごとの運転時間を平均して44時間が限度です。2週間とは特定の日を起算日として2週間ごとに区切り、その2週間ごとに平均の運転時間を計算します。

改善基準の告示に違反するか否かは、具体的には次の事例A、事例B、事例Cのように判断されます。

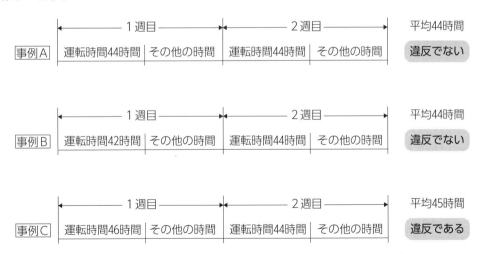

3　自動車運転者の連続運転時間の限度

自動車運転者の連続運転時間は、4時間が限度です。したがって、運転開始後4時間経

過後には運転を中断して30分以上の休憩等を確保してください。ただし、運転開始後4時間以内または4時間経過直後に運転を中断する場合は、少なくとも休憩等を1回につき10分以上としたうえで分割することができます。具体的には次の 事例A 、事例B 、事例C のようになります。

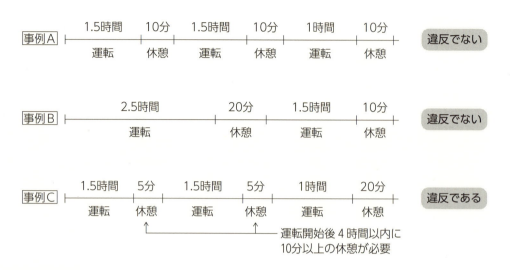

理解チェック

自動車運転者の運転時間は2日（始業から48時間）を平均して9時間が限度

⬇

1週間の運転時間は2週間ごとの平均で44時間が限度

⬇

自動車運転者の連続運転時間は4時間が限度、その運転時間後は30分以上の休憩を確保

⬇

運転開始後4時間以内または4時間経過直後に運転を中断する場合は、少なくとも1回につき10分以上としたうえで休憩等を分割することが可能

3 自動車運転者の休日は、「休息期間＋24時間の連続した時間」をいい、いかなる場合でもこの休日の時間が30時間を下回ってはなりません。

1 自動車運転者の休日

　自動車運転者の休日は、「休息期間＋24時間の連続した時間」をいい、いかなる場合であってもこの時間が30時間を下回ってはなりません。休息期間は原則として8時間確保しなければならないため、休日は「休息期間8時間＋24時間＝32時間」以上の連続した時間となります。

　また、隔日勤務の場合は20時間以上の休息期間を確保(221頁、③参照)しなければならないため、隔日勤務の場合の休日は「休息時間20時間＋24時間＝44時間」以上の連続した時間となります。これらの時間数に達しないものは、休日として取り扱われません。

【自動車運転者の休日における必要時間数(原則)】

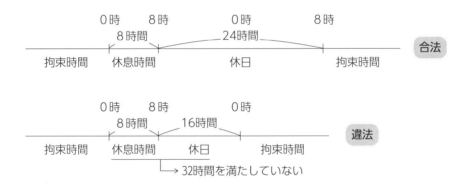

2 特例の休日

　「分割休息期間」、「2人乗務の特例」、「フェリー乗務の特例」を適用している際も、30時間以上の連続した時間を与えなければ休日とは取り扱われません。前述の、隔日勤務の特例のように、それぞれの特例に定められている休息期間にも注意する必要があります。

4 時間外労働及び休日労働は、1日の最大拘束時間16時間、1か月の最大拘束時間293時間以内のなかで命じなければなりません。

1 自動車運転者の時間外労働

　全労働者は、原則として1日8時間(法定労働時間)、1週40時間を超えた労働時間が時間外労働時間となります。使用者が労働者に時間外労働を命じるには、時間外労働をさせることができることを労働契約締結の労働条件や就業規則等で明示したうえで、労働者と使用者が締結した36協定を労基署に届け出る必要があります。

　一般労働者の時間外労働には、36協定で一定の期間ごとに上限となる限度時間が定められていますが、自動車運転の業務にはこの限度時間が適用されません。自動車運転者には拘束時間の限度時間が適用され、1日の拘束時間は原則13時間、最大で16時間としなければなりません。ただし、1日の拘束時間を13時間から延長する場合でも15時間を超える回数は1週間について2回が限度となります。

　また、1か月の拘束時間は293時間、労使協定がある場合は320時間の限度があります。

　そのため、自動車運転者に時間外労働をさせる場合には、この拘束時間の限度内でさせなければなりません。休日労働(時間外労働含む)は、1か月に293(320)時間から「(1日の所定労働時間+休憩時間)×出勤日数」の時間を減じた残りの時間が限度となります。具体的には次の図のようになります。

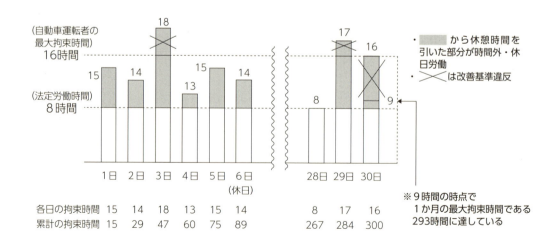

※この図は、1か月の拘束時間が293時間で変形労働時間制が採用されていない場合のものです。
(厚生労働省労働基準局「トラック運転者の労働時間等の改善基準のポイント」より一部改変)

2 自動車運転者の休日労働

　法定休日は１週１日または４週間に４日ですが、使用者が自動車運転者に休日労働をさせるには休日労働をさせることができる旨を労働契約締結時の労働条件や就業規則等で明示したうえで、労働者と使用者が締結した36協定を労働基準監督署長に届け出る必要があります。

　なお、自動車運転者の休日労働をさせるには２週に１回を限度とします。

第11節 法定休日と休日労働

POINT

・休日には労働基準法が定める法定休日と法定外の所定休日があり、法定休日とは1週1日または4週4日の休日をいいます。

・休日労働を命じるには、休日労働を命じることを就業規則で定めかつ36協定を締結し、労基署に届け出ておかなければなりません。

・振替休日とは休日を事前に他の日に振り替えた休日をいい、代休とは休日労働した日のかわりに他の所定労働日を、使用者の許可を得て休むことをいいます。

1 休日には労働基準法が定める法定休日と法定外の所定休日があり、法定休日とは1週1日または4週4日の休日をいいます。

1 休日

休日とは労働義務のない日をいい、原則として暦日の午前0時から午後12時までの24時間をいいます。前日からの労働が延長され午前0時を過ぎた場合は、たとえ所定休日であっても休日を与えたことにはなりません。ただし、交代勤務制等では連続した24時間を与えることができます。

休日には法定休日と所定休日があります。法定休日は労働基準法で定めた1週1日または4週4日の休日をいい、所定休日とは法定休日以外の使用者が独自に定めた休日をいいます。例えば所定休日には法定休日以外の週休日や夏期休日、年末年始休日等があります。

休日とは本来、労働義務のない日であるため有給休暇を付与する必要はありません。有給休暇は労働義務のある労働日に付与するものだからです。

2 法定休日と所定休日

労働基準法で定める法定休日は1週1日です。業種や業務によって毎週休日を与えることが難しい場合は、変形休日制として4週を通じて4日の休日を与えることもできます。

この4週4日の法定休日は、特に業種や事業の規模の制限はないため、業務の必要性により実施できます。また4週4日の変形休日制は、どの4週を区切っても4日以上の休日を与えなければならないという意味ではなく、特定の4週に4日の休日が与えられていればよいという意味です。

また、法定休日には日曜日等の曜日や国民の祝日は特に関係なく、曜日や祝日を問わず1週1日または4週4日を与えれば法定休日を与えたことになります。

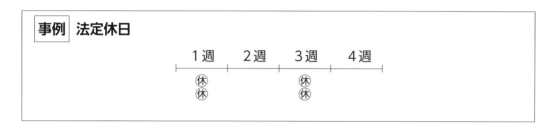

所定休日と法定休日の違いは、例えば土日を所定休日とする場合に、土曜日に労働を命じ日曜日を休日とする場合は、週1日（日曜日）の法定休日を確保しているため土曜日は法定休日労働にはなりません。ただし、土曜日の労働時間がその週の法定労働時間40時間を超えた場合は、時間外労働時間となります。この土曜日（所定休日労働）の時間外労働時間の割増賃金の割増率については、次の①、②のいずれかが考えられます。

法定休日と所定休日の割増率の考え方
① 法定休日と所定休日の労働時間は一律に3割5分増しの割増賃金を支払うこと
② 法定休日の労働時間には3割5分増しの割増賃金を支払い、所定休日の労働時間には、労働条件や就業規則で定めた2割5分～3割5分増しの割増賃金を支払うこと

②のように法定休日労働と所定休日労働の割増率が異なる場合は、法定休日を就業規則等で特定していればあらかじめ割増率が明確になります。この件については、通達で次のように示されています。

法定休日と所定休日に関する通達（平6・1・4基発1号）
労働条件を明示する観点から、就業規則その他これに準ずるもので3割5分以上の割増賃金率の対象となる休日が明確になっていることが望ましい。
休日のうち、最後の1回又は4日について3割5分以上の率で計算した割増賃金を支払うことを就業規則その他これに準ずるもので定めることは、上記休日を明確にしていると認められる。

上記のように法定休日を定めた事業場において、週1回または4週4日の休日が確保されないこととなった場合に、3割5分以上の割増賃金が実際に支払われており、これが支払われた日数と確保された休日の合計日数が、週1回または4週4日以上である場合は、労働基準法37条1項違反として取り扱わない。

理解チェック

法定休日とは、午前0時〜午後12時までの継続した24時間

交替制勤務では継続した24時間➡就業規則で定め規則的に運用する複数の交替制

所定休日は法定休日以外に使用者が定めた休日

所定休日労働時間が週の法定労働時間を超えた場合は時間外労働となる

労働義務のない休日には有給休暇を付与しない

2 休日労働を命じるには、休日労働を命じることを就業規則で定めかつ36協定を締結し、労基署に届け出ておかなければなりません。

1 休日労働

　使用者が労働者を法定休日に労働させるには、法定休日労働をさせる旨を労働契約締結時の労働条件または就業規則等で明示して労働者の同意を得たうえで、労働者の過半数で組織する労働組合、その労働組合がなければ労働者の過半数を代表する者と使用者が締結した36協定を労働基準監督署長に届け出る必要があります。何故なら36協定は労働基準法に違反しないという免罰効果を持つものであり、労働者の休日労働の義務は36協定から直接生じるものではなく、労働契約や就業規則等の根拠が必要だからです。

なお、妊娠中及び出産から1年を経過しない妊産婦が請求した場合は、時間外労働または法定休日労働を命じられません。

2 休日労働と割増賃金

使用者は休日労働させた労働者に割増賃金を支払わなければなりません。1週1日または4週4日の法定休日に労働させた場合は、3割5分以上の割増賃金を支払わなければなりません。なお、法定休日の労働時間が8時間を超えても、その超えた労働時間はあくまでも法定休日労働であり時間外労働にはなりません（時間外労働の2割5分を加えるのではない休日労働の3割5分の割増賃金）。

法定休日を確保したうえで所定休日に労働させた場合は、法定休日の割増賃金の支払は必要ありませんが、所定休日の労働時間が1週40時間（特例事業44時間）の法定労働時間を超えた場合は、その超えた労働時間に対しては2割5分以上の時間外労働の割増賃金を支払わなければなりません。なお、就業規則等で「所定休日の労働に3割5分を超える割増賃金を支払う」と定めた場合は、その定めに従って割増賃金を支払わなければなりません。

3 法定休日が二暦日に重なる場合

労働基準法で定める法定休日は、午前0時から午後12時までの暦日とするため、法定休日労働の時間は午前0時から午後12時までの間に労働した時間をいいます。そのため法定休日の前日からの勤務が延長されて法定休日に及んだ場合及び法定休日の勤務が延長されて翌日に及んだ場合は、法定休日の午前0時から午後12時までの時間帯に労働した部分だけが3割5分以上の割増賃金の支払を要する休日労働時間となります。以上により休日労働と判断された時間を除いて、それ以外の時間について法定労働時間を超える部分が時間外労働時間となります。

この場合、1日及び1週間の労働時間の算定にあたっては、労働時間が二暦日にわたる勤務については、たとえ暦日を異にする場合でも1勤務として取り扱い、翌日の始業時刻までは勤務の開始時間が属する日の勤務として取り扱います（平6・5・31基発33号1、昭63・1・1基発1号）。

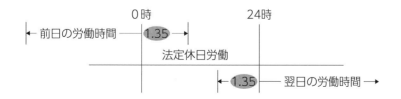

3 振替休日とは休日を事前に他の日に振り替えた休日をいい、代休とは休日労働した日のかわりに他の所定労働日を、使用者の許可を得て休むことをいいます。

1 振替休日の取扱い

　所定休日に業務の増加繁忙が予想され振替休日とすることで対応したい場合、事前に（前日まで）に「振り替える休日」と「振替先の労働日」を指定し通知します。

　休日を前もって他の日に振り替えた場合は、その休日だった日は通常の労働日となるためその日の労働は休日労働にはならず、割増賃金の支払も必要ありません。振り替えた後の日（振替先）が休日となります。ただし、振替休日がある旨を労働契約締結の際に明示するか就業規則に定め、かつ4週4日の休日を確保する必要があります。

　なお、他の週に休日を振り替えた場合で、振り替えた後に通常の労働日となった労働時間がその週の労働時間が40時間を超えた場合は、その超えた時間は時間外労働時間となり2割5分以上の割増賃金の支払が必要となります。

理解チェック

あらかじめ振替休日の制度があると就業規則等で規定しておく

> 所定休日に業務の増加繁忙が予想され振替休日とすることで対応したい場合、
>
> ↓
>
> 事前に（前日まで）に「振り替える休日」と「振替先の労働日」を指定し通知する

振り替えた日（元は休日）は通常労働日、振替先の日（元は労働日）は休日となる（振替休日）

同じ週内に振り替えた場合は、振り替えた日（元は休日）に通常賃金を支払い、振替休日に賃金は支払わない

他の週に振り替えた場合は、振替後の日の週労働時間が週40時間を超えると時間外労働となり割増賃金の支払が必要となる

232　第6章　労働時間・休日・休憩

2 代休の取扱い

　事前振替をせずに休日に労働させた場合は休日労働となり、その休日労働には割増賃金の支払が必要です。その後、休日労働した労働者からの申出により休養のために通常の労働日について代休日を与えた場合は、使用者が許可したうえで通常の労働日を欠勤したことになるため、その代休日の賃金は欠勤控除できます。この場合、休日労働した日に割増賃金を支払い、代休日は通常の賃金を欠勤控除するため、差し引きして割増分の賃金を支払うことになります。

　代休日の欠勤控除をしなければ、休日労働をした労働者が休日労働の割増賃金と代休日の通常賃金の両方を受けることになり、休日労働した労働者の多くが代休を申し出ることになれば、他の労働者に対して不公平となり、また、コスト増加ともなるため業務の遂行に支障をきたすおそれが生じます。

　なお、休日労働をした日が所定休日で、その週の時間外労働の時間に加算された場合に代休を取ったとしても、その代休の欠勤時間を時間外労働の時間から減らすことはできません。

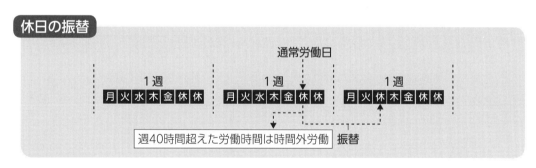

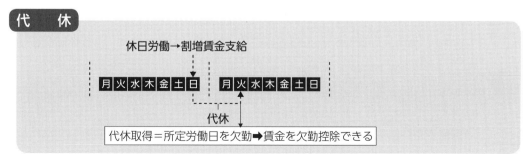

理解チェック

就業規則等労働条件に基づき休日労働を命じ、事前休日振替はしない

休日労働したため規定の割増賃金を支払う
（時間外労働に当たる場合は2割5分、法定休日労働に当たる場合は3割5分）

休日労働をした労働者から申出があり代休を与えた場合

労働義務のある所定労働日の欠勤許可とし、その日分の賃金は欠勤控除する

「休日労働した」と「所定労働日を欠勤した」は意味が異なり相殺できない

第12節 | 休 憩

POINT

・休憩は6時間を超える労働には45分以上、8時間を超える労働には1時間以上与えなければなりません。
・休憩時間は労働時間の途中にいっせいに与えなければなりません。ただし、休憩時間をいっせいに与えなくともよい事業があります。
・休憩を与えなくともよい事業があります。

1 休憩は6時間を超える労働には45分以上、8時間を超える労働には1時間以上与えなければなりません。

　休憩時間は、労働者が権利として労働から離れることを保障されている時間であり、労働者が自由に利用できる時間です。そのため次のような時間は休憩時間とは認められません。

- 休憩時間中だが留守番や電話番等を命じられている時間
- 作業に従事していないが作業を待っている手持ち時間
- 自動車運転者が積荷や着荷等を待っている待機時間

　使用者は労働者に、労働時間が6時間を超える場合は少なくとも45分、8時間を超える場合は少なくとも1時間の休憩時間を労働時間の途中に与えなければなりません。これは労働時間が6時間までならば休憩時間を与える必要はなく、労働時間が6時間を超え8時間までなら45分の休憩時間を与えればよいことにもなります。ただし、労働時間が延長され8時間を超えた時間外労働となった場合は、さらに15分間の休憩時間を与えて合計1時間の休憩時間としなければなりません（労基法34条）。

235

【休憩時間の付与】

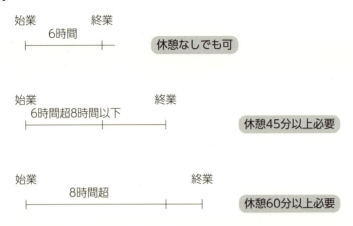

2 休憩時間は労働時間の途中にいっせいに与えなければなりません。ただし、休憩時間をいっせいに与えなくともよい事業があります。

1 休憩時間の与え方

休憩時間は労働時間の途中に与えなければなりません。そのため労働時間の始めと終わりに与えることは認められません。休憩時間は1回で与えることも午前10分・お昼40分・午後10分等と分割して与えることもできます。ただし、全ての休憩時間を15分等短い時間に分割して与えると食事や仮眠等が満足にとれず休憩にもなりません。

2 いっせいに与える休憩時間

休憩時間は、事業場の労働者全員にいっせいに与えなければなりません。ただし、次の例外があります。

① 休憩時間をいっせいに与えなくともよい事業

公衆の不便を避けるため、次の事業に従事する労働者には休憩をいっせいに与える必要はありません(労基法40条)。

休憩をいっせいに与えなくともよい事業
・運輸交通業　・商業　・映画演劇業　・通信業　・金融業　・広告業 ・保健衛生業　・旅館業　・飲食店接客娯楽業　・官公署の事業

② 書面による労使協定があれば休憩時間をいっせいに与えなくともよい事業

　次のいずれかの事業では、労働者の過半数で組織する労働組合、その労働組合がなければ労働者の過半数を代表する者と使用者が締結した労使協定がある場合は、休憩をいっせいに与える必要はありません（労基法34条2項）。

労使協定があれば休憩をいっせいに与えなくともよい事業

・製造業　・鉱業　・建設業　・貨物取扱業

・林業　・教育研究業　・清掃／と畜業　・その他の事業

---

3 自由利用

　休憩時間は労働者に自由に利用させなければなりません。ただし、休憩時間の利用について事業場の規律保持上必要な制限を加えることは、休憩の目的を害さなければ差し支えありません。

　また、休憩時間中の外出を許可制にすることは、事業場内において自由に休憩することができる場合には、必ずしも違法とはなりません。

3 休憩を与えなくともよい事業があります。

　次の事業または郵便、信書便の事業に使用される労働者には、休憩時間を与えないことができます（労基法施行規則32条）。

休憩時間を与えなくともよい事業

・旅客または貨物の運送の事業、郵便・信書便の事業に使用される次の労働者
　列車、気動車、電車、自動車、船舶、航空機に乗務する、機関手、運転手、操縦士、車掌等の乗務員

・屋内勤務者30人未満の日本郵便株式会社の営業所（窓口業務に限る）で郵便業務の従事者

第13節 深夜業の制限、年少者に関する制限

POINT

・午後10時から午前５時までの労働は深夜業となり、満18歳未満の年少者は使用してはなりません。

・満18歳未満の年少者でも深夜業をさせられる場合があります。

・使用者は、児童を15歳到達後の最初の３月31日が終了するまでは使用してなりません。

1 午後10時から午前５時までの労働は深夜業となり、満18歳未満の年少者は深夜業に使用してはなりません。

　午後10時から翌日の午前５時(厚生労働大臣が認める場合は午後11時から午前６時)までの労働は深夜業となります。満18歳未満の年少者は、深夜業に使用してはなりません。ただし、年少者も深夜業に使用できる例外があります(労基法61条)。

　満15歳に達した日以後の最初の３月31日までの児童は午後８時から午前５時までは使用できません。

　なお、妊産婦が請求した場合、育児・介護する労働者(例外あり)、が深夜業の免除を申し出た場合も深夜業をさせてはなりません(労基法66条３項)。

年少者・児童の定義

年少者：満18歳未満の者／児　童：満15歳未満の者

[深夜労働]

・深夜労働＝午後10時～午前５時

・深夜労働を命じるにはその旨を労働契約で定め合意する

・18歳未満の年少者及び、妊産婦、育児介護中の希望者は深夜労働をさせられない

2 満18歳未満の年少者でも深夜業をさせられる場合があります。

満18歳未満の年少者であっても、次のいずれかの場合は深夜業をさせられます。

年少者を深夜業に使用できる場合（労基法61条）

① 16歳以上の男性を一定期間の昼勤務、夜勤務の交代制で使用する場合

② 労基署長の許可を受け交代制により使用する満16歳以上の男性を午後10時30分（深夜業が午前6時までの場合は午前5時30分から）まで労働させる場合（これは「労働時間8時間＋休憩時間45分」の交代制の場合に「朝勤務始業5時〜終業13時45分、夜勤務始業13時45分〜終業午後22時30分」を可能にするため）

③ 災害その他避けることのできない事由で臨時の必要があり労基署の許可を受けた場合

④ 農林業、畜産養蚕水産業、保健衛生業、電話交換の業務の従事者

---

3 使用者は、児童を15歳到達後の最初の3月31日が終了するまでは使用してはなりません。

1 児童の使用制限

使用者は、児童を15歳到達後の最初の3月31日が終了するまでは使用してはなりません。ただし、次の例外に当たる場合は、許可されます（労基法56条、60条）。また、児童の労働時間は就学時間も通算して1日7時間、1週40時間を限度とします。例えば学校で授業を5時間受けていれば、平日は2時間のみ労働させることが許されます。

① 非工業的事業で児童の健康福祉に有害でなくかつその労働が軽易な職業について、労基署長の許可を受けて満13歳以上の児童を就学時間外に使用することができます。

② 映画の製作または演劇の事業で①の要件を満たすならば満13歳に満たない児童を使用することができます。

2 年少者の証明書等の備付け

使用者は年少者を使用する場合は、その年齢を証明する戸籍証明書を事業場に備え付け

なければなりません。

また、使用者は児童を使用する場合はさらに学校長の証明書、親権者の同意書を事業場に備え付けなければなりません（労基法57条）。

3 年少者の労働契約

親権者または後見人は、未成年者にかわって労働契約を締結してはなりません。また、親権者もしくは後見人または行政官庁は、労働契約が未成年者に不利と認める場合は、将来に向けてこれを解除することができます（労基法58条）。

4 年少者の時間外労働の制限

満18歳未満の年少者は、変形労働時間制や労使協定に基づく時間外労働、休日労働は原則として適用されません（労基法60条）。

理解チェック

満18歳未満の年少者は深夜業に使用できない

16歳以上の男性は一定期間の昼夜交代制ならば深夜業で使用できる

許可を受けた交代制では16歳以上の男性を午後10時30分まで使用できる

許可を受けた災害等臨時の場合と農林畜産、保健衛生、電話交換業務等で使用できる

変形労働時間制や労使協定に基づく時間外労働、休日労働はさせられない

満18歳未満の年少者・児童を使用する場合は事業所に戸籍証明書を備え付ける

第14節	労働時間・休日・休憩に関する規定の適用除外

POINT

・監督・管理の地位にある者や監視・断続労働の従事者等は労働時間や休日、休憩に関する労働基準法の規定が適用除外されます。

・監督・管理の地位にある者とは、労働条件の決定等労務管理について経営者と一体的立場にあり、かつ出退勤について厳格な制限を受けない地位の者をいいます。

・監視または断続的労働の従事者について、使用者が労働基準監督署長の許可を受けた場合は、労働時間や休日、休憩等の規定の適用除外となります。

1 監督・管理の地位にある者や監視・断続労働の従事者等は労働時間や休日、休憩に関する労働基準法の規定が適用除外されます。

1 適用が除外される労働時間や休日、休憩の規定

　業務や職務、役職の内容からみて、労働基準法の労働時間や休日、休憩の規定を適用することが適切でない一定の業務や役職、職務に従事する労働者は、労働基準法で定める労働時間、休憩時間及び休日、割増賃金等に関する労働基準法の規定の適用を除外します（労基法41条）。

　適用除外の対象者は時間外労働や休日労働に規制がなく、また割増賃金の支払も必要ありませんが、深夜労働の割増賃金や年次有給休暇の規定は適用されます。

適用除外される労働基準法の規定
第32条　法定労働時間（1日8時間、1週40時間）
第33条　非常災害時の時間外・休日労働
第34条　休憩時間（労働時間6時間超で45分以上、8時間超で1時間以上の休憩時間の付与）
第35条　休日（1週1日、4週4日）
第36条　時間外労働・休日労働（法定時間外労働、法定休日労働の規制）
第37条　割増賃金（時間外・休日労働の割増賃金の支払）
第40条　労働時間・休憩時間の特例（特例事業の週44時間、休憩のいっせい付与）
第60条　年少者の労働時間・休日・変形労働時間制の規制
第66条　妊産婦の労働時間・休日労働の規則

2 労働時間や休日、休憩等の規定が適用除外される者

上記の規定が除外される労働者は、次のとおりです。

農業畜水産業に従事する者	農業畜水産業は自然の影響を受け、また農閑期は休めることもあるため。林業は適用対象
監督・管理の地位にある者	労働条件の決定等労務管理について経営者と一体的立場にあり、かつ出退勤について厳格な制限を受けない地位の者
機密の事務を取り扱う者	職務が経営者や監督・管理者の活動と一体にある者をいい、厳格な労働時間の管理になじまない者（一般には秘書等。その名称よりも職務内容や勤務実態によって該当するかどうか判断される）
監視・断続労働の従事者で労働基準監督署長の許可を受けた者	・監視の従事者：守衛やメーター監視等一定場所での監視に従事し身体や精神的な負担が少ない者 ・断続業務の従事者：宿日直等定期巡視や緊急の文書電話の収受等に従事し実態はほとんど労働する必要のない者
	いずれの従事者も労基署の調査を経たうえで許可を受けなければならない

2 監督・管理の地位にある者とは、労働条件の決定等労務管理について経営者と一体的立場にあり、かつ出退勤について厳格な制限を受けない地位の者をいいます。

　労働時間、休日や割増賃金等の規定が適用されない監督・管理の地位にある者とは、労働条件の決定その他労務管理について経営者と一体的な立場にあり、かつ職務の遂行上、

出退勤について厳格な制限を受けない地位のため、これらの規定を適用することはなじまない者をいいます。

　一般には工場長や部長等が該当すると思われますが、その名称よりも権限や職務内容、勤務実態、職務の重要性にふさわしい給与や賞与等により判断します。具体的には次のような考え方で適用除外に該当するかどうかを判断します。

監督又は管理の地位にある者の範囲（昭22・9・13基発17、昭63・3・14基発150）

　労基法41条2号に定める「監督若しくは管理の地位にある者」では、一般的には部長、工場長等労働条件の決定その他労務管理について経営者と一体的な立場にある者の意であり、条件にとらわれず実態に即して判断すべきものである。具体的な判断にあたっては、下記の考え方によられたい。

① 原則

　法に規定する労働時間、休憩、休日等の労働条件は、最低基準を定めたものであるから、この規制の枠を超えて労働させる場合には、法所定の割増賃金を支払うべきことは、すべての労働者の共通する基本原則であり、企業が人事管理上あるいは営業政策上の必要等から任命する職制上の役付者であればすべてが管理監督者として例外的取扱いが認められるものではないこと。

② 適用除外の趣旨

　これらの職制上の役付者のうち、労働時間、休憩、休日等に関する規制の枠を超えて活動せざるを得ない、重要な職務と責任を有し、現実の勤務態様も、労働時間等の規制になじまないような立場にある者に限って管理監督者として法第41条による適用の除外が認められる趣旨であること。従って、その範囲はその限りに、限定しなければならないものであること。

③ 実態に基づく判断

　一般に、企業においては、職務の内容と権限等に応じた地位（以下「職位」という。）と、経験、能力等に基づく格付（以下「資格」という。）とによって人事管理が行われている場合があるが、管理監督者の範囲を決めるに当たっては、かかる資格及び職位の名称にとらわれることなく、職務内容、責任と権限、勤務態様に着目する必要があること。

④ 待遇に対する留意

　管理監督者であるかの判定に当たっては、上記のほか、賃金等の待遇面についても無視し得ないものであること。この場合、定期給与である基本給、役付手当等において、その地位にふさわしい待遇がなされているか否か、ボーナス等の一時金の支給率、その算定基礎賃金等についても役付者以外の一般労働者に比し優遇措置が講じられているか否か等について留意する必要があること。なお、一般労働者に比べ優遇処置が講じられているからといって、実態のない役付者が管理監督者に含まれるものではないこと。

243

⑤ スタッフ職の取扱い

　法制定当時には、あまり見られなかったいわゆるスタッフ職が、本社の企画、調査等の部門に多く配属されており、これらスタッフの企業内における処遇の程度によっては、管理監督者と同様に取扱い、法の規制外においても、これらの者の地位からして特に労働者の保護に欠けるおそれがないと考えられ、かつ、法が監督者のほかに、管理者も含めていることに着目して、一定の範囲の者については、同法第41条第2号該当者に含めて取扱うことが妥当であると考えられること。

3 監視または断続的労働の従事者について、使用者が労働基準監督署長の許可を受けた場合は、労働時間や休日、休憩等の規定の適用除外となります。

　監視または断続的労働の従事者を労働時間や休日、休憩等の規定の適用除外とするには、業務の種類ごとの次の基準をもとに調査を経たうえで労働基準監督署長の許可を受けなければなりません（昭22・9・13基発17、昭63・3・14基発150）。

1 監視の従事者

　監視の従事者とは、門番、守衛やメーター監視等一定部署で監視することを本来の業務とし、常態として身体や精神的緊張の少ない者をいいます。ただし、次の業務は適用除外が許可されません。

適用除外が許可されない業務

- 交通関係の監視、車両誘導を行う駐車場等の監視等精神的緊張の高い業務
- プラント等における計器類を常態として監視する業務
- 危険または有害な場所における業務

---

2 断続業務の従事者

　断続的労働に従事する者とは、短時間の作業を中断しながらくり返し、休憩時間は少ないが手待ち時間が多い者のことをいい、適用除外の許可は次の基準により取り扱われます。

　断続的労使従事者の許可は、常態として断続的労使に従事する者を対象とするため、断続的労働と通常の労働とが一日のなかで混在しまたは日によっては反復するような場合は

常態として断続的労働に従事する者に該当しないため許可されません。

断続業務従事者の判断基準

- 修繕係等通常は業務閑散であるが、事故の発生に備えて待機するものは許可
- 寄宿舎の賄い人等については、その者の勤務時間を基礎として作業時間と手待時間折半程度まで許可されますが、実労働時間の合計が8時間を超えるときは許可すべき限りでありません。
- 鉄道踏切番等については、1日交通量十往復程度までは許可
- その他特に危険な業務に従事する者については許可されません。

---

3 宿日直勤務

　日直とは休日に出勤し、宿直勤務とはその事業場に宿泊して行う定時的巡視、緊急の文書または電話の収受、非常事態の発生に対処するための準備等を目的とする勤務をいいます。

　宿日直勤務の適用除外の許可は次の基準をもとに判断されます。労基署長の許可を受けずに宿直または日直の勤務をさせた場合は、法定労働時間を超えた時間は時間外労働となり割増賃金の支払が必要となります。なお、宿直勤務については深夜業となるため年少者は就労が認められません。

　宿日直勤務の許可の基準は以下のように定められています(昭22・9・13基発17、昭63・3・14基発150)。

宿日直勤務の許可基準

① 勤務の態様

　宿直または日直については、常態としてほとんど労働をする必要のない勤務のみを認めるものであり、定時的巡視、緊急の文書または電話の収受、非常事態に備えての待機などを目的とするものに限って許可するものであること。原則として通常の労働の継続は許可しないこと。したがって始業又は終業時刻に密着した時間帯に顧客からの電話の収受又は盗難、火災防止を行うものについては許可しないこと。

② 宿日直手当

・宿直勤務1回についての宿直手当(深夜割増賃金を含む)または日直勤務1回についての日直手当の最低額は、当該事業場において宿直または日直の勤務に就くことの予定されている同種の労働者に対して支払われている賃金の1人1日平均額の3分の1を下らないもの

であること。ただし、同一企業に属する数個の事業場について、一律の基準により宿直または日直の手当額を決める必要がある場合には、当該事業場の属する企業の全事業場において宿直または日直の勤務に就くことの予定されている同種の労働者について1人1日平均額によることができるものであること。

・宿直または日直勤務の時間が通常の宿直または日直の時間に比して著しく短いものその他労働基準監督署長が上記の基準によることが著しく困難または不適当と認めたものについては、その基準にかかわらず許可することができること。

③ 宿日直の回数

許可の対象となる宿直または日直の勤務回数については、宿直勤務については週1回、日直勤務については月1回程度を限度とすること。ただし、当該事業場に勤務する18歳以上の者で、法律上、宿直または日直を行うことができるすべての者に宿直または日直をさせてもなお不足であり、かつ勤務の労働密度が薄い場合には、宿直または日直勤務の実態に応じて週1回を超える宿直、月1回を超える日直についても許可して差し支えないこと。

④ 睡眠設備

宿直勤務については、休憩室やベッド、冷暖房設備等の相当の睡眠設備の設置を許可の条件とするものであること。

4 医師、看護師等の宿直

医師や看護師、社会福祉施設の宿直勤務についてはそれぞれ独自の許可基準がありますので、それぞれの職種で許可を申請する場合は法令や通達等の要件をご確認ください(248頁参照)。

• 医師・看護師

労働基準法施行規則23条

昭22・9・13附発基17号、昭24・7・22基発352号、昭33・2・13基発90号、昭63・3・14基発150号

• 社会福祉施設

昭49・7・26基発387号、昭49・7・26監発27号、昭63・3・14基発150号

(346頁参照)

【記載例 監視・断続的労働に従事する者に対する適用除外許可申請書 様式第14号】

監　　視
断続的労働　に従事する者に対する適用除外許可申請書

様式第 14 号（第 34 条関係）

① 事　業　の　種　類	事　業　の　名　称	事　業　の　所　在　地
電気機械部品製造業	○○エレクトロライト株式会社	東京都三鷹市御殿山4－○－15

	② 業　務　の　種　類	員　　数	③ 労　働　の　態　様
監　　視	守　　衛	4 人	日勤（7:00～19：00）、夜勤（19：00～7：00）の交替勤務に従事。 守衛室にて来客の受付、搬出入貨物のチェック 出退勤時のタイムカードの整理、夜間の構内巡視 1 日の平均作業時間5～6 時間
断 続 的 労 働	炊 事 係	2 人	始業午前6 時、終業午後7 時 朝食　午前6 時半～8 時 夕食　午後4 時半～6 時半 昼間は寮で電話来客応対するが実績はほぼなく 1 日の作業時間は5 時間 30 分程度である

　　　　年　　　　月　　　　日

使用者　職　名　○○エレクトロライト株式会社

氏　名　代表取締役　　三田　○仁　　　印

　　　　三鷹　　　　労働基準監督署長殿

①	事業の種類	できるだけ詳しく記入します。
②	業務の種類	守衛、炊事係、管理人、寮賄人等、具体的に記入します。
③	労働の態様	始業終業時刻、業務内容等について、詳しく記入します。

| 第15節 | 医療機関・社会福祉施設の断続的宿日直勤務の許可 |

POINT

・医療機関が宿日直勤務の許可を受けられる業務は、病室の定時巡回、異常患者の報告、少数要注意患者の定時検脈検温等の軽度なものです。

・社会福祉施設が宿日直勤務の許可を受けられる業務は、少人数の入所児・者に対する夜尿起こし、おむつ取換え、検温等軽度で短時間な介助作業に限ります。

・医療機関や社会福祉施設が、宿日直勤務の許可を受けるには、事業所管轄の労基署に「断続的な宿直又は日直勤務許可申請書」を提出してください。

1 医療機関が宿日直勤務の許可を受けられる業務は、病室の定時巡回、異常患者の報告、少数要注意患者の定時検脈、検温等の軽度なものです。

医療機関の宿日直勤務の許可については、その特殊性に鑑みて許可基準の細目を次のように定めています(昭24・3・22基発352号)。

1 医療機関の宿日直勤務の許可基準

医療機関の宿日直勤務の許可基準は、次のいずれも満たしていることが必要です。

医療機関の宿日直勤務の許可基準

① 通常の勤務時間の拘束から完全に開放された後のものであること。通常の勤務時間終了後も通常の勤務態様が継続している間は、勤務から解放されたといえないため、時間外労働時間として取り扱わなければなりません。

② 夜間に従事する業務は、一般の宿直業務以外には、病室の定時巡回、異常患者の医師への報告あるいは少数の要注意患者の定時検脈、検温等特殊の措置を要しない軽度のまたは短時間の業務に限ること。したがって昼間と同態様の業務は含ま

248　第6章　労働時間・休日・休憩

れません。

③ 夜間に充分睡眠が取り得ること(睡眠宿泊設備の完備)

④ 一般の宿日直勤務の許可基準を満たしていること

2 医療機関の宿・日直勤務の許可の取扱い

　医療機関の宿日直勤務の許可が与えられた場合、宿直中に、突発的な事故による応急患者の診療または入院、急患の死亡、出産等があり、あるいは医師が看護師等にあらかじめ命じた措置を行わしめる等昼間と同様の労働に従事することが稀にあるでしょう。この場合、一般的にみて睡眠が充分に取り得るものである限り宿直の許可を取り消すことなく、その時間について時間外労働の手続を取らせて割増賃金を支払わしめる取扱いとすることとされています。したがって、宿直のために泊まり込む医師、看護師等の数を宿直の際に担当する患者数との関係あるいは当該病院等に夜間来院する急病患者の発生率との関係からみて、昼間と同様態の労働に従事することが常態であるようなものについては、宿直の許可を与える限りではないとしています。

　例えば大病院等において行われる二交替性、三交代制等による夜間勤務者は少人数をもって昼間の勤務の全てを受け持つものであることから、宿直の許可を与えることはできません。

3 小規模病院の宿日直勤務の許可の取扱い

　小規模の病院、診療所等においては、医師、看護師等が、そこに住み込んでいる場合がありますが、この場合にはこれを宿直として取り扱う必要はありません。ただし、この場合であっても昼間と同態様の業務に従事させるときは、時間外労働の手続が必要であり、またその時間分の割増賃金を支払わなければなりません。

4 医療機関の宿・日直勤務の手当

　医師・看護師等は職種によって賃金額に著しい差があるため、それぞれ責任度あるいは職務内容が異なる宿日直を行う場合の1回の宿日直手当の最低額は、宿日直につくことの予定されている医師ごとまたは看護師ごとにそれぞれ計算した1人平均額の3分の1とすることとされています(昭33・2・13基発90)。

2 社会福祉施設が宿日直勤務の許可を受けられる業務は、少人数の入所者に対する夜尿起こし、おむつ取換え、検温等の軽度で短時間な介助作業に限ります。

社会福祉施設の宿日直勤務についての許可については、次のように取り扱われます（昭22・9・13基発17）。

1 社会福祉施設の宿日直勤務の許可基準

社会福祉施設の宿日直勤務については、次の条件の全てを満たす場合に許可を与えるように取り扱います。

社会福祉施設の宿日直勤務の許可基準

① 通常の勤務時間の拘束から完全に開放された後のものであること

② 夜間に従事する業務は、一般の宿直業務の他には、少人数の入所者に対して行う夜尿起こし、おむつ取換え、検温等の介助作業であって、軽度かつ短時間の作業に限ること。したがって夜間における児童の生活指導、起床後の着衣指導等通常の労働と同態様の業務は含まれません。

③ 夜間に充分睡眠が取り得ること（睡眠宿泊設備完備）

④ 上記以外に、一般の宿直許可の際の条件を満たしていること

---

2 社会福祉施設の住込み保母等の取扱い

社会福祉施設に保母等が住み込んでいる場合、単にこれをもって宿直として取り扱う必要はありません。これらの者に一般の宿直業務及び前記1の②の業務を命ずる場合は、宿直業務として取り扱うこととなります。

3 社会福祉施設の軽度かつ短時間作業の基準

ここでいう「軽度かつ短時間の作業」は、通達により具体的に定められています（昭49・7・26基発387）。

「軽度」とは、おむつ取替え、夜尿起こし（要介護者を抱きかかえる等身体に負担がかかる場合は含まず）、「短時間」とは、介助作業が1勤務中に1回ないし2回を限度として、1回の所用時間が10分程度のものをいいます。

③ 医療機関や社会福祉施設が、宿日直勤務の許可を受けるには、事業所管轄の労基署に「断続的な宿直又は日直勤務許可申請書」を提出してください。

医療機関や社会福祉施設が、労働時間や休憩、休日の規定が適用除外される宿日直勤務を労働者にさせるには、事業所管轄の労基署に「断続的な宿直又は日直勤務許可申請書」を提出し許可を受けてください。労基署が業務内容や作業時間、手待時間等を調査のうえ、許可基準の要件を満たす場合に限り許可されます。

【記載例　断続的な宿直又は日直勤務許可申請書 様式第10号】

断続的な宿直又は日直勤務許可申請書

様式第10号（第23条関係）

事 業 の 種 類	事 業 の 名 称	事 業 の 所 在 地
介護老人福祉施設	横須賀温暖の里	神奈川県横須賀市夕日町○−12−23

宿	総 員 数	1回の宿直員数	宿 直 勤 務 の 開 始 及 び 終 了 時 刻	一定期間における 1人の宿直回数	1回の宿直手当
	30人	1人	午後5時00分から 午前8時00分まで	1か月に1回	6,000円

	就 寝 設 備	和室10畳　寝具備付、宿直室にテレビ、エアコン完備

	勤 務 の 態 様	電話、文書の収受、緊急時に責任者への連絡、火災・盗難予防 午後10時と午前5時に施設巡回、1回約15分

日	総 員 数	1回の日直員数	日 直 勤 務 の 開 始 及 び 終 了 時 刻	一定期間における 一人の日直回数	1回の日直手当
	30人	1人	午前8時00分から 午後5時00分まで	2か月に1回	6,000円

	勤 務 の 態 様	電話、文書の収受

　　　年　　月　　日

使用者　　職 名　横須賀温暖の里

氏 名　代表取締役　平塚　○衛　　　印

-------------------- 藤沢　　　労働基準監督署長殿

①	事業の種類	できるだけ詳しく記入します。
②	総員数	事業所の労働者のうち宿直または日直をさせる労働者の総数を記入します。
③	就寝設備	宿直室の広さ、寝具等の備付状況、採暖設備等を具体的に記入します。
④	勤務の態様	宿日直勤務において行うべき業務の種類やその量を具体的に記入します。

第16節 時間外労働、休日労働協定

POINT

- 法定労働時間を超えて労働させる場合や、法定休日に労働させる場合には、労使が36協定を締結し労基署に届け出なければなりません。
- 36協定は、事業場ごとに使用者と労働者の代表が締結し労基署に届け出なければなりません。
- 36協定で延長できる時間外労働の時間には限度時間が定められており、36協定ではその限度時間内の時間を協定します。

1 法定労働時間を超えて労働させる場合や、法定休日に労働させる場合には、労使が36協定を締結し労基署に届け出なければなりません。

1 時間外労働・休日労働

　使用者が労働者に法定労働時間外や法定休日に労働させる場合は、時間外労働や休日労働を命じることを労働条件または就業規則等で明示し労働者の同意を得たうえで、労使が締結した時間外労働・休日労働協定(以下、36協定)をあらかじめ労基署長に届け出る必要があります。何故なら、労働者に法定時間外労働や法定休日労働を命じるには、労働条件や就業規則等の根拠が必要であり、36協定は労働基準法違反の責は問わないという免責効果を持つだけだからです。使用者は、36協定で定めるところにより労働者の労働時間を延長し、または休日に労働させることができます(労基法36条)。

　使用者が36協定を労基署長へ届け出ないまま労働者に法定労働時間外の労働や法定休日労働をさせた場合は、労働基準法違反となり刑事上の責を問われます。

2 様々な就労形態における36協定

（1）法定時間外労働、法定休日労働

　36協定の締結と労基署への届出が必要なのは、法定労働時間を超えて労働させる場合や法定休日労働をさせる場合です。例えば、時間外労働が全くない場合や始業・終業時刻を繰り下げて労働時間が8時間以内の場合は不要です。また、所定労働時間が6時間の場合にさらに2時間労働時間を延長させる場合は、その延長時間は法定労働時間以内のため36協定は必要ありません。ただし、1日の労働時間が8時間以内であっても労働時間が1週40時間（特例事業44時間）を超える場合は時間外労働となり、36協定の締結と届出が必要です。

　また、坑内労働その他健康上特に有害な一定業務の延長時間は1日に2時間を超えてはなりません。この場合、坑内労働等一定業務以外の業務の延長時間は36協定の延長時間の限度以内であれば認められます。

（2）変形労働時間制

　変形労働時間制を採用し、日または週に法定労働時間を超える労働時間を定めた場合は、その時間を超えて労働させるとき及び変形期間の労働時間の総枠を超えて労働させるときは、時間外労働となるため、あらかじめ36協定の締結と届出が必要となります。

（3）フレックスタイム制

　フレックスタイム制での時間外労働は、清算期間内の合計した労働時間が法定労働時間の総枠を超えた時間となるため、1日8時間、1週40時間の法定労働時間を超えた労働時間は時間外労働にはなりません。清算期間の法定労働時間の総枠を超える場合は36協定の締結と届出が必要ですが、フレックスタイム制の36協定では1日の延長時間を定める必要はなく、清算期間内での時間外労働の時間を定めます（昭63・1・1基発1、平9・3・31基発228）。

（4）事業場外みなし労働時間制

　事業場外みなし労働時間制においては、1日のみなし労働時間が9時間等1日の法定労働時間を超える場合は、その超えた時間が時間外労働となるため36協定の締結と届出が必要となります。

（5）法定休日労働

　1週1日または4週4日の法定休日に労働させることが全くなければ、休日労働協定は必要ありません。ただし、例えば1日の労働時間が8時間で休日が土日の週2日としている場合に、土曜日に労働させても1週1日の法定休日は確保しているため法定休日労働にはなりませんが、1週の労働時間が48時間となるため時間外労働となり時間外労働に関しての36協定の締結と届出が必要となります。

（6）派遣労働者

　派遣先事業所で派遣労働者に時間外労働または法定休日をさせるには、派遣元事業において36協定を締結し労基署に届出されていることが必要です。派遣元の事業主は労働者の過半数で組織する労働組合、その労働組合がなければ労働者の過半数を代表する者と36協定を締結します。この場合の労働者とは、派遣元事業の派遣労働者と派遣労働者以外の労働者双方の労働者をいいます（派遣法44条2項、昭61・6・6基発333）。

（7）育児・介護をしている労働者

　子の養育や家族の介護を行う労働者の労働時間の延長時間は、他の労働者の延長時間とは別により短い時間を定めるものとし、延長時間は1か月24時間、1年間150時間を超えないよう努めます（育児・介護休業法17条、18条）。

理解チェック

時間外労働、法定休日労働を命じるには労働条件や就業規則であらかじめ規定する
➡根拠規定

▼

労使で36協定を締結して労基署へ届け出る➡免責効果

▼

36協定に定めた延長時間・休日労働回数以内で時間外労働、休日労働を命じる

▼

時間外労働や休日労働には割増賃金を支払う

② 36協定は、事業場ごとに使用者と労働者の代表が締結し労基署に届け出なければなりません。

1 36協定の締結事業場

　36協定は、使用者とその事業場の労働者の過半数で組織する労働組合、その労働組合がない場合は、労働者の過半数を代表とする者とが締結したうえで労基署へ届け出ます。36協定は1つの企業単位ではなく、事業場ごとに締結し労基署へ届け出なければならず、1つの企業に複数の事業場がある場合は、それぞれの事業場において労使が36協定を締結し事業場を管轄する労基署へ届け出なければなりません。

2 36協定の締結当事者

（1）使用者側の締結当事者

　使用者側の締結当事者は、その企業の代表取締役や社長、あるいは事業場の代表者である取締役や支社長、工場長、支店長等となります。

（2）労働者側の締結当事者

　1つの事業場に2つの労働組合がある場合で、一方の労働組合の組合員がその事業場の過半数となっているときは、その労働組合と36協定を締結すればよく、その事業場の過半数の労働者で組織する労働組合がないときは、その事業場の過半数を代表する者と36協定を締結する必要があります。

　また、A企業に過半数の労働組合で組織するA1労働組合がある場合で、B事業場に労働者の過半数で組織するA1労働組合のB支部がある場合の協定締結の当事者は「A1労働組合本部委員長又はA1労働組合B支部長」となり、それぞれの事業場に労働組合の支部がない場合はいずれもA1労働組合本部委員長が当事者となります。

　A企業に少人数で組織されるA2労働組合D支部があり、D事業場ではA2労働組合が労働者の過半数を超える場合は、D事業場の労働者代表当事者はA2労働組合となります（昭36・9・7基収1392、昭23・4・5基発535）。

　36協定の労働者側の締結当事者が労働組合の場合は、その労働組合の組合員以外の他の少数労働組合の組合員や労働組合員以外の者にも労働基準法の免責効果が適用されます。

　なお、労働時間や休日、休憩の規定が適用除外される管理監督者の地位にある者は労働

者側の締結当事者にはなれません。また、36協定の労働者側の協定締結当事者が、労働者の過半数を代表する者の場合は、選挙、挙手、話合い等労働者の過半数を代表する者の選出方法も記載してください。

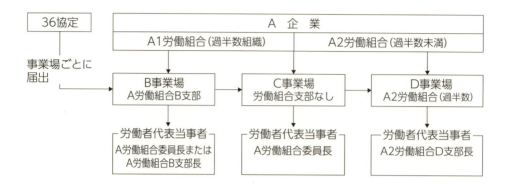

3 36協定の協定内容

36協定では、次の事項について労使が締結し届け出なければなりません。

36協定の協定事項
① 時間外労働、休日労働をさせる必要のある具体的な理由
② 時間外労働、休日労働をさせる必要のある業務の種類と種類ごとの労働者数
③ 時間外労働の場合は１日及び１日を超える一定期間の延長できる労働時間
④ １日を超える一定期間の起算日
⑤ 休日労働の場合は、休日労働の回数と休日労働の始業、終業時刻
⑥ 有効期間（１年以内。労働協約による場合は除く）

3 36協定で延長できる時間外労働の時間には限度時間が定められており、36協定ではその限度時間内の時間を協定します。

1 労働時間延長の限度基準

労使が36協定を締結するときは、１日及び１日を超える一定期間において延長できる労働時間を定めますが、一定期間とは、１日を超え３か月以内の期間及び１年間とされてお

り、例えば「1か月間に○時間」「1年に○時間」等と期間と発生する時間数を定めなければなりません。

延長できる労働時間には、以下のように3か月以内の期間と1年間の限度基準が定められています。36協定を締結する場合は、この限度基準の時間以内の延長時間とします（平10・12・28労告154号）。

期　　間	限度時間
1週間	15時間
2週間	27時間
4週間	43時間
1か月	45時間
2か月	81時間
3か月	120時間
1年間	360時間

2 1年単位の変形労働時間制における労働時間延長の限度基準

3か月を超え、1年単位の変形労働時間制を採用する場合、労働時間延長の限度基準は、次の時間となります。36協定を締結する場合は、この限度基準の時間以内の延長時間とします。

期　　間	限度時間
1週間	14時間
2週間	25時間
4週間	40時間
1か月	42時間
2か月	75時間
3か月	110時間
1年間	320時間

3 労働時間延長の限度基準が適用されない事業と業務

次の事業や業務には限度基準は適用されないため、必要に応じた延長時間を36協定で定めます。

> **時間外労働の労働時間延長に限度基準が適用されない事業と業務**
> ① 工作物の建設等の事業
> ② 自動車の運転の業務
> ③ 新技術、新商品の研究開発の業務
> ④ 季節的要因等により事業活動もしくは業務量の変動が著しい事業もしくは業務や公益上の必要により集中的な作業が必要とされる業務として厚生労働省労働基準局長が指定するもの

4 坑内労働その他健康上特に有害な業務における時間外労働の制限

坑内労働やその他健康上特に有害な業務の場合は、法定労働時間を超える時間外労働は1日について2時間を超えてはなりません。

5 育児・介護をする労働者の時間外労働の制限

育児や介護を行う労働者が申出をした場合は事業の正常な運営に支障がある場合を除き、1か月24時間、1年間150時間を超えた時間外労働はさせられません(育児・介護休業法17条、18条)。

6 36協定有効期間内での限度時間延長の変更

労使で締結し労基署に届け出た36協定の有効期間中に、それまでの限度時間をさらに延長する必要が生じた場合は、必要とされる限度時間を定めた新たな36協定を締結し労基署に届け出てください。

新たな36協定の有効期間の期限は従来の有効期間の期限に合わせることも、改めて1年間の有効期間とすることもできます。

様式第9号（第17条関係）

時間外労働　／　休日労働　に関する協定届

事業の種類	事業の名称	事業の所在地（電話番号）	
機械器具製造業	○○マイクロパーツ株式会社	横浜市鶴見区鶴見東 5―○―8	（045―○52―4○18）

	時間外労働をさせる必要のある具体的事由	業務の種類	労働者数（満18歳以上の者）	所定労働時間	延長することができる時間			期間
					1日	1日を超える一定の期間（起算日）		
						1か月（毎月16日）	1年（4月1日）	
① 下記②に該当しない労働者	取引先事業の都合で臨時業務を行うため	営業	5人	1日8時間	4時間	40時間	320時間	平成○○年○月○日から1年間
	急な受注量の増加、突然の設計仕様変更	納品	6人	同上	4時間	45時間	300時間	同上
	毎月の清算、月次試算表作成	経理	3人	同上	3時間	35時間	300時間	同上
② 1年単位の変形労働時間制により労働する労働者	急な受注量の増加、突然の設計仕様変更	製造組立	45人	同上	3時間	25時間	200時間	同上
	同上	検査	5人	同上	3時間	25時間	200時間	

休日労働をさせる必要のある具体的事由	業務の種類	労働者数（満18歳以上の者）	所定休日	労働させることができる休日並びに始業及び終業の時刻	期間
取引先の都合などで臨時の業務を行うため	営業	5人	毎週土日、祝日	1か月のうち2回、8時～17時まで	平成○○年○月○日から1年間
急な受注量の増加、突然の設計仕様変更	製造組立	45人	年間カレンダーの休日	同上	同上

協定の成立年月日　平成○○年　○月　○日

協定の当事者である労働組合の名称又は労働者の過半数を代表する者の
　　　　　　　　　　　　　　　　　　　職名　機械工
　　　　　　　　　　　　　　　　　　　氏名　子安　○秀
協定の当事者（労働者の過半数を代表する者の場合）の選出方法　（　挙手による選任　）
　　　年　月　日
　　　　　　　　　　　　　　　　　　　　　　職名　代表取締役
　　　　　　　　　　　　　　　　　　使用者　氏名　仲木戸　俊○　　㊞

鶴見　労働基準監督署長　殿

記載心得
1　「業務の種類」の欄には、時間外労働又は休日労働をさせる必要のある業務を具体的に記入し、労働基準法第36条第1項ただし書の健康上特に有害な業務について協定をした場合には、当該業務を他の業務と区別して記入すること。
2　「延長することができる時間」の欄の記入に当たっては、次のとおりとすること。
　(1)「1日」の欄には、労働基準法第32条から第32条の5まで又は第40条の規定により労働させることができる最長の労働時間を超えて延長することができる時間であって、1日についての限度となる時間を記入すること。
　(2)「1日を超える一定の期間（起算日）」の欄には、労働基準法第32条から第32条の5まで又は第40条の規定により労働させることができる最長の労働時間を超えて延長することができる時間であって、同法第36条第1項の協定で定められた1日を超えて3箇月以内の期間及び1年についての延長することができる時間の限度に関して、その上欄に当該協定で定められたすべての期間を記入し、当該期間の起算日を括弧書きし、その下欄に、当該期間に応じ、それぞれ当該期間についての限度となる時間を記入すること。
3　②の欄は、労働基準法第32条の4の規定による労働時間により労働する労働者（対象期間が3箇月を超える変形労働時間制により労働する者に限る。）について記入すること。
4　「労働させることができる休日並びに始業及び終業の時刻」の欄は、労働基準法第35条の規定による休日であって労働させることができる日並びに当該休日の労働の始業及び終業の時刻を記入すること。
5　「期間」の欄には、時間外労働又は休日労働をさせることができる日の属する期間を記入すること。

・会社全体ではなく、原則として支店や工場等事業場ごとに締結し所轄の労基署へ届け出ます。
・協定届には協定書を添付して届け出ます。ただし、協会届の各欄に協定内容が記載でき、労働者代表欄に労働者代表者が署名押印することで協定書の添付を省略できます。

①	時間外労働をさせる必要のある具体的事由、業務の種類、労働者数	業務の種類を細分化し業務ごとに時間外・休日労働をさせる具体的理由と対象人数を記載します。1年単位の変形労働時間制を導入している場合は、②欄に記入します。未導入の場合は記入不要です。
②	延長することができる時間	延長時間は、1日、1～3か月以内、1年間の各期間について記入し、期間ごとの起算日も括弧内に記入します。
③	所定休日、労働させることができる休日ならびに始業及び終業の時刻	所定休日と法定休日労働させる日、その始業・終業時刻を記入します。有効期間は1年以内とします。
	協定の当事者の選出方法	投票による選挙、挙手による選挙、話合い等、選出方法を記入します。

第17節 特別条項付36協定

POINT

・36協定で定めた延長時間を超える時間外労働をさせる特別の事情がある場合は、その特別の事情や延長時間等を定めた特別条項付36協定を締結します。
・特別条項では、具体的な特別の事情、特別延長時間、延長回数、発動の労使協議方法、延長労働時間と特別延長労働時間の割増賃金率等について定めます。
・特別条項付36協定は、本来の36協定のなかに特別条項の内容を記載し、締結して届け出るか、別紙で特別条項を締結して本来の36協定と同時に届け出てください。

36協定で定めた延長時間を超える時間外労働をさせる特別の事情がある場合は、その特別の事情や延長時間等を定めた特別条項付36協定を締結します。

　36協定では、告示で定められた限度時間以内で時間外労働の延長時間を締結し届け出ます。ところが、事業や業務の種類によっては、突然の機械器具の故障、予想外の納期ひっ迫、緊急の事故トラブル対処等特別の事情によりやむを得ず36協定で定めた延長時間を超えて労働時間を延長させなければならない場合があります。そのようなときは特別条項付36協定を締結し労基署に届け出ることにより、36協定で定めた延長時間を超えて定めた特別の延長時間まで時間外労働を命じることができます。
　特別の事情とは臨時的なものに限り、臨時的なものとは一時的または突発的に発生するものをいい、1年のうち半分を超えないことが見込まれるものです。そのため「業務の都合上必要なもの」や「業務上やむを得ないとき」等恒常的な長時間労働を招くおそれのあるような事情等は該当しません。特別延長時間まで労働時間を延長できる回数は、特定の労働者について特別条項の協定の適用が1年のうち半分を超えないものとする必要があります（平15・10・22基発10222003）。

理解チェック

臨時的、突発的な事情により36協定で定めた延長時間を超えることがある場合は、特別条項を定めた36協定を締結し届け出る

36協定で定めた延長時間を超えて定めた特別延長時間まで時間外労働を命じられる

ただし、時間外労働を特別に延長できる回数は1年間のうち半数までとする

2 特別条項では、具体的な特別の事情、特別延長時間、延長回数、発動の労使協議方法、延長労働時間と特別延長労働時間の割増賃金率等について定めます。

　特別条項付36協定では、次の事項について協定を締結し労基署に届け出ます。ただし、時間外労働は本来臨時的なものとして必要最小限にとどめるべきものであり、特別条項付36協定による延長時間を超える時間外労働は、特に例外的なものとして労使の取組みにより抑制されるべきものです。

　特別条項に基づいて、時間外労働を特別に延長した場合の割増賃金の割増率を定めた場合は、賃金の決定、計算及び支払に関する事項のため、就業規則(賃金規程)にもその定めた内容を規定する必要があります(労基法89条2項)。

特別条項で定める協定事項と記載例

① 本来の36協定で定めた原則の延長時間（限度時間以内の時間）

記載例 一定期間の延長時間は１か月45時間、１年間360時間とします。

② 原則の延長時間を超えて時間外労働をさせなければならない具体的な特別事情

記載例 突然の機械器具の故障、催事やボーナス商戦の特別繁忙期、予想外の大量受注や設計変更等の納期ひっ迫、大規模なクレーム処理、緊急の事故・トラブル対処等。ただし、非常災害時の時間外労働の場合は除きます。

③ 特別の事情が生じ原則の延長時間を超えて時間外労働を延長する場合に労使がとる手続

記載例 労使の協議を経てから

④ 原則の延長時間を超える特別な延長時間（限度時間はなく労使協議で定める）

記載例 １か月60時間、１年間630時間まで延長することができます。

⑤ 原則の延長時間を超えることができる回数（全体として１年間の半分を超えない）

記載例 １年間６回までとします。

⑥ １日を超え３か月以内の期間及び１年についての原則の延長時間の割増率とそれを超えた特別の延長時間の割増率（２割５分以上を超える率とする努力義務）

記載例 特別延長時間の割増賃金率は１か月45時間を超えた場合は30％、１年間360時間を超えた場合は35％とします。

※双方の時間を超えた時間外労働時間には一般に高い割増率が適用されます。

3 特別条項付36協定は、本来の36協定のなかに特別条項の内容を記載し締結し届け出るか、別紙で特別条項を締結して本来の36協定と同時に届け出てください。

　特別条項付36協定とは、本来の36協定のなかに特別条項で定めなければならない事項を記載したうえで労使が締結した36協定です。具体的には、本来の36協定の余白部分に必要事項を記載する方法や、別紙に特別条項の必要事項を記載し本来の36協定と同時に労基署

に届け出る等の方法があります。

　なお、締結後に労基署に届け出た36協定で定めた限度時間を超える時間外労働をさせる必要が予想される場合は、改めてその予想される限度時間を定めた36協定や特別条項付36協定を締結し労基署に届け出なければなりません。その場合の協定期間は最初に届け出た協定期間と同じ期間でも、1年間の協定期間として締結し届け出ることもできます。

【記載例　時間外労働・休日労働に関する協定届(特別条項付)様式第9号】

事業の種類	事業の名称	事業の所在地（電話番号）
金属製品製造業	株式会社〇〇トウセイ	東京都八王子市明神北町1−〇−23　（042−6〇2−5〇69）

	時間外労働をさせる必要のある具体的事由	業務の種類	労働者数（満18歳以上の者）	所定労働時間	延長することができる時間			期間
					1日	1日を越える一定の期間（起算日）1ヵ月（毎月16日）	1年（4月16日）	
① 下記②に該当しない労働者	顧客との臨時の打合せ、臨時の業務	営業	5人	1日8時間	4時間	45時間	360時間	平成〇〇年〇月〇日から1年間
	臨時の受注、納期のひっ迫、設計仕様変更	製造加工	45人	同上	4時間	(注)45時間(60時間)	360時間(480時間)	
	突発的書類作成、月末の清算試算表事務	総務・経理	5人	同上	3時間	45時間	360時間	
② 1年単位の変形労働時間制により労働する労働者								

休日労働をさせる必要のある具体的事由	業務の種類	労働者数（満18歳以上の者）	所定休日	労働させることができる休日並びに始業及び終業の時刻	期間
顧客との臨時の打合せ、臨時の業務	営業	5人	毎週土曜・日曜・祝祭日　夏期休暇　年末年始	法定休日1か月に2日、始業 8:30 ～ 終業 17:30	平成〇〇年〇月〇日から1年間
臨時の受注の増大、納期のひっ迫、設計仕様変更	製造加工	45人		同上	
突発的書類作成、月末の清算試算表事務	総務・経理	5人		同上	

協定の成立年月日　　　　　平成　〇〇年　〇月〇日
協定の当事者である労働組合の名称又は労働者の過半数を代表する者の職名　　製造加工
　　　　　　　　　　　　　　　　　　　　　氏名　日野　正〇　　　　㊞
協定の当事者（労働者の過半数を代表する者の場合）の選出方法　（　投票による選出
　　平成　　年　　月　　日
　　　　　　　　　　　　　使用者　職名　　代表取締役
　　　　　　　　　　　　　　　　　氏名　　立川　〇和　　　　　　㊞

八王子　労働基準監督署長　殿

延長時間は1か月45時間、年間360時間とするが、突発的な受注の増大や集中によって納期が緊急にひっ迫したときは、労使の協議を経て、6回を限度として、1か月についての延長時間を60時間、1年についての延長時間を480時間までとすることができる。
この場合の割増賃金率は、1か月45時間を超えた場合は30％、1年360時間を超えた場合は30％とする。

　特別条項　　この書式では、36協定届の余白の部分に特別条項を記載して届け出ていますが、別紙で締結した特別条項の協定書を添付のうえ届け出ることも可能です。

第18節 長時間労働者の面接指導、事業場の監督強化

POINT

- 脳・心臓疾患の発症を抑制するため、事業者は1か月100時間以上の時間外休日労働により疲労蓄積した労働者に医師による面接指導を行わなければなりません。
- 同じく事業者は1か月80時間以上の時間外休日労働により疲労蓄積した労働者に対して医師による面接指導を行うよう努力してください。
- 時間外労働時間が1か月80時間を超えるとみられる全ての事業場は、労基署の重点監督指導の対象となります。

脳・心臓疾患の発症を抑制するため、事業者は1か月100時間以上の時間外休日労働により疲労蓄積した労働者に医師による面接指導を行わなければなりません。

1 医師による面接指導義務

血管疾患や虚血性心疾患等(以下、脳・心臓疾患という)の発症は、長時間労働との関連性が強いとの医学的な知見があります。使用者は、労働者の脳・心臓疾患の発症を予防するため時間外・休日労働時間が1か月100時間を超え、かつ疲労蓄積が認められる労働者が事業者にその旨を申し出た場合は、事業者はその労働者に対して遅滞なく医師の面接指導を受けさせなければなりません。管理・監督者も同様です。

医師の面接指導は、労働者が事業者の指定した医師の面接指導を希望しない場合には、他の医師の面接指導を受け、その結果の証明書類を使用者に提出することもできます。ただし、1か月以内に面接指導を受け医師が必要ないと認めた者は面接指導の対象から除きます(安衛法66条の8)。

2 1か月の時間外・休日労働時間

1か月の時間外・休日労働時間数は次の時間をいいます。労働時間は、例えば賃金締切日等一定に期日を定めて算定しなければなりません。

1か月の時間外・休日労働時間数	1か月の総労働時間数－（1か月の総暦日数÷7）×40
1か月の総労働時間	所定労働時間数＋時間外労働時間数＋休日労働時間数

3 医師による面接指導の実施

　事業者が、時間外・休日労働が1か月100時間を超えた労働者全員に対して医師による面接指導を実施する場合、まず、対象となる労働者全員に面接指導の実施を通知し、面接指導の申込手続を行った労働者を、面接指導を申し込んだ労働者とみなします。面接指導を申し込んだ労働者に該当しない場合、面接指導義務は発生しません。

　管理・監督者等については、自らが「時間外・休日労働時間が1か月100時間を超え、かつ疲労の蓄積が認められる」と判断し、申出があった場合に医師による面接指導を実施します。

　医師による面接指導は、労働者の申出があってからおおむね1か月以内に実施してください。

4 医師による面接指導の確認事項と記録の保存

　医師は面接指導を行う労働者について、次の事項を確認しなければなりません。

　事業者は、労働者が受けた面接指導の結果として労働者の疲労の蓄積状況、その他心身の状況、医師の意見等を記載した記録を作成し5年間保存しなければなりません。

医師の面接指導確認事項
① 労働者の勤務の状況
② 労働者の疲労の蓄積の状況
③ 労働者の心身の状況

5 事後措置の実施

　事業者は、面接指導を受けた労働者の健康保持のために必要な措置について医師の意見を聴き勘案したうえで、必要があれば労働者の就業場所の変更、作業の転換、労働時間の短縮、深夜業の回数の減少等の措置を講じます。また、医師の意見を衛生委員会または安全衛生委員会への報告等、適切な措置を取らなければなりません。

2 脳・心臓疾患の発症抑制のため、事業者は１か月80時間以上の時間外休日労働により疲労蓄積した労働者に対して医師による面接指導を行うよう努力してください。

　脳・心臓疾患の発症を予防するため、次の労働者が事業者に申し出た場合は、事業者はその労働者に対して遅滞なく医師による面接指導または面接指導に準ずる措置を行うよう努力してください。事業者は、面接指導の結果を５年間保存してください（安衛則58条の８）。

医師による面接指導等の努力義務対象者

① 時間外・休日労働時間が１か月80時間を超えかつ疲労蓄積が認められる労働者

② 時間外・休日労働が１か月100時間または過去２・３・４・５・６か月のいずれかの平均で80時間を超えた労働者（各事業場で基準を定める）

---

3 時間外労働時間が１か月80時間を超えるとみられる全ての事業場は、労基署の重点監督指導の対象となります。

1 時間外労働に対する重点監督指導の実施

　政府は長時間労働等の過重労働を解消させるための取組みとして、周知啓発運動を全国的に展開していますが、法規制の執行強化としては、労基署が月80時間を超える時間外労働が疑われる全ての事業場に対して監督指導を実施します。特に過労死認定基準（月100時間以上）を超えるような時間外労働が行われている事業場に対して重点的に実施しています。

2 厚生労働省の監督指導体制

　平成27年、厚生労働省は、企業本社への監督指導や労働局が行う広域捜査活動を迅速かつ的確に実施できるよう労働局に対し必要な指導調整の実施を目的に、本省に「過重労働撲滅特別対策班」を新設しました。

　また、都道府県労働局へは、長時間労働に関する監督指導等、次の事項を専門に担当する「過重労働特別監理官」を新設しました。

過重労働特別監理官の担当事項

- 問題業種に係る重点監督の総括(企画・立案・実施)
- 月80時間を超える時間外労働のある事業場に対する全数監督※の総括
- 本社監督の総括(問題企業の把握分析・実施・調整・指導)
- 夜間臨検の実施・調整
- 長時間・過重労働に係る司法処理事案の管理等

※月80時間以上残業が疑われる全ての事業場を重点監督対象とします。

---

3 関係省庁と連携した法令違反時の通報

　労基署が監督指導した結果、賃金不払や最低賃金法等の違反が認められ、違反の背景に親事業者の下請代金支払遅延等防止法(以下、下請法という)4条の違反行為の「下請代金の減額」の存在が疑われた場合で、通報について下請事業者の意向を確認したときは、中小企業庁や公正取引委員会にその旨を通報しています。さらに、「買いたたき」や独占禁止法の「物流特殊指定に違反行為」の存在が疑われる場合も通報の対象とします。

理解チェック

時間外労働が1か月100時間を超え疲労蓄積したと自ら申し出た労働者（管理・監督者も含む）に対し、事業者は1か月以内に医師の面接指導を受けさせる（事業者指定外の医師も可能）

時間外労働が1か月80時間超える等で疲労蓄積したと自ら申し出た労働者に対し、事業者は1か月以内に医師の面接指導等の努力義務（事業者指定外の医師も可能）

事業者は面接指導の結果を5年間保存

医師の意見を勘案し就業場所・作業・労働時間短縮・深夜業減少等の事後措置を実施

第 **7** 章

賃 金

第1節 賃 金

POINT

- 賃金とは、賃金、給料、手当、賞与その他名称を問わず、労働の対償として使用者が労働者に支払う全てのものをいいます。
- 賃金は、性別だけを理由にした差別的取扱いはできませんが、職務や能力、技能等による格差は認められます。
- 賃金は通貨で、直接労働者に、その全額を、毎月1回以上、一定期日に支払わなければなりません。

1 賃金とは、賃金、給料、手当、賞与その他名称を問わず、労働の対償として使用者が労働者に支払う全てのものをいいます。

賃金とは、賃金、給料、手当、賞与その他名称を問わずに労働の対償として使用者が労働者に支払う全てのものをいいます(労基法11条)。ただし、労働者に支給されるものや利益については次のように判断します。

1 実物支給されるもの

貨幣を減額しそのかわりに支給するもの、または労働契約であらかじめ貨幣以外に支給されることが約束されている実物支給は賃金とみなします。ただし、労働者から代金(甚だしく低額でない)を徴収するもの、労働者の福利厚生施設とみなされるものは賃金とはみなしません。

労働者から代金を徴収するものは原則として賃金とはみなしませんが、徴収金が実際の費用(支給のため使用者が実際に支出した費用)の3分の1以下の額のときは、徴収金額と実際の費用の3分の1との差額を賃金とみなします(昭22・9・13基発17、昭22・12・9基発452)。

なお、臨時に支払われるもので、労働者の自家消費を目的とはせず明らかに転売による金銭を目的とするものや、習慣により貨幣のかわりに支給が期待されているものは賃金と

270 第7章｜賃 金

みなします(昭22・12・9基発452)。

2 退職手当

あらかじめ労働協約、就業規則、労働契約等により、支給条件が明確である退職金は賃金とみなします。

3 慶弔見舞金

結婚祝金、死亡弔慰金、災害見舞金等の恩恵的な給付は賃金とみなしませんが、その支給条件があらかじめ労働協約、就業規則、労働契約等により明確なものは賃金とみなします。

4 制服等

制服・作業衣等の業務上必要な制服、作業服等の貸与は賃金とみなしません。

5 所得税・社会保険料・生命保険料

労働者が負担するべき所得税や社会保険料を使用者が負担する場合は、その負担額を賃金とみなします。

ただし、福利厚生のため使用者が負担する生命保険料等の補助は賃金とはみなしません(昭63・3・14基発150)。

6 食事

次のいずれも満たす食事の供与は、代金の徴収の有無に関わらず福利厚生として取り扱い、賃金とはみなしません(昭30・10・10基発644)。

・食事の供与が賃金の減額を伴わないこと
・食事の供与が就業規則、労働契約等に定められておらず、明確な労働条件の内容になっていないこと
・食事の供与による労働者が得る利益の客観的評価額が、社会通念上ごくわずかなものと認められること。ただし、食事代を現金で支給している場合または食事代補助として現金を支給している場合は、就業規則等の定めの有無に関わらず賃金として取り扱う(昭26・12・27基収6126)。

7 休業補償

法定金額を超えて支給される休業補償費は、賃金とみなしません(昭25・12・27基収3432)。

271

8 ストック・オプション

株式購入の権利であるストック・オプションから得られる利益は、利益が発生する時期及び金額とともに労働者の判断に委ねられているため、労働の対償ではなく賃金とはみなしません(平9・6・1基発412)。

9 実費弁償

例えば、交通費や出張旅費、日当は、出張旅費規程等に支給が規定されていても、実際にかかる経費に充てる実費弁償とみなされるものは賃金とはみなしません。

また、役職員に支給する毎月一定額の交際費は実費弁償とみなされ、賃金とはみなしません。

労働者が所有する自動車を業務に使用する場合の、事業者が一部負担する自動車の税金や業務上の走行距離に対する燃料代は必要経費のため、賃金とはみなしません(昭63・3・14基発150)。

2 賃金は、性別だけを理由にした差別的取扱いはできませんが、職務や能力、技能等による格差は認められます。

使用者は、性別だけを理由にした差別的取扱いはできません。例えば、労働者が女性であることを理由として賃金について男性と差別的取扱いをしてはなりません(労基法4条)。これには女性労働者の勤続年数が短いこと、主な生計維持者でないこと等を理由にすることも含みます(昭22・9・13発基17)。また、差別的取扱いとは、不利に取り扱う場合だけでなく有利に取り扱う場合も含みます。

ただし、性別以外の個人的な能率等による賃金の差別的取扱いは認められます。そのため、職務や仕事の内容あるいは学歴、資格が異なることによる差別的取扱いや、同一の職務や仕事の内容、資格であっても、個人の能力、意欲、能率等が異なることに応じた差別的取扱いは認められます。

なお、職務、能率、技能、勤続年数等が全て同一であるにも関わらず、男性は全て月給制、女性は全て日給制とし、労働日数の同じ女性の賃金を男性よりも少なくすることは差別的取扱いに該当し、認められません(昭22・9・13発基17、昭25・11・22婦発311、昭63・3・14基発150、平9・9・25基発648)。

272　第7章│賃金

3 賃金は通貨で、直接労働者に、その全額を、毎月１回以上、一定期日に支払わなければなりません。

　賃金の支払方法は労働基準法24条により、原則が定められています。使用者は、労働者に賃金を通貨で、直接労働者に、その全額を、毎月１回以上・一定期日に支払わなければなりません。ただし、法令等や労働協約で定める場合や省令で定める場合は、通貨以外のもので支払うことができます。

　また、所得税、住民税や各種社会保険料等の法令で別段の定めがある場合や、労働者の過半数で組織する労働組合、その労働組合がないときは労働者の過半数を代表する者との書面による協定がある場合は賃金の一部を控除して支払うことができます。

賃金支払の原則

① 通貨払い	賃金は通貨で支払う。ただし、本人同意のもとに支払日に全額が払い出せる場合の指定預貯金口座への振込と、退職金の振出金融機関が支払人となる小切手での支払は認められる。なお、使用者と労働組合が労使協定を締結し、現物の評価額を定めた場合は、現物を給与として支払うことが認められる
② 直接払い	賃金は直接本人に支払う。委任を受けた代理人や親権者、後見人への支払は認められない。ただし、療養中の労働者の配偶者等使者への支払は認められる
③ 全額払い	賃金は全額を支払う。ただし、所得税、住民税や各種社会保険料及び労使の書面による協定で定められたものは、賃金から控除できる
④ 毎月１回以上一定期日払い	賃金は、毎月１回以上、25日や月末日等一定の期日を定めて支払う。ただし、労働した月の賃金をその月に支払う必要はなく、賃金締切日後計算のための一定期間経過後の支払も可能。また、支払日が休日の場合は、支払日の繰上げ・繰下げも可能。なお、見舞金や退職金等臨時に支払われるものや、賞与あるいは１か月以上の期間で決まる精勤手当や勤続手当等は対象から除く

【賃金控除に関する協定書】

賃 金 控 除 に 関 す る 協 定 書

　株式会社横浜〇〇サイト　と従業員代表　瀬谷〇敏は労働基準法第24条第１項但し書に基づき賃金控除に関し、下記のとおり協定する。

記

１．株式会社横浜〇〇サイトは、毎月 25 日、賃金支払の際次に掲げるものを控除して支払うことができる。

　　(1)　従業員親睦会費

　　(2)　会社貸付金の割賦金返済金 (元利共)

　　(3)　社宅家賃

　　(4)　財形貯蓄の積立金

　　(5)　団体取扱いの生命保険料・損害保険料

　　(6)　教育研修等の受講料

２．この協定は　〇〇年　〇月　〇日から有効とする。

３．この協定は、何れかの当事者が 1 か月前に文書による破棄の通告をしない限り効力を有するものとする。

　　　　　　〇〇 年　〇月　〇日

　　　　　　　　　　　　使用者　株式会社　横浜〇〇サイト
　　　　　　　　　　　　　　代表取締役　杉並　寛〇　　㊞

　　　　　　　　　　　　従業員代表　　　瀬谷　〇敏　　㊞

第2節 賃金の非常時払い、最低賃金

POINT

・賃金の支払日前であっても、労働者が出産や疾病等の非常時にあり請求したときは、使用者は既往の賃金を支払わなければなりません。

・使用者は、労働者に都道府県ごとに定められた最低賃金額以上の賃金を支払わなければなりません。

・使用者は、支払う賃金額が最新の地域別最低賃金額以上であるかどうかを確認してください。

1 賃金の支払日前であっても、労働者が出産や疾病等の非常時にあり請求したときは、使用者は既往の賃金を支払わなければなりません。

　賃金は、毎月1回以上一定期日に支払わなければなりませんが、労働者が次のような非常時にあるために賃金支払を請求した場合は、使用者は賃金の支払期日前であっても、すでに労働した分（既往）の賃金を支払わなければなりません（労基法25条）。

賃金の非常時払い

① 労働者本人またはその収入で生計維持する者の出産、疾病、災害を受けた場合

② 労働者またはその収入で生計維持する者の結婚、死亡の場合

③ 労働者またはその収入で生計維持する者がやむを得ない事由により1週間以上帰郷する場合

2 使用者は、労働者に都道府県ごとに定められた最低賃金額以上の賃金を支払わなければなりません。

地域別最低賃金は、産業や職種に関わりなく、都道府県内の事業場で働く全ての労働者

とその使用者に適用されます。ここでいう労働者とは、パートタイマー、アルバイト、臨時社員、嘱託社員等、名称や雇用形態を問わず全ての労働者をいいます。

使用者は、労働者に最低賃金額以上の賃金を支払わなければなりません。最低賃金額に達しない賃金を定めた労働契約は、その部分が無効となり最低賃金額と同額の定めの労働契約とみなされます（最賃法4条）。

地域別最低賃金額は、都道府県ごとに事業や職業の種類、地域に応じて定められ、複数の最低賃金額に該当する場合は高いほうの額が適用されます。派遣労働者は派遣先事業場の地域の最低賃金が適用されます。具体的な金額は各都道府県労働局で確認できます。

ただし、使用者は、次の人が都道府県労働局長の許可を受けた場合は、事業場の労働力等に応じて減額した額を最低賃金額とします（最賃法7条、最賃則3条2項）。

最低賃金額の減額が許可される対象労働者

① 精神身体の障害により著しく労働能力の低い者（同一業務従事の最低位能力者との労働効率比）

② 試の使用期間中の者（本採用可否判断期間・最長6か月で減額上限20％）

③ 基礎的な技能を内容とする職業訓練を受ける者（職業訓練時間数比）

④ 軽易な業務に従事する（異業務従事の最軽易者との負担比）

⑤ 断続的労働に従事する者（所定労働時間に対する「手待時間×40％」の割合を上限）

---

3 使用者は、支払う賃金額が最新の地域別最低賃金額以上であるかどうかを確認してください。

最低賃金額は、毎年更新されます。使用者は、支払う賃金額が最新の地域別最低賃金額以上かどうか確認してください。日給や月給は、時間額に換算して最低賃金額と比較します。最低賃金額と比較する時間額は、次のとおりです。なお、支払う賃金を最低賃金額と比較する際は、次のような算入しない賃金があります。

最低賃金と比較する賃金 ※ 比較対象から除外する賃金等があります

① 時間給＝その額

② 日給＝日給額÷1日の所定労働時間

③ 月給＝月給額÷1か月の所定労働時間

④ 歩合給＝歩合給（割増賃金除く）÷総労働時間

⑤ 上記の①、②、③、④の賃金が組み合わさっている場合は、それぞれの額を計算したうえで合計した額

最低賃金と比較する賃金から除外する賃金等

① 1か月を超える期間ごとに支払われる賞与等

② 結婚手当等、臨時に支払われる賃金

③ 時間外割増賃金等、所定労働時間を超える時間の労働に支払われる賃金

④ 休日割増賃金等、所定労働日以外の労働に支払われる賃金

⑤ 深夜割増賃金

⑥ 精皆勤手当、通勤手当、家族手当

【地域別最低賃金額の表】

都道府県名	最低賃金時間額(円)		発行年月日
北海道	810	(786)	平成29年10月1日
青　森	738	(716)	平成29年10月6日
岩　手	738	(716)	平成29年10月1日
宮　城	772	(748)	平成29年10月1日
秋　田	738	(716)	平成29年10月1日
山　形	739	(717)	平成29年10月6日
福　島	748	(726)	平成29年10月1日
茨　城	796	(771)	平成29年10月1日
栃　木	800	(775)	平成29年10月1日
群　馬	783	(759)	平成29年10月7日
埼　玉	871	(845)	平成29年10月1日
千　葉	868	(842)	平成29年10月1日
東　京	958	(932)	平成29年10月1日
神奈川	956	(930)	平成29年10月1日
新　潟	778	(753)	平成29年10月1日
富　山	795	(770)	平成29年10月1日
石　川	781	(757)	平成29年10月1日
福　井	778	(754)	平成29年10月1日
山　梨	784	(759)	平成29年10月14日
長　野	795	(770)	平成29年10月1日
岐　阜	800	(776)	平成29年10月1日
静　岡	832	(807)	平成29年10月4日
愛　知	871	(845)	平成29年10月1日
三　重	820	(795)	平成29年10月1日

都道府県名	最低賃金時間額(円)		発行年月日
滋　賀	813	(788)	平成29年10月5日
京　都	856	(831)	平成29年10月1日
大　阪	909	(883)	平成29年9月30日
兵　庫	844	(819)	平成29年10月1日
奈　良	786	(762)	平成29年10月1日
和歌山	777	(753)	平成29年10月1日
鳥　取	738	(715)	平成29年10月6日
島　根	740	(718)	平成29年10月1日
岡　山	781	(757)	平成29年10月1日
広　島	818	(793)	平成29年10月1日
山　口	777	(753)	平成29年10月1日
徳　島	740	(716)	平成29年10月5日
香　川	766	(742)	平成29年10月1日
愛　媛	739	(717)	平成29年10月1日
高　知	737	(715)	平成29年10月13日
福　岡	789	(765)	平成29年10月1日
佐　賀	737	(715)	平成29年10月6日
長　崎	737	(715)	平成29年10月6日
熊　本	737	(715)	平成29年10月1日
大　分	737	(715)	平成29年10月1日
宮　崎	737	(714)	平成29年10月6日
鹿児島	737	(715)	平成29年10月1日
沖　縄	737	(714)	平成29年10月1日
全国加重平均額	848	(823)	－

（厚生労働省ホームページより）

※括弧書きは、平成28年度地域別最低賃金

| 第 **3** 節 | 賃金の欠勤控除 |

POINT

・使用者から労働者へ労働の対償として支払われる賃金は、労働の提供がなければ使用者に支払う義務はありません。これを「ノーワークノーペイの原則」といいます。

・賃金を欠勤控除するには、労働条件や就業規則でその旨及び欠勤控除の対象とする賃金を定めておく必要があります。

・健康保険や労災保険の休業に関する保険給付は、休業期間中に賃金が全額支払われると支給されないため、賃金の欠勤控除の有無は保険給付を検討し決めてください。

1 使用者から労働者へ労働の対償として支払われる賃金は、労働の提供がなければ、使用者に支払う義務はありません。これを「ノーワークノーペイの原則」といいます。

　賃金は、労働の対償として使用者が労働者へ支払うものです。そのため、労働者から労働の提供がなければ、使用者には賃金を支払う義務はありませんし、労働者には賃金請求権もありません。これを「ノーワークノーペイの原則」といいます。

　具体的には、労働者が遅刻や早退をした場合に、その遅刻や早退の時間分の賃金を欠勤控除して支払わないことや、欠勤した日の賃金を欠勤控除し支払わないことをいいます。ただし、労働日に年次有給休暇を取得した場合は、その日の賃金は支払う必要があります。

278　第7章│賃 金

2 賃金を欠勤控除するには、労働条件や就業規則でその旨と欠勤控除の対象賃金を定めておく必要があります。

1 欠勤控除の有無

　ノーワークノーペイの原則に基づき賃金を欠勤控除する計算方法については、労働基準法は特に何も定めていません。そのため遅刻や早退、欠勤等をしたときに遅刻や早退の時間や欠勤の日数分の賃金を支払わず欠勤控除するには、あらかじめ労働条件や就業規則でその旨及びどの賃金を欠勤控除するのかを定めておく必要があります。

　事業所によっては遅刻や早退では欠勤控除しない場合もあります。しかし、遅刻や早退により労働していない時間に賃金を支払うことは、その労働者にとってはありがたいのですが、遅刻や早退をしていない労働者にとっては逆差別されていることにもなり、不満が生じる可能性あるいは、遅刻や早退等が労働者全体に増え職場の規律が乱れるおそれもあります。

　また、欠勤には遅刻や早退、1〜3日程度の短い日数の欠勤や1か月以上の長期間の欠勤もあります。始業時刻から終業時刻までの所定労働時間を労働することは最も基本的で重要な労働条件であり、欠勤控除しないことで事業所内の規律維持が可能かどうかを考慮したうえで欠勤控除するか否か、欠勤控除する場合はどのように控除額を計算するのかを決めておく必要があります。

2 欠勤控除の定め

　賃金の形態には基本給では主に時間給制、日給制、日給月給制、完全月給制がありますが、欠勤控除する場合の定めは次のものが考えられます。

（1）基本給における欠勤控除

時 間 給	遅刻や早退、欠勤等で労働しなかった時間や日の分の賃金は支払わない。または実際に労働した時間分の賃金を支払う
日 　 給	遅刻や早退、欠勤等で労働しなかった時間分の賃金は支払わない。または日給は実際に労働した日数分の賃金を支払う
日給月給	基本給は月の所定労働日数に関わらず月を単位に決まるが、遅刻や早退の時間分や欠勤日数分の賃金は欠勤控除して支払わない形態
完全月給	遅刻や早退の時間分や欠勤しても賃金は欠勤控除せず、全額支払う

（2）各種手当における欠勤控除

　各種手当には時間ごと、回数ごと、日ごと、月ごとに計算して支払われるものがありますが、手当の内容と事業場の事情に応じて欠勤控除がふさわしいか否かを考慮する必要があります。遅刻や早退等を理由に、各種手当から欠勤控除する場合の定めは次のものが考えられます。

時間や回数による手当	支給要件の時間や回数に該当した場合に、遅刻や早退した時間分の手当は支払わない
日数による手当	支給される労働日や回数に遅刻や早退した時間分の手当は支払わない
皆勤手当	遅刻や早退、欠勤した場合は全額を支払わない、あるいは欠勤1日は半額を欠勤2日で全額を支払わない、あるいは遅刻や早退は2回を欠勤1日とみなす等、事業内容や職務内容等労務管理上最も適切な減額方法を定める
通勤手当	定期代や非課税限度額のような月単位で支給する通勤手当は、事業内容や勤務形態、労務管理上欠勤控除の有無及び欠勤控除する場合は適切な減額方法を定める
月単位による手当	能力・職務・資格手当等業務関連手当や家族・住宅手当等業務に関連しない手当等月単位の手当は、事業内容や勤務形態、労務管理上の必要性を検討し、欠勤控除の有無及び欠勤控除する場合は適切な減額方法を定める

3　健康保険や労災保険の休業に関する保険給付は、休業期間中に賃金が全額支払われると支給されないため、賃金の欠勤控除の有無は保険給付を検討し決めてください。

　健康保険や労災保険、雇用保険の休業に関する保険給付は、休業期間中に賃金が支払われると支給されないか、あるいは支給された賃金額に応じて減額されることがあります。そのため、賃金の欠勤控除の有無は公的保険給付制度を検討したうえで決める必要があります。保険制度ごとの休業に関連する保険給付制度は次のとおりです。

健康保険の傷病手当金

　健康保険の傷病手当金は、病気やケガ等により労務不能で連続4日以上欠勤し報酬が支払われていない日に支給されるため、労務不能で欠勤した日に報酬が支払われていれば傷病手当金が支給されません。

　また、報酬の一部が支払われた場合は、その報酬額が傷病手当金の支給額未満の場合はその差額が支給されます。通勤手当等報酬の一部が支払われた場合は、その額が傷病手当金の支給額から減額されます。そのため、通勤手当等各種手当を欠勤控除しない場合は傷

病手当金の支給額がその分減額されることに注意が必要です。

　完全月給制では労務不能の欠勤日数でも月給額が全額支払われるため、その欠勤日に傷病手当金は支給されません。完全月給制を採用する場合は、賃金を支払う欠勤期間に期限を設けずに全ての労務不能の日数に賃金を支給するのか、あるいは支給する欠勤期間に期限を設けて、期限以降は賃金を支給せず傷病手当金を請求するのか等を検討し、労働契約や就業規則等にてあらかじめ定める必要があります。

2 労災保険の休業補償給付

　労災保険の休業補償給付（通勤災害では休業給付という）は、「給付基礎日額（平均賃金額）の６割＋特別支給金２割＝８割の額」が、業務・通勤途上災害により休業した日の賃金を受けない４日目以降の日に支給されます。特別支給金とは、労働者やその遺族の社会復帰促進等事業として支給されるものです（労災保険法29条、労災保険特別支給規則）。

　ただし、休業補償給付でいう「賃金を受けない日」とは、平均賃金額の６割未満の賃金しか受け取れない日も含めるため、例えば休業日に平均賃金額の４割の賃金が支給されると、６割の休業補償給付に加えて２割の特別支給金が支給されるため、合計で平均賃金額の12割の額が受け取れることになり、労働して支払われる通常の賃金よりも休業したほうが受け取れる金額が多くなり適切とはいえません。

　また、完全月給制等により欠勤した休業期間にも賃金の全額が支払われる場合は休業補償給付が支給されません。

　欠勤控除の有無と控除額を定める場合は、このことを十分検討してください。

3 育児休業給付・介護休業給付

　育児・介護休業中の労働者に対しては使用者に賃金支払義務はありませんが、一部または全額の賃金を支払う事業所もあります。育児・介護休業中の労働者に賃金を支払うと雇用保険の育児休業給付と介護休業給付の支給額が、減額あるいは支給停止されることがあるため、賃金支払の有無及び支払う場合の支払額は、育児休業給付・介護休業給付の制度を検討したうえで事前に定めてく必要があります。雇用保険の育児休業給付金及び介護休業給付金と賃金の関係は次のように定められています。

> **育児休業給付金（（　）の数字は休業開始から181日目以降の場合）**
>
> ・支払われた賃金額が休業開始時賃金月額の13(30)％以下の場合
>
> 　　給付額 　休業開始時賃金日額×支給日数67(50)％
>
> ・支払われた賃金額が休業開始時賃金月額の13(30)％超〜80％未満の場合
>
> 　　給付額 　休業開始時賃金日額×支給日数の80％相当額と賃金の差額
>
> ・支払われた賃金額が休業開始時賃金月額の80％以上の場合
>
> 　　給付額 　支給されません。

> **介護休業給付**
>
> ・支払われた賃金額が休業開始時賃金月額の13％以下の場合
>
> 　　給付額 　休業開始時賃金日額×支給日数67％
>
> ・支払われた賃金額が休業開始時賃金月額の13％超〜80％未満の場合
>
> 　　給付額 　休業開始時賃金日額×支給日数の80％相当額と賃金の差額
>
> ・支払われた賃金額が休業開始時賃金月額の80％以上の場合
>
> 　　給付額 　支給されません。

4 欠勤と有給休暇

　労働者が所定労働日に有給休暇を取得した場合は、通常の賃金か平均賃金等を支払わなければならないため、事前に有給休暇を取得して欠勤した日や遅刻、早退した時間の賃金を欠勤控除することはできません。

　なお、事前に有給休暇の取得を申請しないまま、遅刻や欠勤した時間や欠勤した日に事後に有給休暇を充当することを認める場合もありますが、安易な事後の充当を認めると、急な遅刻や欠勤が増加し職場の規律が乱れる可能性もあります。有給休暇の事後充当を認める認めない、あるいはやむを得ない事由がある場合のみ認める等、あらかじめ有給休暇の付与方針を定めておくことが重要です（387頁参照）。

第4節 欠勤控除額の計算方法

POINT

・時間給の欠勤控除は、欠勤時間分の時間給を支払いません。日給の欠勤控除額は、日給額を1日の所定労働時間で除して得た額が時間当たりの欠勤控除額となります。

・月単位で支給される月給の賃金欠勤控除額は、月給額を年間平均の所定労働時間で除して計算する方法があります。

・月単位で支給される賃金の欠勤控除額には、月給額を該当月の所定労働時間、または暦日数で除して計算する方法もあります。

1 時間給の欠勤控除は、欠勤時間分の時間給を支払いません。日給の欠勤控除額は、日給を1日の所定労働時間で除して得た額が時間当たりの欠勤控除額となります。

　賃金が時間給の場合に、実労働時間に限り時間給を支給するのであれば、欠勤した時間や日数には賃金を支払わないことになります。

　賃金が日給の場合も同様に、実労働日に対して日給を支給するのであれば、欠勤日には賃金を支払いません。また、遅刻や早退した不就労の時間分の賃金を欠勤控除（時間当たりの欠勤控除）する場合は、次のような計算で得た金額について欠勤した時間分の賃金を欠勤控除する方法があります。

　なお、円未満の端数は切り捨てます。切り上げると労働時間分の賃金をも控除することになるためです。

時間分当たりの欠勤控除額（日給）

① 1時間当たりの欠勤控除額÷1日の所定労働時間

② 1分当たりの欠勤控除額＝時間給額÷60分

③ 10分当たりの欠勤控除額＝時間給額÷6

④ 15分当たりの欠勤控除額＝時間給額÷4

⑤ 30分当たりの欠勤控除額＝時間給額÷2

283

事例A 日給の欠勤控除額

1 日の所定労働時間 8 時間、日給額8,000円

① 8,000円 ÷ 8 時間 ＝1,000円

② 1,000円 ÷ 60 ＝16.6円 ➡16円

③ 1,000円 ÷ 6 ＝166.6円 ➡166円

④ 1,000円 ÷ 4 ＝250円

⑤ 1,000円 ÷ 2 ＝500円

2 月単位で支給される月給の賃金欠勤控除額は、月給額を年間平均の所定労働時間で除して計算する方法があります。

1 時間・分当たりの欠勤控除額

基本給や能力給、資格手当等の月単位で支給される賃金の欠勤控除額を算出するには、月給額を年間平均した 1 か月の所定労働時間で除して時間当たり・分当たりの金額を定める方法があります。この金額に基づき欠勤した日数や時間分の欠勤控除をします。なお、この計算方法は、割増賃金の通常の賃金額の計算方法と同じです。

時間・分当たりの欠勤控除額（月給、年間平均）

① 1 日当たり欠勤控除額

② 1 時間当たり欠勤控除額

③ 1 分当たり欠勤控除額

④ 10分当たり欠勤控除額

⑤ 15分当たり欠勤控除額

⑥ 30分当たり欠勤控除額

時間分当たりの欠勤控除額の前提

• 年間所定休日　土日104日 ＋ 祝日12日 ＋ 夏期 3 日 ＋ 年末年始 6 日 ＝125日

• 年間所定労働日　365日 －125日 ＝240日

• 1 か月の平均所定労働日数　240日 ÷12か月 ＝20日

> **事例B** 月給等の欠勤控除額（年間平均の１か月の所定労働時間数による）
>
> １日の所定労働時間８時間、賃金月額の合計額280,000円
> （基本給180,000円＋職能給50,000円＋住宅手当30,000円＋通勤手当20,000円）
>
> ① １日当たりの欠勤控除額　280,000円÷20日＝14,000円
> ② １時間当たり欠勤控除額　14,000÷８時間＝1,750円
> ③ １分当たり欠勤控除額　1,750円÷60分＝29.16円➡29円
> ④ 10分当たり欠勤控除額　1,750円÷６＝291.6円➡291円
> ⑤ 15分当たり欠勤控除額　1,750円÷４＝437.5円➡437円
> ⑥ 30分当たり欠勤控除額　1,750円÷２＝875円

2　年間平均所定労働時間による計算方法の問題点

年間を平均した所定労働日数を20日とした場合、事例Ａの事業所では次の問題点が発生します。

（１）賃金の全額が欠勤控除となる場合

所定労働日数が22日の月は、２日出勤しても20日の欠勤日数で欠勤控除すると、賃金の全額を欠勤控除してしまいます。この場合は２日分の賃金の支払が必要となります。この場合は欠勤分を控除する制度から、出勤した日分を支給する制度へ変更する方法があります。

（２）欠勤控除日数が所定労働日数より少ない場合

例えば、８月の所定休日数を「土曜４日＋日曜４日＋祝日１＋夏休３日＝12日」とすると、所定労働日は「31日－12日＝19日」となります。年間平均所定労働日数を20日とした場合に、欠勤控除日数を19日とすると、出勤日がないにも関わらず１日分の賃金が発生します。８月を全日欠勤した場合は賃金の支給額は０円とする方法があります。

月単位で支給される賃金の欠勤控除額には、月給額を該当月の所定労働時間、または暦日数で除して計算する方法があります。

月給や能力・資格手当等月単位で支給される賃金の欠勤控除額の計算には、次の事例Ｃ

～Dのような月給額を該当月の所定労働時間あるいは暦日数で除する方法があります。事例Bと同じ条件で計算すると、事例Cのようになります。

事例Bの計算方法と事例C、D、Eの欠勤控除額の計算方法の特徴を考慮し、それぞれの事業場に最も適した欠勤控除の計算方法を採用する必要があります。

1 該当月の所定労働時間で月給を除する計算方法

欠勤控除する月の所定労働日数をもとに欠勤控除額を計算すると、次の事例C、D、Eの計算のとおり月ごとの所定労働日数に応じて控除額が異なります。

時間・分当たりの欠勤控除額（月給、該当月ごと）

① 1日当たりの欠勤控除額

② 1時間当たり欠勤控除額

③ 1分当たり欠勤控除額

④ 10分当たり欠勤控除額

⑤ 15分当たり欠勤控除額

⑥ 30分当たり欠勤控除額

事例C　月給等の欠勤控除額（該当月の所定労働時間による）

6月の所定労働日数＝22日、1日の所定労働時間8時間、賃金月額の合計額280,000円（基本給180,000円＋職能給50,000円＋住宅手当30,000円＋通勤手当20,000円）

① 280,000円÷22日＝12,727.27円➡12,727円

② 12,727円÷8時間＝1,590.87円➡1,590円

③ 1,590円÷60分＝26.5円➡26円

④ 1,590円÷6＝265円

⑤ 1,590円÷4＝397.5円➡397円

⑥ 1,590円÷2＝795円

事例D　該当月の所定労働時間による欠勤控除額

8月の所定労働日数＝18日、1日の所定労働時間8時間、賃金月額の合計額280,000円（基本給180,000円＋職能給50,000円＋住宅手当30,000円＋通勤手当20,000円）

① 280,000円÷18日＝15,555.55円➡15,555円

② 15,555円÷8時間＝1,944.37円➡1,944円

③ 1,944円 ÷ 60分 = 32.4円 ➡ 32円

④ 1,944円 ÷ 6 = 324円

⑤ 1,944円 ÷ 4 = 486円

⑥ 1,944円 ÷ 2 = 972円

2 該当月の暦日数で月給を除する計算方法

　月ごとの暦日数である31日、30日、28日をもとに計算すると、月ごとに暦日数が異なれば欠勤控除額も異なるとともに、次の計算式のように分母が大きくなるため欠勤控除額が少なくなります。

時間・分当たりの欠勤控除額（月給、暦日数）

① 1日当たり欠勤控除額

② 1時間当たり欠勤控除額

③ 1分当たり欠勤控除額

④ 10分当たり欠勤控除額

⑤ 15分当たり欠勤控除額

⑥ 30分当たり欠勤控除額

事例E　該当月の暦日数が31日の場合

　1日の所定労働時間8時間、賃金月額の合計額280,000円

　（基本給180,000円 + 職能給50,000円 + 住宅手当30,000円 + 通勤手当20,000円）

① 280,000円 ÷ 31日 = 9,093.25円 ➡ 9,032円

② 9,032円 ÷ 8時間 = 1,129円

③ 1,129円 ÷ 60分 = 18.81円 ➡ 18円

④ 1,129円 ÷ 6 = 188.16円 ➡ 188円

⑤ 1,129円 ÷ 4 = 282.25円 ➡ 282円

⑥ 1,129円 ÷ 2 = 564.5円 ➡ 564円

第5節 平均賃金

POINT

- 労働基準法では、解雇予告手当や休業手当等の支払を定めていますが、それらの金額を算定するために用いるのが平均賃金です。
- 平均賃金額は、算定事由発生日以前3か月間の賃金総額を、その期間の総日数で除した金額です。賃金締切日がある場合は直前の締切日から起算します。
- 平均賃金の算定期間に休業期間等がある場合は、その期間の日数と賃金額を控除して平均賃金を算定します。

労働基準法では、解雇予告手当や休業手当等の支払を定めていますが、それらの金額を算定するために用いるのが平均賃金です。

　平均賃金とは、労働基準法の規定により次の事由が発生した場合に算定するものです。事由ごとの算定事由発生日（平均賃金額を算定する起算日）は算定事由ごとに、次のように定められています（労基法12条、20条、26条、39条、76条、77条、79～82条、91条、労基施行規則48条、昭30・7・19基収5875号）。

平均賃金算定事由と起算日

① 解雇予告手当＝解雇を通告した日

② 休業手当＝休業を命じた日。休業日が2日以上にわたる場合は最初の日

③ 年次有給休暇＝年次有給休暇を付与した日

④ 災害補償を行う場合＝災害発生日または疾病発生の確定診断日

⑤ 制裁による減給＝減給制裁の意思表示が相手方に到達した日

---

2 平均賃金額は、算定事由発生日以前3か月間の賃金総額を、その期間の総日数で除した金額です。賃金締切日がある場合は直前の締切日から起算します。

1 原則の平均賃金額の算定方法

　平均賃金とは、算定事由の発生日以前3か月間に支払われた賃金総額を、その期間の総日数(暦日数)で除して得た金額をいいます。賃金締切日がある場合は、算定事由発生日(算定事由発生日)の直前の締切日から起算します(労基法12条)。「支払われた賃金総額」とは、時間外・休日労働等の割増賃金や通勤手当等も含めた総支給額をいいます。

　直前の賃金締切日から算定事由発生日の前に昇給が決定していた場合は、その昇給差額は支払額として確定しているため、支払われた賃金総額に含めます。一方、平均賃金算定の際に、賃金総額から除外される賃金があります(次頁参照)。

　総日数とは、休日も含めた算定対象となる3か月間の暦上の総日数の合計です。なお、算定事由の発生が雇入後3か月未満の場合は、雇入日から算定事由発生日の直前の締切日までを算定期間とします(下記事例A)。この場合、算定期間が1か月に満たなくなる場合は、雇入日から算定事由発生日までを算定期間として平均賃金を算定します(下記事例B、昭23・4・22基収1065、昭27・4・21基収1371)。なお、算定した額の銭未満の端数は切り捨てても差し支えありません(昭22・11・5基発232)。

【平均賃金額の算定方法(原則)】

$$\text{平均賃金額} = \frac{(3か月前^{※}の賃金総額 + 2か月前の賃金総額 + 1か月前の賃金総額)}{3か月間の総暦日数}$$

※算定事由の発生日より。他も同様

【算定事由発生日が雇入日から3か月未満の場合】

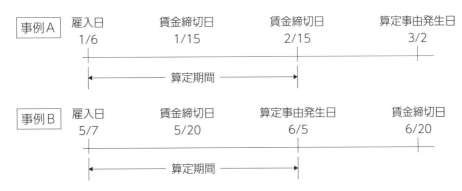

平均賃金の算定対象から除外される賃金（労基法12条4項、5項）

① 結婚祝金や私傷病手当等、臨時に支払われたもの

② 賞与等3か月を超える期間ごとに支払われたもの

③ 退職金

④ 一定の現物給与

---

2 賃金が日給、時間給の場合の平均賃金の最低保障額

　賃金が、労働時間や労働日で算定される場合、あるいは出来高払の場合は、算定期間の賃金総額をその間の労働日数で除した額の6割を平均賃金の最低保障額とし、原則の方法といずれか高い額を平均賃金とします。

【日給、時間給の場合の平均賃金の最低保障額】

$$\text{平均賃金最低保障額} = \frac{(3\text{か月前の賃金総額}＋2\text{か月前の賃金総額}＋1\text{か月前の賃金総額})\times60\%}{3\text{か月間の総労働日数}}$$

3 賃金が月単位及び日・時間で支給される場合

　賃金が、月や週等の一定期間により定められた額と、労働日や労働時間、出来高払等の額からなる場合の平均賃金額は、原則の算定方法（前頁参照）であるその総額を総暦日数で除した額と上記の労働日数で除した額の6割の額の平均賃金最低保障額との合算額とします。日々雇用される場合は厚生労働大臣が定めます。

3 平均賃金の算定期間に休業期間等がある場合は、その期間の日数と賃金額を控除して平均賃金を算定します。

　平均賃金の算定期間に休業期間等がある場合は、算定期間中の総日数からはその期間の日数を控除します。また、算定期間中の賃金総額からはその期間中の賃金額を控除して計算します。控除する休業期間は、休業日だけでなく休日も含めます。何故ならこれらの日数と賃金額を控除せずに平均賃金を算定すると、平均賃金の額が低額となるためです。

平均賃金の算定期間と賃金総額から控除する期間（労基法12条３項）

① 業務上による傷病の療養のために休業した期間

② 産前産後の女性が労働基準法85条の規定に基づき休業した期間

③ 使用者の責に帰すべき事由により休業した期間

④ 法定の育児休業期間及び介護休業期間

⑤ 試用期間（試用期間中に算定事由が発生した場合は算入する（労基法施行規則３条））

平均賃金の計算例（事例Ａ、Ｂのいずれも賃金締切日は毎月15日）

事例Ａ 　基本給200,000円＋職務給50,000円＋通勤手当10,000円＝260,000円

　　　　　５月＝260,000円＋残業手当15,000円＝275,000円：暦日数30日

　　　　　６月＝260,000円＋残業手当25,000円＝285,000円：暦日数31日

　　　　　７月＝260,000円＋残業手当20,000円＝280,000円：暦日数30日

　　　　　840,000円（275,000＋285,000＋280,000）÷91日＝9,230円76銭

　　　　　８月３日に８月20日付の解雇を通告した場合＝予告期間17日間

　　　　　解雇予告手当額＝9,230円76銭×13（30−17）日＝119,999円88銭→120,000円

　　　　　休業手当額＝9,230円76銭×0.6＝5,538円45銭円→5,538円

　　　　　（円未満の端数は50銭未満の端数は切捨て、50銭以上の端数切上げ）

事例Ｂ 　１日８時間労働　　日給10,000円、通勤手当１日500円

　　　　　７月＝労働日数19日　　190,000円＋9,500円＝199,500円：暦日数30日

　　　　　８月＝労働日数15日　　150,000円＋7,500円＝157,500円：暦日数31日

　　　　　９月＝労働日数21日　　210,000円＋10,500円＝220,500円：暦日数31日

　　　　　労働日数合計＝19＋15＋21＝55日　　　暦日数合計30＋31＋31＝92日

　　　　　原則＝577,500円（199,500＋157,500＋220,500）÷92日＝6,277円17銭

　　　　　最低保障＝577,500円（199,500＋157,500＋220,500）÷55日×0.6＝6,300円

　　　　　原則の額と最低保障額を比較すると最低保障が多いため6,300円が平均賃金額

　　　　　９月21日に９月30日付の解雇を通告した場合＝予告期間９日間

　　　　　解雇予告手当額＝6,300円×21（30−9）日＝132,300円

　　　　　休業手当額＝6,300円×0.6＝3,780円

第6節 割増賃金① 法定時間外労働

POINT

- 使用者は、法定労働時間を超えて時間外労働させた労働者には、その時間外労働時間に割増率2割5分以上の割増賃金を支払わなければなりません。
- 変形労働時間制では、1日8時間、1週40(44)時間、または法定労働時間を超えて定めた所定労働時間を超えた労働時間に支払わなければなりません。
- 時間外労働の割増賃金額は、通常の労働時間の賃金額に2割5分以上5割以下割増率を乗じた割増単価に時間外労働時間数を乗じた額です。

1 使用者は、法定労働時間を超えて時間外労働させた労働者には、その時間外労働時間に割増率2割5分以上の割増賃金を支払わなければなりません。

1 時間外労働に支払う割増賃金の支払義務

　使用者は、合意締結した労働契約に基づいて労働者に賃金を支払いますが、労働契約の内容に関わらず1週8時間、1週40(特例事業44)時間の法定労働時間を超えた時間外労働時間に対しては、労働基準法で法定以上の割増率の割増賃金の支払を規定しています。同様に法定休日労働時間及び深夜業の労働時間に対しても割増賃金の支払を規定しています（労基法37条）。

　使用者は、労働者に時間外労働を命じるには、労働契約でその旨を合意しかつ36協定を締結し労基署に届け出ていることが必要ですが、たとえ使用者が36協定を締結し届け出ていなくとも、時間外労働をさせた労働者には割増賃金を支払わなければなりません。

　割増賃金を支払う時間外労働時間は、次のとおりです。

時間外労働時間ごとの割増賃金

• 法定労働時間を超えた時間外労働時間

　１日８時間または１週40（特例事業44）時間の法定労働時間を超えた時間外労働時間には２割５分以上の割増率の割増賃金を支払わなければなりません。１日の時間外労働時間に算入した時間は、１週の時間外労働時間に重ねて算入する必要はありません。

• 日をまたいで翌日まで継続した時間外労働時間

　所定労働時間が８時から17時までの場合に、１日８時間を超えた労働時間が時間外労働時間となり、その時間外労働時間が日をまたいで翌日まで継続した場合は、翌日の始業時刻までの労働時間は、前日の超過勤務による時間外労働時間として取り扱います（昭28・３・20基発136）。この場合、１日８時間を超えた労働時間の割増率は２割５分以上となり、その時間外労働時間が午後10時から午前５時までの深夜業に重なる場合は、深夜業の割増率２割５分以上と合わせて５割以上の割増率となります。

• １か月60時間を超えた時間外労働時間

　時間外労働時間が１か月60時間を超えた場合は、割増率５割以上の割増賃金を支払わなければなりません（当面は一定の中小企業は適用猶予）。

2 割増賃金を支払う必要のない労働時間

　所定労働時間を超えた労働時間であっても、次のような法定労働時間を超えない労働時間には割増賃金を支払う必要はありません。

割増賃金を支払う必要のない労働時間

• 所定労働時間以上法定労働時間以下の労働時間

　所定労働時間が１日７時間の日に８時間労働させた場合は、７時間を超えた労働時間は法定労働時間の８時間を超えていないため割増賃金を支払う必要はなく、割増しない通常の賃金を支払えば足ります。

• 始業終業時刻を繰下げまたは繰り上げた場合

　始業終業時刻の繰下げまたは繰上げ変更した場合や、遅刻した時間分だけ終業時刻を繰り下げた場合等で１日の労働時間が法定労働時間以内の場合は、割増賃金の支払は必要ありません。

- 監督管理の地位にある労働者の時間外労働時間

労働基準法で定める監督管理の地位にある労働者や機密の事務を取り扱う労働者は、労働基準法の時間外労働や法定休日労働の規定の適用除外となり割増賃金の支払は必要ありません(242頁参照)。

2 変形労働時間制では、１日８時間、１週40(44)時間、または法定労働時間を超えて定めた所定労働時間を超えた労働時間に割増賃金を支払わなければなりません。

1 変形労働時間制の割増賃金

変形労働時間制とは、１週間、１か月または１か月以上１年以内の変形期間を平均して１週間の労働時間が法定労働時間を超えないならば、特定された日や週の労働時間が法定労働時間を超えて労働をさせることができる制度です。変形労働時間制の対象労働者に割増賃金を支払わなければならない時間外労働時間は、次の時間となります。

変形労働時間制で割増賃金を支払う労働時間

① １日では８時間または８時間を超える時間を定めた場合はその時間を超えた時間

② １週では40(変形労働時間の制度によっては44時間)時間または40(同じく44時間)時間を超える時間を定めた場合はその時間を超えた時間

③ 変形期間については労働時間の総枠を超えた時間

④ １年単位の変形労働時間制では中途の採用・退職者等実際の労働時間が変形期間より短い場合は、次の計算式で算出した時間

実働時間－実労働期間の法定労働時間の総枠((実労働期間の暦日数÷７日)×40時間)

2 フレックスタイム制の割増賃金

フレックスタイム制とは、労使協定で始業終業時刻を労働者の決定に委ねることや清算期間と清算期間の労働時間の総枠等を定め、清算期間を平均して１週間の労働時間が法定労働時間を超えない場合は、特定された日や週の労働時間が法定労働時間を超えて労働をさせることができる制度です。フレックスタイム制の対象労働者に割増賃金を支払う時間

外労働時間は、清算期間の法定労働時間の総枠を超えた労働時間です。

3 時間外労働時間に支払う割増賃金額は、通常の労働時間または労働日の賃金額に２割５分以上の割増率を乗じた割増単価に時間外労働時間数を乗じた額です。

1 割増賃金額計算の基礎となる賃金

　時間外労働時間に支払わなければならない割増賃金の額は、割増賃金の基礎となる「通常の労働時間または労働日の賃金額」に２割５分以上５割以下の範囲内で定める政令以上の率で計算した額です。政令で定める率は、時間外労働は２割５分、法定休日労働は３割５分の率です。また、１か月60時間を超える時間外労働の割増賃金は５割以上（一定の中小企業は適用が猶予されている）の割増率となります。

　「通常の労働時間または労働日の賃金額」とは、毎月所定労働時間の労働に対して支払われる基本給や一定額の各種手当等の賃金です。ただし、次のものは割増賃金の基礎となる賃金には算入しません（労基法施行規則21条）。

割増賃金の基礎となる「通常の労働時間または労働日の賃金額」賃金から除外される賃金

① 家族手当	扶養家族数に関わらず一定額が支払われるものは除外しない
② 通勤手当	通勤に距離や手段に関わらず一定額が支払われるものは除外しない
③ 別居手当	別居等の個人の事情に関わらず一定額が支給されるものは除外しない
④ 子女教育手当	子がなくとも一定額が支払われるものは除外しない
⑤ 住宅手当	個人の住宅事情に関わらず一定額が支払われるものは除外しない
⑥ 臨時に支払われた賃金	
⑦ １か月を超える期間ごとに支払われる賃金	

---

2 割増賃金の算出

　割増賃金額を算出するには、はじめに通常の労働時間や労働日に支払われる賃金の形態ごとに、割増賃金の基礎となる通常の賃金から除外すべき賃金を除いた「通常の労働時間または労働日の賃金額」の時間当たりの通常の賃金額（時間当たり通常賃金額）を算出します。

295

その時間当たりの通常の賃金額に割増率を乗じた金額が「時間当たりの割増賃金額」となり、その割増賃金額に時間外労働時間を乗じた額が時間外労働手当額となります。

時間外労働時間と深夜業の労働時間が重なった場合は、時間外労働の割増率（2割5分以上）と深夜業の割増率（2割5分以上）を合わせた割増率（2割5分＋2割5分＝5割以上）をその重なった労働時間に乗じて時間外・深夜業の割増賃金額を算出します。

時間当たり通常賃金額＝割増賃金から除外すべき賃金を除いた賃金額

① 時間給	その金額
② 日給	日給額÷1日の所定労働時間数 （日で異なる場合は1週を平均した1日の時間）
③ 週給	週給額÷1週の所定労働時間数 （週で異なる場合は4週を平均した1週の時間）
④ 月給（基本給や定額の手当）	月給額÷1月の所定労働時間数 （月で異なる場合は年間を平均した1月の時間）
⑤ 出来高給	算定期間の出来高給÷算定期間の総労働時間数
⑥ 上記の2つ以上の賃金の場合	それぞれの方法で計算した額を合算した額

法定時間外労働の割増賃金額

時間外労働の割増賃金額	時間当たり通常賃金額×1.25×時間外労働時間数
時間外労働＋深夜業割増賃金額	時間当たり通常賃金額×1.5（時間外1.25＋深夜業1.25）×時間外・深夜業労働時間数 ※所定労働時間が深夜業の場合の深夜業割増賃金は深夜業労働時間数×0.25
出来高給の割増賃金額	時間当たり通常賃金額×0.25×時間外労働時間数

3 出来高給（歩合給）制の割増賃金

出来高給制とは歩合給制ともいい、売上高や契約成立件数等成果に応じて一定額を支払う賃金制度をいいます。出来高給制であっても法定労働時間を超えた時間外労働時間や法定休日労働時間には割増賃金を支払う必要があります。出来高給制では、出来高給の額を総労働時間で割って1時間当たりの通常の賃金額を算出します。

事例 1か月の出来高給額が216,000円、その月の所定労働時間172時間と法定時間外労働時間18時間を含めて合計180時間労働した場合

- 1時間当たりの出来高給＝216,000円÷180時間＝1,200円
- 1時間当たりの出来高給の割増賃金＝1,200円×0.25＝300円
- 出来高給の割増賃金額＝300円×18時間＝5,400円

4　時間帯ごとに時間給が異なる場合の割増賃金

　時間給の額が労働時間帯ごとに異なる場合は、時間外労働が発生した時間帯で定めた賃金額をもとに割増賃金額を計算します。実際の計算は次の事例のとおりです。

事例 早番・遅番共に休憩1時間

5　時間外労働時間数の端数処理

　時間外労働時間の割増賃金額を計算するには、時間外労働の時間数を算出しなければならないため、使用者には、労働者の労働時間を正確に把握し記録する義務があります。その際、時間外労働時間の算出では次のような端数処理は認められます（昭63・3・14基発150）。

時間外労働時間の端数処理

① 通常の労働時間または労働日の1時間当たり賃金額に円未満の端数が生じた場合は、50銭未満の端数を切り捨てて、50銭以上1円未満の端数は1円に切り上げること

② 1時間当たりの割増賃金額に円未満の端数が生じた場合は、①と同じ処理をすること

③ その月における時間外、休日または深夜の総労働時間に30分未満の端数がある場合には切り捨て、30分以上の端数がある場合は1時間に切り上げること

④ 上記③により計算した割増賃金の合計額に円未満の端数が生じた場合は、①と同じ処理をすること

		第7節

割増賃金②　1か月60時間超の時間外労働時間

POINT

- 時間外労働時間が1か月に60時間を超えた場合の割増賃金の割増率は、5割以上に引き上げられます。ただし、適用が猶予される中小企業があります。
- 5割以上の割増賃金は、起算日以降の時間外労働時間の累計時間が1か月60時間を超過した日の時刻後の日ごと週ごとの時間外労働時間が対象となります。
- 1か月60時間を超えた時間外労働時間が、午後10時から午前5時までの深夜業の労働時間と重なった場合の割増率は、7割5分（1.5倍＋1.25倍）となります。

1

時間外労働時間が1か月に60時間を超えた場合の割増賃金の割増率は5割以上に引き上げられます。ただし、適用が猶予される中小企業があります。

　事業場が定めた起算日から時間外労働時間を累計し、その時間が1か月60時間を超えた場合は、その超えた時間外労働時間の賃金割増率は2割5分以上から5割以上に引き上げられます。ただし、次のいずれかに該当する中小企業（猶予中小企業）は当分の間、この割増率引上げの適用が猶予されます。

1か月60時間超の割増率5割の適用猶予事業		
資 本 金 額	小売・サービス業	5,000万円以下
	卸売業	1億円以下
	それ以外の業種	3億円以下
労 働 者 数	小売業	50人以下
	サービス・卸売業	100人以下
	それ以外の業種	300人以下

2 割増率5割以上の割増賃金は、起算日以降の時間外労働時間の累計時間が1か月60時間を超過した日の時刻後の日ごと週ごとの時間外労働時間が対象となります。

1 1か月60時間を超えた時点の把握

　割増率5割以上の割増賃金の管理には、起算日以降の時間外労働時間の累計時間が1か月60時間を超過した日と時刻を確認することが重要です。その超過日の時刻後の、日ごと週ごとの時間外労働時間の割増率は5割以上としなければなりません。

　1か月の起算日は任意に定められますが、1か月60時間を超えた後の時間外労働時間には5割以上の割増賃金を計算し支払う必要からすると、賃金の計算期間に合わせることが実務上は便利といえます。

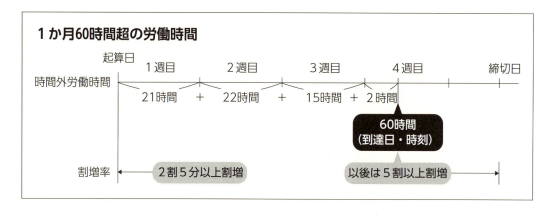

2 1か月60時間超の労働時間と休日労働との関係

　1週1日または4週4日の法定休日に労働させた場合、あくまでも法定休日労働となり時間外労働時間には含まれません(休日労働時間として、別途算出する)。しかし、法定休日ではない所定休日に労働させたことにより週40(特例事業44)時間の法定労働時間を超えた労働時間は、時間外労働の時間になります。

　そのため時間外労働時間が1か月60時間を超えたか否かを判断する際には、その所定休日の労働時間も含めなければなりません。

1か月60時間を超えた時間外労働時間が、午後10時から午前5時までの深夜業の労働時間と重なった場合の割増率は、7割5分（1.5倍＋1.25倍）となります。

1か月60時間を超えた時間外労働時間と深夜業

　1か月60時間を超えた時間外労働時間のうち、午後10時から午前5時までの深夜業の労働時間と重なっている時間は、時間外労働の割増率5割（猶予中小企業は2割5分）に深夜業の割増率2割5分以上を加えた7割5分（猶予中小企業は5割）以上の割増率となります。時間外労働時間と深夜業が重なった場合の具体的な割増率は、次のようになります（いずれの事例も8時始業17時終業とする）。

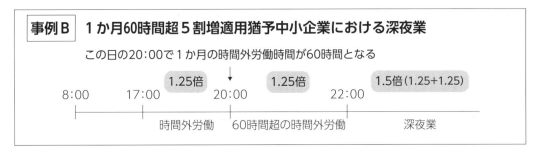

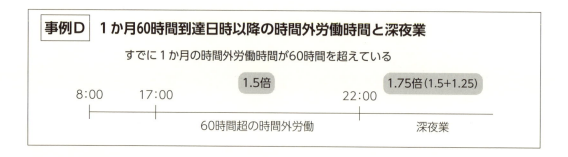

理解チェック

1か月60時間超の時間外労働の割増率は2割5分以上から5割以上に引き上がる

時間外労働の累計時間は、起算日から記録し、法定休日以外の休日労働時間も含めて計算する

1か月の起算日からの時間外労働時間の累計が60時間となる日と時刻を確定する

1か月累計60時間到達後の日・週ごとの時間外労働時間の割増率は5割以上となる

1か月60時間超の時間外労働時間が深夜業と重複した場合の割増率は7割5分以上となる

2　1か45時間を超える時間外労働の割増率の引上げ努力義務

　36協定の特別条項協定を締結し、1か月45時間の限度時間を超えて時間外労働をさせた場合は、1か月60時間まではできる限り2割5分を超える割増率に引き上げる努力義務が課せられています。これは猶予中小企業も同様です。

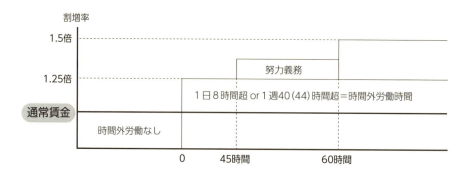

第 8 節　代替休暇

POINT

- 代替休暇は、長時間労働の休息のために、1か月60時間を超えた時間外労働時間の2割5分を超えた割増賃金を代替して取得できます。
- 代替休暇として付与する時間数は、1か月60時間を超えた時間外労働時間数に2割5分を超える割増率を乗じて得た時間数です。
- 代替休暇制度を採用するには、一定事項を定めた労使協定を締結しなければなりません。この労使協定は労基署への届出は必要ありません。

1 代替休暇は、長時間労働の休息のために1か月60時間を超えた時間外労働時間の2割5分を超えた割増賃金を代替して取得できます。

　1か月に60時間を超えて時間外労働をさせた場合は、その超えた労働時間に5割以上の割増賃金の支払が必要ですが、健康のため労働者が休息を希望すれば割増賃金の支払にかえて有給の代替休暇を与えることができます。ただし、支払わなくともよい割増賃金は本来の時間外労働に支払う2割5分以上より引き上げられた割増賃金のため、本来支払わなければならない2割5分の割増賃金は支払わなければなりません（労基法37条3項）。

　この代替休暇は通常の賃金が支払われる有給休暇であり、この制度を採用するには労使協定の締結が必要です。なお、一定の中小企業は（1か月60時間を超える時間外労働時間の割増率5割以上の適用猶予対象企業）、当分の間この代替休暇も適用が猶予されます。

303

2 代替休暇として付与する時間数は、１か月60時間を超えた時間外労働時間数に２割５分を超える割増率を乗じて得た時間数です。

1 代替休暇の時間数

代替休暇として付与する時間数は、１か月60時間を超えた時間外労働の時間数に、２割５分を超えた割増率を換算率として乗じて算定します。具体的には、次の方法により算定します。

代替休暇時間の算定

- 換算率＝代替休暇を取得しない場合の割増賃金率(％)－代替休暇を取得した場合の割増賃金率(％)
- 60時間超の時間外労働の割増率５割の場合の換算率➡50％－25％＝25％
- 代替休暇時間数＝（１か月の時間外労働時間数－60時間）×換算率

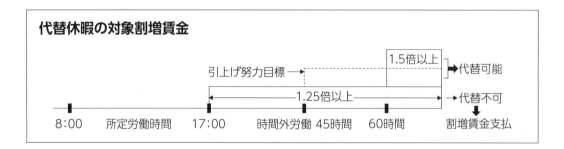

代替休暇の対象割増賃金

事例A　時間外労働80時間の代替休暇時間数

労働時間１日８時間、60時間までの割増率＝25％、60時間超の割増率＝50％の場合

　代替休暇時間＝20時間（80時間－60時間）×換算率25％（50－25）＝５時間

事例B　時間外労働75時間の代替休暇時間数

労働時間１日８時間、45～60時間までの割増率＝30％、60時間超の割増率＝50％の場合

　代替休暇時間＝15時間（75時間－60時間）×換算率20％（50－30）＝３時間

事例C 時間外労働平日80時間、所定休日労働時間8時間の代替休暇時間数

60時間までの割増率＝25％、60時間超の割増率＝50％、所定休日労働時間の割増率＝35％

　平日の代替休暇時間＝20時間（80時間－60時間）×換算率25％（50－25）＝5時間

　所定休日の代替休暇時間＝8時間（88時間－80時間）×換算率15％（50－35）＝1.2時間

　代替休暇時間数＝5時間＋1.2時間＝6.2時間

---

2 代替休暇の付与方法

　代替休暇は、労働者の健康確保に必要な休息を確保するため、2か月以内に半日または1日単位で付与しなければなりません。半日とは、所定労働時間の半分の時間です。ただし、半日を厳密に1日の所定労働時間の2分の1とする必要はなく、労使協定で半日の定義を定めることができます。

　半日や1日単位未満の端数時間が発生することもありますが、端数時間に割増賃金を支払う方法や、時間単位または半日単位の年次有給休暇を組み合わせる方法等があります（労基法施行規則19条の2第1項2号）。

　また、有給休暇とは異なり代替休暇には使用者の時期変更権はないため、取得日に業務が正常に運営できない場合の取扱いについては事前に定めてください。

事例D 代休付与時の端数時間の処理

1日の所定労働時間が8時間、代替休暇の時間が10時間ある場合

端数を賃金として支払う	代替休暇1日＋2時間分の割増賃金
端数を時間単位有休付与とする	代替休暇1日＋半日休暇 （半日休暇＝代替休暇2時間取得＋年次有給休暇2時間取得（時間単位））

---

3 代替休暇の付与時期

　代替休暇の付与は、時間外労働時間が1か月60時間を超えた月の翌月初日から2か月以内の期間に付与してください（労基法施行規則19条の2第1項3号）。また、代替休暇時間が発生した月の翌月にも代替休暇時間が発生した場合は、前の代替休暇の付与期間内に前後の代替休暇の時間を合算して取得することもできます。

　なお、代替休暇取得の意向があっても期間内に代替休暇を所得しなかった場合、使用者の割増賃金の支払義務はなくならないため、代替休暇として付与する予定であった割増賃

金分を含めた全ての割増賃金を支払う必要があります。労働者の代替休暇取得意向の有無と取得の有無の関係は次のようになります。

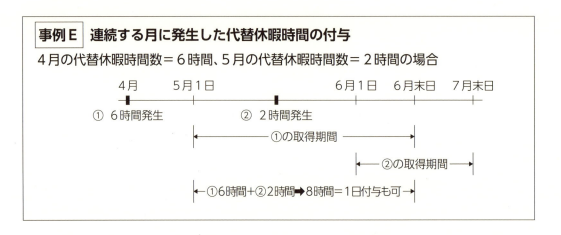

労働者が、代替休暇取得の意向を明示した後にその付与期間内に代替休暇を取得しなかった場合でも、使用者の割増賃金の支払義務はなくならないため、労働者が取得しない意向を明示した時点の属する賃金締切日の賃金支払日に、残りの割増賃金を支払ってください。

労働者の代替休暇取得意向の有無と取得の有無の関係は、次のようになります。

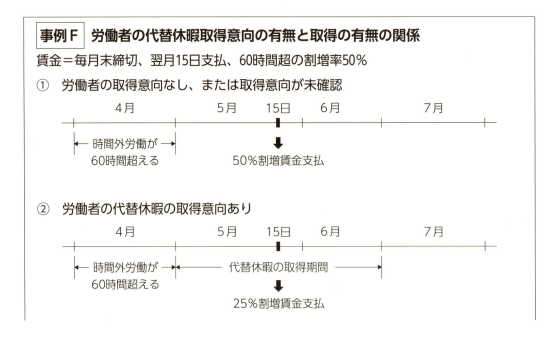

③　労働者に代替休暇の所得意向あったが取得しなかった

```
                                         取得意向なし
      4月          5月    15日   6月    ↑      7月    15日
   ├────────┼────────┼──────┼──────┼──────┤
   ├時間外労働が→├ 代替休暇取得期間に取得せず ──────→┤         残り25％
     60時間超える                                    割増賃金支払
                        ↓
                   25％割増賃金支払
```

④　労働者に代替休暇取得意向なかったが後日取得意向の表明あり

```
      4月          5月    15日   6月          7月    15日
   ├────────┼────────┼──────┼──────┼──────┤
   ├時間外労働が→├ 代替休暇取得期間に取得 ──────→┤       25％過払
     60時間超える                                  賃金の清算
                        ↓
                   50％割増賃金支払
```

4　有給休暇の出勤率

　有給休暇は全労働日の8割以上の出勤で付与されますが、代替休暇の取得日は、年次有給休暇と異なり有給休暇を算定する全労動日に含めません。半日の代替休暇を取得した場合の出勤率の算定では、残り半日を出勤した日及び有給休暇を取得した日は出勤日となり、残り半日を欠勤した日は欠勤日となります。

3 代替休暇制度を採用するには、一定事項を定めた労使協定を締結しなければなりません。この労使協定は労基署への届出は必要ありません。

　代替休暇を採用するには、事業場ごとに労働者の過半数で組織される労働組合、その労働組合がない場合は事業場の過半数を代表する労働者と使用者が次の事項を定めた労使協定を締結しなければなりません。この労使協定は、労基署への届出は必要ありません。

　また、労使協定は代替休暇取得を義務付けるものではなく、実際に代替休暇を取得するか否かは個々の労働者が自ら決めます。

　代替休暇制度の導入に必要な労使協定の締結内容は、次のとおりです。

① 代替休暇の時間数の具体的な算定方法

代替休暇時間数	（1か月の時間労働時間数−60）×換算率
換算率	（代替休暇を取得しない場合の割増賃金率）−（代替休暇取得時の割増賃金率）

② 代替休暇の付与単位

休息のため代替休暇の付与は1日か半日単位とする。半日とは原則として1日の労働時間の半分だが、労使協定で定めることにより午前3時間半、午後4時間半等を半日とすることができ、また、端数時間に有給休暇を組み合わせられる。

③ 代替休暇を与える期間

付与期間は時間外労働が60時間を超えた月の翌月初日から2か月以内で定める。代替休暇時間が翌月にも発生する場合、前の月と次の月の代替休暇を合算できる。期間内に代替休暇を取得しなかった場合は、その分の割増賃金を支払う必要がある。

④ 代替休暇取得日の決定方法

代替休暇取得の意向確認の期日を定める。また、取得日の決定方法や取得日に業務の都合上により出勤する必要がある場合の取扱いも定める。

⑤ 割増賃金の支払日

代替休暇取得の意向の有無に対応した割増賃金の支払日を定める。

【記載例　代替休暇に関する労使協定】

代替休暇に関する労使協定

　株式会社サンライト物商（以下会社という）と株式会社サンライト物商労働者代表中原〇郎は代替休暇に関して次のとおり協定する。

（対象者及び期間）

第１条　代替休暇は、賃金計算期間の１か月に60時間を超える時間外労働を行った社員のうち、半日以上の代替休暇の取得が可能な者が取得の意向を示した場合は、その賃金締切日の属する月の翌月初日から２か月以内の希望日に付与する。

（付与単位）

第２条　代替休暇は、半日または１日単位で付与する。半日とは午前８時30分から午後12時または午後１時から午後５時30分までをいう。端数時間には割増賃金を支払う。

（代替休暇の計算方法）

第３条　代替休暇の時間数は、１か月60時間を超える時間外労働時間数に換算率を乗じた時間数とする。この場合の換算率とは代替休暇を取得しない場合の割増賃金率50％から取得した場合の割増賃金率25％を差し引いた25％とする。なお、代替休暇を取得した場合は、会社は取得時間数を換算率で除した時間については25％の割増賃金は支払わない。

（意向確認）

第４条　会社は、１月60時間を超える時間外労働を行った社員に対してその月の賃金締切日の翌日から５日以内に代替休暇取得の意向を確認する。５日以内に意向が不明の場合は、取得の意向がなかったものとみなす。

（取得日決定）

第５条　代替休暇の取得日は、１週間前までに会社に書面で届け出なければならない。ただし、届出日に取得すると業務が正常に運営できなくなる場合は、本人と会社が話し合いなるべく他の日か他の半日に変更するよう協力しなければならない。

（賃金支払日）

第６条　会社は前条の意向があった場合は、支払うべき割増賃金のうち代替休暇に代替される賃金額を除いた額を、該当する時間外労働を行った月の賃金支払日に支払う。

　　　　ただし、取得期間２か月以内に代替休暇が取得されなかった場合は、その除いた割増賃金は、代替休暇を取得しないことが確定した月の賃金支払日に支払う。

（事後意向不可）

第７条　代替休暇取得の意向を示さず割増賃金を支給された社員が、２か月以内に改めて代替休暇取得の意向を示した場合は、その意向は認めず代替休暇も取得できない。

（協定効力）

第８条　この協定は平成〇〇年４月１日より効力を発する。

協定の成立年月日　平成〇〇年３月21日

　　　　　　　　　株式会社サンライト物商　社員代表者　　中〇吾郎　　印
　　　　　　　　　株式会社サンライト物商　代表取締役　　山〇一郎　　印

| 締結上の注意 | 後のトラブルにならないように、必要事項だけでなく、端数時間の取扱いや時間単位有給休暇の組合せの取扱い等も事前に締結しておきます。 |
| | 代替休暇には時季変更権がないため、業務上の都合により他日に変更してほしい場合の取扱いも締結しておきます。 |

第9節 割増賃金③ 法定休日労働、所定休日労働、深夜業

POINT

- 法定休日とは、1週に1日または4週に4日の休日をいいます。休日とは午前0時から午後12時までの継続した24時間をいいます。
- 法定休日に労働させた場合は、通常の労働時間における賃金の割増率3割5分以上の割増賃金を支払わなければなりません。
- 休日かつ午後10時から午前5時までの深夜に労働させた場合は、休日労働に対する割増率に加えて割増率2割5分以上の深夜割増賃金を支払わなければなりません。

法定休日は、1週に1日または4週に4日付与する義務があります。また、休日とは午前0時から午後12時までの継続した24時間をいいます。

1 法定休日

　休日とは労働義務のない日をいい、原則として暦日の午前0時から午後12時までの24時間をいいます。前日からの労働が延長され午前0時を過ぎた場合は、休日を与えたことにはなりません。ただし、交代勤務制（就業規則で定め規則的に運用する番方の交替制）等では連続した24時間を与えることができます。

　法定休日は、労働基準法で定めた1週1日または業種や業務によって毎週休日を与えることが難しい場合は4週のうち4日を付与する義務があります。日曜日等の曜日や国民の祝日は特に関係ありません。所定休日とは法定休日以外の使用者が独自に定めた休日をいいます。

2 所定休日

　所定休日とは、就業規則等により定めた法定休日以外の週休日や夏期休日、年末年始休日等をいいます。所定休日と法定休日の違いは、休日労働をさせた場合の取扱いです。例えば土日を所定休日とする場合に、土曜日に労働させ日曜日を休日とすれば、週1日（日

曜日)の法定休日を確保しているため土曜日の労働は法定休日労働ではありません。しかし、この土曜日の労働時間が週40時間を超える場合は時間外労働となり時間外労働の割増賃金(２割５分以上)を支払わなければなりません。

日曜日を法定休日と特定した場合は、その日に労働させた場合は法定休日労働となります。法定休日の労働時間はあくまでも法定休日労働時間であり法定休日の労働時間が８時間を超えても、その超えた時間は時間外労働に通算はされず、法定休日労働時間となります。

法定休日と所定休日を特定する義務は法律上ありませんが、通達において「労働条件を明示する観点から、就業規則その他これに準ずるもので３割５分以上の割増賃金率の対象となる休日が明確になっていることが望ましい(平6・1・4基発1)」としています。

理解チェック

休日とは、午前０時～午後12時までの継続した24時間であり、午前０時を過ぎると休日を与えたことにならない

▼

交替制勤務では連続した24時間とすることも可能

▼

法定休日は１週１日　または　４週４日(変形休日制)付与する義務がある

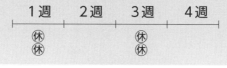

▼

法定休日労働には３割５分以上の割増賃金を支払わなければならない

▼

所定休日労働時間が週の法定労働時間を超えた場合は、時間外労働となる

❷ 法定休日に労働させた場合は、通常の労働時間における賃金の割増率３割５分以上の割増賃金を支払わなければなりません。

1 休日労働の割増賃金

使用者は、1週1日または4週4日の法定休日に労働させた労働者に割増率3割5分以上の割増賃金を支払わなければなりません。なお、法定休日の労働時間が8時間を超えても、その超えた労働時間はあくまでも法定休日労働時間となり時間外労働時間にはなりません。

2 法定休日労働が二暦日に重なる場合

労働基準法で定める法定休日とは、午前0時から午後12時までの暦日のため、法定休日労働の時間は、午前0時から午後12時までの法定休日の間に労働した時間をいいます。そのため前日から引き続き延長された労働時間が法定休日に及んだ場合、または法定休日の労働時間が引き続き延長されて翌日に及んだ場合は、法定休日の午前0時から午後12時までの時間帯に労働した部分だけが3割5分以上の割増賃金となります（平6・5・31基発331）。

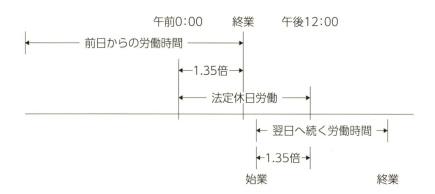

3 法定休日労働の割増賃金額

割増賃金額を算出するには、時間外労働時間に対する割増賃金と同様、はじめに通常の労働時間や労働日に支払われる賃金の形態ごとに、時間当たり通常賃金額を算出します（295〜296頁参照）。

算出された時間当たり通常賃金額に割増率を乗じた金額が時間当たりの割増賃金額となり、その割増賃金額に法定休日労働時間を乗じた額が法定休日労働手当となります。法定休日労働時間と深夜業の労働時間が重なった場合は、法定休日労働の割増率（3割5分以上）と深夜業の割増率（2割5分以上）を合わせた割増率（6割以上）を、その重なった労働時間に乗じて法定休日・深夜業の割増賃金を算出します。

法定休日労働の割増賃金額	
法定休日労働の割増賃金額	時間当たり通常賃金額×1.35×法定休日労働時間数
法定休日労働と深夜業が重複した労働時間の割増賃金額	時間当たり通常賃金額×1.6(法定休日1.35＋深夜業1.25)×法定休日・深夜業重複労働時間数
出来高給の法定休日割増賃金額	時間当たり通常賃金額×0.35×時間外労働時間数

4 所定休日労働の割増賃金額

　法定休日を確保したうえで所定休日に労働させた場合は、法定休日の割増賃金の支払は必要ありませんが、所定休日の労働時間が１週40時間(特例事業44時間)の法定労働時間を超えた場合は、その超えた時間外労働時間に対して割増率２割５分以上の割増賃金を支払わなければなりません(１か月60時間超の場合、５割以上)。

　ただし、就業規則等で所定休日労働時間にも法定休日と同じ割増率の割増賃金を支払うと定めた場合は、その定めに従って割増賃金を支払わなければなりません。

所定休日労働の割増賃金額(法定休日以外)	
時間外労働の割増賃金額	時間当たり通常賃金額×1.25×時間外労働時間数
時間外労働と深夜業が重複した労働時間の割増賃金額	時間当たり通常賃金額×1.5(時間外1.25＋深夜業1.25)×時間外・深夜業労働時間数
出来高給の割増賃金額(296頁参照)	時間当たり通常賃金額×0.25×時間外労働時間数

3 午後10時から午前５時までの深夜に労働させた場合は、通常の労働時間における賃金額の割増率２割５分以上の深夜割増賃金を支払わなければなりません。

　労働者に午後10時から午前５時までの深夜に労働させた場合は、使用者は通常の労働時間における賃金額(295頁参照)の割増率２割５分以上の深夜割増賃金を支払わなければなりません。

　法定休日労働が延長されて深夜業と重複した場合は、法定の時間外労働や休日労働の割増賃金に加えて深夜業割増賃金を支払わなければなりません。

　具体的には、次のように割増賃金を支払わなければなりません。

313

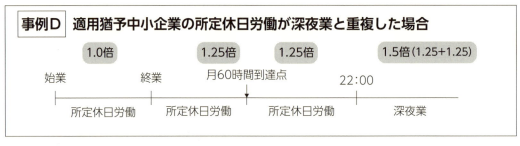

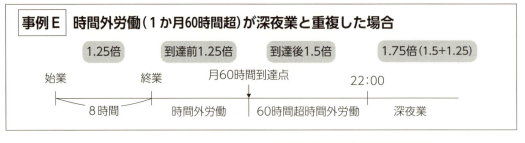

法定休日労働	1.35倍（定時外も同様）	
^	深夜業	＋1.25倍
所定休日労働	1.0倍（割増なし）	
^	定時外	＋1.25倍
^	週40時間超	＋1.25倍
^	月60時間超	＋1.5倍
^	深夜業	＋1.25倍

第10節 休業手当

POINT

- 使用者の責任により労働者を休業させた場合は、その労働者に対して休業手当を支払わなければなりません。
- 使用者が労働者に支払わなければならない休業手当の額は、休業日ごとに平均賃金額の6割以上の額です。
- 休業期間中に使用者が平均賃金額の6割の休業手当を支払っても、労働者の賃金全額の請求権がなくなるわけではありません。

1 使用者の責任により労働者を休業させた場合は、労働者に対して休業手当を支払わなければなりません。

1 使用者に責任のある休業

　使用者は、労働の対償として労働者に賃金を支払わなければなりませんが、労働者に責任がないにも関わらず労働者が休業を命じられ労働できない場合は、賃金を受けられないことになり困ってしまいます。

　そのため、使用者の責任により労働者を休業させ賃金を支払わない場合は、使用者はその休業期間中に平均賃金の6割以上の休業手当を労働者に支払わなければなりません。使用者に責任のある休業には、主に次のものがあります（労基法26条）。

使用者に責任のある休業

① 事業場の設備の欠陥や補修、資材・原料や資金の調達不足等による休業

② 使用者の故意や過失による休業、特定の労働者の労働意思に反した労働提供の拒否

③ 採用内定し入社誓約書提出後に労働契約が成立した場合の、入社日後の自宅待機

④ 労働者派遣契約が中途解除され、新たな就業機会が確保できない派遣労働者

---

2 使用者に責任のない休業

労働者に休業を命じても、使用者に責任のない休業の場合には使用者に休業手当を支払う義務はありません。使用者に責任がない休業事由には、主に次のものがあります。

使用者の責任のない休業

① 法令の健康診断の結果や法令、医師の指示に基づく範囲内の休業や労働時間の短縮
② 不可抗力の天災地変や停電による休業、法令に基づく設備の検査等による休業
③ 一部ストライキ中にストライキに参加しない労働者の休業、ロックアウト中の休業

---

2 使用者が労働者に支払わなければならない休業手当の額は、休業日ごとに平均賃金額の６割以上の額です。

使用者が支払わなければならない休業手当の額は、休業日ごとに平均賃金額（288頁参照）の６割以上の額です。ただし、休業期間中に就業規則等で定めた休日がある場合は、その日には休業手当を支払う義務はありません（昭24・3・22基収4077）。

1日の労働時間のうちの一部を休業させその他の時間を労働させた場合に、その労働分の賃金額が平均賃金額の６割の額に満たない場合は、賃金額と休業手当の合計額が、平均賃金額の６割の額になるまでの差額を休業手当として支払う必要があります。なお、休業手当は直近の賃金支払日に支払います（昭27・8・7基収3445）。

また、休業させた日の所定労働時間が４時間等通常の労働日より短い場合でも、休業させた日の休業手当は平均賃金額の６割以上の額としなければなりません（昭27・8・7基収3445）。

１日のうち一部を労働させ一部を休業させた場合の休業手当

平均賃金額が10,000円の場合　➡　休業手当（原則）10,000円の６割＝6,000円

労働分の賃金額＝5,000円　➡　（6,000円−5,000円）＝1,000円

　　　　　　　　　　　　　　　　　　　　　　　　　10,000円の６割との差額（休業手当）

③ 休業期間中に使用者が平均賃金額の６割の休業手当を支払っても、労働者の賃金全額の請求権がなくなるわけではありません。

1 休業手当についての労働基準法と民法の規定

使用者に責任のある休業期間については、労働基準法において使用者に対して平均賃金額の６割以上の額の休業手当の支払義務を定められています。

ところで民法536条２項では、労働者（債務者）が労働（債務の履行）できなかった場合で、それが使用者（債権者）の責に帰すべき事由のときは、労働者は賃金（反対給付）を受ける権利を失わないと定めています。これは「使用者に責任のある休業の場合は、労働者は100％の賃金を受ける権利を失わない」ということです。

このことに関して政府は、民法の一般原則が労働者の最低生活保障について不十分である事実に鑑み、強行法規で平均賃金の100分の60までを保障せんとする規定であって、民法の536条２項の規定を排除するものではないと示しています（昭22・12・15基発502）。これは労働基準法で罰則により休業手当の支払を保障するのは平均賃金額の６割の額ですが、労働者は民法に基づき賃金全額の請求はできることを示しています。

2 解雇予告と休業手当

30日前に解雇を予告した後の解雇予告期間中の休業と休業手当について、政府は解雇の意思表示が解雇の予告として有効と認められ、かつ、その解雇の意思表示があったために予告期間中労働者が休業した場合は、使用者は解雇が有効に成立する日までの期間、休業手当を支払えばよいと示しています（昭24・7・27基収1701）。

第11節 感染症等疾病時の休業手当

POINT

・感染症にかかった労働者を医師や国の要請により休業させた場合は、使用者には休業手当の支払義務はありません。
・事業者は、伝染性の疾病その他の一定の疾病にかかった労働者については、その就業を禁止しなければなりません。
・法令や行政、医師の要請指導、勧告により労働者を休業させた日は、有給休暇付与を算定する労働日に含みません。

1 感染症にかかった労働者を医師や国の要請により休業させた場合は、使用者には休業手当の支払義務はありません。

1 法令に基づく感染症予防の休業

法令に従って、感染症にかかった就業制限業務に従事する労働者を休業させた場合や、二次感染予防のため労働者を休業させた場合は、使用者に責任はなく休業手当の支払義務はありません。ただし、他の業務に就かせることを十分に検討し休業回避のため使用者が最善の努力をしていないと認められた場合は、休業手当の支払が必要です。

2 国や医師等の要請指導・勧告による休業

新型インフルエンザやO157等の感染症に労働者がかかった場合や、それらの感染症に労働者の家族がかかったため労働者が濃厚接触者と判断された場合等で、医師や行政、国の要請指導や勧告により労働者を休業させた場合は、使用者に責任はなく休業手当の支払義務はありません。

ただし、要請指導や勧告の範囲を超えて使用者が休業させた場合や、要請指導等がなく

318　第7章｜賃金

とも事業場内や顧客への感染、風評を防ぐため使用者の判断で休業させた場合は、休業手当の支払が必要となります。

2 事業者は、伝染性の疾病その他の一定の疾病にかかった労働者については、その就業を禁止しなければなりません。

1 労働者の就業禁止

事業者は、次のような伝染性の疾病その他の一定の疾病にかかった労働者については、その就業を禁止しなければなりません(安衛法68条)。また、事業者は、労働者の就業を禁止しようとするときは、あらかじめ産業医その他の専門の医師の意見を聴かなければなりません(安衛則61条)。

就業禁止となる疾病

① 病毒伝ぱのおそれのある伝染症の疾病にかかった者

② 心臓、腎臓、肺等の疾病で労働のため病勢が著しく増悪するおそれのあるものにかかった者

③ 前各号に準ずる疾病で厚生労働大臣が定めるものにかかった者

事業者は、病毒伝ぱのおそれのある伝染性の疾病にかかった者は就業禁止にしなければなりませんが、対象者は「感染させる恐れが著しく高い結核にかかっている者」と通達で定めています(平12・3・30基発207)。

インフルエンザ等法定伝染病については、「伝染病予防法(現行は感染症法)によって予防の措置がとられるため本号の対象とならない(昭24・2・10基発158、昭33・2・13基発90)」と通達で示されていますので、インフルエンザ等感染症法の対象となる感染症の就業禁止については、労働安全衛生法等ではなく感染症法の規定によります。

2 感染症法

感染症にかかった者の就業制限については、その対象者の自覚に基づく自発的な休暇、就業制限の対象以外の業務への一時的な従事等により対応することが基本であり、都道府県等は、対象者その他の関係者に対してこのことの周知等を図る必要があります。

感染症法では、分類上の一類、二類、三類、新型インフルエンザ等感染症、指定感染症に該当する感染症の感染者については、入院勧告及び感染症の種類に応じて多数の者に接触する業務や飲食物に直接接触する業務等の就業制限措置をとることができます。

通常のインフルエンザは五類のため就業制限措置がとれませんが、二類のH5N1型鳥インフルエンザ、新型インフルエンザ等の感染症、指定感染症のH7N9型鳥インフルエンザ等は感染症の種類に応じた一定の業務について就業制限措置をとることができます。

そのため、これらの感染が疑われる人を法令に基づき就業制限する場合は、法令に基づく休業のため使用者に休業手当の支払義務はありません。しかし、法令に基づかない使用者の判断による休業は、使用者の責任によるため休業手当の支払が必要となります。

3 法令や行政、医師の要請指導・勧告により労働者を休業させた日は、有給休暇付与を算定する労働日に含みません。

法令に基づき就業制限業務や二次感染予防のため、または医師や行政の要請指導や勧告等により労働者を休業させた場合は、使用者の責任ではなくまた労働者の責でもないため、その休業日は年次有給休暇を算定するときの全労働日に含みません。

| 第12節 | 休業手当—天災事変による休業 |

POINT

- ・天災事変等不可抗力による休業には、使用者に休業手当の支払義務はありません。
- ・天災事変等による事業場施設の被害や、取引先、輸送手段の被害、停電等による休業は、不可抗力であり使用者に責任はありません。
- ・天災事変による休業でも、就業規則で賃金を支払うと定めている場合は、使用者は賃金を支払わなければなりません。

1 天災事変等不可抗力による休業には、使用者に休業手当の支払義務はありません。

使用者に責任のある休業(315頁参照)は、使用者に平均賃金の6割以上の額の休業手当の支払義務がありますが、次のいずれにも該当する天災事変は不可抗力であり使用者に責任がない事由のため、労働者を休業させても使用者に休業手当の支払義務はありません(「東日本大震災に伴う労働基準法等に関するQ&A(第3版)」Q1-6(平成23年4月27日版))。

不可抗力の天災事変

① その原因が事業の外部より発生した事故

② 事業主が通常の経営者として最大の注意を尽くしてもなお不可避の事故

---

2 天災事変等による事業場施設の被害や、取引先、輸送手段の被害、停電等による休業は、不可抗力であり使用者に責任はありません。

天災事変等による不可抗力な休業であり、使用者に責任がないと認められる場合は、使

321

用者には労働者に対する休業手当の支払義務はありません。このような天災事変による休業には主に次のようなものがあります（「東日本大震災に伴う労働基準法等に関するQ&A」（第3版）Q1-5（平成23年4月27日版））。

天災事変による主な休業
① 地震等の天災地変により事業場の施設や設備が被害を受けた場合の休業
② 天災地変で事業場の施設や設備が直接に被害を受けていなくとも、取引先や輸送手段等が被害を受け、原材料や部品の仕入、製品納入等が不可能となったための休業
③ 計画停電等により電力が供給されない時間帯の休業
④ 計画停電等の停電時間帯以外の時間帯で、計画停電等の時間帯だけを休業とすることが、企業の経営上著しく不適当と認められる場合の停電時間帯以外の時間帯の休業

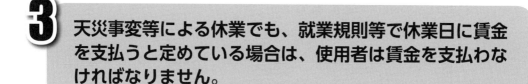

天災事変や停電等使用者の不可抗力による休業であっても、休業期間中は賃金を支払う旨の労働契約や就業規則の定めまたは労使慣行がある場合は、使用者にはこのような休業期間中であっても賃金の支払義務があります。

また、休業期間中の賃金の支払を止めるか減額するには、労使の合意のもとにその労働条件や就業規則を変更する必要があります。事業の存続や再開のため、最善の方法を労使でよく話し合ったうえで、対処してください。

第 **8** 章

労働時間の把握と
記録・賃金不払残業

第1節 労働基準法と労働基準監督官

POINT

- 労働基準法は、労働者と使用者の意思に関係なく適用される強行法規であり、同時に法規定を守らない使用者には罰則を科す取締法規です。
- 国は労働基準法の最低基準を履行させるため、全国の労基署に強い権限を持つ監督官を配置して労働行政に対処しています。
- 監督官は事業場を定期的に臨検します。また、労働者からの申告があれば申告監督として事業場を臨検し、関連する帳簿書類の提出を求め関係者に尋問します。

1 労働基準法は、労働者と使用者の意思に関係なく適用される強行法規であり、同時に法規定を守らない使用者には罰則を科す取締法規です。

　労働基準法は、賃金、労働時間、休日、年次有給休暇等労働条件の最低基準について定めています。労働契約は労働者と使用者の合意により締結されますが、労働基準法の定める最低基準を下回る労働条件は、たとえ労使の合意があっても無効となり労働基準法で定める基準となります。また、労働関係の当事者は労働基準法の基準を理由として労働条件を低下させてはならず、その向上を図るように努めなければなりません（労基法1条）。

　また、労働基準法は、当事者の意思に関係なく適用される強行法規であり、同時に労働基準法の規定を守らない使用者には罰則を科す取締法規でもあります。

2 国は、労働基準法の最低基準を履行させるため、全国の労基署に強い権限を持つ監督官を配置して労働行政に対処しています。

　国は、強行法規である労働基準法の最低基準を履行させるため、全国に置く労基署に次の権限を持つ監督官を配置して労働行政に当たらせています。

監督官は、労働基準法の違反の罪について刑事訴訟法に規定する司法警察官の職務を行います（労基法99条、101条）。

> **監督官の権限**
> ① 事業場や付属建設物への臨検、帳簿や書類の提出要求、使用者や労働者に対する尋問
> ② 司法警察官の職務として逮捕、差押、捜索等の強制捜査、書類送検の手続

3 監督官は事業場を定期的に臨検します。また、労働者からの申告があれば申告監督として事業所を臨検し、帳簿書類の提出を求め尋問します。

1 申告監督

労働者からの申告があると、監督官は事実確認のため申告監督として事業場を臨検し、関連する帳簿書類の提出を求め使用者等関係者に尋問します。臨検とは法令の遵守状況等を確認するため、現場に立入り検査・尋問を行うことをいいます。このとき法令違反が確認されれば使用者に行政指導として期限を定めた是正勧告を行い、改善が必要な場合は指導票を交付します。再三の是正勧告に従わず、または重大な法令違反や改ざん隠ぺいがある場合は、監督官は司法警察官の職務を行うこともあります。なお、使用者は申告した労働者に対して申告を理由とした解雇等不利益を与えてはなりません。

2 定期監督

監督官は、労働者からの申告による監督以外に労働法令の履行確認と労働行政運営のため定期的に事業場を臨検します。定期監督は労働局や労基署の労働行政方針に基づくもので、事前の連絡がないまま突然実施されるため、日頃から法令を遵守した労務管理が重要です。

3 法令違反がない場合

監督官が労働者からの申告や定期監督で事業所へ臨検した際に法令違反を確認した場合は、使用者に行政指導として期限を定めた法令違反の是正勧告を行い違反事項の是正を求めます。

ところが昇給額や賞与額の評価算定や人事異動等、法令に定めのない事由については、労働紛争が生じていても法令違反とはならず、監督官は関与しません。そのため申告監督や定期監督は、労働者の使用者に対する全ての請求を履行させるものではないため、労働紛争が全て解決しない場合もあります。

理解チェック

労働基準法は労働契約の最低基準を履行させる強行法規であり、罰則を科す取締法である

監督官は、労働基準法の最低基準を履行させるため全国に配置され労働行政を担う

監督官は、定期監督や申告監督として事業所を臨検し帳簿提出を求め関係者への尋問を行う

監督官は、法令違反を確認すると是正勧告や改善指導を行う

監督官は、法令に規定されていないことには関与しない

第2節 賃金不払残業

POINT

- ・使用者は、時間外労働や法定休日労働、深夜業をさせた労働者に、労働基準法で定められた割増率以上の割増賃金を支払わなければなりません。
- ・賃金不払残業は、指示のない安易な残業、労働時間の把握と記録の不備、管理監督職の非該当者、割増賃金の誤った計算等が原因で発生します。
- ・賃金不払残業は、使用者に対する信頼と勤労意欲を低下させ、事業の発展に悪影響を及ぼすため、日頃から発生原因を解消し予防することが重要です。

1 使用者は、時間外労働や法定休日労働、深夜業をさせた労働者に、労働基準法で定められた割増率以上の割増賃金を支払わなければなりません。

　労働基準法は、使用者が労働者に法定時間外労働、法定休日労働、深夜業をさせた場合は、定められた割増率以上の割増賃金を支払わなければならないと規定しています。賃金不払残業とは、「所定労働時間外に労働時間の一部または全部に対して賃金または割増賃金を支払うことなく労働を行わせること」であり、労働基準法違反です。

　また、賃金不払残業は、長時間労働や過重労働の温床となっているともいわれており、解消することは大変重要であると社会的にも認識されており、国の労働行政において重点的な取締りの対象となっています(266頁参照)。

　また、賃金不払残業はもちろん、過度の長時間労働や過重労働は、人材の採用や定着に支障をきたし、事業の健全な運営や発展に悪影響を及ぼします。

2 賃金不払残業は、指示のない安易な残業、労働時間の把握と記録の不備、管理監督職の非該当者、割増賃金の誤った計算等が原因で発生します。

　賃金不払残業の発生には主に次のような原因があります。賃金不払残業を解消するにはこれらの発生原因を1つずつ解決し適正な運営管理体制を整える必要があります。

【賃金不払残業の主な発生原因】

① 指示のない安易な残業	必要に応じた業務命令のない安易な残業が増えると発生する
② 時間外労働時間の把握	時間外労働や深夜業の時間を適正に把握しないため発生する
③ 休日労働時間の把握	法定休日労働時間や休日振替を適正に把握しないため発生する
④ 定額残業手当[※1]	定額残業代の意味や名称、金額を適切に明示しないため発生する
⑤ 管理監督職者	いわゆる名ばかり管理監督職に発生する
⑥ 監視断続的労働従事者[※2]	監視断続的労働の要件を満たさない従事者に発生する
⑦ みなし労働時間制	みなし労働時間よりも実際の労働時間が長い場合に発生する
⑧ 研修時間・手待時間・休憩時間	研修や手待・休憩時間が労働時間とみなされると発生する
⑨ 時間外単価の計算誤り	計算方法を誤り割増賃金単価が過小になると発生する
⑩ 年俸制	管理監督者でない労働者に定額残業手当が支払われない場合に発生する

※1　定額残業手当について、340頁参照
※2　監視断続的労働従事者、344頁参照

3 賃金不払残業は、使用者に対する信頼と勤労意欲を低下させ、事業の発展に悪影響を及ぼすため、日頃から発生原因を解消し予防することが重要です。

賃金不払残業の影響

　事業所の社会的責任は、顧客だけでなく雇用する労働者に対する法令順守も含まれます。社会的な責任を重視する状況は今後も深まることが予想されますが、賃金不払残業が認定された事業所は経営姿勢が問われ、事業主に対する労働者の信頼と勤労意欲の低下や人材の定着、能力発揮等に支障が出ることもあり得ます。

　また、終身雇用や年功序列等日本型雇用慣行が変わり、不本意な非正規労働者が増加す

るなかで、労働者の意識も従来と異なり企業への信頼と帰属意識は薄れてきており、個別労働紛争を契機に過去に遡及した賃金不払残業代の請求も増加しています。これでは事業所の発展どころか経営の存続自体に支障を及ぼしかねません。

少子化が続き、若い人材の確保が困難な状況がこれからも続くと予想されるなかで、事業が存続発展するには、賃金不払残業の撲滅等、法令順守と社会的責任を果たした就労環境を整えることが不可欠です。

2 個別労働紛争の自主的可決

監督官が臨検の際に法令違反である賃金不払残業の存在を確認すれば、過去一定期間の不払残業代を支払うよう使用者に行政指導として是正勧告を行います。是正勧告の内容に労働者が納得できない場合は、労使が自主的に解決を目指します。

労働契約は労働者と使用者の合意による契約であり、賃金不払残業代の請求は労働者と使用者の間の個別労働紛争です。個別労働紛争とは労働条件その他労働関係事項についての個々の労働者と事業主との間の紛争をいいます。個別労働紛争は最近とても増加していますが、労使の負担の少ない自主的解決を進めるため個別労働関係紛争解決促進法が制定されました。個別労働紛争の自主的な解決方法には、主に次のものがあります。

【個別労働紛争の自主的解決方法】

① 自主的解決
労働者と使用者が労働契約法等ルールに従い、話合いで解決を目指す

② 労働局の支援
労働局長の相談、助言、指導、あっせんにより話合いで解決を目指す

③ 紛争調整委員会※のあっせん
労使双方の要請にあっせん案を示して和解を目指す

※紛争調整委員会とは個別労働紛争解決のため都道府県労働局に設置された委員会です。

3 個別労働紛争の裁判所での解決

労使の話合いや労働局・紛争調整委員会のあっせん等で個別労働紛争が解決できない場合は、最終的には裁判で解決する必要があります。裁判での解決方法には、裁判所ごとに次の制度があります。

【個別労働紛争の裁判所での解決】

① 簡易裁判所

調停、少額訴訟、訴訟（140万円以下の支払要求）

② 地方裁判所

労働審判、訴訟（140万円以上の支払要求）

第3節 労働時間の適正な把握義務

POINT

・使用者には、労働者の労働時間を適正に把握し管理する責務があるため、労働時間の適正な把握と記録のための措置を講じなければなりません。

・労働時間の確認と記録は、使用者現認、自己申告、タイムカード・ICカード、事前許可等の方式から業種や職種、就業環境に応じて最も適した方式を選んでください。

・通常労働、時間外労働、法定休日労働または深夜業の1か月の総労働時間のうち、30分未満の端数は切捨て、30分以上の端数は1時間に切り上げることができます。

---

1 使用者には、労働者の労働時間を適正に把握し管理する責務があるため労働時間把握のための措置を講じなければなりません。

　賃金不払残業の発生原因の主な理由の1つに、労働時間の把握と記録が適正でないことが指摘されています。労働基準法は労働時間、休日、深夜業について使用者が守るべき基準を規定しており、使用者には労働者の労働時間を適正に把握し管理する責務があります。そのため使用者は、労働時間を適正に把握するための次の措置を講じなければなりません。

　ただし、労働時間や休日等の規定が適用除外される管理監督職と、事業場外みなし労働時間の適用労働者、専門業務型裁量労働者、企画業務型裁量労働者(192、200、207、241頁参照)は対象から除きます。

労働時間の適正な把握記録のための措置

① 労働日ごとの始業・終業時刻を確認し、これを記録すること

② 始業・終業時刻は、使用者が自ら(あるいは労働時間管理責任者)が現認する(直接確認する)か、タイムカード、ICカード等客観的な記録を基礎として確認し記録すること

③ 労働者の自己申告制により始業・終業時刻を確認記録する使用者は次の措置を講

ずること

・労働者に労働時間の実態を正しく記録し、適正に自己申告するよう十分説明する

・自己申告された労働時間が実際の労働時間と合致するかどうか、使用者や管理監督職が必要に応じて現認管理し実態調査を実施する

・適正な自己申告を阻害する目的で時間外労働時間数の上限等の設定をしない

④ 労働時間の記録に関する書類は労働基準法に基づき３年間保存すること

⑤ 労働時間管理責任者[※1]は、労働時間の適正把握と管理上の問題点を把握し解消する

⑥ 労働時間短縮推進委員会[※2]を活用し労働時間管理上の問題点の解消策を検討する

[※1] 労働時間管理責任者とは事業場において労務管理を行う部署の責任者をいいます。

[※2] 労働時間短縮推進委員会とは労働時間の現状を把握のうえ、労働時間管理上の問題点及びその解消策等の検討を行う労使協議組織です。

2 労働時間の確認と記録は、使用者現認、自己申告、タイムカード・IC カード、事前許可等の方式から業種や職種、就業環境に応じて最も適した方式を選んでください。

　労働時間の適正な把握確認と記録は使用者に課せられた責務ですが、具体的な始業終業時刻の把握確認と記録の方式には主に次のものがあります。業種や職種、就業環境や管理体制に応じて賃金不払残業が発生しないよう適切な方式を選んでください。

【労働時間の把握と記録方法】

① 使用者現認方式	使用者や労働時間の管理者(以下、使用者という)が現認のうえ勤務表や出勤簿等に記録。毎日の始業・終業時刻に使用者が現認し記録できる管理体制の整備が必要
② 自己申告方式	労働者自らが始業終業時刻を勤務表等に記録。始業・終業時刻が早くまたは遅く記録され、不正確な時間となる可能性がある
③ 自己申告＋確認方式	労働者が自己申告した時間外労働時間を、使用者が確認したうえで記録。必要があれば自己申告時間の修正をし、残業命令書や業務報告書等で適正な確認体制の整備が重要
④ 自己申告＋基準以上確認方式	原則は労働者の自己申告とし、基準以上の時間外労働時間は使用者が③同様に確認のうえ記録。必要があれば申告時間の修正もある。基準以内の時間外労働の定期的な確認も行う
⑤ タイムカード・IC カード方式	タイムカード、IC カード等の客観的方法で労働者が記録。複数事業場や労働者多数の場合は便利である一方、安易なタイムカードの打刻では、打刻時刻が正しい始業終業時刻を示しているとは限らないため打刻時刻とともに労働を開始終了することを徹底させる

332　第8章│労働時間の把握と記録・賃金不払残業

⑥ タイムカード・IC カード＋確認方式	原則は労働者がタイムカードで記録し、時間外労働時間（基準以上含む）は使用者が③④同様に確認。必要があれば記録時間の修正を行う
⑦ 残業事前許可方式	所定労働時間を原則の労働時間とし、時間外労働は事前事後申請を許可した場合に限り認めて割増賃金を支払う。申請や許可が適正でないと不払残業になるおそれがある

> 通常労働、時間外労働、法定休日労働または深夜業の１か月の総労働時間のうち、30分未満の端数は切捨て、30分以上の端数は１時間に切り上げることができます。

　労働時間と割増賃金の端数処理について、次のような処理をすることは、労働基準法違反とはなりません（昭63・3・14基発150）。

労働時間と割増賃金額の端数処理

① 通常の労働時間、時間外・休日・深夜業の労働時間も毎日１分単位で計算する

② 通常の労働時間、時間外・休日・深夜業の労働時間の１か月の合計時間は１時間未満の端数を、30分未満を切捨てし、30分以上を１時間に切上げできる

③ １時間当たりの通常の賃金額と割増賃金額の円未満の端数は、50銭以上を切上げ50銭未満は切捨てできます。

④ １か月の時間外・休日・深夜業の割増賃金額の合計額の端数は、50銭以上を切上げ50銭未満は切捨てできます。

第4節 労働関連記録の保存義務

POINT

・労働者名簿や賃金台帳、勤務表等の労働関連記録は3年間保存しなければなりません。

・使用者は事業場ごとに氏名、生年月日、履歴、性別、住所、従事業務、雇入年月日、退職・解雇年月日と解雇事由等を記載した労働者名簿を調整しなければなりません。

・使用者は、事業場ごとに氏名、労働の日数と時間数、延長労働や休日労働時間数、基本給や手当ごとの賃金額、賃金控除額を記載した賃金台帳を調整してください。

1 労働者名簿や賃金台帳、勤務表等労働関連記録は3年間保存しなければなりません。

使用者は、次の労働関連記録を3年間保存しなければなりません。保存期間の起算点は書類に応じた次の日からとなります(労基法109条)。

【労働関連記録の保存期間】

労働者名簿	労働者の死亡、退職日、解雇日から3年間
賃金台帳	最後の記載がなされた日から3年間
雇入、解雇、退職に関する書類	労働者の死亡、退職日、解雇日から3年間
災害補償に関する書類	その災害補償の終了した日から3年間
その他労働関係に関する重要書類(勤務表やタイムカード含む)	完結日から3年間

2 使用者は事業場ごとに氏名、生年月日、履歴、性別、住所、従事業務、雇入年月日、退職・解雇年月日と解雇事由等を記載した労働者名簿を調整しなければなりません。

使用者は、事業場ごとに労働者名簿を調製して必要な事項を記入しなければなりません。ただし、日々雇用者(日々ごとに雇い入れられる者)は除きます。記載様式は自由で、磁気ディスク等も臨検時等に記載内容が明らかで写しが出力できれば認められます(労基法107条)。

労働者名簿の記載事項

① 氏名、 ② 生年月日、 ③ 履歴、 ④ 性別、 ⑤ 住所、

⑥ 従事業務の種類(30人未満の事業所除く)、

⑦ 雇入月日、 ⑧ 退職・解雇の年月日と解雇の場合は解雇事由、

⑨ 死亡月日及びその原因

---

3 使用者は、事業場ごとに氏名、労働の日数と時間数、延長労働や休日労働時間数、基本給や手当ごとの賃金額、賃金控除額を記載した賃金台帳を調整してください。

使用者は、事業場ごとに賃金台帳を調製し、賃金計算の基礎となる次の事項を賃金支払のつど遅滞なく記入しなければなりません(労基法108条)。

賃金台帳の記載事項

① 氏名、② 性別、③ 賃金計算期間、④ 労働日数、⑤ 労働時間数、

⑥ 延長労働時間・休日労働・深夜業の時間数、

⑦ 基本給・手当その他賃金の種類ごとの額、

⑧ 賃金の一部を控除した場合はその額

(⑤と⑥は労働時間・休日労働・休憩の適用除外者は除く)

| 第5節 | 労働時間把握方法の問題と対策 |

POINT

- ・賃金不払残業の撲滅や長時間労働の抑制には、業務の遂行状況と発生原因を把握し、それに応じた適切な指示と管理で発生原因を解消することが必要です。
- ・労働時間の自己申告制は、労働時間の過少申告や過大申告により賃金不払残業や賃金過大請求が発生しやすいことが問題です。
- ・使用者が始業終業時刻を適正に確認も記録もしない場合は、賃金不払残業代の裁判での請求時に労働者が示した労働時間がそのまま認められる可能性があります。

1 賃金不払残業の撲滅や長時間労働の抑制には、業務の遂行状況と発生原因を把握し、それに応じた適切な指示と管理で発生原因を解消することが必要です。

1 賃金不払残業の撲滅、長時間労働の削減

　賃金不払残業は、法令違反はもちろんのこと長時間労働や過重労働の原因ともいわれており、長時間労働や過重労働を放置していては労働者の健康を損ね、最悪の場合は過労死のおそれさえある危険な状態にあるといえます。

　国の労働行政は賃金不払残業の撲滅や長時間労働の抑制に取り組んでおり、賃金不払残業や長時間・過重労働がある事業所は直ちに対応する必要があります。

2 労働時間と業務量

　業務量が、所定労働時間内では明らかに処理できないほど多い場合は毎日の時間外労働が必要となります。この状態を放置しておいては、事業所の法令順守、社会的責任、人材の採用と定着、使用者と労働者間の信頼関係等の現在及び今後の情勢から判断すると事業の存続発展が困難になることも考えられます。

　したがって、各労働者の能力に応じた適正な業務量と、業務の遂行方法を見直して効率的な業務処理体制を整え、適正な労働時間となるよう努める必要があります。

3 時間外労働が常態化する背景

　所定労働時間内に業務を終えることが本来の労働契約の労働時間です。それを前提に、時間外労働は特別な業務繁忙時等に使用者が例外的に命じることが原則です。

　ところが、普段から時間外労働を前提に業務を遂行している事業所があるのも現実です。このような事業所では、使用者だけでなく労働者も時間外労働がやむを得ないものと考える職場風土となっており、使用者からの特段の指示命令もないまま、労働者の独自判断で時間外労働を行うことも常態となっています。これでは本当に必要な時間外労働だけでなく、「何となく机にいる」、「だらだらと業務を行った結果、残業となる」、「上司が帰宅しないため仕方なく居残る」といった時間外労働が発生するおそれもあります。使用者は労働者が業務上の必要からやむを得ず時間外労働をしていると考えていても、このような職場風土では業務遂行の効率が低下し、また、あってはなりませんが「残業代目的」の時間外労働が発生する可能性もあります。

　このような職場風土の場合に、時間外労働の必要性と時間数を使用者や管理者が適正に認識していない場合は、賃金不払残業も発生しやすくなります。

4 時間外労働の事前許可制

　毎日の業務は所定労働時間内に終了することを原則とし、突然の仕様・設計変更や急な受注増、納期の切迫等やむを得ない場合は、「事前に時間外労働の必要な理由と時間数を書面で申し出て許可を得てから時間外労働を行い、時間外労働の終了後は時間外労働の業務報告書を提出し管理職が確認する」、という時間外労働の事前許可制を採用することも時間外労働を減らす方法の1つです。その日に管理職が不在である等により事前許可が得られない場合は、必ず時間外労働の終了後に事後承諾を得ることにします。

　事前許可制は、この事前許可または事後承諾及び時間外労働の終了後の時間外労働の業務確認を受けた時間外労働でなければ、割増賃金は支払わないこととする制度です。

　日頃からこのような労務管理を徹底すれば、長時間労働や賃金不払残業の減少が期待できます。

2 労働時間の自己申告制は、労働時間の過少申告や過大申告により賃金不払残業や賃金過大請求が発生しやすいことが問題です。

労働時間を労働者が自ら申告することを、自己申告方式といいます。始業終業時刻を労働者が自己申告する場合は、記録方式が勤務表や出勤簿あるいはタイムカードであっても次のような問題が生じる可能性があります。

1 残業時間を抑制禁止する方針の場合

労働者が自主的に実際よりも少ない時間外労働時間を申告する（過少報告）と、賃金不払残業が発生します。

防止には日頃から適正な始業終業時刻の申告を指導し、かつ定期的に必要人員と業務量及び申告された時間外労働時間を確認する必要があります。この確認が使用者や上司等管理職にとって、とても重要な職務となります。

2 自己申告の労働時間にチェックや確認がない場合

労働時間の自己申告方式にチェックがない場合に不必要な時間外労働が一部の人から申告されると、余計な割増賃金が発生し経営上の大きな負担となるだけでなく、適正に申告している人達のやる気を失わせ職場全体のモラルと連帯感を損ないます。この防止には、管理監督職による適切な作業指示と業務遂行の自発的で計画的な管理により、所定労働時間内での業務終了を推進する必要があります。時間外・休日労働が必要な場合は労働者と管理職が理由を確認し、適正な時間外・休日労働を命じる必要があります。

3 業務停滞・賃金不払残業

事前許可制を採用し労働者から事前申請があった場合のみ時間外労働を認めると、日々の業務量が所定労働時間で終了しないほど多い場合は、事前申請を自制したり残業を許可しないと業務が滞るか、必要な時間外労働時間が認められず賃金不払残業が発生します。

4 労働者自らがタイムカードで始業終業時刻を打刻しているが、時刻の確認がない場合

タイムカード打刻時刻の確認がなければ労働時間の自己申告制となります。打刻された時間が始業時刻や終業時刻を示すとは必ずしも限りません。始業時刻とは労働を開始する時間ですが、タイムカードを打刻後に業務以外のことをしている場合は打刻時刻が業務開始時刻とはなりません。また、業務終了時に直ちに打刻した場合はその時刻が終業時刻となりますが、終業時間後に業務以外のことや不必要な時間外業務をしてから打刻した場合は、その時刻は適正な時間外労働時間を示す終業時刻ではありません。この状態でタイムカードだけで労働時間をチェックしても、正確に把握しているとはいえません。

このようなことを防ぐには、日頃から始業時刻とともに業務を開始し、終業時刻とともに業務を終了しタイムカードを打刻する職場風土を確立する必要があります。

3 使用者が始業終業時刻を適正に確認も記録もしない場合は、賃金不払残業代の裁判での請求時に労働者が示した労働時間がそのまま認められる可能性があります。

　労働時間の確認と記録は使用者の責務であるため、使用者が始業終業時刻を確認も記録もしない場合は、正しい労働時間の確認と記録という責務を放棄していることになります。

　また、使用者が労働時間の確認と記録をしておらず正確な労働時間が不明の場合に、賃金不払残業代請求の裁判を提訴された場合は、労働者が手帳等に記録した労働時間を提示した場合に、その労働時間がそのまま認められ、莫大な割増賃金を請求される可能性もあります。

　そのような事態に揃えるためにも、使用者は日頃から正確な労働時間の確認と記録を行う必要があります。

第6節 定額残業手当と賃金不払残業

POINT

・時間外労働時間に応じた割増賃金額を、毎月一定額で支払うことを定額時間外労働手当といいます。
・毎月支払う定額時間外労働手当は、時間外労働手当として他の賃金と区別し対応する時間外労働時間数を明示しなければ、時間外労働手当とは認められない可能性があります。
・定額時間外労働手当が時間外労働手当に該当しないと判断されると、賃金不払残業が発生し、過去に遡及して時間外労働の割増賃金を請求されることもあります。

1 時間外労働時間に応じた割増賃金額を、毎月一定額で支払うことを定額時間外労働手当といいます。

　毎月の時間外労働時間の集計と割増賃金の計算は、対象人数が多いほど事務作業量が増加します。そこで毎月の時間外労働手当に相当する金額を毎月一定額の時間外労働手当として支払う場合があります。この手当を定額時間外労働手当といいます。

　また、事業場外で労働する営業職等で、毎日の始業終業時間が適正に確認・記録できない場合は、業務実態から定めた時間外労働時間に応じた割増賃金額に相当する定額の営業手当を支払うことがあります。

2 毎月支払う定額時間外労働手当は、他の賃金と区別し対応する時間外労働時間数を明示しなければ、時間外労働手当とは認められない可能性があります。

　毎月の賃金に支払う定額時間外労働手当は、次の全ての要件を満たさなければ、その定額時間外労働手当が時間外労働手当とは認められない可能性があるため注意が必要です。時間外労働手当と認められない場合、時間外労働時間が賃金不払残業となってしまいます。

例えば、毎月賃金台帳の基本給の欄に400,000円と記載して賃金を支払っている場合に、「この金額は労働者と同意のうえで時間外労働も含めた金額だ」と主張しても、それだけでは時間外労働時間に相当する割増賃金を支払っていると認められる可能性は著しく低いといわざるを得ません（平29.7.31基監発0731第1号）。

定額時間外労働手当の要件

① 定額時間外手当が基本給等と区別され、かつ割増賃金に該当する旨及びその金額に対応する時間外労働時間数が労働契約書や就業規則等で明示されている

② 名称が時間外労働手当ではない営業手当等は、それが時間外労働手当に該当する旨、及びその金額に対応する時間外労働時間数が労働契約書や就業規則等で明示されている

③ 定額時間外労働手当や営業手当等が実際に計算した時間外労働手当を下回らず、また、実際の時間外労働手当額が定額時間外手当額を上回るときは、その差額を支払っている

---

❸ 定額時間外労働手当が時間外労働手当に該当しないと判断されると、賃金不払残業が発生し、これを過去に遡及して請求されることもあります。

　毎月支払っていた定額時間外労働手当が時間外労働手当に該当しないと判断されると、時間外労働時間数分の賃金不払残業代が発生します。これを請求された場合は、過去に遡及して実際の時間外労働時間に応じた割増賃金を支払わなければならない可能性があります。

　従業員数が多い事業所では、全対象者の未払残業代が過去に遡及されると莫大な金額になるだけでなく、労使の信頼関係が棄損し事業の正常な運営に支障が出る可能性があり、しかも、報道される等した場合は事業所の対外的社会的な信用にも関わってきますので、日頃から十分な注意が必要です。

341

| 第7節 | 管理監督者、機密事務取扱者の賃金未払残業 |

POINT

・労働時間や休日規定が適用除外される管理監督者は、役職名称ではなく、職務内容と権限、労働時間管理、処遇の実態で該当するか否かを判断します。

・多店舗展開する小売飲食業の管理監督者に該当するか否かは、職務権限、勤務の態様、待遇に関する具体的な判断要素を検討して判断します。

・適用除外となる機密の事務を取り扱う者とは、経営者または管理監督者の活動と一体的不可分であり、厳格な労働時間管理になじまない者をいいます。

1 労働時間や休日規定が適用除外される管理監督者は、役職名称ではなく、職務内容と権限、労働時間管理、処遇の実態で該当するか否かを判断します。

　労働基準法の労働時間や休日、割増賃金の規定等の適用除外者のうち、特に問題なのが管理監督者です。適用除外の管理・監督者に該当するか否かは、事業所ごとの職位上の職名や名称ではなく、実際の職務内容と労働時間管理、役付手当額等の待遇をもとに判断します。もし、労働基準法上の管理監督者に該当しないと判断されると、時間外労働や休日労働の時間に対して割増賃金の支払が必要な労働者となります。そのため適用除外の要件に該当しない労働者を、安易に管理監督者とみなして割増賃金を支払わないでいると、賃金不払残業が発生し労働基準法に違反することになります。

適用除外となる管理監督者の判断基準

① 経営者と一体となって労働条件の決定や労務管理等重要な職務の権限と責任を有しており、労働時間、休憩、休日等の規制の枠を超えた活動が必要か

② 権限と責任から時を選ばずに経営上の重要な判断や対応が必要なため、現実の勤務では労働時間等が厳格に管理されておらず、遅刻や欠勤時の制裁や減給がないか

③ 課せられた権限と責任の重要性から、基本給や役付手当、賞与の待遇が一般労働

者と比較してその地位にふさわしい優遇措置等相応の待遇がなされているか

2 多店舗展開する小売飲食業の管理監督者に該当するか否かは、職務権限、勤務の態様、待遇に関する具体的な判断要素を検討して判断します。

　厚生労働省は、多店舗展開する小売飲食業の管理監督者性を否定する判断要素を、次のように例示していますので、労働者ごとに管理監督者に該当するか否かの個別判断の参考にしてください。管理監督者でないと判断されると賃金不払残業が発生するおそれがあります。

【小売飲食業の管理監督者の判断基準】

① 職務権限と責任	所属労働者の人選と採用の責任と権限を有せず、解雇にも関与しない。人事考課制があっても部下の人事考課に関与せず残業命令の権限と責任も有しない場合等は該当しない
② 勤務の態様	遅刻早退は減給制裁されかつ評価上は不利益に取り扱われる。長時間労働が余儀なくされ労働時間に関する裁量がほとんどない。部下と同様の勤務形態が大半の場合等は該当しない
③ 待　遇	基本給や役付手当が、実際の労働時間に応じた額に不十分であり労働者の保護に欠ける。年間賃金額が、一般労働者の賃金額と同額以下である。時間単価が部下の賃金に満たない場合等は、該当しない

3 適用除外となる機密の事務を取り扱う者とは、経営者または管理監督者の活動と一体的不可分であり、厳格な労働時間管理になじまない者をいいます。

　労働時間や休日、割増賃金等の規定が適用除外となる機密の事務を取り扱う者とは、秘書やその他の職務が経営者または管理監督者の活動と一体的不可分であり、厳格な労働時間管理になじまない者をいい、管理監督者と同様、名称ではなく職務内容で判断します。
　例えば、秘書という名称であっても予定を管理するだけで、事務職等職務内容がこの要件と異なる場合は、適用除外とはならないため時間外労働時間に対して割増賃金を支払わなければ賃金未払残業が発生します。

| 第8節 | 監視・断続的労働従事者の賃金不払残業 |

POINT

- ・監視・断続的労働の従事者は一般に疲労が少ないため、労基署の許可を受けることで労働時間や休日、割増賃金の規定が適用除外されます。
- ・宿直・日直勤務とは、常態としてほとんど労働する必要がなく、定時巡回、緊急文書や電話の収受、非常事態に備えるための待機等の勤務をいいます。
- ・監視・断続的労働従事者が適用除外の許可を受けるには、事前に労基署に「監視・断続的労働に従事する者に対する適用除外許可申請書」を提出してください。

1 監視・断続的労働の従事者は一般に疲労が少ないため、労基署の許可を受けることで労働時間や休日、割増賃金の規定が適用除外されます。

監視・断続的労働の従事者は疲労が少ないため、労働時間や休日、割増賃金の規定が適用除外となります。適用除外とするには、労基署の許可を受けなければなりません。

1 監視労働

監視労働とは、一定の部署にいながら監視することを本来の業務とする労働をいい、常に監視労働に従事する労働者は、身体や精神的な疲労が少ないとして労働時間、休憩、休日規定の適用が除外されます。ただし、次の業務は除きます（昭22・9・13基発17、昭63・3・14基発150）。

監視業務から除外される業務

① 交通関連の監視や車両誘導を伴う駐車場の監視等精神的緊張が高い業務

② プラント等の計器類を常態として監視する業務

③ 危険または有害な場所における業務

344　第8章　労働時間の把握と記録・賃金不払残業

2 断続的労働

　断続的労働とは、少ない業務時間の中断後に再び同じ業務がくり返される労働や、業務は閑散でも事故発生の待機等休憩時間は少ないが手待時間が多い労働をいいます。具体的な許可基準が次のように通達で示されています(昭22・9・13発基17、昭23・4・5基発535、昭63・3・14基発150)。

断続的労働の基準

① 修繕係等通常は業務閑散であるが、事故発生に備えて待機するものとなっているか

② 寄宿舎等賄い人等については、その勤務時間を基礎にして作業時間と手待時間が折半程度となっているか。ただし、実労働時間の合計が8時間を超えるときはこの限りではない

③ 鉄道踏切番等については、1日の交通量10往復程度までとなっているか

④ その他特に危険な業務に従事する者については許可しない

---

2 宿直・日直勤務とは、常態としてほとんど労働する必要がなく、定時巡回、緊急文書や電話の収受、非常事態に備えるための待機等の勤務をいいます。

1 宿日直勤務の適用除外の許可基準

　宿直・日直勤務とは、監視・断続的労働の従事者のなかでも常態としてほとんど労働する必要がなく、定時巡回、緊急文書や電話の収受、非常事態に備えるための待機等の勤務をいいます。日直とは休日の勤務をいい、宿直勤務とは事業場に宿泊する勤務をいいます。

　労働者が適用除外となる宿日直勤務者と認められるには、労基署が業務内容や作業時間、回数等を調査のうえ次の要件を満たす場合に限り許可されます。ただし、年少者の宿日直勤務は許可されません(昭22・9・13基発17、昭63・3・14基発150)。

345

宿日直勤務の許可基準

① 始業終業時刻に密着した時間帯の電話収受等、通常の労働に接続していないこと
② 宿日直勤務1回の宿日直手当（深夜業割増含む）は、宿日直勤務予定者の割増賃金の基礎となる賃金の、1人1日の平均額の3分の1を下回らないこと。ただし、宿日直勤務時間が通常の宿日直勤務時間より著しく短い場合等は、この基準外でも許可されます。
③ 宿直は週1回、日直は月1回を限度とすること。ただし、全労働者が宿日直勤務を行っても足りずかつ労働頻度が薄い場合に限り実態に応じて限度を超えることができます。
④ 宿直勤務の場合は、ベッドや休憩室等相当の睡眠設備が設置されていること

2 医療機関・社会福祉施設の宿日直勤務の許可基準

医療機関が宿日直勤務の許可を受けられる業務は、病室の定時巡回、異常患者の報告、少数の要注意患者の定時検脈検温等の軽度なものです。

また、社会福祉施設が宿日直勤務の許可を受けられる業務は、少人数の入所者に対する夜尿起こし、おむつ取換え、検温等の軽度で短時間な介助作業に限ります。

監視・断続的労働従事者の許可後の労働の実態が、許可基準に該当せず監視・断続的労働でないと判断されると、通常の労働時間・時間外労働となりその分の賃金不払残業が発生します。

許可を受けた監視・断続的業務の従事者は疲労が少なく、また、許可を受けた宿日直勤務の従事者は実態としてほとんど労働する必要がないため、労働時間や休日、割増賃金の規定が適用されません。

ところが許可後の監視・断続的労働や宿日直勤務の労働の実態が、許可基準に該当せず監視・断続的労働や宿日直勤務に該当しないと判断されると、それらの労働時間は通常の労働時間や時間外労働時間となり、その時間分の賃金不払労働や賃金不払残業が発生します。そのため許可後の労働の実態を定期的に把握し、許可基準を満たしているかどうか確認する必要があります。

| 第9節 | みなし労働時間制における賃金不払残業 |

POINT

・みなし労働時間制でも実際の労働時間が法定労働時間を超える場合は、割増賃金の支払が必要となります。

・労使協定で定めたみなし労働時間が、状況変化により法定労働時間を超えた場合は、その超えた労働時間に割増賃金を支払わなければ賃金不払残業が発生します。

・みなし労働時間制でも休日労働や休憩時間の労働時間を合算した労働時間が法定労働時間を超えた場合や深夜業の労働時間には割増賃金の支払が必要です。

1 みなし労働時間制でも実際の労働時間が法定労働時間を超える場合は、割増賃金の支払が必要となります。

　事業場外みなし労働時間とは、事業場外で業務に従事し労働時間を算定し難いときに、所定労働時間を労働したものとみなす制度ですが、法定労働時間をみなし労働時間（192頁参照）とした場合でも、通常の業務遂行に必要な実際の労働時間が法定労働時間を超える場合は、その超えた時間に36協定を締結し、かつその時間分の割増賃金を支払わなければ賃金不払残業が発生します。

2 労使協定で定めたみなし労働時間が、状況変化により法定労働時間を超えた場合は、その超えた労働時間に割増賃金を支払わなければ賃金不払残業が発生します。

　事業場外での業務遂行に通常必要とされる労働時間を労使協定で定めた場合は、その定めた時間を労働したものとみなしますが、定めた労働時間が当初は法定労働時間を超えていなくとも、時間の経過で徐々に繁忙となった場合や業務や作業内容の変化で実際の労働時間が法定労働時間を超えるようになった場合は、その超えた労働時間に割増賃金を支払

347

わなければ賃金不払残業が発生します。

　そのため労使協定締結後も、実際の労働時間が労使協定で定めた労働時間を超えていないかどうか労使で定期的に調査確認する必要があります。

３　みなし労働時間制でも休日労働時間を合算した労働時間が法定労働時間を超えた場合や深夜業の労働時間には割増賃金の支払が必要です。

1 法定休日労働

　事業場外労働のみなし労働時間制であっても、法定休日（労基法35条）の規定は適用にされるため、法定休日に労働させた場合、その日の労働時間の全部が事業場外で業務に従事しその労働時間の算定が困難であり、通常必要時間が所定労働時間以内であるときは、所定労働時間を労働したものとみなすため、この所定労働時間に対して３割５分増以上の割増賃金を支払う必要があります。この場合、休日労働日の所定労働時間は労働日の所定労働時間によります。また、労働時間の一部が事業場内労働であり、通常の必要時間と、別に把握した事業場内における時間の合計が所定労働時間を超えるときは、その合計時間に対して３割５分増以上の割増賃金を支払う必要があります。なお、法定休日以外の所定休日労働の場合も法定休日と同様に、所定休日労働の時間を算定して日または週の法定労働時間を超える時間は時間外労働となるので、みなし労働時間制の時間外労働と同様に２割５分増以上の割増賃金を支払う必要があります。

2 深夜労働

　事業場外労働のみなし労働時間であっても、深夜業（労基法37条４項）の規定は適用されるため、午後10時から午前５時までの間に実際に労働したときは、その時間については２割５分増以上の割増賃金を支払う必要があります。

第10節	研修・手待・休憩時間と賃金不払残業

POINT

・教育研修の内容が業務と関連性が強く、受講しないと制裁対象となるかまたは業務遂行上の具体的な支障が生じる場合は、受講時間が労働時間と判断されます。

・労働時間と判断される待機時間、手待時間や休憩時間を含めた労働時間が法定労働時間を超えた場合は、その超えた時間外労働時間に割増賃金の支払が必要です。

・一般健康診断受診時間の賃金は支払うことが望ましく、労働時間となる特殊健康診断が法定時間外に行われた場合は、その時間に割増賃金の支払が必要です。

1 教育研修の内容が業務と関連性が強く受講しないと制裁対象となるかまたは業務遂行上の具体的な支障が生じる場合は、受講時間が労働時間と判断されます。

1 教育研修時間

　業務命令による教育研修受講時間は労働時間ですが、業務命令でなくとも事業所が実施する教育研修の内容が業務との関連性が強く、受講しないと制裁対象となる場合、または受講しないと業務遂行上の具体的な支障が生じる場合は、その受講時間が労働時間と判断されることがあります。教育研修時間が労働時間と判断されると、その時間に賃金を支払わなければなりません。

　また、このような教育研修が時間外労働時間に実施されると、受講時間は時間外労働となり割増賃金を支払わなければ賃金不払残業が発生します。逆に、出席が強制でなく、欠席も制裁対象とならず、参加が自由な教育研修は労働時間にならず賃金の支払も必要ありません。

2 安全衛生教育時間

　労働安全衛生法上の安全衛生教育は、労働災害防止のために事業者の責任で実施するものなので、その受講時間は労働時間となります。受講時間が時間外労働時間となる場合は、

その時間に対して割増賃金を支払わないと賃金不払残業が発生します。

2 労働時間と判断される待機時間、手待時間や休憩時間を含めた労働時間が法定労働時間を超えた場合は、その超えた時間外労働時間に割増賃金の支払が必要です。

1 待機時間・手待時間と賃金不払残業

　労働時間とは、労働者が実際に労働に従事する時間だけでなく、使用者の指揮命令下にある時間をいいます。そのため、例えば自動車運転手が運転や荷物の積卸しを待つ待機時間や、店員が買物客を待つ時間等の手待時間は労働時間となり賃金の支払が必要です。

　所定労働時間外の待機時間や手待時間を含めた労働時間が法定労働時間を超えた場合は、その超えた時間が時間外労働時間となり、その超えた時間に対して割増賃金を支払わなければ賃金不払残業が発生します。

2 休憩時間と賃金不払残業

　休憩時間は労働者が自由に利用できる時間のため、休憩時間中に来客や電話の当番をする場合は、たとえ来客や電話がなくとも労働時間となります。労働時間となった休憩時間を加えた1日の労働時間の合計時間が法定労働時間を超えた場合は、その超えた時間が時間外労働時間となり、その時間に割増賃金を支払わない場合は、賃金不払残業が発生します。

3 一般健康診断受診時間の賃金は支払うことが望ましく、労働時間となる特殊健康診断が法定時間外に行われた場合は、その時間に割増賃金の支払が必要です。

1 一般健康診断

　一般健康診断は、労働者の一般的な健康確保を目的として事業者に実施義務を課したものであり、業務遂行と関連して行われるものではないため、その受診時間に対する賃金については事業者が負担しなければならないわけではありませんが、労働者の健康確保は事

業の円滑な運営には不可欠なことを考えると、受診時間の賃金を事業者が支払うことは望ましいとされます。

2 特殊健康診断と賃金不払残業

　特定の身体に有害な業務に従事する労働者について行われる特殊健康診断は、事業の遂行にからんで当然実施しなければならない性格のものであり、それは所定労働時間内に行われることを原則とします。

　特殊健康診断に要する時間は労働時間とされるため、特殊健康診断が所定労働時間外に行われた場合は、受診に要した時間に時間外労働の割増賃金を支払わなければなりません。

理解チェック

受講しないと制裁対象または業務遂行上の具体的な支障が生じる研修は労働時間となる

安全衛生教育は、労働災害防止のため事業者の責任で実施するため受講時間は労働時間となる

業務中の待機・手待時間及び電話番や留守番をする休憩時間は労働時間となる

一般健康診断受診時間の賃金は、使用者に支払義務はないが支払うことが望ましい

特殊健康診断は、事業の遂行上当然実施するため労働時間であり賃金支払が必要である

第11節 割増賃金単価の計算誤りに よる賃金不払残業

POINT

- ・割増賃金の単価計算の際に通常の賃金額を少なく誤ると割増賃金額の単価が少なくなり、その少なくなった分の賃金不払残業が発生します。
- ・実際の平均所定労働日数よりも多い日数や時間数で割増賃金単価を計算すると、割増賃金の単価が正しい額より少なくなるため、賃金不払残業が発生します。
- ・時間外労働や法定休日労働の割増率は異なり、これらの労働時間が深夜業と重複すると割増率も合算されますが、割増率を誤ると賃金不払残業が発生します。

1 割増賃金の単価計算の際に通常の賃金額を少なく誤ると割増賃金額の単価が少なくなり、その少なくなった分の賃金不払残業が発生します。

　月を単位として支給される賃金(以下、月給という)の時間当たりの割増賃金の単価は、通常の賃金額を年間平均の1か月における通常の労働時間数である所定労働時間数で除して算出します。通常の賃金とは、所定労働時間に対して支払われる賃金をいい、労働基準法では基本給だけでなく職務手当や資格手当等毎月一定額が支払われる賃金も通常の賃金に含めるとしています。なお、通常の賃金から除外できる賃金は家族手当、住宅手当、通勤手当等が限定して定められています。

　割増賃金の単価計算の際に、通常の賃金に含めなければならない賃金を含めないと、通常の賃金額が本来より少なくなり割増賃金の単価も少なくなるため、結果として計算された割増賃金も誤った低い金額となり賃金不払残業が発生します。

　また、賃金が時間給や日給制の場合にさらに職能や資格によって毎月一定額の手当が支払われる場合は、その手当も時間当たりの単価を割増賃金の単価に加算しなければ、割増賃金の単価が正しい単価に比べて少なくなるため、賃金不払残業が発生します(327頁参照)。

事例A	通常賃金の計算誤り

1か月の所定労働時間＝168時間、1か月の賃金➡基本給180,000円
＋職能給30,000円＋資格手当20,000＋通勤手当13,000円

- 誤った割増賃金単価➡180,000÷168時間＝1,071.4円×1.25[※]＝1340円（切上げ）
- 正しい割増賃金単価➡180,000＋30,000＋20,000＝230,000÷168時間＝1,369.04

$$1,369.04×1.25^※＝1,712円（切上げ）$$

事例B	日給に毎月支払われる手当を加算した通常の賃金

1日の所定労働時間7時間30分、1か月の所定労働時間＝168時間
賃金➡日給9,000円　毎月支払われる業務手当20,000円

- 日給の時間単価＝9,000÷7.5時間＝1,200円
- 定額手当の時間単価＝20,000÷168時間＝119.04円
- 割増賃金の時間単価＝（1,200＋119.04）×1.25[※]＝1,649円（切上げ）

※時間外労働割増、2割5分

2 実際の平均所定労働日数よりも多い日数や時間数で割増賃金単価を計算すると、割増賃金の単価が正しい額より少なくなるため、賃金不払残業が発生します。

　割増賃金の単価を計算する際に用いる通常の労働時間または通常の労働日の計算方法は労働基準法で定められています。通常の労働時間とは1年を平均した1か月の所定労働時間をいい、通常の労働日とは1年を平均した1か月の所定労働日をいいます（賃金が月給の場合）。例えば、休日が週休2日だけの場合の1か月の平均所定労働日と平均所定労働時間は事例Cのようになります。

　週休2日に加えて祝日や夏季や年末年始の休日がある場合は、事例Dのようにさらに1か月の平均所定労働日と平均所定労働時間が少なくなり、結果として割増賃金の単価も事例Cに比べ少なくなります。

　一方、事例Eのように1か月25日等実際の平均所定労働日数よりも多い日数や時間数で計算すると、通常の賃金額の単価が少なくなり割増賃金の単価も少なくなるため、結果として計算された割増賃金も少なくなり賃金不払残業が発生します。

| 事例C | 週休2日の場合の1か月の平均所定労働日と通常の賃金 |

所定労働時間1日8時間、休日＝週休2日、
月給180,000円＋職能給30,000円＋資格手当20,000円＋通勤手当13,000円

365日－土曜52日－日曜52日＝261日÷12か月＝21.75日　通常の労働日数

通常の賃金（事例A）230,000円÷21.75日＝10,574.71円

10,574.71円÷8時間＝1,321.83円

1,321.83円×1.25※＝1,653円（切上げ）

| 事例D | 週休2日及び各種休日がある場合の1か月の平均所定労働日と通常の賃金 |

所定労働時間1日8時間、休日＝週休2日、祝日11日、夏季3日、年末年始5日
月給180,000円＋職能給30,000円＋資格手当20,000円＋通勤手当13,000円

365日－土曜52日－日曜52日－祝日11日－夏季3日－年末年始5日
＝242日÷12か月＝20.16日　通常の労働日

230,000円÷20.16日＝11,408.73円

11,408.73円÷8時間＝1,426.09円

1,426.09円×1.25※＝1,783円（切上げ）

| 事例E | 通常の労働日よりも1か月の労働日を多くした場合の通常の賃金 |

1か月25日とした労働日数、月給180,000円＋職能給30,000円＋資格手当20,000円＋通勤手当13,000円

230,000円÷25日＝9,200円

9,200円÷8時間＝1,150円

1,150円×1.25※＝1,438円（切上げ）

※時間外労働割増、2割5分

時間外労働や法定休日労働の割増率は異なり、これらの労働時間が深夜業と重複すると割増率も合算されますが、割増率を誤ると賃金不払残業が発生します。

割増賃金の割増率は、法定時間外労働が2割5分以上、法定休日労働の割増率は3割5

分以上です。深夜業と時間外労働時間が重複した割増率は5割以上で、深夜業と法定休日労働が重複した割増率は6割以上です。割増率を加えなかったり、誤って低い率で割増賃金を計算すると、賃金不払残業が発生します。

【割増賃金ごとの割増率】

割 増 賃 金 の 種 類	割 増 率
法定時間外労働（1か月60時間まで）	2割5分〜5割
法定時間外労働（1か月60時間超え）	5割以上
法定休日労働	3割5分以上
深夜業	2割5分以上
法定時間外労働（1か月60時間まで）＋深夜業	5割以上（2割5分＋2割5分）
法定時間外労働（1か月60時間超え）＋深夜業	7割5分以上（5割＋2割5分）
法定休日労働＋深夜業	6割以上（3割5分＋2割5分）

第12節 年俸制の賃金不払残業

POINT

・年俸制の対象者であっても、管理監督職以外の労働者に時間外労働があれば割増賃金を支払う必要があります。

・年俸制の賞与はあらかじめ支給額が決まっているため、労働基準法上の賞与ではなく年棒額の12分の１の額が割増賃金単価の算定対象となります。

・年俸額に定額時間外労働の割増賃金を含む場合は、賃金台帳にその旨を記載し、割増賃金額に対応する時間外労働時間数も明示してください。

1 年俸制の対象者であっても、管理監督職以外の労働者に時間外労働があれば、割増賃金を支払う必要があります。

　年俸制とは能力や実績に応じて年間賃金を決定する制度で、主に管理職等に採用されています。年俸対象者が労働基準法上の管理監督者に該当するならば時間外・休日労働の割増賃金の支払は必要ありませんが、該当しなければ法定労働時間外の労働に対して割増賃金の支払が必要です(340頁参照)。

　例えば年間休日104日、所定労働時間が１日８時間、１週40時間に対して年俸額を定めた場合に、法定労働時間を超えて時間外労働や休日労働をさせた場合は、年棒額とは別に時間外労働や休日労働に対する割増賃金の支払が必要です。

　たとえ労働契約で年俸対象者には割増賃金を支払わないと合意していても、強行法規である労働基準法の違反となり賃金不払残業が発生します。

2 年俸制の賞与はあらかじめ支給額が決まっているため、年棒額の12分の1の額が割増賃金単価の算定対象となります。

　労働基準法上の賞与とは、労働者の勤務成績等に応じて支給されるものでかつ支給額があらかじめ決まっていないものをいいますが、年俸制の賞与額はあらかじめ支給額が決まっているため、労働基準法上の賞与ではなく毎月の賃金と同じに扱われます。そのため、年俸制では年俸額の1/16の額を毎月支払い、2/16の額を夏と冬の賞与として支払う場合がありますが、この場合の割増賃金は、年俸額の1/16の額ではなく年棒額の1/12の額を1か月の平均所定労働時間で除して算出します。年俸額の1/16の額で割増賃金を計算すると、割増単価とともに割増賃金も少なくなるため、結果として賃金不払残業が発生します。

事例	年棒制の割増賃金額

所定労働時間＝1か月の平均168時間、1日8時間、1週40時間

年棒額＝8,000,000円

毎月支払う額　　＝500,000円×12か月＝6,000,000円

賞与で支払う額＝1,000,000円（夏）＋1,000,000円（冬）＝2,000,000円

通常賃金の単価＝年俸額8,000,000円÷12か月＝666,666.66円÷168時間＝3,968.25円

割増賃金の単価＝3,968.25円×1.25[※]＝4,961円

※時間外労働割増、2割5分

3 年俸額に定額時間外労働の割増賃金を含む場合は、賃金台帳にその旨を記載し、割増賃金額に対応する時間外労働時間数も明示してください。

　年俸制で毎月支給する賃金に、定額の時間外労働の割増賃金を含む場合は、その額が実際の時間外労働時間に対応した割増賃金以上の額で、かつ賃金台帳にその名称（定額時間外労働の割増賃金である旨）と金額を区別して記載し、その旨と支給額に応じた時間外労働時間を労働契約書等で明示する必要があります。

　また、実際の時間外労働時間が定額の時間外労働時間を超えた場合は、その超えた時間

外労働時間に対応する割増賃金を支払わなければなりません（平12・3・8基収78）。

　なお、労働契約書と賃金台帳には定額時間外労働の割増賃金であることや、年俸との区別がなく、また割増賃金額に対応する時間外労働時間数の明示もなければ、時間外労働時間の割増賃金を支払っていると認められない可能性が高く、もし認められなければ賃金不払残業が発生します。

事例 **年俸額に定額時間外労働の割増賃金を含む場合の毎月支払額**

- 1か月平均所定労働時間数＝160時間

年棒額8,047,680円（毎月20時間分の定額時間外労働の割増賃金を含む）

通常賃金の単価＝6,960,000円÷12か月＝580,000円

580,000円÷160＝3,625円

割増賃金額単価＝3,625円×1.25[※]＝4,531.25→4,532円

毎月20時間分の時間外労働手当＝4,532円×20時間＝90,640円

毎月支払額＝580,000円＋定額残業手当90,640円＝670,640円

※時間外労働割増、2割5分

| 第13節 | 時間外労働の抑制策① 始業終業時刻の変更 |

POINT

・始業終業時刻を業務の繁忙に応じて早めたり遅らせたり変更できれば、時間外労働を抑制できます。

・所定労働時間を早番と遅番等に分ければ、時間外労働をさせずに長時間の営業時間に対応できます。

・休日振替は、就業規則等の定めに基づき休日を他の日に振り替え、本来の休日は通常の労働日となるため、その日の労働に割増賃金の支払が不要となります。

1 始業終業時刻を業務の繁忙に応じて早めたり遅らせたりすれば、時間外労働を抑制できます。

業務の都合により始業終業時刻を変更できれば、時間外労働を抑制できます。例えば始業時刻８時・終業時刻17時を定時としている事業場である日の夕方に業務量が増加し、終業時刻が19時になると予測される場合は、始業時刻を２時間遅らせて始業時刻10時・終業時刻を19時とすれば、１日の労働時間は８時間のままとなるため時間外労働は発生しません。部門により繁忙が異なる場合は、部門ごとに始業終業時刻を変更することもできます。

ただし、始業終業時刻を繁忙に応じて変更するには、事前に労働契約書か就業規則でその旨を定めて合意を得ておく必要があります。

2 所定労働時間を早番と遅番等に分ければ、時間外労働をさせずに長時間の営業時間に対応できます。

事業場の１日の営業時間が８時間を超える場合、営業時間に労働時間を対応させるとどうしても労働時間も１日８時間を超えます。このような場合は、所定労働時間を早番と遅番等に分ければ長時間の営業時間にも対応できます。例えば、営業時間が10時から19時までの10時間の場合に、所定労働時間を次のようなシフト制にすれば時間外労働は発生しま

せんし、各労働者の労働時間の短縮にも繋がります。

【シフトの例】

早番勤務	始業時間9時45分～終業時刻18時45分 ➡ 所定労働時間8時間
遅番勤務	始業時刻10時15分～終業時刻19時15分 ➡ 所定労働時間8時間

 休日振替は、就業規則等の定めに基づき休日を他の日に振り替え、本来の休日は通常の労働日となるため、その日の労働に割増賃金の支払が不要となります。

　休日振替とは、労働契約書や就業規則等の定めに基づき法定休日を他の日に振り替えることで、本来の休日は通常の労働日となり、この日の労働には割増賃金の支払は不要となります。ただし、振替後の労働時間を合算した1週間の労働時間が法定労働時間を超える場合は、その超えた時間が時間外労働となります。

　なお、代休とは法定休日労働をした後に休養のため代わりに本来の労働日を休むことをいいます。休日労働には割増賃金を支払いますが、代休日は通常の労働日を欠勤したということになるため、代休日の賃金は欠勤控除することで賃金支払額を抑制できます(233頁参照)。

| 第14節 | # 時間外労働の抑制策②
変形労働時間制、みなし労働時間制 |

POINT

- 一定期間のうちに業務の繁閑時期が明らかに予想できる場合は、変形労働時間制を採用することで割増賃金を抑制できます。
- 事業場外労働みなし労働時間制を採用して、労使協定で適正な労働時間を定めれば、業務遂行の効率を高め不要な時間外労働を減らすことができます。
- 業務の進め方や労働時間管理を労働者の裁量に委ねることで大きな成果が得られる業務では、裁量労働制を採用することで適正な労働時間にすることができます。

1 一定期間のうちに業務の繁閑時期が明らかに予想できる場合は、変形労働時間制を採用することで割増賃金を抑制できます。

　変形労働時間制とは特定の日や週の労働時間を長くするかわりに他の特定の日や週の労働時間を少なくして、一定期間を平均した所定労働時間を法定労働時間内とする制度です。法定労働時間は1日8時間1週40(44)時間ですが、変形労働時間制を採用していれば事前に定めた特定の日や週の労働時間が法定労働時間を超えても、割増賃金を支払う必要はありません。

　このため業務量が多くなると予想できる日や週について、事前に定めた所定労働時間が法定労働時間を超えても割増賃金の支払が不要となり、労働者も事前に定められた日ごと週ごとの所定労働時間に合わせて私生活の予定を立てやすくなります。

　変形労働時間制には、変形期間に応じて次の制度があります。また、フレックスタイム制は始業終業時刻の決定を労働者に委ねる制度です。

① 1か月単位の変形労働時間

　1か月以内の一定期間を平均する制度(158頁参照)

② 1年単位の変形労働時間制
1か月超1年以内の一定期間を平均する制度(167頁参照)

③ 1週間単位の変形労働時間制
1週間以内の一定期間を平均する制度(一定の業種規模の事業所が採用できる。179頁参照)

④ フレックスタイム制
清算期間内の始業終業時刻を労働者が決める制度(184頁参照)

2 事業場外労働みなし労働時間制を採用して、労使協定で適正な労働時間を定めれば、業務遂行の効率を高め不要な時間外労働を減らすことができます。

　事業場外での労働のため使用者の具体的な指揮監督が及ばず労働時間が算定し難い場合は、所定労働時間を労働したものとみなすことができます。これが、事業場外労働みなし労働時間制です。業務遂行に必要とされる平均的なみなし労働時間が所定労働時間を超えることが常態の場合は、その通常必要とされる時間を労働したものとみなします。

　みなし労働時間制を採用した場合に労使協定があるときは、その労使協定で定める時間を業務の遂行に必要な労働時間とすることができます。

　そのため使用者と担当業務の具体的な内容に詳しい労働者が、業務内容や遂行方法等を協議して実際に必要とされる労働時間を定めることができれば、業務遂行の効率を高め不要な時間外労働を排除することになり、適正な労働時間で業務を遂行できます。ただし、みなし労働時間制が適用されない場合(192頁参照)が定められています。

3 業務の進め方や労働時間管理を労働者の裁量に委ねることで大きな成果が得られる業務では、裁量労働制を採用することで適正な労働時間とすることができます。

　労働時間の長さに応じて得られる成果が決まるような業務とは異なり、業務の遂行方法や始業終業時刻を労働者が自らの裁量で決めることで、大きな成果が得られる可能性があ

る研究開発、情報処理、放送番組制作、デザインや企画といった業務があります。

　このような労働時間の長さだけではなく、個人のひらめきやアイデア、創造力等により大きな成果を得られる可能性のある業務では、業務の進め方や労働時間管理を労働者の裁量に委ねる裁量労働制を採用できます。

　裁量労働制において、使用者と担当業務の具体的な内容に詳しい労働者が、業務の内容や遂行方法を協議し、実際に必要とされる労働時間を定めることができれば、労働時間と業務遂行の効率を高められます。不要な時間外労働の排除に繋がり、適正な労働時間で業務を遂行できます。

　裁量労働制には、業務の内容によって、専門業務型裁量労働制と企画業務型裁量労働制に分けられます。

① 専門業務型裁量労働制

研究開発、システム設計、取材編集、デザイン業務(200頁参照)

② 企画業務型裁量労働制

事業や営業計画業務、企画立案・調査・分析業務(207頁参照)

第15節 時間外労働の抑制策③ 休日と休暇

POINT

- 休日とは労働義務のない日をいい、休日が増えると所定労働日が減り、その結果、割増賃金の時間当たりの単価が高い額になります。
- 休暇とは労働義務のある日について、事前の申出により休める日をいい、休んでも休日ではないため所定労働日数と所定労働時間は減少しません。
- 祝日を休日とした週の土曜日を所定労働日にすると、割増賃金の支払は必要なく、また、所定労働時間数は減らず、割増賃金の単価も増えません。

 休日とは労働義務のない日をいい、休日が増えると所定労働日が減り、その結果、割増賃金の時間当たりの単価が高い額になります。

　労働契約や就業規則で定めた休日は、本来労働義務のない日をいい、休日が増えると逆に所定労働日と所定労働時間が減少します。

　月給制の割増賃金の時間当たりの単価は、所定労働時間をもとにした通常の賃金額を年間平均である1か月の所定労働時間で除して算出した時間当たりの単価に、割増率を乗じて算出します（290頁参照）。割増賃金の計算式の分母である1か月の平均所定労働日数が減少すると比例して所定労働時間が減少し、結果として通常の賃金の時間当たりの単価が高くなります。所定労働時間を1日8時間、1週40時間とした場合の休日数による割増賃金について次の事例A、Bで計算してみます。

事例A	休日が週休2日の場合の割増賃金

休日が週休2日のみ（104日）、基本給＋職務手当＋資格手当＝230,000円

365日－104日＝261日

261日÷12か月＝21.75日

21.75日×8時間＝174時間　　月の労働時間

230,000円÷174時間＝1,321.83時間

1,321.83円×1.25※＝1,653円

事例B	休日が週休2日以外にも設けられている場合の割増賃金

休日は土日104日＋祝日11日＋夏季3日＋年末年始6日＝124日、
基本給＋職務手当＋資格手当＝230,000円

365日－124日＝241日

241日÷12か月＝20.08日

20.08日×8時間＝160時間　　月の労働時間

230,000円÷160時間＝1,437.5円

1,437.5円×1.25※＝1,797円

※時間外労働割増、2割5分

2 休暇とは労働義務のある日について、事前の申出により休める日をいい、休んでも休日ではないため所定労働日数と所定労働時間は減少しません。

　法定休日とは1週1日または4週4日の休日をいい、夏季や年末年始、祝日を休日とする義務はありません。休日とは本来労働義務のない日をいいますが、休暇とは本来労働義務のある日について定められた要件に従って事前に申し出ることにより休める日をいいます。そのため休暇日数が増えても、休日が増加し所定労働日と所定労働時間が減少するわけではありません。

　例えば夏季休日3日間と年末年始休日5日間とを定めた場合は、年間8日分の所定労働日数と所定労働時間数（分母）が減少するため割増賃金の単価が増加します。

　なお、夏季や年末年始の休日を定めずに、有給休暇の計画的付与（387頁参照）により、

８月に３日間と年末から年始にかけて５日間の労働日を全社一斉に有給休暇を消化すれば、所定労働時間は減少しないため割増賃金の単価は増加しません。同時に年次有給休暇の消化も進むことも期待できます。

3 祝日を休日とした週の土曜日を所定労働日にすると、割増賃金の支払は必要なく、また、所定労働時間数は減らず、割増賃金の単価も増えません。

労働基準法には祝日を休日としなければならない定めはありませんが、祝日を休みたい希望が労働者に多い場合には、就業規則等において祝日を休日とした週の他の日を所定労働日と定めることで、所定労働時間が１日８時間、日曜日を休日とした場合は、１週40時間労働を確保できます。

賃金が月給の場合は、この土曜日が通常の労働日であるならば土曜日の労働時間に追加の割増賃金を支払う必要はなく、賃金が時間給の場合はこの土曜日の労働時間に対して通常の時間給による賃金を支払います。

また、祝日のある月の所定労働日数と所定労働時間数が減少しなければ、割増賃金の単価が増えることもないため、割増賃金単価の増加を抑えることができます。

ただし、就業規則等で祝日と土曜日を休日とし、土曜日の労働時間に割増賃金を支払うと定めている場合は、その土曜日を所定労働日とすることは労働者にとって不利益変更となるため、労働者との事前合意なしに就業規則の変更による労働条件の変更はできません（59頁参照）。

366　第８章｜労働時間の把握と記録・賃金不払残業

事例 祝日を休日とし、同じ週の別の日を労働日とする場合

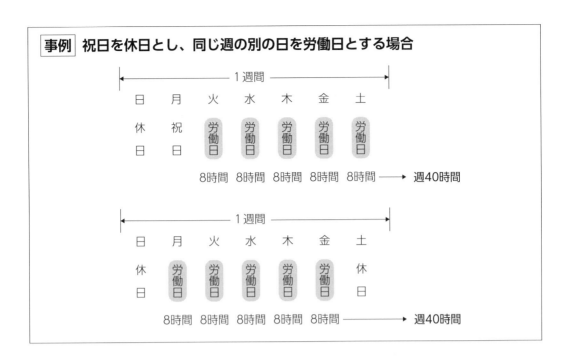

第 9 章

年次有給休暇・
その他の休暇・
妊産婦の保護

第1節 年次有給休暇

POINT

・使用者は、雇入日から6か月間継続勤務し全労働日の8割以上出勤した労働者に、10日間の年次有給休暇を付与しなければなりません。

・全労働日とは、就業規則等労働条件で定められた出勤すべき所定労働日をいい、所定休日は含みません。労働者の責に帰すべき不就労日は出勤日から除外します。

・年次有給休暇は、労働義務のある日についてのみ請求できるものであるため、所定休日や休業期間中の日には請求できません。

1 使用者は、雇入日から6か月間継続勤務し全労働日の8割以上出勤した労働者に、10日間の年次有給休暇を付与しなければなりません。

1 年次有給休暇の発生

　使用者は、労働者に対して年次有給休暇を付与しなければなりません。

　労働者は、有給休暇を取得することで体や心のリフレッシュができ、業務上の能力の発揮だけでなく健康管理や円満な家庭生活のためにもより効果が期待できる大切なものです。

　少子高齢化が続く現在では、業種や規模を問わず若く能力の高い労働者の採用が多くの事業所で困難となっています。年次有給休暇の取得しやすい環境を整え、取得率を向上させることは人材の採用と定着に欠かせない条件となっています。

　使用者は、労働者の雇入日から起算して6か月間継続勤務し、全労働日の8割以上出勤した労働者に対して、継続または分割した10日間以上の年次有給休暇を付与しなければなりません。その後は、継続勤務年数に応じた日数を付与します（375頁参照）。この年次有給休暇の権利は、上記の要件を満たした場合には法律上当然に労働者に発生する権利であり、労働者の請求を待ってはじめて発生するものではありません。ただし、労働者が請求しない場合は付与する必要はありません。ここでいう労働者の請求とは、年次有給休暇の取得時季を指定することをいいます。

2 年次有給休暇の取得目的

年次有給休暇を労働者がどのように利用するかは労働者の自由であり、休養以外の病気療養のためであっても、請求時季が事業の正常な運営を妨げるものでない限り使用者は付与しなければなりません(昭31・2・13基収489)。

ただし、所属事業場においてその業務の正常な運営の阻害を目的としていっせいに休暇届を提出して職場を放棄するといった場合は、年次有給休暇の名を借りた同盟罷業(団結して一時的に労働提供を拒否すること＝ストライキ)に他ならないため、年次有給休暇権の行使にはなりません。一方、他事業場の争議行為に年次有給休暇をとって参加するのは、年次有給休暇権の行使でないとはいえません(昭48・3・6基発110)。

3 派遣労働者の年次有給休暇

派遣労働者の年次有給休暇は、派遣元の使用者が付与しなければなりません。また、派遣元の使用者は、年次有給休暇を請求した労働者の代替労働者を派遣するあるいは派遣先の使用者と業務量の調整を行う等、派遣労働者の年次有給休暇の請求が抑制されないようにしなければなりません(平21・3・31基発0331010)。

4 起算日と基準日

年次有給休暇の発生要件である「雇入日から起算して6か月間継続勤務した日」とは、雇入日から起算した在籍期間が6か月を経過した日をいい、その日を基準日として年次有給休暇を付与します。基準日は雇入日から起算するため、労働者ごとの雇入日が異なる場合は、労働者ごとに起算日と基準日も異なります。具体的には、以下のようになります。

【年次有給休暇発生の基準日】

・4/1に雇い入れた労働者の基準日

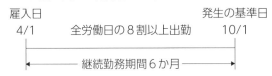

・6/21に雇い入れた労働者の基準日

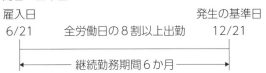

5 年次有給休暇の基準日の統一

　年次有給休暇発生の基準日は、労働者ごとの雇入日から起算した6か月経過日のため、雇入日が異なれば起算日と基準日もそれぞれ異なります。しかし、雇入日が異なる労働者数が多い事業場では、労働者ごとの異なる基準日に全労働日の出勤率を把握しながら年次有給休暇の発生日数を管理することは、実務上大きな負担となる場合があります。

　そのような場合に、全労働者の基準日を個々の雇入日に関わらず1月1日や4月1日等に統一して取り扱うことも可能です。その場合は、基準日に継続勤務1年未満であっても該当する年次有給休暇日数を与える等、下記事例のように付与日数は切り上げて取り扱う必要があります（平6・1・4基発1）。

　また、中途採用等雇入日の異なる新規雇用労働者数の多い事業所では、採用後の継続勤務6か月経過した基準日の管理に手数がかかることがあります。事業場が多く新規雇用者の配属先事業場も多数に分散する場合はなおさら大変です。このような場合は、入社日に10日あるいは1か月経過ごとに2日ずつ付与したり、あるいは10月1日等新規採用者独自の基準日を設けて、その基準日に10日を付与する等の方法があります。

付与基準日統一の要件（平6・1・4基発1　平27・3・31基発0331第14）

① 基準日を統一して取り扱う斉一的取扱や、分割付与により法定の基準日以前に付与する場合の8割以上の出勤要件は、短縮された期間は全期間出勤したものとみなすこと。

② 次年度以降の付与日数は、初年度の付与日を法定の基準日から繰り上げた期間と同じかまたはそれ以上の期間、法定の基準日より繰り上げること（例えば、4月1日に入社した者に対し、入社時に5労働日、法定の基準日である10月1日に5労働日付与した場合は、次年度の基準日は本来翌年10月1日だが、初年度にその付与日数の一部を法定の基準日以前に6箇月繰り上げたため、同様に次年度6箇月繰り上げ、翌年4月1日に11労働日付与する場合がある）。

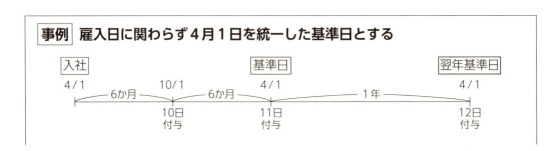

事例　雇入日に関わらず4月1日を統一した基準日とする

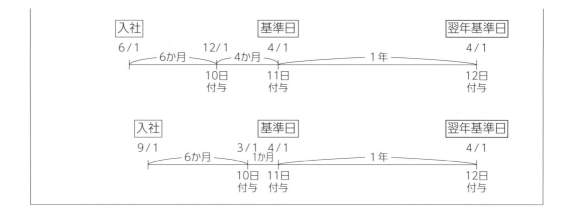

2 全労働日とは、就業規則等労働条件で定められた出勤すべき所定労働日をいい、所定休日は含みません。労働者の責に帰すべき不就労日は出勤日から除外します。

　全労働日とは、就業規則等労働条件で定められた出勤すべき所定労働日の全てをいい、所定休日等一定の日は含みません。そのため労働者の職種や労働条件により全労働日数が異なることがあります。また、所定休日に労働させた日は全労働日には含まれません。所定労働日に遅刻や早退した場合は、不就労日ではないため出勤日となります。

　年次有給休暇の発生要件である8割以上の出勤率を算出する際に出勤日から除外するのは、労働者の責に帰すべき不就労日です(労基法39条8項、昭22・9・13基発17、平6・3・31基発181)。

　また、出勤日とみなす日と全労働日に含まれない日が次のように定められています(昭33・2・13基発90、昭63・3・14基発150、平25・7・10基発710第3)。

出勤日とみなされる日

① 業務上の傷病による療養のための休業期間
② 女性の産前産後の法定休業期間
③ 法定による育児休業期間及び介護休業期間
④ 年次有給休暇を取得した日
⑤ 遅刻、早退した日
⑥ 解雇が無効と確定した場合の解雇から復職日までの期間

373

全労働日に含まれない日

① 使用者の責に帰すべき事由による休業日

② 不可抗力による休業日

③ 代替休暇の取得日

④ 正当な争議行為により労務が提供されなかった日

3 年次有給休暇は、労働義務のある日についてのみ請求できるものであるため、所定休日や休業期間中の日には請求できません。

　年次有給休暇は、労働義務のある日についてのみ請求できるものであるため、本来の休日には請求できません。そのため事前に定めた夏季休日や育児休業申出後の育児休業期間中には年次有給休暇を請求する余地はありません。例えば、育児休業の申出前に育児休業期間中について時季指定や計画的付与が行われた場合は、その日が後に育児休業期間になっても、年次有給休暇を取得したものとして取り扱われ賃金を支払わなければなりません（平3・12・20基発712）。

　その他、年次有給休暇の請求権については次のような取扱いがあります。

① 傷病により長期療養中の者が休業期間中に年次有給休暇を請求したときは、付与しなければなりません（昭24・12・28基発1456）。

② 休職が発令され、会社に籍はあるが会社に対して労働義務が免除される場合、そもそも労働義務がない日には年次有給休暇を請求する余地がないため、このような休職者は年次有給休暇請求権の行使ができません（昭31・2・13基収489）。

③ 解雇の場合は、年次有給休暇請求権は解雇予告期間中に行使しなければ消滅します（昭23・4・26基発651）。

374　第9章│年次有給休暇・その他の休暇・妊産婦の保護

第2節　年次有給休暇の継続勤務年数に応じた付与日数

POINT

・１週間の所定労働日数が通常の労働者と比べ少ない労働者には、その所定労働日数に比例して少ない年次有給休暇を付与しなければなりません。

・雇入日以降の６か月経過日から継続勤務１年ごとに全労働日の８割以上出勤した労働者に、継続勤務年数に応じた年次有給休暇を付与しなければなりません。

・所定労働日数が少ない労働者には、雇入日以降の６か月経過日から継続勤務１年ごとに所定労働日数に比例した年次有給休暇を付与しなければなりません。

---

1 １週間の所定労働日数が通常の労働者の週所定労働日数に比べ少ない労働者には、その労働日数に比例して少なくなった年次有給休暇を付与しなければなりません。

　週の所定労働日数、あるいは所定労働日数が週ごとに異なる場合や、週以外の期間で定められている場合は年間の所定労働日数が、一定の範囲内かつ週の所定労働時間が30時間未満の労働者には、６か月間継続勤務し全労働日の８割以上出勤した労働者に週または年間の所定労働日数に比例して定められた年次有給休暇日数を付与しなければなりません。

　ただし、週の労働日数が４日以下の場合でも１週間の所定労働時間数が30時間以上であれば、週または年間の所定労働日数に比例した年次有給休暇ではなく通常の労働者と同じ年次有給休暇を付与しなければなりません。

【週または年間の労働日数に比例した年次有給休暇】

週所定 労働日数	年間所定 労働日数	付与日数
4日	169〜216日	7日
3日	121〜168日	5日
2日	73〜120日	3日
1日	48〜 72日	1日

2 雇入日以降の6か月経過日から継続勤務1年ごとに全労働日の8割以上出勤した労働者に、継続勤務年数に応じた年次有給休暇を付与しなければなりません。

1 採用後6か月経過後から継続勤務1年ごとの年次有給休暇日数

　使用者は、雇入日から6か月経過した日から起算して継続勤務1年ごとに全労働日の8割以上出勤している場合は、継続勤務年数に応じて増加した年次有給休暇日数を付与しなければなりません。

　ただし、年次有給休暇の付与要件である全労働日の8割以上の出勤率は、継続勤務1年ごとに満たさなければなりません。例えば、入社後6か月間は8割以上、6か月から1年6か月までは8割未満、1年6か月から2年6か月までは8割以上の出勤率の場合は、継続勤務1年6か月では0日、継続勤務2年6か月では12日間の年次有給休暇を付与しなければなりません（平6・1・4基発1、平11・3・31基発168）。

継続勤務年数	1年6か月	2年6か月	3年6か月	4年6か月	5年6か月	6年6か月以降
付与日数	11日	12日	14日	16日	18日	20日

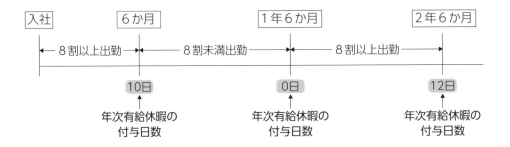

2 継続勤務の意味

　継続勤務とは在籍期間をいい、勤務の実態をもとに判断します。そのため定年退職後の嘱託勤務の場合や、一定期間ごとの契約更新により6か月以上継続勤務した場合等は、実態として引き続き勤務したものとして勤務年数を通算します。事業の合併があった場合や在籍出向の場合も継続勤務したものとみなされます（昭63・3・14基発150）。

所定労働日数が少ない労働者には、雇入日以降の6か月経過日から継続勤務1年ごとに所定労働日数に比例した年次有給休暇を付与しなければなりません。

1 所定労働日数に応じた比例付与

使用者は、雇入日以降の6か月経過日から継続勤務1年ごとに増加した年次有給休暇を労働者に付与しなければなりません。週の所定労働日数、あるいは所定労働日数が週ごとに異なる場合や週以外の期間で定められている場合は、年間の所定労働日数が一定の範囲内かつ週の所定労働時間が30時間未満の労働者には、週または年間の所定労働日数に比例して定めた年次有給休暇日数を付与しなければなりません。

ただし、週の労働日数が4日以下の場合でも1週間の所定労働時間数が30時間以上の場合は、週または年間の所定労働日数に比例した年次有給休暇ではなく通常の労働者と同じ年次有給休暇を付与しなければなりません。

週所定労働日数	年間所定労働日数	継続勤務年数					
		1年6か月	2年6か月	3年6か月	4年6か月	5年6か月	6年6か月以降
4日	169〜216日	8日	9日	10日	11日	13日	14日
3日	121〜168日	6日	6日	8日	9日	10日	11日
2日	73〜120日	4日	4日	5日	6日	6日	7日
1日	48〜72日	2日	2日	2日	3日	3日	3日

2 所定労働日数に応じた比例付与の基準日

週または年間の所定労働日数に応じた年次有給休暇の付与日数は、基準日ごとの所定労働日数で決まります。年次有給休暇は、基準日に発生するためです。そのため前年度の基準日の週所定労働日数が4日の場合は勤続年数に応じた週4日の日数を付与し、当年度の基準日の週所定労働日数が3日の場合は、勤続年数に応じた週3日の日数を付与します。

基準日到達前の年度の途中に週所定労働日数が4日から3日に減少した場合等でも年度の途中に付与日数を減少させることはできず、基準日に発生した日数が有効となります。

ただし、年度の途中に所定労働日数が増えた場合に、年次有給休暇の付与日数を増やすことはできます。

なお、所定労働日数が非定型的なパートタイム労働者等は、原則は基準日に予定されて

いる今後１年間の所定労働日数により付与日数が決まりますが、業務の繁閑に左右される勤務シフトの場合は、基準日時点では予定される所定労働日数の算出が難しい場合もあります。この点について、例えば、訪問介護労働者では過去６か月の労働日の実績日数を２倍した日数を１年間の所定労働日数とみなすことができるとされており（平16・８・27基発0827001）、参考になります。

3 臨時社員から正社員に変更した場合

　パートタイマーから正社員、正社員から定年後の再雇用、嘱託契約等労働契約が変更され所定労働日数が変わった場合は、最初の雇入日からの継続勤務期間に基づいた基準日における労働契約で定めた所定労働日数によって年次有給休暇の日数が決まります。年次有給休暇は基準日に発生するためです。

　基準日における所定労働日数が定まらない場合は、基準日直前の労働日数の実績で判断します。

| 第 3 節 | 年次有給休暇請求と使用者の時季変更権 |

POINT

・労働者が年次有給休暇の取得時季を指定した場合は、使用者がその時季を変更しない限り請求された時季に付与しなければなりません。

・年次有給休暇は労働者の請求した時季に与えなければなりませんが、その時季の取得が事業の正常な運営を妨げる場合は、使用者は請求を拒否できます。

・労働者が年次有給休暇を請求した場合は、使用者はその時季に取得できるよう配慮する必要があります。配慮せず行使した時季変更権は無効と考えられます。

1 労働者が年次有給休暇の取得時季を指定した場合は、使用者がその時季を変更しない限り請求された時季に付与しなければなりません。

　労働者の年次有給休暇の請求とは、年次有給休暇の取得時季を指定することをいいます。

　労働者が取得時季を指定した場合は、使用者がその時季を変更しない限り付与しなければなりません。

　労働者が年次有給休暇をいつまでに請求しなければならないかについての定めは特にありません。ただし、当日の朝等、使用者に時季変更権の行使を判断する時間を与えずに請求した場合は、事業の正常な運営に支障が出る可能性があるため、使用者が時季変更権の行使を判断する時間を考慮して請求することが、事業の正常な運営上は求められます。

判例チェック

　電電公社此花電話局事件(最高裁昭57.3.18)では、交替勤務者の休暇の請求は前々日の勤務終了時までにする旨の定めは労働基準法39条に違反しないとしています。

　労働者から当日の朝になされた有給休暇の請求に対し、事業の正常な運営を妨げるところがあるが、事情によっては請求を認めると考え休暇の理由をただしたところ、労働者が理由明示を拒んだため請求を不承認としたことは、年次有給休暇の開始または経過後に使

用者の時季変更権の行使がなされたとしても、適法な時季変更であり有効であるとしています。

2 年次有給休暇は労働者の請求した時季に与えなければなりませんが、その時季の取得が事業の正常な運営を妨げる場合は、使用者は請求を拒否できます。

1 使用者の時季変更権

使用者は年次有給休暇を労働者の請求した時季に与えなければなりませんが、請求された時季に与えることが事業の正常な運営を妨げる場合は、時季変更権を行使してその請求を拒否し他の時季に与えることができます(労基法39条5項)。ただし、使用者は労働者に他の時季を示す必要はありません。

この時季変更権は、単に担当部署が忙しいからとか人員が不足するから等の安易な理由では認められないと考えられます。時季変更権の行使が認められるのは、必須の代替要員の確保ができない等、事業が一体として正常に運営できない具体的な事情がある場合に限られます。

なお、繁忙期に複数人が長期有給休暇を同時に取得すると、事業の正常な運営ができなくなりますが、これが事業の正常な運営を妨げる場合に該当するかどうかは、事業の規模や内容、請求した労働者の作業内容や性質、繁閑度合い、代替配置の難易度等の事情を総合的にみて判断する必要があります。

2 派遣労働者

派遣労働者の年次有給休暇については、請求された時季が事業の正常な運営を妨げるか否かは、派遣元の事業において判断されます。派遣中の労働者が派遣先の事業において就労しないことが派遣先の事業の正常な運営を妨げる場合であっても、派遣元の事業との関係においては、事業の正常な運営を妨げる場合には該当しない場合もあり得るため、代替労働者の派遣の可能性も含めて、派遣元事業の正常な運営を妨げるかどうかを判断するためです(昭61・6・6基発333)。

380　第9章│年次有給休暇・その他の休暇・妊産婦の保護

3 労働者が年次有給休暇を請求した場合は、使用者はその時季に取得できるよう配慮する必要があります。配慮せず行使した時季変更権は無効と考えられます。

　労働者が年次有給休暇を請求した場合は、使用者は請求された時季に取得できるよう配慮する必要があります。特に代替要員を確保するよう配慮することが求められ、請求した労働者の職務の代替性、代替要員確保の時間の有無、代替要員の確保の可能性等を考慮する必要があります。そのような配慮を行わずに使用者が安易に行使した時季変更権は、無効と判断されると考えられます。

　年次有給休暇を与えることは、使用者に課せられた義務です。また、有給休暇を取得することで労働者は休養や心のリフレッシュができ、健康管理や円満な家庭生活によい効果が期待できます。そのため、年次有給休暇の取得しやすい環境は、若い労働者が特に重視する重要な労働条件です。

　少子高齢化社会となった現在、若く能力の高い労働者の採用が困難な事業所も多いですが、年次有給休暇の理解を深め取得率を向上させて、より魅力ある職場環境を整えてください。

第4節　年次有給休暇の付与単位

POINT

・年次有給休暇は1日単位で付与するものであるため、使用者には半日単位で付与する義務はありませんが、労働者が希望した場合は半日単位で付与できます。
・年次有給休暇の取得日には、平均賃金、所定労働時間を労働した場合の通常の賃金、健康保険の標準報酬月額の30分の1の額のいずれかの賃金を支払います。
・年次有給休暇は、付与年度に消化できない日数は翌年に限り繰り越すことができますが、付与から2年経過すると請求権が時効により消滅します。

年次有給休暇は1日単位で付与するものであるため、使用者には半日単位で付与する義務はありませんが、労働者が希望した場合は半日単位で付与できます。

　年次有給休暇は1日単位で付与するものであるため、使用者には半日単位で付与しなければならない義務はありませんが、労働者が半日単位の取得を希望した場合は付与することができます。半日単位で付与する場合は1日を午前と午後に分ける方法と、所定労働時間を半分に分ける方法が一般的です。事前に就業規則等で定めておいてください。
　なお、使用者が半日単位で付与する場合は、次の事項を確認してください(平7・7・27基監発33)。

半日単位の有給休暇付与の留意点
① 労働者が半日単位の取得を希望して時季を指定し、使用者がこの希望に同意したこと
② 1日単位の取得を阻害しない範囲で適切に運用されること
③ 労働者が1日単位の取得を希望した場合は、使用者が半日単位で付与できないこと

---

2 年次有給休暇の取得日には、平均賃金、所定労働時間を労働した場合の通常の賃金、健康保険の標準報酬月額の30分の1の額のいずれかの賃金を支払います。

1 年次有給休暇取得日の賃金

　労働者が年次有給休暇を取得した日には、使用者は下記①～③いずれかの賃金を支払わなければなりません。ただし、①と②を採用する場合は就業規則等で定めることが必要であり、③を採用する場合は事業場の過半数の労働者で組織する労働組合、またはその労働組合がない場合は、過半数の労働者を代表する労働者と書面による労使協定を締結することが必要です。

　①の平均賃金は、過去3か月間の計算対象月の賃金合計額を暦日数で除して算出するため（285頁参照）、一般には通常の賃金の1日当たりの額に比べ少なくなると思われますが、時間外手当等が多ければ平均賃金額も多くなる可能性があります。年次有給休暇取得時の賃金支給額が通常の賃金額より少ない額の場合は不満が生じます。なお、平均賃金を採用する場合は、その都度計算した平均賃金額でなくとも通常の賃金額が平均賃金額より多いならば、その月の通常の賃金額を支払うことができます。

年次有給休暇の取得日の賃金額

① 平均賃金

② 所定労働時間を労働した場合の通常の賃金

③ 健康保険法の標準報酬月額の30分の1の額の賃金（5円未満切捨て5円以上切上げ）

事例　通常の賃金と平均賃金の比較

　通常の賃金　基本給＋諸手当＝300,000円　　1か月の所定労働日数20日の場合

・通常の賃金＝300,000円÷20日＝15,000円

・平均賃金　Aは残業手当等が多くなく、Bは残業手当等が多い場合

　　　　　　暦日数＝30日（4月）＋31日（5月）＋30日（6月）＝91日

　A＝（4月410,000円＋5月390,000円＋6月420,000）÷91日＝13,407円

　B＝（4月490,000円＋5月510,000円＋6月480,000）÷91日＝16,264円

2 パートタイム労働者等の年次有給休暇取得日の賃金

　時間給制のパートタイム労働者等の所定労働時間が労働日ごとに異なる場合は、その日ごとの労働時間に応じて賃金額も異なりますが、年次有給休暇取得日の賃金額はその取得日の所定労働時間に応じた賃金額となります。

　賃金が日給の場合はその日の日給を、賃金が時間給の場合はその日の通常の労働時間に応じた金額を支払います。例えば所定労働時間が1日6時間の日に取得した場合は6時間分の賃金額となり、1日4時間の日に取得した場合は4時間分の賃金額となります。変形労働時間制を採用する時間給制労働者の変形期間中の通常の賃金は、事前に定めた各日の所定労働時間に応じた額となります(昭63・3・14基発150)。

　なお、日ごとの所定労働時間に関わらず同じ賃金額とするには①の平均賃金か③の健康保険の標準報酬月額の30分の1の額の賃金のいずれかを採用する必要があります。年次有給休暇の取得日に所定労働時間労働した場合に支払われる通常の賃金は、次の方法によって算定した金額となります(労基法施行規則25条1項)。

時間により定められた賃金	その金額にその日の所定労働時間数を乗じた金額
日により定められた賃金	その金額
週により定められた賃金	その金額をその週の所定労働日数で除した金額
月により定められた賃金	その金額をその月の所定労働日数で除した金額
月、週以外の一定の期間により定められた賃金	上記のそれぞれの方法に準じて算定した金額
出来高払制やその他の請負制により定められた賃金	その賃金算定期間(当該期間に出来高払制その他の請負制によって計算された賃金がない場合においては、当該期間前において出来高払制その他の請負制によって計算された賃金が支払われた最後の賃金算定期間)において出来高払制その他の請負制によって計算された賃金の総額を当該賃金算定期間における総労働時間数で除した金額に、当該賃金算定期間における1日平均所定労働時間数を乗じた金額
賃金が上記のうち、2以上の賃金よりなる場合	その部分ごとにそれぞれの方法によりそれぞれ算定した金額の合計額

3 精皆勤手当・賞与

　使用者は、精皆勤手当及び賞与の額の算定に際して、年次有給休暇を取得した日を欠勤

としてまたは欠勤に準じて取り扱うこと等、年次有給休暇の取得を抑制する全ての不利益
な取扱いはしないようにしなければなりません（昭63・1・1基発1）。

3 年次有給休暇は、付与年度に消化できない日数は翌年に限り繰り越すことができますが、付与されたときから2年経過すると請求権が時効により消滅します。

1 年次有給休暇の時効消滅

　年次有給休暇は、付与年度に消化できない日数については翌年に限り繰り越すことができますが、付与から2年経過すると請求権が時効により消滅します。年次有給休暇の請求権は基準日に発生し、その翌年度末日で時効消滅するためです（昭22・12・15基発501）。

　ところで前年度から繰り越された年次有給休暇と当年度に新たに発生した年次有給休暇がある場合に、労働者が請求した年次有給休暇はどちらの年次有給休暇を付与するかについては、労働基準法は特に定めていません。このことについて民法488条によれば、2つの同種の債務（繰越し分と新規発生分の有給休暇）を負担する債務者（使用者）は、給付（休暇付与）のときに弁済すべき債務（繰越し分か新規発生分か）を指定できるとの定めがあります。弁済する者（使用者）が指定しないときは弁済を受領する者（労働者）が充当すべき債務を指定できる、とされています。

　これにより、年次有給休暇を付与する（債務を弁済する）使用者は、前年度繰越しまたは当年度発生の年次有給休暇（2つの同種の債務）のいずれかを先に付与するかを定めることができます。特に定めがない場合は前年度から繰り越された年次有給休暇の日数から付与されると思われます。

　新たに発生した年次有給休暇から付与する場合、請求されず残った前年度繰越しの年次有給休暇は年度末に2年の時効で消滅します。年次有給休暇の消化数が少なければ時効消滅する繰り越された年次有給休暇の日数は多くなりますが、逆に時効消滅する日数を少しでも減らそうとして年次有給休暇の請求が増えることも考えられます。この場合は、消化促進効果が期待できます。

　どちらの年次有給休暇から付与するかは、人材確保と定着のための条件、年次有給休暇の消化率、事業の正常な運営、労使の信頼関係等を十分考慮したうえで決めてください。

385

事例 年次有給休暇の繰越しがある場合の日数計算

次年度繰越6日＋当年度発生14日＝20日　当年度請求11日の場合

- 繰越分より付与➡繰越分6日＋当年度分5日＝翌年度繰越9日（14－5）
- 当年度分より付与➡当年度分11日＋繰越分6日時効消滅＝翌年度繰越3日（14－11）

2 年次有給休暇の買上げ

　年次有給休暇は、労働基準法で使用者が労働者に与えなければならないと定めているため、年次有給休暇を与えずにその日数分の賃金を支払うことで与えたことに代替することはできません。

　ただし、年次有給休暇の未消化日数の買上げはできませんが、付与から2年経過し時効消滅した日数、または年次有給休暇の未消化日数が退職等で請求しないまま消滅した場合に金銭を支払うことは買上げとはならず認められます。

　なお、法定を上回る日数の年次有給休暇を与えている場合は、その上回る日数について買い上げることは認められます。

| 第5節 | 年次有給休暇の計画的付与 |

POINT

・使用者は、労使協定があれば年次有給休暇の5日を超えた部分の付与時季をあらかじめ計画的に指定することができます。
・年次有給休暇の計画的付与制度を導入するには、書面による労使協定が必要です。計画的付与には事業場全体へのいっせい付与や部署、個人ごとの付与等があります。
・計画的付与により事前に時季指定された年次有給休暇の日については、労働者の時季指定権と使用者の時季変更権はともに行使できません。

1 使用者は、労使協定があれば年次有給休暇の5日を超えた部分の付与時季をあらかじめ計画的に指定することができます。

　我が国の年次有給休暇の取得率は、他の先進諸国と比べても低くなっており政府は取得率の向上を目指しています。労働者の休息を確保するという年次有給休暇の意義からすれば、労働者全員による高い取得率を維持できることが望ましいのですが、事業所の事情によっては取得率が低迷したままの場合があります。また、取得率の高い事業所であっても個々の事情により取得率の高い人と低い人がいることもあります。

　年次有給休暇の取得時季は労働者が自由に決められますが、もともと取得率が低い事業所や、あるいは業務の繁忙時等の事情を考慮して年次有給休暇の取得を労働者自らが抑制する傾向のある事業所もみられます。また、事業所によっては年次有給休暇が取得しにくい風土となっている場合もあります。

　そこで事業所全体や所属部署ごとの業務の繁忙状況あるいは個々の労働者の希望を考慮して、年次有給休暇の付与時季を事前に定める制度があります。これを年次有給休暇の計画的付与制度といい、対象となるのは年次有給休暇のうち5日を超える日数となり、5日までは労働者が自由に取得時季を指定できます。この5日を超える年次有給休暇の日数には前年度から繰り越された年次有給休暇も含みます。計画的付与を活用することにより、業務繁忙以外の時期や労働者の希望をもとに計画的に有給休暇の付与時季を定めることが

できるため、事業の正常な運営と有給休暇の取得促進が期待されます。

2 年次有給休暇の計画的付与制度を導入するには、書面による労使協定が必要です。計画的付与には事業場全体へのいっせい付与、部署や個人ごとの付与等があります。

計画的付与制度を導入するには就業規則にその旨を定めるとともに、過半数で組織する労働組合またはその労働組合がなければ労働者の過半数代表者との書面による労使協定が必要です。

計画的付与の方法としては①事業場全体で全員いっせいに付与する、②部署等グループごとで指定した日に付与する、③個人ごとの希望を調整した計画表により個々に付与するといった方法があります。なお、①と②の場合は、雇入れ後6か月間に満たない者等、本来の付与日数がない者や本来の付与日数が計画的付与日数以下の者にも、協定で付与する日数を特別の休暇として付与する必要があります。特別の休暇を付与しなければ使用者都合の休業となり、少なくとも休業手当（平均賃金の6割の額）の支払が必要となります。

なお、計画的付与の対象外となる日の取得時季は労働者が自由に決めます。以下の例のように労使協定を結び、労使双方の合意を明確にしておきます。

【労使協定の例（事業場全体のいっせい付与する場合）】

年次有給休暇の計画的付与に関する労使協定

　日本○○産業株式会社と日本○○産業労働組合とは、年次有給休暇の計画的付与に関して次のとおり協定する。

第1条　当社の本社に勤務する社員が請求できる平成○年度の年次有給休暇のうち4日分については、次の日に与えるものとする。
　　　　4月27日、5月1日、5月2日、12月29日
第2条　当社社員であって、その有する年次有給休暇の日数から5日を差し引いた残日数が「4日」に満たないものについては、その不足する日数の限度で、第1項に掲げる日に特別有給休暇を与える。
第3条　この協定の定めにかかわらず、業務遂行上やむを得ない事由のため指定日に出勤を必要とするときは、会社は組合と協議の上、第1項に定める指定日を変更するものとする。

　平成○○年○月○日

　　　　　　　　　　　　　　　　　　　　日本○○産業株式会社
　　　　　　　　　　　　　　　　　　　　　　代表取締役　大森　広○
　　　　　　　　　　　　　　　　　　　　日本○○産業労働組合
　　　　　　　　　　　　　　　　　　　　　　執行委員長　小山　○則

【労使協定の例（部署ごとの計画的付与の場合）】

年次有給休暇の計画的付与に関する労使協定

　東日本○○電子株式会社と同社従業員代表○○○○とは、年次有給休暇の計画的付与に関し、次のとおり協定する。

1　課ごとに、その所属の社員をA、Bの2グループに分けるものとする。その調整と決定は各課長が行う。

2　各社員が保有する平成○○年度の年次有給休暇のうち5日分については各グループの区分に応じて、次表のとおり与えるものとする。

Aグループ	8月5日～9日
Bグループ	8月12日～16日

3　社員のうち、その保有する年次有給休暇の日数から5日を差し引いた日数が「5日」に満たないものについては、その不足する日数の限度で、第2項に掲げる日に特別有給休暇を与える。

4　この協定の定めにかかわらず、業務遂行上やむを得ない事由のため指定日に出勤を必要とするときは、会社は従業員代表と協議の上、第2項に定める指定日を変更するものとする。

　　平成○○年○月○日

　　　　　　　　　　　　　　　　東日本○○電子株式会社

　　　　　　　　　　　　　　　　取締役総務部長　　○○○○

　　　　　　　　　　　　　　　　東日本○○電子株式会社

　　　　　　　　　　　　　　　　従業員代表　　○○○○

【労使協定の例（付与期間を定めた個人別付与とする場合）】

年次有給休暇の計画的付与に関する労使協定

　　○○建設資材株式会社と同社従業員代表○○○○とは、年次有給休暇の計画的付与に関して次のとおり協定する。

第1条　当社の従業員が保有する平成○年度の年次有給休暇(以下「年休」という。)のうち、5日を超える部分については6日を限度として計画的に付与するものとする。なお、その保有する年休の日数から5日を差し引いた日数が「6日」に満たないものについては、その不足する日数の限度で特別有給休暇を与える。

第2条　年休の計画的付与の期間及びその日数は、次のとおりとする。

　　　　・前期＝4月～9月の間で3日間

　　　　・後期＝10月～翌年3月の間で3日間

第3条　各個人別の年休付与計画表は、各従業員から提出された希望表を考慮して、計画的付与の対象期間が始まる2週間前までに会社が作成し、通知する。

第4条　各従業員は、年休付与計画の希望表を、所定の様式により、休暇対象期間の始まる1か月前までに、所属課長に提出しなければならない。

第5条　所属課長は、第4項の希望表に基づき、各従業員の休暇日を調整し、決定する。

第6条　この協定の定めにかかわらず、業務遂行上やむを得ない事由のため指定日に出勤を必要とするときは、会社は従業員代表と協議の上、第2項に定める指定日を変更するものとする。

　　　平成○○年○月○日

　　　　　　　　　　　　　　　　　　　　　　　　○○建設資材株式会社

　　　　　　　　　　　　　　　　　　　　　　　　　　取締役社長　新城　○明

　　　　　　　　　　　　　　　　　　　　　　　　○○建設資材株式会社

　　　　　　　　　　　　　　　　　　　　　　　　　　従業員代表　平間　昭○

【労使協定の例（付与期間を定めた個人別付与とする場合）】

年次有給休暇の計画的付与に関する労使協定

港北○○設備株式会社と港北○○設備株式会社労働組合は、年次有給休暇の計画的付与に関して次のとおり協定する。

1 　当社の従業員が請求できる平成○年度の年次有給休暇（以下「年休」という。）のうち、5日を超える部分については5日を限度として計画的に付与するものとする。

2 　年休の計画的付与の対象期間は、7月1日から9月31日までとする。

3 　従業員は6月10日までに、所属長に対し、期間中において年休の取得を希望する日を申し出るものとする。

4 　各所属長は、所属従業員の年休取得希望日が特定の日に集中し、業務の正常な運営に支障を与えるおそれがあると認められた場合には、従業員に対して希望日の変更を求めることができる。各所属長は、希望日の変更を求める場合は6月20日までに従業員にその旨通知するものとする。

5 　本年度の年休の日数から5日を控除した日数が「5日」に満たない従業員に対しては、その不足する日数の限度で、第2項の期間中に特別有給休暇を与える。

6 　各所属長は、所属従業員の年次有給休暇表を作成し、従業員に提示するものとする。

　　　平成○○年○月○日

　　　　　　　　　　　　　　　　　　　　　　　　　港北○○設備株式会社

　　　　　　　　　　　　　　　　　　　　　　　　　　取締役社長　河原町　○道

　　　　　　　　　　　　　　　　　　　　　　　　　港北○○設備株式会社労働組合

　　　　　　　　　　　　　　　　　　　　　　　　　　執行委員長　矢向　達○

3 **計画的付与により事前に時季指定された年次有給休暇の日については、労働者と使用者の一歩的な時季変更権はともに行使できません。**

　計画的付与により事前に時季指定された年次有給休暇の日や期間については、労働者は取得しない（時期変更権を行使する）ことはできず、また、使用者の一方的な時季変更権も行使できません。

労使協定に基づいて計画的に付与された年次有給休暇の指定日を変更する場合は、労使協定で定めた変更手続に基づいて適切になされる必要があります。

　年次有給休暇の計画的付与は、付与日が労働日であることが前提のため、付与日の前に退職を予定している労働者に退職後を付与日とする計画的付与はできず、その労働者からの計画的付与前の年次有給休暇の請求を拒否することはできません（昭63・3・14基発150）。

第6節 年次有給休暇の時間単位付与

POINT

- 労使協定を締結することにより、労働者は5日分を限度として時間単位の年次有給休暇を取得できます。
- 年次有給休暇の時間単位付与制度を採用するには、事業場ごとに一定事項を定めた労使協定を締結しなければなりません。
- 時間単位の年次有給休暇も、指定時間に付与すると事業の正常な運営を妨げる場合は、他の時間帯や他の日に変更させる使用者の時季変更権が認められます。

労使協定を締結することにより、労働者は5日分を限度として時間単位の年次有給休暇を取得できます。

1 年次有給休暇の時間単位付与

　年次有給休暇は、1日、半日単位あるいは一定期間で請求するのが原則ですが、労働者の日常生活上の便宜や心理的な請求のしやすさ、及び業務の繁忙に合わせて柔軟に取得したいというニーズもあるため、労使協定により年5日を限度に労働者の希望があれば時間単位で年次有給休暇を付与できます。

　有給休暇は次年度に繰越しできますが、時間単位の有給休暇が繰り越された場合でも、次年度の時間単位の有給休暇は5日以内となります。

　また、時間単位の有給休暇は、計画的付与であらかじめ付与時期を定めることはできず、あくまでも労働者の請求時期に与えなければなりません。

　時間単位の年次有給休暇1日分の時間数とは、1日の所定労働時間となります。時間単位のため1時間に満たない端数の時間は1時間に切り上げて付与します。そのため、具体的には次の時間となります。

【時間単位の年次有給休暇の時間数】

1日の所定労働時間	年次有給休暇の時間数
7時間超8時間以下	1日当たり8時間
6時間超7時間以下	1日当たり7時間
5時間超6時間以下	1日当たり6時間
4時間超5時間以下	1日当たり5時間

2 時間単位の年次有給休暇の賃金額

　時間単位の年次有給休暇1時間当たりの賃金額は、次のいずれかの額をその日の所定労働時間数で割った額ですが、どの賃金額にするか就業規則等であらかじめ定めてください。賃金が月給の労働者が時間単位有給休暇を取得した場合に、基本給や定額手当を減額しなければ通常の賃金を支払うことになります。

---

　① 平均賃金

　② 所定労働時間を労働した場合の通常の賃金

　③ 健康保険法の標準報酬日額（5円未満切捨て5円以上切上げ、労使協定必要）

---

2 年次有給休暇の時間単位付与制度を採用するには、事業場ごとに一定事項を定めた労使協定を締結しなければなりません。

　年次有給休暇の時間単位付与制度を採用するには、事業場ごとに労働者の過半数で組織する労働組合か、その労働組合がなければ事業場の過半数代表者と使用者が、次の事項を定めた労使協定を締結しなければなりません。この労使協定は労働基準監督署への届出は不要です。

【時間単位年次有給休暇の労使協定】

時間単位年次有給休暇の労使協定書

　　○○産業株式会社（以下会社という）と○○産業株式会社社員代表井○次郎は、就業規則に定める年次有給休暇の時間単位付与（以下時間単位年休）に関して次の通り協定する。

（対象者）

第1条　時間単位の年次有給休暇の付与は、すべての社員を対象とする。

（対象日数）

第2条　年次有給休暇を時間単位で取得できる日数は、前年度の繰越分も含めて1年に5日以内とする。

（年次有給休暇1日相当分の時間単位年休）

第3条　年次有給休暇を時間単位で取得する場合の1日の時間数は下記の通りとする。

　　　　(1)　所定労働時間が7時間を超え8時間までの社員は8時間

　　　　(2)　所定労働時間が6時間を超え7時間までの社員は7時間

（時間単位年給の付与単位）

第4条　時間単位年休は、1時間単位で付与する。

（取得手続）

第5条　社員が時間単位年休を取得しようとする場合は、原則として3日前までに申請書に必要事項を記載のうえ会社に申請しなければならない。

　　2　申請された時間に時間単位年休を付与すると事業の正常な運営を妨げる場合は、会社はその時間を変更することがある。

（時間単位年休の支払賃金）

第6条　この協定による時間単位年休の付与時間には、会社は通常の賃金を支払う。1時間単位の賃金額とは通常の賃金をその日の所定労働時間数で割った額とする。

（有効期間）

第7条　この協定の有効期間は、平成○○年4月1日から1年間とする。ただし、有効期間満了日の1ヶ月前までにこの協定の当事者のどちらからも反対の意思表示がない場合は、有効期間を1年間延長するものとし、その後も同様とする。

締結年月日　　　平成○○年3月22日

社員代表者　　　井○　次郎　　㊞

○○産業株式会社

代表取締役　　　木月　○一　　㊞

1	対象労働者の範囲	事業の正常な運営のため同時作業のライン従事者等特定の労働者は対象外にできます。取得目的等で対象者を定めることはできません。
2	時間単位対象日数	5日以内で対象日数を定めます。前年繰越分も含め5日以内とします。
3	1日の対象時間数	1日の対象時間数を1日の所定労働時間で定めます。1時間未満の端数は1時間に切り上げます。日により所定労働時間が異なる場合は、年間または定められた期間内の平均所定労働時間に基づいて定めます。 1日7時間30分→8時間　5日間の対象時間＝8時間×5日＝40時間 1日7時間　　→7時間　5日間の対象時間＝7時間×5日＝35時間
4	1単位の時間数	単位時間を1時間以外とする場合は2時間等その時間数を定めます。

3 時間単位の年次有給休暇も、指定時間に付与すると事業の正常な運営を妨げる場合は、他の時間帯や他の日に変更させる使用者の時季変更権が認められます。

　時間単位の有給休暇も、指定時間に付与すると事業の正常な運営を妨げる場合は、他の時間帯や他の日に変更させる時季変更権が使用者に認められますが、時間単位を日単位へまたは日単位を時間単位へ変更とする時季変更権は認められません。

　時間単位の年次有給休暇の請求は、限定された時間の請求のため使用者の時季変更権の行使の条件は、通常の1日単位の年次有給休暇の請求よりも狭まると考えられます。また、次のような定めは認められません。

時間単位の年次有給休暇に関する認められない事項

① 育児や介護等限定した目的以外の取得を認めないこと

② 時間単位の有給休暇を取得できない時間を定めること

③ 1日に取得できる上限時間を定めること

④ 中途外出等勤務時間中の取得を認めないこと

事例 時間単位付与の管理

付与日数20日、時間単位日数5日、1日の所定労働時間8時間

※当初日数（ ）は時間単位日数

20(5)日	➡	2時間×2取得	➡	2日取得	➡	5時間取得	➡	3時間×4取得	➡	8日取得
		19(4)日 ＋4時間		17(4)日 ＋4時間		16(3)日 ＋7時間		15(2)日 ＋3時間		7(2)日 ＋3時間

事例 繰越

1日の所定労働時間8時間

当初日数	－ 当年度取得	＝ 繰越日数	＋ 次年度発生	＝ 次年度日数
10(5)日	5日＋20時間	2日＋4時間	11日	13(5)日＋4時間

次年度日数	－ 取得日数	－ 取得時間数	＝ 残時間4時間
13(5)日＋4時間	8日	40時間	

➡ ①次年度に繰り越す、または
➡ ②1日に繰り上げて次年度に繰り越す

397

| 第7節 | 公民権行使時間の保障、生理休暇、特別休暇 |

POINT

・使用者は、労働者が労働時間中に、選挙権その他公民としての権利を行使し、または公の職務執行に必要な時間を請求した場合は、拒んではなりません。

・使用者は、生理日の就業が著しく困難な女性が休暇を請求したときは、その女性を生理日に就業させてはなりません。

・法令で義務付けられてはいませんが、結婚や出産、親族死亡等慶弔に関する要件に該当した場合に、年次有給休暇とは別に与える休暇を特別休暇といいます。

1 使用者は、労働者が労働時間中に、選挙権その他公民としての権利を行使し、または公の職務執行に必要な時間を請求した場合は、拒んではなりません。

　使用者は、労働者が労働時間中に、選挙権その他公民としての権利の行使、または公の職務執行に必要な時間を請求した場合は、拒んではなりません。ただし、権利の行使または公の職務の執行に妨げのない限りは請求された時間を変更することができます(労基法7条)。

　公民としての権利と公の職務の執行には、次のものがあります。なお、訴権の行使は、国や地方公共団体に関するものを除いて一般的には含まれません(昭63・3・14基発150)。

　労働者から請求された公民権行使の時間中の賃金については、使用者に支払義務はないため、有給とするか無給とするかは当事者の自由となりますので、事前に就業規則等で定めておく必要があります(昭22・11・27基発399)。

公民権としての権利

① 法令に根拠のある公職の選挙権

② 最高裁判所裁判官の国民審査

③ 特別法の住民投票

---

④ 憲法改正の国民投票

⑤ 住民の直接請求

⑥ 選挙権及び直接請求権行使等の選挙人名簿の登録の申出

公の職務の執行

① 議員、労働委員会の委員、陪審員、検察審査員、労働審判員、裁判員等の職務

② 民事訴訟法の証人、労働委員会の証人の職務

③ 選挙立会人の職務

---

2 使用者は、生理日の就業が著しく困難な女性が休暇を請求したときは、その女性を生理日に就業させてはなりません。

　使用者は、生理日の就業が著しく困難な女性が休暇を請求したときは、その女性を生理日に就業させてはなりません(労基法68条)。これを生理休暇といいます。生理日の就業が著しく困難な詳しい状況は本人にしかわかりませんが、事業所によっては特に証明書を必要としている場合でも、法的には医師の診断書等厳格な証明を求めることなく、一応事実を推定できれば十分なため、同僚の証言程度の簡単な証明により認めることとされています(昭22・5・5基発682、昭63・3・14基発150)。

　また、生理休暇中の賃金は、無給でも有給でもよく労働条件や就業規則の定めによります。使用者は、生理休暇の日数に上限を設けることはできませんが、有給の生理休暇の日数を定めておくことは、それ以上の生理休暇を与えることが明らかであれば認められます(昭23・5・5基発682、昭63・3・14基発150・婦発47)。

　生理休暇は、必ずしも1日単位で与えなくとも半日単位または時間単位で与えることもできます(昭61・3・20基発151・婦発69)。

　女性が生理休暇を取得した場合に、精皆勤手当等を減額するといった著しい不利益を与えることは労働基準法の規定の趣旨からみて好ましいものではありません(昭49・4・1婦収125、昭63・3・14基発150・婦発47)。

判例チェック

エヌ・ビー・シー工業事件（最高裁第3昭60.7.16）では、出勤不足日数がない場合は5,000円、1日の場合は3,000円、2日の場合は1,000円、3日以上の場合、不支給とする精皆勤手当制度で、生理休暇取得日を欠勤として出勤不足日数とする取扱いは、労働基準法68条の要件を欠く生理休暇及び自己都合欠勤を減少させ出勤率を向上させることが目的であり、女性労働者の失う経済的利益を勘案しても生理休暇取得を著しく困難とするとは認められず違反しないとしています。

 法令で義務付けられてはいませんが、結婚や出産、親族死亡等慶弔に関する要件に該当した場合に、年次有給休暇とは別に与える休暇を特別休暇といいます。

従業員やその親族の結婚や出産、入院、障害、本人や親族の死亡等慶弔に関する要件に該当した場合に、年次有給休暇とは別に独自の休暇を付与する場合があります。一般にこれを特別休暇といい、労働基準法に定めはなく使用者に付与義務はありませんが、使用者が就業規則等で定めた場合は付与する必要があります。

特別休暇は、経営・業務上の影響、正規雇用・非正規雇用労働者の状況、年次有給休暇の取得率、会社の経営方針、労働者の希望、地域の慣例等を考慮して制度を設けるかどうか、設ける場合は対象とする従業員と慶弔事由の範囲をどこまでとするか等、十分検討してください。

なお、特別休暇の考え方は対象とする従業員や親族、賃金支払の有無については次のようなことが考えられます。事業所ごとの経営方針や運営の実情に照らして最も適した規定内容を定めてください。

特別休暇の対象・賃金支払の有無

① 対象者は正規従業員・非正規従業員含め全ての従業員とする。
② 対象者は正規従業員のみとし、非正規従業員は対象外とする。
③ 正規従業員は対象とし、非正規従業員は一部を対象とする。
④ 雇用する従業員だけを対象とし親族は対象としない。
⑤ 特別休暇の取得日を有給とし年次有給休暇と同様に賃金を支払う。

⑥ 特別休暇の取得日を無給とし、賃金は支払わないが欠勤とは取り扱わない。

⑦ 慶弔見舞金制度がある場合は、その関連も考慮する。

| 第**8**節 | 産前産後休業、母性の健康管理と保護、育児時間 |

POINT

・産前6週間以内の女性が請求した場合は休業させなければならず、産後8週間を
　経過しない女性は請求の有無に関わらず就業させてはなりません。
・事業主は、妊産婦が保健指導と健康診査を受診するための必要な時間を確保し、
　医師の指導に従い勤務時間の変更や軽減等必要な措置を講じなければなりません。
・使用者は、母性保護のため軽易な業務への転換や危険有害業務の制限、時間外労
　働、休日労働、深夜業の制限、育児時間の付与等の措置を講じなければなりません。

1 産前6週間以内の女性が請求した場合は休業させなければならず、産後8週間を経過しない女性は請求の有無に関わらず就業させてはなりません。

1 産前産後休業

　母性保護のため、労働基準法では産前6週間（多胎妊娠の場合14週間）以内の女性が請求した場合は休業させなければなりません。また、産後8週間を経過しない女性は請求の有無に関わらず就業させてはなりません。ただし、産後6週間を経過した女性が請求した場合で、医師が支障なしと認めた業務に就かせることはできます（労基法65条）。

　ここでいう出産とは妊娠4か月（85日）以上の出産を指し、死産、流産、人工中絶も含みます。出産当日は産前6週間に含みます。また、産前6週間は出産予定日を基準とし、産後8週間は実際の出産日を基準とします。

　妊産婦とは、妊娠中及び産後1年以内の女性をいいます。

　なお、この産前産後の休業期間は、年次有給休暇の取得率上は出勤したものとして取り扱い、この産前産後休業期間中とその後30日間は解雇ができない制限期間となります。

402　第9章｜年次有給休暇・その他の休暇・妊産婦の保護

2 産前産後休業期間の賃金

産前産後休業期間中の賃金は使用者に支払義務はないため、従業員としては賃金が支払われない場合は健康保険に対して出産手当金の請求ができ、さらに健康保険と厚生年金保険の保険料免除の申出ができます(280頁参照)。

2 事業主は、妊産婦が保健指導と健康診査を受診するための必要な時間を確保し、医師の指導に従い勤務時間の変更や軽減等必要な措置を講じなければなりません。

1 保健指導・健康診査を受ける時間の確保

事業主は、女性労働者が妊産婦のための保健指導または健康診査を受診するための次の必要な時間を確保できるようにしなければなりません(男女雇用機会均等法12条)。

妊娠中の保険指導・健康診査

① 妊娠23週までは4週間に1回

② 妊娠24週から35週までは2週間に1回

③ 妊娠36週以後出産までは1週間に1回

④ 産後(出産後1年以内)は医師の指示に従い、必要な時間を確保

---

2 医師の指導事項を守るための措置

妊娠中及び出産後の女性労働者が、健康診査を受け医師から指導を受けた場合は、その指導を守れるようにするため、事業主は勤務時間の変更や勤務の軽減等、次のような必要な措置を講じなければなりません(男女雇用機会均等法13条)。

医師の指導を守るための措置

① 妊娠中の通勤緩和(時差通勤、勤務時間の短縮等)

② 妊娠中の休憩に関する措置(休憩時間の延長、休憩回数の増加等)

③ 妊娠中または出産後の症状に対応する措置(作業の制限、休業等)

---

3 女性労働者への不利益取扱い禁止事項

事業主は、女性労働者が妊娠・出産・産前産後休業の取得、妊娠中の時差出勤等法令の母性の健康管理措置や母性保護措置を受けたことを理由として、次のような不利益取扱いをしてはなりません。

事業主と労働者間の紛争が生じた場合は、調停等の紛争解決援助の申出ができます（男女雇用機会均等法9条、15〜27条）。

事例 妊娠・出産を理由とする不利益取扱い

① 解雇すること

② 有期雇用労働者について契約更新しないこと

③ あらかじめ契約更新回数の上限が明示されている場合に更新回数を引き下げること

④ 退職や正規従業員を非正規従業員とする等労働契約内容の変更を強要すること

⑤ 降格させること

⑥ 就業環境を害すること

⑦ 不利益な自宅待機を命ずること

⑧ 減給しまたは賞与等において不利益な算定を行うこと

⑨ 昇進・昇格の人事考課において不利益な評価を行うこと

⑩ 派遣労働者について、派遣先が派遣労働者の役務の提供を拒むこと

---

3 使用者は、母性保護のため軽易な業務への転換や危険有害業務の制限、時間外労働・休日労働・深夜業の制限、育児時間の付与等の措置を講じなければなりません。

労働基準法は、母性保護のため産前産後休業の他に妊産婦に対して次の措置を講じることを定めています。

1 妊婦の軽易業務転換（労基法65条3項）

妊娠中の女性が請求した場合は、現在の業務から他の軽易な業務に転換させなければなりません。ただし、使用者に新たに軽易な業務を創設して与える義務まで課すものではありません（昭61・3・20基発151・婦発69）。

2 妊産婦等の危険有害業務の制限（労基法64条の３）

　妊産婦を重量物取扱、有害ガス発散場所での業務その他妊娠、出産、哺育、出産後の母体の回復等に有害な業務に就かせてはなりません。

3 妊産婦に対する変形労働時間制の適用制限（労基法66条１項）

　変形労働時間を採用している場合でも、妊産婦が請求した場合は、１日及び１週間の法定労働時間を超えて労働させることはできません。

4 妊産婦の時間外労働、休日労働、深夜業の制限（労基法66条２項、３項）

　妊産婦が請求した場合は、時間外労働、休日労働、深夜業をさせることはできません。

5 育児時間（労基法67条）

　生後満１年未満の生児を育てる女性は、休憩時間の他に１日２回各々少なくとも30分の育児時間を請求することができます。労働時間の始めと終わりに請求することも認められます。なお、育児時間の賃金については、使用者に支払義務はないため、支払の有無を就業規則等で定めてください。

第 **10** 章

退職・解雇

第 1 節　退　職

POINT

・労使が労働条件に合意して締結した労働契約は、契約期間満了や就業規則等の休職期間満了、定年退職等に関する規定により終了させることができます。
・労働契約は労使の意思により終了することができます。労使の意思には、合意によるもの、労働者の意思によるもの、使用者の意思によるものがあります。
・労働者の意思により労働契約を終了させる退職については労働基準法で定めていませんが、労働者が解約を予告し2週間を経過すると労働契約が終了します。

1　労使が労働条件に合意して締結した労働契約は、契約期間満了や就業規則等の休職期間満了、定年退職等に関する規定により終了させることができます。

　労働者と使用者が労働条件に合意して締結した労働契約は、労働者と使用者の意思にはよらずに労働契約期間満了、または就業規則等で定めた休職期間満了や定年退職あるいは労使の意思により終了させることができます。労働者と使用者の意思によらない労働契約の終了には、主に次のものがあります。

1　労働契約期間満了による契約終了

　期間の定めのある有期労働契約は、その契約期間が満了したときに当然に終了します。ただし、反復更新された有期労働契約を更新せず終了させることが、期間の定めのない労働契約の労働者に解雇の意思表示することと社会通念上同視できる場合、または有期労働契約期間の満了時に契約更新されると期待する合理的な理由がある場合に、契約満了日までに労働者が更新申込をし、使用者がその申込を拒絶することが客観的に合理的な理由を欠き、社会通念上も相当でないときは、使用者は同一の労働条件で更新申込を承諾したものとみなします(労契法19条)。

408　　第10章｜退職・解雇

2 休職期間満了による契約終了

就業規則等の傷病等休職事由に該当し、一定期間の休職となり、その休職期間が満了したときに休職事由が解消していなければ労働契約は終了すると定めている場合は、その休職期間が満了したときに労働契約が終了します。

ただし、休職期間満了を解雇事由とする規定等休職期間の満了が当然に労働契約の終了と定めていない場合は、休職期間の満了が労働契約の終了とはなりません。

3 行方不明時の契約終了

就業規則等で、労働者の所在がわからず連絡もとれず行方不明となり1か月経過した場合は当然に退職とする等と定めている場合は、その状態となり1か月を経過したときに労働契約は終了します。

4 定年退職年齢に達したときの契約終了

就業規則等で定めた定年退職年齢に達した日に労働契約は当然に終了します。ただし、定年退職後にも継続して使用することがあると定めている場合等は、定年退職年齢に達しても当然に労働契約が終了するとはみなされません。

5 労働者が死亡した場合

労働者が死亡した場合は、労働契約の当事者が死亡したため労働契約は当然に終了します。

理解チェック

反復更新された有期労働契約を更新せず終了させることが無期労働契約労働者への解雇意思表示と社会通念上同視できる場合

労働者の更新申込に対し使用者は同一労働条件で承諾したとみなす

安易に反復更新せず、更新事由と労働者の意向を満了前に検討し更新する

理解チェック

有期労働契約満了時に契約更新されると期待する合理的な理由がある

契約満了日までに労働者が更新申込をした場合、または、使用者の申込拒絶が客観的に合理的な理由を欠き社会通念上も相当でない場合

使用者は同一の労働条件で労働者の更新申込を承諾したとみなす

安易に契約更新の意思を表示せず、更新事由と労働者の意向を満了前に検討する

2 労働契約は労使の意思により終了することができます。労使の意思には、合意によるもの、労働者の意思によるもの、使用者の意思によるものがあります。

労働契約は、労働者と使用者の意思により終了させることができます。労働者と使用者の意思による労働契約の終了には、次のように①合意によるもの、②労働者の意思によるもの、③使用者の意思によるものがあります。

1 労働者と使用者の合意による退職

（1）労働者からの合意退職を求める退職願

労働契約は労働者と使用者が合意して終了させることができます。労働者が使用者に合意退職を求めて提出した「退職願」に対して、使用者が退職と退職日を承諾しその旨を労働者に伝えてから退職した場合は、労働者と使用者との合意退職とみなされます。

ただし、労働者が使用者に提出した「退職願」に対する使用者の承諾の意思表示が労働者に伝わる前に、労働者が「退職願」を撤回した場合は退職願の撤回が可能になると考えられます。

（2）使用者からの退職勧奨

　使用者から労働者に退職を勧奨する申出に対して、労働者がその申出を承諾して退職した場合は、使用者の退職勧奨に労働者が合意した退職となります。

2　労働者の意思による退職

　使用者との合意がなくとも、労働者が自らの意思による労働契約の解約を予告して労働契約を終了させることを、一般に退職(辞職)といいます。労働者から一方的に退職(辞職)の意思を表示した「退職届」が提出された場合は、労働契約は終了します。この場合は民法627条1項の規定が適用され、また、退職届の撤回はできないと考えられます。

3　使用者からの意思による解雇

　労働者との合意がなくとも、使用者が自らの意思による労働契約解約を予告して労働契約を終了させることを解雇といいます。使用者による解雇には多くの法令規定があり、その法令規定に基づかない解雇は無効となります(労契法16条、労基法19条、20条)。

3　労働者の意思により労働契約を終了させる退職については、労働基準法で定めていませんが、労働者が解約を予告し2週間を経過すると労働契約が終了します。

1　期間の定めのない労働契約

　労働者が自らの意思による労働契約の解約を予告して労働契約を終了させることを一般に退職(辞職)といいます。労働者から一方的に労働契約解約の意思表示である「退職届」が提出された場合は、使用者が承諾しない場合でもその提出日から2週間を経過することにより労働契約は終了します(民法627条1項)。なお、この退職届の撤回はできないと考えられます。

　賃金が月給制の労働者は、賃金計算期間の前半に解約を予告すればその月の計算期間の末日に労働契約が終了し、月の後半に解約を予告した場合は、翌月の賃金計算期間の末日に労働契約が終了します(民法627条2項)。

2 期間の定めのある労働契約

　期間の定めのある労働契約では、原則として使用者は契約期間の途中に労働契約を終了させることはできませんが、やむを得ない事由がある場合は労働契約を解約することができます（民法628条、417頁参照）。

　労働契約期間については、労働基準法で一般労働者は３年、専門的知識等の保有者と60歳以上の高齢者は５年を上限（一定の事業の完了に必要な期間を定めるもの以外）と定めています（労基法14条）が、専門的知識等の保有者と60歳以上の高齢者を除く一般労働者は、民法628条の規定にも関わらず労働契約期間の初日から１年を経過した日以後は、使用者に解約を申し出ることでいつでも退職することができます（労基法附則137条）。

第 **2** 節　解雇事由と解雇の禁止

POINT

・使用者が意思表示する解雇は、客観的に合理的な理由を欠き、社会通念上相当で
あると認められない場合は、その権利を濫用したものとして無効となります。
・業務上の傷病療養期間及び産前産後休業期間とその後30日間は解雇禁止ですが、
打切補償を支払った場合、天災事変で監督署の認可を受けた場合は解雇できます。
・使用者は、やむを得ない事由がある場合でなければ、有期契約労働者をその契約
期間が満了するまでの間は解雇できません。

1 使用者が意思表示する解雇は、客観的に合理的な理由を
欠き、社会通念上相当であると認められない場合は、そ
の権利を濫用したものとして無効となります。

1 解雇理由

　使用者からの労働契約終了の意思表示を解雇といいますが、解雇は客観的に合理的な理由を欠き、社会通念上相当であると認められない場合は、その権利を濫用したものとして無効となります(労契法16条)。

　ところが解雇の理由が、合理的であるか否か、あるいは社会通念上相当であるか否かの基準については、労働基準法や労働契約法には特に規定はありません。そのため解雇理由の是非について労働基準監督官は介入せず、その解雇理由を検討し解雇が有効か無効かを判断するのは最終的に裁判所となります。

　例えば、労働者の能力、態度、成績や遅刻、欠勤等を理由とする解雇の場合は、何度も注意や指導しても改善がない、といった経緯を経なければ裁判で解雇が無効と判断されることも多いため、何故その人が解雇なのか、その理由と根拠、理由を確認できる資料及び注意・指導・懲戒処分等の記録を明確にしておく必要があります。

413

理解チェック

解雇が有効となるには理由＝客観的に合理的な理由があり、社会通念上も相当であると認められる

能力、態度、成績や遅刻、欠勤を理由とする解雇は何度も注意指導しても改善なしという証拠が必要

就業規則に規定された根拠となる解雇事由を適用して解雇する

2 労働条件の明示

　使用者は、労働条件を書面で明示しなければなりませんが(例外あり)、退職に関する事項(解雇の事由を含む)も書面で明示しなければならない労働条件です。そのため、解雇の対象となる解雇事由を具体的に就業規則等に規定する必要があります。就業規則等で規定されていない事由を理由とする解雇は認められないとする判例も多くありますので、あらかじめ就業規則等に解雇事由を具体的に規定しておいてください。

判例チェック

　東芝柳町工場事件(最高裁第1昭49.7.22)では、就業規則に解雇理由が明示されている場合には、解雇は就業規則の適用として行われるべきであり、したがってその効力も右解雇事由の存否の如何によって決せられるべきであるとしています。

2 業務上の傷病療養期間及び産前産後休業期間とその後30日間は解雇が禁止されますが、打切補償を支払った場合、天災事変で監督署の認可を受けた場合は解雇できます。

1 解雇の禁止

使用者は、①労働者が業務上の傷病による療養のための休業期間ならびに②産前産後の休業期間とその後30日間に該当する場合は解雇してはなりません。ただし、使用者が①の場合に打切補償を支払う場合、または天災事変その他やむを得ない事由のため事業の継続が不可能となった場合で、労基署長の認定を受けたときは解雇できます（労基法19条）。

なお、解雇予告期間中に業務上の負傷を受けた場合は、その解雇予告の効力は休業期間中とその後30日間は停止されるため、休業期間とその後30日間を経過したときに解雇が有効となります（昭24・4・12基収1134）。

この天災事変その他やむを得ない事由のため事業の継続が不可能となった場合の解雇制限の除外認定の申請は、様式第2号の書式により行います。

【書式　解雇予告・解雇制限　除外認定申請書　様式第2号】

解雇予告
解雇制限　除外認定申請書

様式第2号（第7条関係）

事 業 の 種 類	事 業 の 名 称	事 業 の 所 在 地				
電気機械器具製造業	〇〇エレック株式会社	川崎市中原区西丸子〇-5-6				
天災地変その他やむを得ない事由のために事業の継続が不可能となった具体的事情	除外を受けようとする労働者の範囲					
平成〇〇年〇〇月〇日の台風10号に伴う暴風雨で、工場建屋が倒壊し機械設備が浸水し破壊され、再建が不可能となったため。	業務上の傷病により療養するもの	男　1　人	女　　人	計　　2　人		
	産 前 産 後 の 女 性		1　人			
	法第20条第1項但書前段の事由に基づき即時解雇しようとする者	男　25　人	女　18　人	計　　43　人		

平成　〇〇　年　〇　月　〇　日

使用者　職 名　〇〇エレック株式会社
氏 名　代表取締役　大森　〇達　㊞

＿＿＿＿川崎北＿＿＿＿　労働基準監督署長　殿

415

解雇禁止事由

① 業務上の傷病による療養のための休業期間とその後30日間

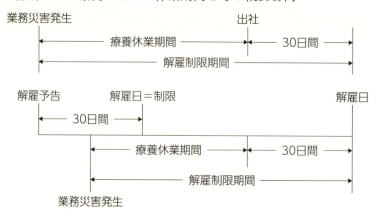

② 産前産後の休業期間とその後30日間の解雇

2 打切補償

　打切補償とは、業務上の傷病により療養補償を受けている労働者が療養開始後３年を経過しても傷病が治らない場合に、平均賃金の1200日分を支払うことで以降の補償を打ち切ることをいいます。

　通常は業務上の傷病の療養は労災保険の療養補償給付を受けて療養しますので、労災保険の保険給付を受ける際、療養の開始から３年経過した日または３年経過日以降に傷病補償年金を受けている場合は、３年経過日または３年経過日以降の傷病補償年金を受けた日に打切補償を支払ったものとみなすため（労災保険法19条）、解雇できます。

> **判例チェック**
> 　専修大学事件（最高裁第２平27.6.8、平27.6.9基発0609第４号）では、労災保険の療養補償給付を受ける労働者が療養開始後３年を経過しても疾病が治らない場合は、労働基準法の療養補償を受ける労働者と同様に使用者は平均賃金額1200日分の打切補償を行うことにより解雇制限が解除されるとしています。

3 解雇の禁止事由

　解雇が禁止される事由が次のとおり定められていますので、解雇の理由がこれらのいずれかに該当しないかを十分検討してください。

解雇禁止事由

・国籍、信条、社会的身分、性別を理由とする解雇

・育児・介護休業法による休業、休暇、勤務時間の制限等を理由とする解雇

・不当労働行為に該当する解雇

・労働組合員であること、労働組合の加入結成、労働組合の正当行為を理由とする解雇

・法違反事実の労働基準監督官等への申告を理由とする解雇

・労働局長への調停の申請等を理由とする解雇

・裁判員の職務遂行のための休暇取得を理由とする解雇

3 使用者は、やむを得ない事由がある場合でなければ、有期契約労働者をその契約期間が満了するまでの間は解雇できません。

　有期労働契約とは、契約期間が定められている労働契約です。使用者は、有期契約労働者についてはやむを得ない事由がある場合でなければ、その契約期間が満了するまでの間は、解雇できません（労契法17条）。

　やむを得ない事由であるか否かは、個別具体的な事案に応じて判断されますが、有期労働契約の契約期間は、労働者と使用者が合意して決定したものであるため遵守されるべきものです。そのため、「やむを得ない事由」があると認められるには、解雇権の濫用を判断する「客観的に合理的な理由を欠き、社会通念上相当であると認められない場合」以外の場合よりも、さらに狭まる事由が必要になると考えられます。

第3節 解雇の予告

POINT

・使用者が労働者を解雇しようとする場合は、30日以上前に解雇を予告するか、即日解雇する場合は、30日分以上の平均賃金を支払わなければなりません。

・天災事変等による事業継続不可能の場合や、労働者の責に帰す事由に基づく解雇で、事前に労基署から解雇予告除外認定を受けた場合は、解雇予告せずに解雇できます。

・労働者の責に帰すべき事由とは故意、過失等重大悪質なものです。事業継続が不可能な天災事変とは不可抗力でかつ突発的な通常措置では如何ともしがたいものです。

1 使用者が労働者を解雇しようとする場合は、30日以上前に解雇を予告するか、即日解雇する場合は、30日分以上の平均賃金を支払わなければなりません。

1 解雇の予告

　使用者が労働者を解雇しようとする場合は、30日以上前に解雇を予告しなければなりません。30日以上前に予告しないで解雇する場合は、30日分以上の平均賃金を解雇予告手当として支払わなければなりません。この30日以上前の予告期間の日数は、解雇予告手当として平均賃金を支払った日数を短縮できます。例えば、15日分の解雇予告手当を支払った場合は15日前に予告する必要があります（288頁参照）。

　ただし、天災事変その他やむを得ない事由のため事業の継続が不可能となった場合、または労働者の責に帰すべき事由に基づく場合で労働基準監督署長の認定を受けたときは30日以上前の予告なしに解雇できます（労基法20条1項、2項）。

418　第10章｜退職・解雇

理解チェック

根拠規定＝就業規則の解雇事由に該当する行為がある

指導経緯＝何度も注意・指導してもくり返し、改善の見込みがない

解雇理由＝客観的に合理的な理由があり、社会通念上相当であると認められる

予告除外者＝解雇予告適用除外者（**2**参照）でない➡適用除外者は予告せず即日解雇も可能

解雇制限＝業務上傷病の療養休業中・産前産後休業中とその後30日間ではない

解雇予告＝解雇日の30日以上前に解雇を予告するか

予告手当＝即日解雇する場合は、平均賃金30日分以上の解雇予告手当を支払う

2 解雇予告の適用除外

　次のいずれかの労働者を解雇する場合は、解雇予告の規定は適用されないため解雇予告せず、または解雇予告手当を支払わずとも即日解雇（労基法21条）できます。

解雇予告の適用除外

① 日々雇い入れられる者。ただし、引き続き1か月を超えて使用された場合は除きます。

② 2か月以内の期間を定めて使用される者。ただし、契約期間を超えて引き続き使用された場合は除きます。

③ 季節的業務に4か月以内の期間を定めて使用される者。ただし、契約期間を超えて引き続き使用された場合は除きます。

④ 試用期間中の者。ただし、引き続き14日を超えて使用された場合は除きます。

3 派遣労働者の解雇予告

派遣先事業主が自らの都合で労働者派遣契約を期間満了前に解除した場合に、派遣元事業主が派遣労働者を解雇するには30日前に予告するか、平均賃金30日分以上の解雇予告手当を支払わなければなりません。

このとき派遣先事業主が必要な期間を置かずに派遣契約を解除しかつ派遣労働者の新たな就業機会を確保できない場合は、派遣元事業主が派遣労働者に支払った休業手当や解雇予告手当に相当する金額を派遣先事業主が損害賠償しなければなりません。

2 **天災事変等による事業継続不可能の場合や、労働者の責に帰す事由に基づく解雇で、事前に労基署から解雇予告除外認定を受けた場合は、解雇予告せずに解雇できます。**

1 解雇予告除外認定

使用者が労働者を解雇するには、30日以上前に予告するか、即日解雇するには平均賃金30日分以上の解雇予告手当を支払う必要があります。しかし、天災事変その他やむを得な

【書式　解雇予告除外認定申請書　様式第3号】

解 雇 予 告 除 外 認 定 申 請 書

様式第3号（第7条関係）

事 業 の 種 類	事 業 の 名 称		事 業 の 所 在 地
貨物取扱事業	○○精密ロジテック株式会社		東京都町田市森野原 1-○-14
労 働 者 の 氏 名	性 別	雇入年月日	業務の種類	労働者の責に帰すべき事由

労 働 者 の 氏 名	性 別	雇入年月日	業務の種類	労働者の責に帰すべき事由
安達　○助	男	平成○・○・○	自動車運転手	平成○年○月○日より会社に無断で欠勤すること1か月に及び、この間、会社から再三の出勤督促したにもかかわらず、出勤しないもの。本件申請に至る経過等については別紙のとおり。
		・　・		
		・　・		
		・　・		
		・　・		

平成　○○　年　○　月　○　日

使用者　職 名　○○精密ロジテック株式会社

町田　　労働基準監督署長　殿

使用者　氏 名　代表取締役　仲野　雄○　　㊞

第10章｜退職・解雇

い事由のため事業の継続が不可能となった場合や、労働者の責に帰すべき事由に基づいて解雇する場合で、事前に労基署から解雇予告除外認定を受けた場合は、解雇予告または解雇予告手当の支払をせずに解雇できます。

この天災事変その他やむを得ない事由のため事業の継続が不可能となった場合の解雇予告除外認定の申請は、様式第2号の書式(415頁参照)により行います。また、労働者の責に帰すべき事由に基づいて解雇する場合の解雇予告除外認定の申請は、様式第3号の書式により行います。

2 解雇予告除外認定の申請

解雇予告除外認定は、解雇の効力発生要件ではないため、除外認定の申請や認定決定の有無に関わらず、天災事変等で事業の継続が不可能となった場合や労働者の責に帰すべき事由に基づき解雇する場合は、解雇予告手当を支払わない即日解雇も有効とされています。ただし、解雇予告除外認定を申請せずに即日解雇した場合は労働基準法の違反となり罰則が適用されます(労基法119条)。

なお、解雇制限の除外(労基法19条)や解雇予告の除外(労基法20条)の認定は、原則として解雇の意思表示をする前に受けるべきです。しかし、これらの除外認定は該当する事実があるか否かを確認する処分であり、認定されるべき事実があるときには、使用者は有効な即日解雇ができると解されるので、即時解雇の意思表示をした後に、解雇予告除外認定を得た場合は、その解雇の効力は使用者が即時解雇の意思表示をした日に発生すると解されます。なお、使用者が認定の申請を遅らせることは、労働基準法19条、20条違反となります(昭63・3・14基発第150号)。

3 労働者の責に帰すべき事由とは故意、過失等の重大で悪質なものです。事業継続が不可能な天災事変とは不可抗力でかつ突発的な通常措置では如何ともしがたいものです。

1 労働者の責に帰すべき事由

労働者の責に帰すべき事由とは、故意、過失またはこれと同視すべき事由であり、労働者の地位、職責、継続勤務年限、勤務状況等を考慮したうえで、解雇予告の保護を与える必要のない程度に重大または悪質なものであり、解雇予告と均衡がとれるか否かで判断されます。具体的には次のような行為をいいます。ただし、労基署の認定に際してはこれら

421

の例示にこだわらず総合的かつ実質的に判断します(昭23・11・11基発1637、昭31・3・1
基発111)。

刑法犯罪等	極めて軽微なものを除き、事業場内における盗取、横領、傷害等刑法犯に該当する行為のあった場合、一般に極めて軽微でも使用者が不祥事の防止について諸種の手段を講じていたが、それでも継続的にまたは断続的に同じような刑法犯やその類似行為を行った場合、あるいは、事業場外での盗取、横領、傷害等刑法犯に該当する行為でありそれが著しく事業場の名誉もしくは信用を失うもの、取引関係に悪影響を与えるものまたは労使間の信頼関係を喪失させると認められるもの
職場風紀を乱すもの	賭博、風紀紊乱等により職場規律を乱し、他の労働者に悪影響を及ぼす場合、またこれらの行為が事業場外で行われた場合でも、それが著しく事業場の名誉もしくは信用を失うもの、取引関係に悪影響を与えるものまたは労使間の信頼関係を喪失させると認められるもの
経歴詐称	雇入れの際の採用条件の要素となるような経歴を詐称した場合及び雇入れの際に使用者の行う調査に対し、不採用の原因となるような経歴を詐称した場合
転職	他の事業場へ転職した場合
無断欠勤	原則として2週間以上正当な理由なく無断欠勤し、出勤の督促に応じない場合
出勤不良	出勤不良または出欠常ならず、数回にわたって注意を受けても改めない場合

2 天災事変等のために事業の継続が不可能となった場合

　解雇制限(労基法19条)と解雇予告(労基法20条)が除外される、天災事変その他やむを得
ない事由のために事業の継続が不可能となった場合とは、天災事変または天災事変に準ず
る程度の不可抗力に基づきかつ突発的であり、経営者として社会通念上とるべき必要な措
置をもってしても通常如何ともしがたいような事由のために、事業の全部または大部分の
継続が不可能になった場合をいいます(昭63・3・14基発150)。

　例えば、平成23年3月11日の東日本大震災で、事業場の施設・設備が直接的な被害を受
けたために事業の全部または大部分の継続が不可能となった場合及び事業場の施設・設備
が直接的な被害を受けていない場合でも、取引先への依存度の程度、輸送経路の状況、他
の代替手段の可能性、災害発生からの期間等を総合的に勘案し、事業の継続が不可能と
なったとする事由が真にやむを得ないものと判断される場合には、天災事変その他やむを
得ない事由のために事業の継続が不可能となった場合に該当するとされています(平23・
4・27事務連絡)。

第 **4** 節	整理解雇・懲戒解雇

POINT

- 整理解雇とは、事業の経営悪化によりやむを得ず人員整理を目的に行う解雇をいいます。整理解雇が有効と認められるには4要件を満たす必要があります。
- 懲戒解雇は、労働者の不利益が大きいため、「労働者の行為の性質と態様、その他の事情」に照らしその妥当性を十分に検討してください。
- 懲戒解雇された場合の退職金の不支給は、その労働者の長年にわたる勤続の功労を全て抹消してしまう程度の重大な懲戒行為がなければ認められません。

1 整理解雇とは、事業の経営悪化によりやむを得ず人員整理を目的に行う解雇をいいます。整理解雇が有効と認められるには4要件を満たす必要があります。

　整理解雇とは、事業の経営悪化によりやむを得ず人員整理を目的に行う解雇をいいます。整理解雇が有効と認められるには、裁判例の蓄積により次の4つの要件を満たすことが必要とされていますが、この4要件を満たしていなくとも有効とされた整理解雇の判例もあります。

　このため整理解雇が避けられない状況になった場合は、この4要件を満たしながら整理解雇を進めることを最優先とすべきですが、事業所の規模や経営悪化の状況、時間的余裕のない緊急時等解雇が必要な事情がある場合は、4要件のうちなるべく多くの要件を満たしながら整理解雇を進める必要があります。

整理解雇の4要件

① 人員削減のため整理解雇をしなければならない客観的な必要性があること

② 解雇を回避するための配転や希望退職募集等最大限の努力を行ったこと

③ 整理解雇の対象者の人選の基準とその運用が合理的であること

④ 労働組合や労働者と十分協議しかつ説明していること

2 懲戒解雇は、労働者の不利益が大きいため、「労働者の行為の性質と態様、その他の事情」に照らしその妥当性を十分に検討してください。

1 有効な懲戒解雇

　普通解雇とは、一般に「心身の故障により労働できない場合」や「事業の経営が著しく悪化した場合」等が理由の解雇ですが、懲戒解雇は、普通解雇とは異なり事業所の秩序違反に対して使用者が科す制度罰です。

　懲戒は、使用者が企業秩序を維持し、円滑な運営を図るために行われるものですが、労働者に労働契約上の不利益を生じさせるものであり、懲戒の権利濫用を争った裁判例も多数あることから、紛争防止のため労働契約法で懲戒の効力について次のように規定しています。

　「使用者が労働者を懲戒することができる場合には、その懲戒が労働者の行為の性質及び態様その他の事情に照らして、客観的に合理的な理由を欠き、社会通念上相当であると認められない場合は、その権利を濫用したものとして、その懲戒は無効となる」としています（労契法15条）。

　特に懲戒解雇は、使用者が労働者の雇用契約を一方的に解約するだけでなく、退職金を不支給や減額とする場合もあり、労働者の不利益は大きくなるため、より慎重に「労働者の行為の性質と態様、その他の事情」に照らして懲戒解雇処分の妥当性を十分に検討して慎重に処分を課してください。

　なお、懲戒解雇処分が有効か無効かの判断は、その懲戒解雇の理由となる行為で判断されるため、訴訟等で後から別の行為をその懲戒解雇の理由として出しても認められません。

2 懲戒処分の根拠規定

　使用者が労働者に懲戒処分を科すには、懲戒処分の種類、事由等の根拠が就業規則等に規定されていることが必要です。これは普通解雇も同様です。根拠であるため規定された事由以外の事由では懲戒解雇に処することはできないと思われます。そのため使用者は、事業の業種、業務内容、取扱品目、サービス内容、顧客、職種、職務等を十分検討して必要な懲戒処分の種類、事由を就業規則等に定めておく必要があります。

　なお、懲戒解雇処分とする懲戒事由がある場合に、懲戒解雇処分ではなく普通解雇とすることは、労働者にとって有利となるため有効と考えられます。

判例チェック

　フジ興産事件(最高裁第2平15.10.10)では、使用者が労働者を懲戒解雇するには、あらかじめ就業規則等で懲戒解雇の事由を定め、かつその就業規則を労働者に周知しておき拘束力を生じさせておくことが必要であるとしています。

---

3 解雇予告除外認定

　懲戒解雇処分とする場合は、通常は解雇予告せず、あるいは解雇予告手当を支払わずに処分しますが(労基法21条)、就業規則等の懲戒解雇規定に基づいて解雇予告せずに懲戒解雇処分とする場合でも、解雇予告を除外できる労働者の責に帰すべき事由について労基署から認定を受ける必要があります。この解雇予告除外認定の申請は、様式第3号(420頁参照)の書式により行います。

③ 懲戒解雇された場合の退職金の不支給は、その労働者の長年にわたる勤続の功労を全て抹消してしまう程度の重大な懲戒行為がなければ認められません。

　退職金は、長期勤続の労働の対償として賃金の他に支給されるもので、実際の請求権は退職時に発生します。また、退職金は就業規則等で支給条件が明確に規定されていれば、後払い賃金としての性質もあり、さらに長期勤続に対する功労報償的な側面もあります。

　労働者は、退職金を退職後の生活を保障維持するものとして重要視しており、労働者が懲戒解雇された場合に退職金が不支給となると退職後の生活設計に大きな影響を及ぼすた

め、不支給を取り消すための訴訟となる可能性が高まります。そのため、退職金を不支給あるいは減額とするにはその労働者の長年にわたる勤続の功労を全て抹消してしまう程度の重大な懲戒行為が必要となりますので、労働者の行為の性質及び態様その他の事情に照らして、客観的に合理的な理由となるかどうか懲戒解雇の事由を十分検討する必要があります。

　懲戒解雇された場合は、退職金を不支給あるいは減額すると就業規則等で規定している事業場もありますが、その場合でも、退職金を不支給あるいは減額することもやむを得ないと判断されるような懲戒行為がない場合は、一方的な退職金の不支給は認められないと考えられます。

第 11 章

安全衛生教育・健康診断・ストレスチェック

| 第1節 | 総括安全衛生管理者、安全・衛生管理者、産業医 |

POINT

- 一定規模と業種の事業場の事業者は、総括安全衛生管理者を選任して安全管理者や衛生管理者を指揮させ、安全衛生等の業務を統括管理させなければなりません。
- 一定規模以上と業種の事業者は、作業の危険防止や点検等を行う安全管理者と、衛生教育や健康障害防止の巡視等を行う衛生管理者を選任しなければなりません。
- 常時使用労働者数が50人以上の事業場の事業者は、医師のうちの一定の有資格者から産業医を選任し、労働者の健康管理等を行わせなければなりません。

1 一定の規模と業種の事業場の事業者は、総括安全衛生管理者を選任して安全管理者や衛生管理者を指揮させ、安全衛生等の業務を統括管理させなければなりません。

・総括安全衛生管理者

事業者は、定められた業種や規模に応じて総括安全衛生管理者を選任して、安全管理者や衛生管理者等を指揮させ、法令業務を統括管理させなければなりません（次頁参照）。総括安全衛生管理者は、工場長等事業の実質的統括管理者から選任しなければなりません（安衛法10条）。

選任すべき事業場は個々の事業場単位で判断し、総括安全衛生管理者を選任する事業場に該当した事業者は、該当した日から14日以内に事業場管轄の労基署へ報告書（様式3号）を提出しなければなりません（安衛規則2条）。

428　第11章│安全衛生教育・健康診断・ストレスチェック

総括安全衛生管理者の業務（安衛法10条）

① 労働者の危険または健康障害を防止するための措置に関すること

② 労働者の安全または衛生のための教育の実施に関すること

③ 健康診断の実施その他健康の保持増進のための措置に関すること

④ 労働災害の原因の調査及び再発防止対策に関すること

⑤ 前各号に挙げられているものの他労働災害を防止するために必要な省令で定める業務

総括安全衛生管理者の選任事業所（安衛令2条）

① 林業、鉱業、建設業、運送業、清掃業＝常時使用する労働者数100人以上

② 製造業（物の加工業含む）、電気業、ガス業、熱供給業、水道業、通信業、各種商品卸売業、家具・建具・じゅう器等卸売業、各種商品小売業、家具・建具・じゅう器等小売業、燃料小売業、旅館業、ゴルフ場業、自動車整備業、機械修理業＝常時使用する労働者数300人以上

③ その他の事業＝常時使用する労働者数1,000人以上

---

2 一定の規模以上と業種の事業者は、作業の危険防止や点検等を行う安全管理者と、衛生教育や健康障害防止の巡視等を行う衛生管理者を選任しなければなりません。

1 安全管理者

　総括安全衛生管理者の指揮のもとで安全衛生業務の実務を行うには、安全と衛生のそれぞれの分野ごとに担当者を配置することが効果的です。そこで次の事業者は、安全衛生のなかでも安全の技術的分野を管理するための安全管理者を有資格者のなかから選任しなければなりません（安衛法11条、安衛令3条）。事業者が選任すべき事業場は個々の事業場単位で判断し、選任する事業場に該当した場合は、その日から14日以内に安全管理者を選任し報告書（様式3号）を事業場管轄の労基署へ提出してください。

　また、安全管理者のうち1人以上を専任とする事業場の業種と常時使用する労働者数が定められています（安衛規則4条）。

429

安全管理者の職務

- 総括安全衛生管理者の業務のうちの安全に関する技術的事項の管理(安衛法11条)
- 作業場を巡視し設備、作業方法等に危険のおそれがあるときは直ちに危険防止のための必要な措置を講じる(安衛規則6条)

安全管理者選任事業(安衛令2条、3条)

労働者常時50人以上の林業、鉱業、建設業、運送業、清掃業、製造業(物の加工業含む)、電気業、ガス業、熱供給業、水道業、通信業、各種商品卸売業、家具・建具・じゅう器等卸売業、各種商品小売業、家具・建具・じゅう器等小売業、燃料小売業、旅館業、ゴルフ場業、自動車整備業、機械修理業

1人を専任の安全管理者とする業種と常時使用する労働者数(安衛規則4条)

建設業、有機化学鉱業製品製造業、石油製品製造業	300人
無期化学工業製品製造業、化学肥料製造業、道路運送業、港湾運送業	500人
紙、パルプ製造業、鉄鋼業、造船業	1,000人
上記以外の業種	2,000人

安全管理者の主な選任資格の概要(安衛規則5条)

① 大学・高専で理科系統正規課程を修め、その後2年以上産業安全実務の従事経験者
② 高校で理科系統正規課程を修め、その後4年以上産業安全実務の従事経験者
③ 労働安全コンサルタント
④ 厚労大臣の定める者
- 理科系統以外の大学卒業後4年以上産業安全実務の従事経験者
- 理科系統以外の高校卒業後6年以上産業安全実務の従事経験者
- 7年以上の産業安全実務の従事経験者

2 衛生管理者

　事業場の衛生分野の管理には、産業医以外に職場の環境衛生や疾病予防の管理を担当する者が必要となるため、常時使用労働者数が50人以上の事業場では、その人数に応じて専属の衛生管理者を、免許を受けた者または有資格者のなかから選任・報告(安全管理者と同様)しなければなりません(安衛法12条)。また、常時1,000人を超える労働者を使用する事

業場は、1人以上を専任の衛生管理者としなければなりません(安衛則7条)。

衛生管理者の職務

- 総括安全衛生管理者の業務のうちの衛生に関する技術的事項の管理(安衛法12条)
- 毎週1回以上作業場を巡視し、設備、作業方法または衛生状態に有害のおそれがあるときは、直ちに労働者の健康障害を防止するための必要な措置を講じること(安衛規則11条)

【事業場の労働者数に応じた衛生管理者選任の必要人数】

50〜200人	1人	1,001〜2,000人	4人
201〜500人	2人	2,001〜3,000人	5人
501〜1,000人	3人	3,001人以上	6人

【衛生管理者の選任対象者の概要(安衛規則10条)】

工業的業種の衛生管理者の選任対象者 農林水産業、鉱業、建設業、製造業(物加工業)、電気業、ガス業、水道業、熱供給業、運送業、自動車整備業、機械修理業、医療業、清掃業	第一種衛生管理者、衛生工学衛生管理者、衛生管理の有資格者から選任	
その他の業種の選任対象者	第一種衛生管理者、第二種衛生管理者、衛生工学衛生管理者、衛生管理者の有資格者から選任	
衛生管理者の選任対象者	免許保有者	衛生工学衛生管理者、第一種衛生管理者、第二種衛生管理者
	衛生管理者の有資格者	①医師、②歯科医師、③労働衛生コンサルタント、④厚労大臣の定める者

3 安全衛生推進者・衛生推進者

　総括安全衛生管理者を選任すべき事業場の、①及び②の業種の常時10人から50人未満の労働者を使用する事業場は、安全衛生推進者養成講習修了者等から安全衛生推進者・衛生推進者を選任し、安全衛生管理の実務を担当させなければなりません(安衛法12条の2)。

【安全衛生管理体制】

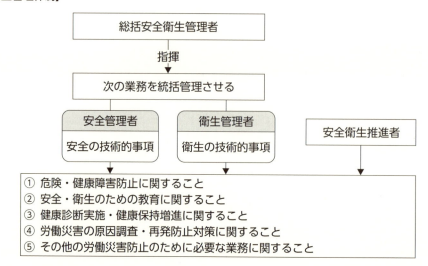

3 常時使用労働者数が50人以上の事業場の事業者は、医師のうちの一定の有資格者から産業医を選任し、労働者の健康管理等を行わせなければなりません。

　常時使用労働者数が50人以上の事業場は、医師のうちの一定の有資格者から産業医を選任し、労働者の健康管理等を行わせなければなりません(安衛法13条)。

　労働者数50人未満の事業場には、地域産業保健センターが産業保健サービスを無料で提供しています。

産業医の担当職務(安衛規則14条)

① 健康診断の実施と結果に基づく労働者の健康保持のための措置

② 労働者への面接指導

③ 労働者の心理的負担の把握のための検査や面接指導等

④ 作業環境の維持に関すること

⑤ 作業の管理に関すること

⑥ 前各号の他の労働者の健康管理に関すること

⑦ 健康教育、健康相談その他健康保持増進を図る措置に関すること

⑧ 衛生教育に関すること

⑨ 健康障害の原因の調査及び再発防止のための措置に関すること

⑩ 毎週1回作業場の巡視、作業方法または衛生状態に有害のおそれがある場合の労働者の健康障害を防止するために必要な措置を講じること

産業医の選任対象者	・法人事業では代表者以外の者から選任 ・個人事業では事業主以外の者から選任 ・事業の実施を統括管理する者以外の者から選任
専属の産業医選任事業	・常時1,000人（3,000人超は2人）以上の労働者を使用する事業 ・常時500人以上の労働者を使用する一定の危険有害事業
産業医の要件	・健康管理に必要な医学知識の研修の修了者 ・大学の産業医養成の課程を修めた実習の履修者 ・労働衛生コンサルタントの保健衛生の試験の合格者 ・大学の労働衛生科目担当の教授、准教授、常勤講師 ・厚労大臣の定める者

理解チェック

【安全衛生管理体制等】

関係条文	管理者等の名称	選任を要する事業場 （人数は、常時使用労働者数）	選任者が必要な資格等
安衛法10条・ 安衛令2条・ 安衛規則2条	総括安全衛生管理者	① 林業・鉱業・建設業・運送業・清掃業：100人以上 ② 製造業、電機・ガス・水道・熱供給・通信業、各種商品卸売業・同小売業、家具建具じゅう器等卸売業・同小売業、燃料小売業、旅館業・ゴルフ場業、自動車整備業、機械修理業：300人以上 ③ その他の業種：1000人以上	事業の実施を統括管理する者（代表者、工場長、支店長等）
安衛法11条・ 安衛令3条・ 安衛規則4条	安全管理者	上記①及び②に掲げる業種の事業場で50人以上	安衛規則5条に定める一定の資格（研修終了者・安全コンサルタント等）
安衛法12条・ 安衛令4条・ 安衛規則7条	衛生管理者	全ての業種で50人以上（農林畜水産業・鉱業・建設業・製造業・電気・ガス・水道業・熱供給業・運送業・自動車整備業・機械修理業・医療業・清掃業は第一種衛生管理者、衛生工学衛生管理者、衛生コンサルタント等、その他の業種は第一種・第二種衛生管理者、衛生工学衛生管理者、衛生コンサルタント等）	安衛規則10条で定める一定の有資格者（医師等、第1種衛生管理者等）
安衛法13条・ 安衛令5条・ 安衛規則13条	産業医	全ての業種で50人以上	一定の資格（研修修了等）を有する医師
安衛法12条の2・安衛規則12条の2、3	安全衛生推進者	上記総括安全衛生管理者の欄の①及び②に掲げる業種の事業場は、10人以上50人未満	安全衛生推進者養成講習修了等
安衛法12条の2・安衛規則12条の2、3	衛生推進者	上記総括安全衛生管理者の欄の①及び②に掲げる業種以外の業種の事業場は、10人以上50人未満	衛生推進者養成講習修了等

| 第2節 | 作業主任者、統括安全衛生責任者、元方安全衛生管理者 |

POINT

- 事業者は、労働災害防止の管理を必要とする一定作業では、免許保有者または技能講習の修了者から作業主任者を選任し、労働者を指揮させなければなりません。
- 元方事業者は、同一場所での作業中の労働災害防止のため、事業の統括管理者を統括安全衛生責任者として選任し、元方安全衛生管理者を指揮させます。
- 統括安全衛生責任者の選任義務のない小規模事業場では店社安全衛生管理者を選任し、自ら仕事を行う協力業者は、安全衛生責任者を選任し管理者間を連絡調整します。

1 事業者は、労働災害防止の管理を必要とする一定作業では、免許保有者または技能講習の修了者から作業主任者を選任し、労働者を指揮させなければなりません。

　事業者は、労働災害の防止のための管理を必要とする一定作業では、免許保有者または技能講習を修了した者から作業主任者を選任し、労働者を指揮させなければなりません（安衛法14条）。

　また、作業主任者を選任したときは、その氏名及び労働者の指揮等、行わせる事項を作業場の見やすい箇所に掲示して周知させなければなりません（安衛規則18条）。

【作業主任者選任が必要な作業の概要】

安衛令6条	作業主任者の名称	主任者を選任しなければならない作業	必要な資格
1号	高圧室内作業主任者	潜函工法その他の圧気工法により、大気圧を超える気圧下の作業室またはシャフトの内部において行う作業	高圧室内作業主任者免許
2号	ガス溶接作業主任者	アセチレン溶接装置またはガス集合溶接装置を用いて行う金属の溶接、溶断、加熱の業務	ガス溶接作業主任者免許
3号	林業架線作業主任者	一定規模以上の機械集材装置、運材索道の組立て、解体、変更、修理の作業またはこれらの設備による集材や運材の作業	林業架線作業主任者免許
4号	ボイラー取扱作業主任者	ボイラーの取扱いの作業(小型ボイラーは除く)	ボイラー技士免許(ボイラーの規模により特級・1級・2級の別)※小規模ボイラーは技能講習修了でも可
5号	エックス線作業主任者	安衛令別表第2の第1号または第3号に掲げる放射線業務	エックス線作業主任者免許
5号の2	ガンマ線透過写真撮影作業主任者	ガンマ線照射装置を用いて行う透過写真の撮影の業務	ガンマ線透過写真撮影作業主任者免許
6号	木材加工用機械作業主任者	一定の木材加工用機械(携帯用を除く)を5台以上(自動送材車式帯のこ盤が含まれている場合は3台以上)有する事業場において行う当該機械による作業	木材加工用機械作業主任者技能講習修了
7号	プレス機械作業主任者	動力プレス機械を5台以上有する事業場において行う当該機械による作業	プレス機械作業主任者技能講習修了
8号	乾燥設備作業主任者	一定能力以上の乾燥設備による物の乾燥の作業	乾燥設備作業主任者技能講習修了
8号の2	コンクリート破砕器作業主任者	コンクリート破砕器を用いて行う破砕の作業	コンクリート破砕器作業主任者技能講習修了
9号	地山の掘削作業主任者	掘削面の高さが2m以上となる地山の掘削の作業	地山の掘削及び土止支保工作業主任者技能講習修了
10号	土止支保工作業主任者	土止支保工の切りばり、腹おこしの取付けまたは取りはずしの作業	地山の掘削及び土止支保工作業主任者技能講習修了
10号の2	ずい道等の掘削等作業主任者	ずい道等の掘削の作業(機械掘削で労働者が切羽に近接することなく行うものを除く)または、これに伴うずり積み、ずい道支保工の組立て、ロックボルトの取付け、もしくはコンクリート等の吹付けの作業	ずい道等の掘削等作業主任者技能講習修了

10号の3	ずい道等の覆工作業主任者	ずい道等の覆工の作業	ずい道等の覆工作業主任者技能講習修了
11号	採石のための掘削作業主任者	掘削面の高さが2m以上となる採石法2条に規定する岩石の採取のための掘削作業	採石のための掘削作業主任者技能講習修了
12号	はい作業主任者	高さが2m以上の「はい」のはい付けまたは、はいくずしの作業（荷役機械運転者のみにより行われるものは除く）	はい作業主任者技能講習修了
13号	船内荷役作業主任者	＝ 省略 ＝	＝ 省略 ＝
14号	型わく支保工の組立て等作業主任者	コンクリート打設用型わく支保工の組立てまたは解体の作業	型わく支保工の組立て等作業主任者技能講習修了
15号	足場の組立て等作業主任者	つり足場、張出し足場または高さが5m以上の構造の足場の組立て、解体または変更の作業	足場の組立て等作業主任者技能講習修了
15号の2	建築物等の鉄骨の組立て等作業主任者	建築物の骨組みまたは塔であって、金属製の部材により構成されるもの（高さが5m以上に限る）の組立て、解体または変更の作業	鉄骨の組立て等作業主任者技能講習修了
15号の3	鋼橋架設等作業主任者	橋梁の上部構造であって、金属製の部材により構成されるもの（高さが5m以上または橋梁の支間が30m以上のものに限る）の架設、解体または変更の作業	鋼橋架設等作業主任者技能講習修了
15号の4	木造建築物の組立て等作業主任者	軒の高さが5m以上の木造建築物の構造部材の組立てまたはこれに伴う屋根下地、外壁下地の取付けの作業	木造建築物の組立て等作業主任者技能講習修了
15号の5	コンクリート造の工作物の解体等作業主任者	高さが5m以上であるコンクリート造の工作物の解体または破壊の作業	コンクリート造の工作物の解体等作業主任者技能講習修了
16号	コンクリート橋架設等作業主任者	橋梁の上部構造であって、コンクリート造のもの（高さが5m以上または橋梁の支間が30m以上のものに限る）の架設または変更の作業	コンクリート橋架設等作業主任者技能講習修了
17号	第一種圧力容器取扱作業主任者	一定規模以上の第一種圧力容器の取扱いの作業	第一種圧力容器取扱作業主任者技能講習修了
18号	特定化学物質及び四アルキル鉛等作業主任者	別表第3に掲げる特定化学物質を製造し、または取扱う作業	特定化学物質及び四アルキル鉛等作業主任者技能講習修了
19号	鉛作業主任者	安衛令別表第4第1号から10号に掲げる鉛業務に係る作業	鉛作業主任者技能講習修了

20号	特定化学物質及び四アルキル鉛等作業主任者	別表第5第1号から第6号までまたは第8号に掲げる四アルキル鉛等業務に係る作業	特定化学物質及び四アルキル鉛等作業主任者技能講習終了
21号	酸素欠乏危険作業主任者	安衛令別表6に掲げる酸素欠乏危険場所(次の場所を除く)における作業	酸素欠乏危険作業主任者技能講習修了 酸素欠乏・硫化水素危険作業主任者技能講習修了
	酸素欠乏・硫化水素危険作業主任者	安衛令別表6の第3号の3、第9号、第12号(酸欠及び硫化水素中毒の危険)に掲げる酸素欠乏危険場所における作業	酸素欠乏・硫化水素危険作業主任者技能講習修了
22号	有機溶剤作業主任者	有機溶剤を製造し、または取り扱う業務で、省令に定める作業	有機溶剤作業主任者技能講習修了
23号	石綿作業主任者	特定石綿等を製造し、または取り扱う作業	石綿作業主任者技能講習修了

2 元方事業者は、同一場所での作業中の労働災害防止のため、事業の統括管理者を統括安全衛生責任者として選任し、元方安全衛生管理者を指揮させます。

1 統括安全衛生責任者

　1つの場所で行う事業の仕事の一部を請負人に請け負わせている、建設業や造船業等の特定事業を行う元方事業者(自らも仕事を行う2以上の請負契約の最も先次の注文者)は、労働者の作業が同一の場所で行われることにより発生する労働災害の防止のため、事業の実施を統括管理する者を統括安全衛生責任者として選任し、元方安全衛生管理者や救護に関する技術的管理者を指揮させ、次頁に挙げる職務を統括管理させなければなりません。ただし、常時労働者数が一定の人数未満の事業は除きます。

　選任すべき事業場は個々の事業場単位で判断し、選任する事業場に該当した場合は、作業開始から遅滞なく統括安全衛生責任者を選任し特定元方事業者の事業開始報告を事業場管轄の労基署へ報告してください(安衛規則664条)。

統括安全衛生責任者が統括管理する事項（安衛法15条）

① 元方安全衛生管理者の指揮及び関係請負人（元方事業者以外の全ての下請業者）及びその労働者が仕事に関して労働安全衛生法に違反しないよう指導、指示を行うこと

② 協議組織の設置及び運営

③ 作業間の連絡、調整を行うこと

④ 作業場の巡視

⑤ 関係請負人が行う安全衛生教育に対する指導や援助

⑥ 仕事工程に関する計画及び作業場所における機械、設備の配置に関する計画の作成、その機会、設備等を使用する作業に関して関係請負人が講ずる措置の指導

⑦ その他労働災害を防止するために必要な事項

統括安全衛生責任者を選任すべき事業・労働者数（安衛令7条）

① ずい道建設、橋梁建設、気圧工法に作業する仕事＝労働者数常時30人以上

② 上記②以外の仕事＝労働者数常時50人以上

2 元方安全衛生管理者

統括安全衛生責任者を選任した事業者は、有資格者のうちから事業場に専属の元方安全衛生管理者を選任し、安全または衛生に関する技術的事項を管理させなければなりません。

選任すべき事業場は個々の事業場単位で判断し、選任する事業場に該当した場合は作業開始から遅滞なく元方安全衛生管理者を選任し特定元方事業者の事業開始報告を事業場管轄の労基署へ提出してください（安衛規則664条）。

【安衛法15条の2、安衛規則18条の3】

元方安全衛生管理者の職務	統括安全衛生責任者の担当職務のうちの具体的な技術的事項
元方安全衛生管理者の選任対象者	① 大学・高専で理科系統課程を修め、その後3年以上建設工事施工の安全衛生実務の従事経験者 ② 高校で理科系統課程を修め、その後5年以上建設工事施工の安全衛生実務の従事経験者 ③ 厚労大臣の定める者 　・理科系統以外の大学卒業後5年以上建設工事施工の安全衛生実務の従事者 　・理科系統以外の高校卒業後8年以上建設工事成功の安全衛生実務の従事者 　・10年以上の建設工事施工の安全衛生実務の従事者

3 統括安全衛生責任者の選任義務のない小規模事業者は店社安全衛生管理者を選任し、自ら仕事を行う協力業者は、安全衛生責任者を選任し管理者間を連絡調整します。

1 店社安全衛生管理者

　統括安全衛生責任者の選任義務のない規模が小さい事業者でも、労働災害防止の安全衛生対策を講じる必要があります。そこで1つの場所で行う事業の仕事の一部を請負人に請け負わせている建設業や造船業等、特定事業を行う事業者のうち、統括安全衛生責任者を選任しなくともよい小規模現場の元方事業者(自らも仕事を行う2以上の請負契約の最も先次の注文者)は、店社安全衛生管理者を選任して次の職務を行わせなければなりません。

　選任すべき事業場は個々の事業場単位で判断し、選任する事業場に該当した場合は、作業開始後遅滞なく店社安全衛生管理者を選任し特定元方事業者の事業開始報告を事業場管轄の労基署へ提出してください(安衛規則664条)。

店社安全衛生管理者の職務(安衛規則18条の8)

① 毎月1回以上の作業場の巡視

② 作業の種類、その他作業の実施状況の把握

③ 現場の協議組織の会議への随時参加

④ 現場の工程計画、機械等配置計画に関しての措置の確認

店社安全衛生管理者を選任すべき事業・労働者数(安衛規則18条の6)

① ずい道建設、橋梁建設、気圧工法に作業する仕事、鉄骨鉄筋コンクリート造である建築物の建設の仕事=労働者数常時20人以上

② 上記②以外の仕事=労働者数常時50人以上

---

2 安全衛生責任者

　数次の請負事業者や協力業者が同時に作業する建設現場等では、事業者間の連絡や調整が適切にできていなければ、労働災害が発生する危険が高まります。そのため事業者間の連絡や調整を確保するため、統括安全衛生責任者を選任すべき事業者以外の自らも仕事を

行う請負人は、安全衛生責任者を選任し、統括安全衛生責任者との連絡等、次の職務を行わせなければなりません。選任すべき事業場は個々の事業場単位で判断し、選任する事業場に該当した場合は安全衛生責任者を選任し統括安全衛生責任者を選任した事業者に通報してください。

安全衛生責任者の職務（安衛規則19条）
① 統括安全衛生責任者との連絡
② 統括安全衛生責任者から受けた連絡事項の関係者への伝達
③ 統括安全衛生責任者からの連絡で自己の仕事に係ることの実施管理
④ 協力業者と元請の計画を整合させるための統括安全衛生責任者との調整
⑤ 自己と他業者の作業により生ずる労働災害の危険の有無の確認
⑥ 他の協力業者の安全衛生責任者との作業間の連絡調整

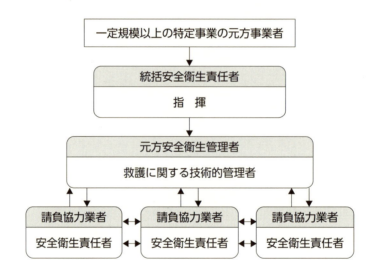

【元方事業者の安全衛生管理】

労働者数	元方事業者の仕事の種類				
	隧道工事	特定場所の橋梁建設	気圧工法による作業の仕事	鉄骨造・鉄骨鉄筋コンクリート建築	その他の工事
20人未満	不要				不要
20～30人未満	店社安全衛生管理者				
30～50人未満					
50人以上	統括安全衛生責任者				

| 第 **3** 節 | # 安全衛生教育、特別教育、技能講習 |

POINT

- ・事業者は、労働者を雇い入れたときや作業設備や作業方法を大幅に変更したときは業務災害予防の基礎教育である安全衛生教育を実施しなければなりません。
- ・事業者は、労働者を法定の危険有害業務に就労させるときは、労働災害防止のためにその業務に関する安全・衛生の特別教育を行わなければなりません。
- ・労働災害防止のため、技能講習の修了者か有資格者以外の者は就労できない就業制限業務には、就労可能者以外の者を就労させてはなりません。

1 事業者は、労働者を雇い入れたときや作業設備や作業方法を大幅に変更したときは業務災害予防の基礎教育である安全衛生教育を実施しなければなりません。

1 雇入時の教育

　事業者は、労働者を雇い入れたとき及び作業設備や作業方法等、作業内容を大幅に変更したときは、次の安全衛生教育を行わなければなりません。ただし、十分な知識と技能の保有者は省略できます（安衛法59条、安衛規則35条）。

　また、事業者は、雇入時の教育や職長教育の他に安全衛生の水準向上のため現に危険有害業務に就く者に対して、その従事する業務に関する安全または衛生のための教育を行うよう努めなければなりません（安衛法60条の２）。

441

雇入時の安全衛生教育（安衛規則35条）

① 機械や原材料の危険有害性や取扱方法

② 安全装置や有害物抑制装置、保護具の性能や取扱方法

③ 作業手順

④ 作業開始時点検

⑤ 発生のおそれのある疾病の原因と予防

⑥ 整理整頓・清潔保持

⑦ 事故時の応急措置・退避、その他

2 職長教育

法定業種で労働者を指導監督する職長等、作業中の労働者を直接指導や監督する労働者（作業主任者除く）には、次の安全衛生教育（職長教育）を行わなければなりません（安衛法60条）。

職長教育の内容（安衛法60条）

① 作業方法決定及び労働者配置に関すること

② 労働者に対する指導監督の方法に関すること

③ 労働災害防止のための必要事項等

職長教育の実施対象業種（安衛令19条）

① 建設業

② 製造業（ただし次の業種は除く）

- 食料品、たばこ製造業（うま味調味料、動物植物油脂製造業以外）

- 繊維工業（紡績、染色整理業以外）

- 衣服その他の繊維製品製造業

- 紙加工品製造業（セロファン製造業以外）

- 新聞業、出版業、製本及び印刷加工業

③ 電気業

④ ガス業

⑤ 自動車整備業

⑥ 機械修理業

3 安全衛生教育時間の賃金

　安全衛生教育は、労働者の労働災害防止を図るため事業者の責任で行うものであるため、所定労働時間内で行うことが原則となります。安全衛生教育の実施時間は労働時間とみなすため、安全衛生教育が法定労働時間外に行われた場合は、時間外労働となり割増賃金を支払わなければなりません。

　また、特別教育や職長教育等法定の安全衛生教育を、企業外で行う費用や旅費も事業者の負担となります(昭47・9・18基発602)。

2 事業者は、労働者を法定の危険有害業務に就労させるときは、労働災害防止のためにその業務に関する安全・衛生の特別教育を行わなければなりません。

　事業者は、労働者を次のような法定の危険有害業務に就労させるときは、労働災害の防止のためにその業務に関する安全または衛生のための特別教育を行わなければなりません。(安衛法59条3項、安衛規則36条)。

　また、事業者は、安全衛生の水準向上のため現に危険有害業務に就く者に対して、その従事する業務に関する安全または衛生のための教育を行うよう努めなければなりません(安衛法60条の2)。

【特別教育(安衛法59条3項、安衛規則36条)の必要な業務の概要】

安衛規則36条	業務の名称	特別教育を必要とする業務の内容
1号	研削といしの取替え等	研削といしの取扱いまたは取替えのときの試運転の業務
2号	動力プレスの金型等の取付け、取外しまたは調整	動力プレスの金型、シャーの刃部またはそれらの機械の安全装置、安全囲いの取付け、取外しまたは調整の業務
3号	アーク溶接等の業務	アーク溶接機を用いて行う金属の溶接、溶断等の業務
4号	電気取扱等の業務	高圧(直流:750V、交流:600V をそれぞれ超え7000V 以下)及び特別高圧(7001V 以上)の充電電路等の敷設、修理または操作の業務 低圧(直流:750V、交流:600V 以下)の充電電路の敷設、修理の業務等
5号	フォークリフトの運転	最大荷重1t未満のフォークリフトの運転の業務

443

5号の2	ショベルローダー等の運転	最大荷重1t未満のショベルローダーまたはフォークローダーの運転の業務
5号の3	不整地運搬車の運転	最大荷重1t未満の不整地運搬車の運転の業務
6号	揚貨装置の運転	制限荷重5t未満の揚貨装置の運転の業務
6号の2	伐採等機械の運転	伐採等を行う動力を用い自走できる機械の運転業務
6号の3	走行集材機械の運転	集材するため動力を用い自走できる機械の運転業務
7号	機械集材装置の運転	集材機、架線、搬機、支柱等により構成され、動力を用い原木または薪炭材を巻き上げ、空中で運搬する設備の運転の業務
8号	立木の伐木等の処理	胸高直径70cm以上の立木の伐木、及び胸高直径20cm以上で偏心している立木の伐木、かかり木、つり木の処理等の業務
8号の2	チェーンソーを用いて行う伐木、造材	チェーンソーを用いて行う立木の伐木、かかり木の処理、または造材の業務
9号	小型車両系建設機械(整地等)の運転	機体重量が3t未満の整地・運搬・積込用、掘削用、基礎工事用、解体用の車両系建設機械の運転の業務
9号の2	非自走式基礎工事用機械の運転	基礎工事用建設機械の運転の業務(自走式以外のもの)
9号の3	車両系建設機械(基礎工事)の作業装置の操作	自走式の基礎工事用建設機械の作業装置の操作(車体上運転席の操作を除く)の業務
10号	締固め用建設機械の運転	ローラー等の締固め用機械で、動力を用い、かつ、不特定の場所に移動できる建設機械の運転の業務
10号の2	コンクリート打設用機械の作業装置の操作	コンクリートポンプ車等のコンクリート打設用建設機械の作業装置の操作の業務
10号の3	ボーリングマシンの運転	ボーリングマシンの運転の業務
10号の4	ジャッキ式つり上げ機械の調整または運転	建設工事におけるジャッキ式つり上げ機械(複数の保持機構等要件の定め有り)の調整または運転の業務
10号の5	高所作業車の運転	作業床の高さが10m未満の高所作業車の運転の業務
11号	巻上げ機の運転	動力により駆動される巻上げ機(電気ホイスト、ゴンドラ等は除く)の運転の業務
13号	軌道装置の動力車の運転	動力車、動力により駆動される巻上げ装置で軌条により人または荷を運搬する装置(軌道装置)の運転の業務
14号	小型ボイラーの取扱いの業務	安衛令1条4号の小型ボイラーの取扱いの業務
15号	クレーンの運転	つり上げ荷重5t未満のクレーン、同5t以上の跨線テルハの運転の業務

16号	移動式クレーンの運転	つり上げ荷重1t未満の移動式クレーンの運転の業務
17号	デリックの運転	つり上げ荷重5t未満のデリックの運転の業務
18号	建設用リフトの運転	建設用リフトの運転の業務
19号	玉掛けの業務	つり上げ荷重1t未満のクレーン、移動式クレーン、デリックの玉掛けの業務
20号	ゴンドラの操作	ゴンドラの操作の業務
20号の2	空気圧縮機の運転	作業室及び気閘室へ送気するための空気圧縮機を運転する業務
21号	高圧作業室送気調節業務	高圧室内作業に係る作業室への送気の調節を行うためのバルブまたはコックを操作する業務
22号	気閘室への送・排気調節業務	気閘室への送気または排気の調節を行うためのバルブまたはコックを操作する業務
23号	潜水作業者への送気調節業務	潜水作業者への送気の調節を行うためのバルブまたはコックを操作する業務
24号	再圧室操作業務	再圧室を操作する業務
24号の2	高圧室内作業	高圧室内作業に係る業務
25号	四アルキル鉛等業務	安衛令別表第5に掲げる四鉛等業務
26号	酸素欠乏危険作業	安衛令別表第6に掲げる酸素欠乏危険場所での作業に係る業務
27号	特殊化学設備の取扱い等の業務	特殊化学設備の取扱い、整備及び修理の業務
28号	エックス線装置・ガンマ線照射装置による透過写真の撮影業務	エックス線装置またはガンマ線照射装置を用いて行う透過写真の撮影の業務
28号の2	加工施設等にて行う核燃料物質等を取り扱う業務	再処理施設、使用施設の管理区域内にて行う核燃料物質や使用澄燃料やこれらに汚染されたものを取り扱う業務
29号	特定粉じん作業	特定粉じん作業(粉じん則3条に該当するものを除く)に係る作業
30号	ずい道等の掘削等の作業	ずい道等の掘削の作業、ずり・資材等の運搬、覆工のコンクリート打設等の作業
31号	産業用ロボットの教示等の業務	産業用ロボットの可動範囲内において行う教示等の業務または可動範囲外で行う教示等に係る機器の操作の業務
32号	産業用ロボットの検査等の業務	産業用ロボットの可動範囲内において行う検査等の業務または稼動範囲外で行う当該検査等に係る機器の操作の業務
33号	自動車用タイヤ空気充填業務	自動車(二輪を除く)用タイヤの組立てに係る業務のうち、空気圧縮機を用いてタイヤに空気を充填する業務

34号	廃棄物焼却施設における焼却灰等を取扱う業務	ダイオキシン類特別措置法施行令別表第1に掲げる廃棄物焼却炉を有する廃棄物の焼却施設(以下「廃棄物焼却施設」という)において、ばいじん及び焼却灰その他燃え殻を取り扱う業務
35号	焼却炉、集じん機等の設備の保守点検等の業務	廃棄物焼却施設に設置された廃棄物焼却炉、集じん機等の設備の保守点検等の業務
36号	焼却炉、集じん機等の設備の解体等の業務等	廃棄物焼却施設に設置された廃棄物焼却炉、集じん機等の設備の解体等の業務及びこれに伴うばいじん及び焼却灰その他燃え殻を取り扱う業務
37号	石綿等使用建築物等の解体等の業務	石綿等が使用されている建築物及び工作物の解体等の作業に係る業務
38号	除染業務等	除染則2条7項の除染業務や特定線量下業務
39号	足場組立、解体作業	足場の組立や解体、変更作業に係る業務
40号	ロープ高所作業	高さ2m以上の作業床がない場所でのロープ高所作業

(注) 本表では、スペースの都合上、対象業務・作業等の内容を一部省略したり、「一定規模以上」といった表現にとどめているものがあります。対象業務・作業等の詳細な内容を確認されたい場合は、都道府県労働局か、最寄りの労基署でご確認ください。

③ 労働災害防止のため、技能講習の修了者か有資格者以外の者は就労できない就業制限業務には、就労可能者以外の者を就労させてはなりません。

1 就業制限業務

　労働災害を防止するため、技能講習の修了者か有資格者以外の者は就労できない就業制限業務が定められています。就労できる者以外の者はこの就業制限業務を行ってはなりません。就業制限業務に従事する労働者は、修了証や免許・資格証等を携帯していなければなりません(安衛法61条)。

　また、労働災害防止の管理を必要とする法定作業では、技能講習修了者から選任した作業主任者に作業従事者を指揮させるとともに、作業場には作業主任者の氏名と職務事項を掲示しなければなりません(安衛法14条)。

【就業制限（安衛令20条）】

安衛令20条	業務名	就業が制限される業務の内容	必要な資格
1号	発破の業務	せん孔・装てん・結線・点火ならびに不発の装薬または残薬の点検及び処理の業務	発破技士免許等
2号	揚荷装置の運転業務	制限荷重が5t以上の揚荷装置の運転の業務	揚荷装置運転士免許
3号	ボイラーの取扱いの業務	ボイラーの取扱いの業務（小型ボイラーを除く）	特級・1級・2級ボイラー技士免許（小規模ボイラーは、ボイラー取扱技能講習修了でも可）
4号	ボイラーまたは第一種圧力容器の溶接の業務	上記のボイラーまたは第一種圧力容器（小型圧力容器を除く）の溶接の業務（自動溶接機による溶接等は除く）	ボイラー溶接士免許（特別・普通）
5号	ボイラーまたは第一種圧力容器の整備の業務	ボイラー（小型ボイラー及び小規模ボイラーを除く）または一定規模以上の第一種圧力容器の整備の業務	ボイラー整備士免許
6号	クレーンの運転の業務	つり上げ過重が5t以上のクレーン（跨線テルハを除く）の運転の業務	クレーン・デリック運転士免許
		上記業務のうち、床上で運転し、かつ、当該運転する者が荷の移動とともに移動する方式のクレーンの運転の業務	クレーン・デリック運転士免許 床上操作式クレーン運転技能講習修了
7号	移動式クレーンの運転の業務	つり上げ過重が1t以上の移動式クレーンの運転の業務	移動式クレーン運転士免許（つり上げ過重が5t未満の場合は、小型移動式クレーン運転技能講習修了でも可）
8号	デリックの運転の業務	つり上げ過重が5t以上のデリックの運転の業務	クレーン・デリック運転士免許
9号	潜水の業務	潜水器を用い、かつ、空気圧縮機もしくは手押しポンプによる送気またはボンベからの給気を受けて、水中において行う業務	潜水士免許
10号	ガス溶接等の業務	可燃性ガス及び酸素を用いて行う金属の溶接、溶断または加熱の業務	ガス溶接作業主任者免許 ガス溶接技能講習修了
11号	フォークリフトの運転の業務	最大荷重が1t以上のフォークリフトの運転の業務	フォークリフト運転技能講習修了等

12号	車両系建設機械の運転の業務	整地・運搬・積込み用、掘削用(機体重量3t以上)	車両系建設機械(整地・運搬・積込み用、掘削用)運転技能講習修了等
		基礎工事用(機体重量3t以上)	同上(基礎工事用)運転技能講習修了等
		解体用(機体重量3t以上)	同上(解体用)運転技能講習修了等
13号	ショベルローダー等の運転の業務	最大荷重が1t以上のショベルローダーまたはフォークローダーのの運転の業務	ショベルローダー等運転技能講習修了等
14号	不整地運搬車の運転の業務	最大積載量が1t以上の不整地運搬車の運転の業務	不整地運搬車技能講習修了等
15号	高所作業車の運転の業務	作業床の高さが10m以上の高所作業車の運転の業務	高所作業車運転技能講習修了
16号	玉掛けの業務	つり上げ(制限)荷重が1t以上の揚荷装置、クレーン、移動式クレーンもしくはデリックの玉掛けの業務	玉掛け技能講習修了

2 技能講習修了証明書の発行

　過去に受講した技能講習の修了証を滅失や紛失した場合は、その教習機関や技能講習修了証明書発行事務局で次の方法により照会できることがあります。教習機関の連絡先は各都道府県労働局で照会してください。

受講した教習機関が現在も再発行業務を行っている場合	技能講習を受講した機関に修了証の再交付を依頼してください。
受講した教習機関が廃止等で再発行を行っていない場合	発行事務局で修了証のかわりに修了証明書を新規発行しますので、申し込んでください。
どこで受講したか覚えていない場合	同僚や友人の修了証から教習機関がわかることがあります。また、発行事務局に修了資格を照会するとわかる可能性があります。

> **技能講習修了証明書発行事務局**
>
> 〒108-0014　東京都港区芝5-35-2安全衛生総合会館4F
>
> 　Tel 03-3452-3371、3372　Fax03-3452-3349
>
> 　9：00～17：00　休業日：土曜日、日曜日、祝日、年末年始

第4節 一般健康診断

POINT

・事業者は、労働者の健康状態を把握するため、定められた健康診断を確実に実施しなければなりません。健康診断の実施費用は事業者が負担します。

・事業者は、労働者の雇入時及び年1回定期に一定項目の健康診断を行わなければなりません。

・事業者は、特定業務に常時従事する労働者には、配置換えのときと6か月ごとに1回、定期に特定業務の健康診断を行わなければなりません。

1 使用者は、労働者の健康状態を把握するため、定められた健康診断を確実に実施しなければなりません。健康診断の実施費用は事業者が負担します。

1 健康診断の実施

昨今、脳・心疾患が増加していますが、これらの疾病発症の基礎となる血管病変は、主に加齢や食生活、生活環境等の日常生活による諸要因や遺伝等による要因が徐々に増悪して発症する場合と、仕事が主な原因で発症する場合があります。発症の原因が過剰労働等業務上のものであると認定されると、療養等が労災保険の給付対象となるとともに、事業者は安全配慮義務違反として様々な責任を問われるおそれもあります。最悪の場合、労働者が過労死に至った場合は、その家族や親族が大変な苦境に陥るとともに、事業者もその責任が問われます。

そのため日頃から定期的に法令で定められた健康診断を確実に実施して、労働者の健康状態を把握するとともに、異常所見があった場合は、必要な措置を講じて、業務上の脳・心疾患を防止することが重要です。

事業者は、労働者に対して雇入時の健康診断、年1回の定期健康診断を実施する義務があります。特定業務従事労働者に対しては6か月に1回定期に健康診断を行わなければなりません。

労働者は、事業者が行う健康診断を受けなければなりません。ただし、事業者の指定した医師または歯科医師が行う健康診断を受けることを希望しない場合は、他の医師や歯科医師の行う同一内容の健康診断を受け、その結果を証明する書面を事業者に提出することができます（安衛法66条）。

なお、事業者は健康診断の結果については個人票を作成し、5年間保存しなければなりません（安衛規則51条）。

2 健康診断の費用と賃金

雇入時の健康診断、年1回及び年6回の健康診断、特定業務健康診断（452頁参照）、特殊健康診断（454頁参照）の実施費用は、実施義務のある事業者の負担となります。

また、労働者一般に行われる一般健康診断は、一般的な健康確保を目的とし業務との関連で行うものではないため、健康診断実施時間中の賃金は、事業者の当然の負担ではありませんが支払うことが望ましいとされています。

これに対して特殊健康診断（特定有害業務に従事する労働者に行う健康診断）は事業の遂行に関連して当然に実施しなければならないため、所定労働時間内に行うことを原則とします。特殊健康診断の受診時間は労働時間とみなされるため、それが法定労働時間外に行われた場合は、当然割増賃金を支払わなければなりません（昭47・9・18基発602）。

2 事業者は、労働者の雇入時及び年1回の定期に一定項目の健康診断を行わなければなりません。

1 労働者雇入時の健康診断

事業者は、常時使用する労働者を雇い入れるときは、次の一定項目の健康診断を行わなければなりません。ただし、3か月以内に医師の健康診断を受けた労働者がその結果を提出した項目は除きます。

業務上の過労死や精神疾患が大きな問題となっています。雇い入れる労働者の健康状態を把握し、適切な労務管理を行うためにも必ず雇入時の健康診断は実施してください（安衛規則43）。

雇入時の健康診断の項目（安衛規則43条）

① 既往歴、業務歴の調査

② 自覚症状及び他覚症状の有無

③ 身長・体重・腹囲・視力・聴力

④ 胸部エックス線

⑤ 血圧

⑥ 貧血

⑦ 肝機能

⑧ 血中脂質

⑨ 血糖

⑩ 尿中の糖・たん白の有無

⑪ 心電図

2 定期健康診断

　事業者は、常時使用する労働者に対して、1年に1回定期に医師の健康診断を行わなければなりません。検査項目は、雇入時の健康診断とほぼ同じ項目（④に喀痰検査追加）ですが、一部の項目は医師が必要でないと認める場合は省略できます（安衛規則44条）。

　常時50人以上の労働者を使用する事業者は、定期健康診断の結果報告書を管轄の労基署に提出しなければなりません（安衛規則52条）。

3 健康診断結果の医師からの意見聴取とその後の措置

　事業者は、健康診断の結果、異常所見があると診断された労働者について医師や歯科医師の意見を聴き、必要があるときはその労働者の就業場所の変更、作業の転換、労働時間の短縮、深夜業の減少及び作業環境の測定、施設設備の設置や整備等、必要な措置を講じなければなりません（安衛法66条の4、66条の5）。

3 事業者は、特定業務に常時従事する労働者には、配置替えのときと6か月ごとに1回、定期に特定業務の健康診断を行わなければなりません。

事業者は、次の特定業務に常時従事する労働者には、配置替えのときと6か月に1回特定業務の健康診断(特殊健康診断)を行わなければなりません。胸部エックス線と喀痰検査は年1回行わなければなりません(安衛規則45条、13条1項2号)。

特定業務健康診断を実施する特定業務(安衛規則13条1項2号)

① 多量の高熱物体取扱・暑熱・低温物体取扱・寒冷場所での業務

② ラジウム・エックス線等、有害放射線にさらさせる業務

③ 土石・獣毛等じんあい・粉末等の取扱業務

④ 異常気圧下の業務

⑤ 削岩機、鋲打機等身体に著しい振動を与える業務

⑥ 重量物取扱業務

⑦ ボイラー製造等強烈な騒音発生場所での業務

⑧ 坑内業務

⑨ 深夜業務

⑩ 水銀・ヒ素・黄燐・塩酸・硫酸・青酸等有害物取扱業務

⑪ 鉛・水銀・クロム・砒素・塩素・硝酸等の有害ガス粉塵発散場所での業務

⑫ 蒸気粉じん発散場所での業務

⑬ 病原菌汚染業務等

⑭ その他厚生労働大臣が定める業務

452　第11章│安全衛生教育・健康診断・ストレスチェック

理解チェック

一　　般　　健　　康　　診　　断		
健康診断の種類	対象労働者	実施時期
雇入時健康診断 （安衛規則43条）	常時使用労働者	雇入時
定期健康診断 （安衛規則44条）	常時使用労働者	１年以内１回定期
特定業務健康診断 （安衛規則45条）	特定業務従事者	配置替時、６か月以内１回
海外派遣健康診断 （安衛規則45の２）	６か月以上海外派遣者	派遣時、帰国時
給食従業員の検便 （安衛規則47条）	事業付属食堂の給食従事者	雇入時、配置替え時

| 第 **5** 節 | # 特殊健康診断、海外派遣労働者の健康診断、健康管理手帳 |

POINT

・事業者は、有害業務に従事する労働者に対して雇入時、配置替え時及び6か月以内に1回、定期に業務ごとの特別項目の特殊健康診断を実施しなければなりません。

・事業者は、海外に6か月以上派遣する労働者または海外派遣後に国内で就労する労働者に、医師が必要と認める健康診断を行わなければなりません。

・有害業務に従事した労働者は、健康管理手帳を提示することで、退職後も無料で健康診断を受けることができます。

1 事業者は、有害業務に従事する労働者に対して雇入時、配置替え時及び6か月以内に1回定期に業務ごとの特別項目の特殊健康診断を実施しなければなりません。

　事業者は、次の有害業務に従事する労働者に対しては、雇入時、配置替えの際及び6か月以内(③の四アルキル鉛等業務は3か月以内)に1回定期に、業務ごとの特別項目の特殊健康診断を実施しなければなりません。

特殊健康診断の実施が必要な有害業務

① 屋内での有機溶剤業務に常時従事する労働者(有機則29条)

② 鉛業務に常時従事する労働者(鉛則53条)

③ 四アルキル鉛等業務に常時従事する労働者(四アルキル鉛則22条)

④ 特定化学物質製造取扱業務に常時従事及び過去に従事した労働者(特化則39条)

⑤ 高圧室内業務や潜水業務に従事従事する労働者(高圧則38条)

⑥ 放射線業務に常時従事し管理区域に立ち入る労働者(電離則56条)

⑦ 除染等業務に常時従事する除染等業務従事者(除染則20条)

⑧ 石綿等取扱い等に伴い石綿の粉じん発散場所での業務に常時従事する及び過去に従事した労働者(石綿則40条)

じん肺健診が必要な労働者
常時粉じん作業に従事する及び従事したことのある管理区分２または３の労働者 （じん肺法３条、７～10条）

歯科医師の健康診断が必要な労働者
塩酸・硝酸・硫酸・亜硫酸・フッ化水素等の歯の支持組織の有害業務、蒸気粉じんの 発散場所での業務（安衛規則48条）

2　事業者は、海外に６か月以上派遣する労働者または海外派遣後に国内で就労する労働者に、医師が必要と認める健康診断を行わなければなりません。

　事業者は、海外に６か月以上派遣しようとする労働者に対しては、１年に１回の定期健康診断の項目のうち医師が必要と認める健康診断を行わなければなりません。ただし、雇入時や年１回の定期健康診断を受けた場合は、その健康診断から６か月間に限りその受診項目を省略できます（安衛規則45条の２）。

　また、海外に６か月以上派遣した労働者を、その後国内で就労させる場合には医師が必要と認める健康診断を行わなければなりません。

3　有害業務に従事した労働者は、健康管理手帳を提示することで、退職後も無料で健康診断を受けることができます。

1　健康管理手帳の交付対象者

　有害物質が要因で引き起こされるがん等、重度の健康障害は、長い潜伏期間を経て退職後に発症するケースが少なくありません。そこで都道府県労働局長は、がんやその他重度の健康障害を生ずるおそれのある次の業務に従事していた労働者に、退職後「健康管理手帳」を交付します（安衛法67条）。

455

健康管理手帳の交付を受けると、退職後も指定された医療機関または健康診断機関に健康管理手帳を提示することで、定められた項目による健康診断を6か月に1回（じん肺の場合は1年に1回）、無料で受けることができます（安衛規則55条、56条）。

健康管理手帳の交付対象労働者

① ベンジンその他の塩の製造や取扱業務に3か月以上従事

② ベーターナフチルアミンその他の塩の製造や取扱業務に3か月以上従事

③ 粉じん作業にかかる業務でじん肺管理区分が2または3

④ クロム酸・重クロム酸を製造または取扱業務に4年以上従事

⑤ 三酸化ヒ素を製造する工程で焙焼・精製等に5年以上従事

⑥ コークスまたは製鉄用発生炉ガスを製造する業務に5年以上従事

⑦ ビス（クロロメチル）エーテルを製造または取り扱う業務に3年以上従事

⑧ ベリリウム（化合物を含む）を製造または取り扱う業務に従事し両肺にベリリウムによる慢性の結節性陰影があること

⑨ ベンゾトリクロリドを製造または取り扱う業務に3年以上従事

⑩ 塩化ビニルを重合する業務・密閉されていない遠心分離機を用いてポリ塩化ビニルを懸濁液から水を分離する業務に4年以上従事

⑪ アスベスト（石綿）の製造や取扱業務及びそれらにともない石綿の粉じんを発散する場所における石綿を取り扱わない業務（周辺業務）に就き両肺野に石綿による不整脈陰影があるか胸膜肥厚があること

⑫ ジアニシジンその他の塩の製造取扱業務に3か月以上従事

⑬ 1,2-ジクロロプロパンの取扱業務に2年以上従事

---

2 健康管理手帳の交付申請

健康管理手帳の交付を受けるには退職時または退職後、「健康管理手帳交付申請書（様式第7号）」に「事業主による従事期間証明書」等を添付し、都道府県労働局（労基署）に申請します。

第6節 ストレスチェック

POINT

・事業者は、１年以内に１回、定期に労働者に医師等によるストレスチェック実施と、労働者の申出があれば医師の面接指導を受ける機会を与えてください。

・実施事務従事者は、記入後封入された調査票を回収し、記入（入力）内容を確認します。ストレスチェックの結果は実施者が直ちに労働者へ通知します。

・ストレスチェックの結果は、実施者から直接本人に通知されます。医師の面接指導が必要な労働者が申し出たら、事業者は面接指導を実施しなければなりません。

1 事業者は、１年以内に１回定期に、労働者に医師等によるストレスチェック実施と、労働者の申出があれば医師の面接指導を受ける機会を与えてください。

1 ストレスチェックの実施義務

　ストレスチェックとは、労働者が自分のストレス状態を知ることで、ストレスをため過ぎないよう対処したり、高ストレス状態のときは、医師の面接指導を受けて助言を得たり就業環境を改善したりすることで、うつ等のメンタルヘルス不調を未然防止するための制度です。

　事業者は、労働者のストレスへの気付きと職場改善のため１年以内に１回定期に、常時使用する労働者に対して医師や保健師、看護師等ストレスチェックの実施者による一定項目のストレスチェック及び労働者が申し出た場合は医師の面接指導を受ける機会を提供する必要があります（安衛法66条の10、安衛規則52条の９）。ストレスチェックの実施者には、解雇や昇進等の人事の決定権を有する事業者や人事部長は従事できません。

　ここでいう常時使用する労働者とは、期間の定めのない労働契約で１週間の所定労働時間が通常の労働者の４分の３以上の労働者をいいます。

　また、労働者数50人未満の事業場(法人単位ではなく個々の事業場単位)は努力義務となります。

2 ストレスチェックの実施体制

　ストレスチェックは、事業者の責任で実施するものであり、事業者は実施方法やルール等の実施計画を立てて、実施事務従事者を指名する等、実施体制を整備する必要があります。実施事務従事者は衛生管理者やメンタルヘルス推進担当者等が望ましいのですが、ストレスチェックの結果である個人情報を取り扱わない場合は、労働者の解雇等の人事権を持つ監督的地位の者を指名することもできます。

　また、事業者は、ストレスチェックの実施者から受検した労働者のリストを入手する等受検状況を把握し、受検していない労働者に対して受検を勧奨することができます。ただし、労働者にはストレスチェックを受ける義務はありません。

ストレスチェックの実施者	医師、保健師、研修修了の看護師や精神保健福祉士等
ストレスチェック事務従事者	調査票の回収、内容確認、データ入力、結果保存等を行う者（人事権者が従事できない実施事務がある）

守秘義務(安衛法104条)	① 秘密保持義務がある
	② 実施事務従事で知り得た労働者の秘密を漏らしてはならない
	③ 知り得た労働者の秘密を実施事務と関係しない業務に利用してはならない

人事権者のある監督的地位者が従事できる実施事務

① ストレスチェックの実施計画の策定
② 実施者との実施の日や場所の連絡調整
③ 実施を外部機関に委託する場合の契約に関する連絡調整
④ 実施の計画や日時の労働者への通知
⑤ 調査票の配布
⑥ 受検していない労働者への受検の勧奨

人事権者が従事できない実施事務

① 労働者が記入した調査票の回収

② 出力した結果を労働者に通知するまでの健康情報の取扱事務

③ 結果の労働者への通知

④ 実施者が、面接指導が必要と認めた者に対する申出の勧奨

⑤ 集団ごとの集計に係る労働者の健康情報を取り扱う事務

3 ストレスチェックの実施

　ストレスチェックの実施は、必要な項目についてのストレスチェック調査票を配布し記入してもらう形式(ITシステムでの実施も可)で実施します(安衛規則52条の9)。この調査票は次の3項目が含まれていれば、実施者の意見や衛生委員会等の調査を踏まえて事業者が任意の様式を選択・作成することもできます。なお、調査票には厚生労働省が推奨する「職業性ストレス簡易調査票」がありますので参考にしてください。

　調査票に記入されたこの3項目の結果を点数化して評価するとともに、その評価結果を踏まえて高ストレス者を選定し、医師による面接指導の要否を確認します。

ストレスチェック調査票に必要な3項目

① 職場における労働者の心理的な負担の原因に関する項目

② 心理的な負担による心身の自覚症状に関する項目

③ 職場の他の労働者による当該労働者への支援に関する項目

理解チェック　ストレスチェックの実施手順

人事権者従事可

導入前の準備＝実施の方法やルール等を策定し説明

▼

調査票の選定、評価方法を決定←実施者(医師等)が助言

▼

調査票を配布し、受検しない労働者へ勧奨

▼

労働者が調査票記入

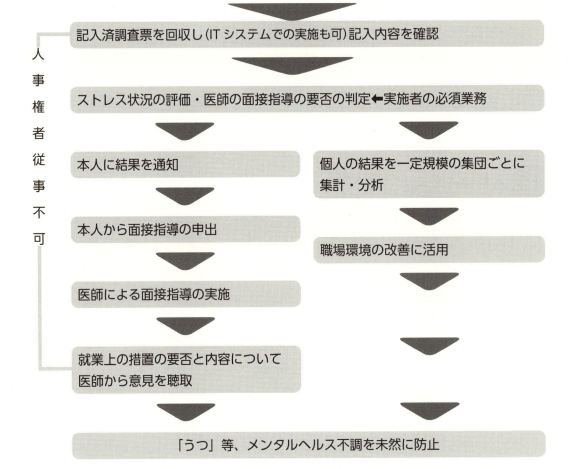

> **2** 実施事務従事者は、記入後封入された調査票を回収し、記入(入力)内容を確認します。ストレスチェックの結果は実施者が直ちに労働者へ通知します。

1 調査票の回収と評価

　労働者が記入後に封入された調査票を、実施者または実施事務従事者が回収し、記入(入力)内容を確認します。調査票の回収や集計、入力は実施者が直接行う必要はなく、実施事務者に行わせることができます。

　なお、調査票の回収以降の実施事務には人事権者は従事できません。

2 ストレスチェック結果の本人への通知

　回収された調査票は、３項目ごとに検査を行い労働者のストレスの程度を点数化して評価し、次のいずれかの選定基準の要件を満たす者を「高ストレス者」として選定します。また、選定基準に加えて実施者の指示のもと他の医師、保健婦、看護師や精神保健衛生士、産業カウンセラー、臨床心理士等が面談を行った結果を参考として選考する方法もあります。

高ストレス者の基準

① 「心理的な負担による心身の自覚症状に関する項目」の評価点数の合計が高い者

② 「心理的な負担による心身の自覚症状に関する項目」の評価点数の合計が一定以上高く、かつ、「職場における心理的な負担の原因に関する項目」及び「職場における他の労働者による当該労働者への支援に関する項目」の評価点数の合計が著しく高い者

　事業者は、ストレスチェックを受けた労働者に対して、検査を行った医師等の実施者から検査結果が速やかに通知されるようにしなければなりません。この通知は封書や電子メール等、他者が把握できないようにしなければなりません。労働者に通知する検査結果には次の項目を含む必要があります。

　実施者は、受検した労働者の同意を得ないで検査結果を事業者に提供してはなりません（安衛法66条の10、安衛規則52条の12）。

労働者へ通知する結果項目と明示方法

① 個人ごとのストレスの特徴や傾向を数値や図表で示す

② 個人ごとのストレスの程度を示し高ストレスかどうかを示す

③ 面接指導の要否を示す

---

3 労働者の同意

　ストレスチェックの実施者は、労働者の同意がなければ調査結果を事業者に提供してはなりませんが、労働者の同意はストレスチェックの実施前または実施のときに取得してはなりません。労働者の同意は、調査結果を個々の労働者に提供した後に取得しなければな

りません。

　なお、労働者が事業者に対して面接指導の申出を行った場合は、その申出をもってストレスチェックの結果を事業者へ提供することに同意がなされたものとみなせます。

4　集団ごとの調査結果の分析と職場環境の改善

　調査票の結果は、実施者に依頼して部や課、グループ等、一定規模の集団ごとに集計・分析し、その結果を提供してもらうことができます。全集団の平均値や集団ごとの数値を比較する等して、集団ごとのストレス傾向等を把握し、集団ごとの職場環境の改善に役立てることができます。ただし、集団の規模が10人未満の場合は、個人が特定されるおそれがありますので、全員の同意がなければ集団分析結果の提供を受けてはなりません。

❸　ストレスチェックの結果は、実施者から直接本人に通知されます。医師の面接指導が必要な労働者が申し出た場合は、事業者は面接指導を実施しなければなりません。

1　ストレスチェック結果と守秘義務

　ストレスチェックの結果は、検査を実施した医師や保健師等から直接本人に通知されます。この実施者等には守秘義務があり、ストレスチェックの結果は労働者の同意なくして事業者へ提供してはなりません。

　検査の結果、次の要件に該当し医師から面接指導が必要とされた労働者から申出があった場合は、事業者は、医師による面接指導を実施しなければなりません。面接指導の申出は検査結果の通知から1か月以内に行わなければならず、また、面接指導は労働者からの申出から1か月以内に行ってください。

> **面接指導の対象労働者**
> 　心理的な負担の程度が高い者でかつ、医師が、面接指導が必要と認めた者

2　医師からの意見聴取と必要措置

　事業者は、面接指導の実施後1か月以内に、面接指導の結果に基づき労働者の健康を保

持するために必要な措置について、医師から意見を聴かなければなりません。

　事業者は、医師による面接指導の結果に基づいて、労働者の健康確保のための就業場所の変更、作業転換、労働時間短縮、深夜業減少等の就業上の措置が必要な場合もあるため、面接指導の結果は労働者の同意がなくとも医師から入手できます。労働者が事業者に対して面接指導の申出を行った場合は、その申出をもってストレスチェックの結果を事業者へ提供することに同意がなされたものとみなせるためです。

　なお、事業者には面接指導の結果を5年間の保存する義務があります。

第 **12** 章

パワー・セクシャル・マタニティハラスメント

第1節 メンタルヘルス

POINT

- ・メンタルヘルスとは心の健康のことをいい、メンタルヘルス不調とは心の健康を損ない、精神障害症状や精神・行動上の問題のある状態をいいます。
- ・労働者のメンタルヘルス不調に気付いたら、早目にストレスチェックや面接指導の機会を作り、あるいは直接医師等専門家への相談を促してください。
- ・私傷病の精神障害発症の場合は、すぐに適切な措置を講じないと本人の症状が悪化し、欠勤や遅刻、仕事のミス等の現象が現れて事業運営にも支障が出ます。

1 メンタルヘルスとは心の健康のことをいい、メンタルヘルス不調とは心の健康を損ない精神障害症状や精神・行動上の問題のある状態をいいます。

　メンタルヘルスとは心の健康のことをいい、メンタルヘルス不調とは心の健康を損ない、精神障害症状や精神・行動上の問題のある状態をいい、いち早い発見と対処が重要です。

　心はストレスの圧力を受けると抵抗するストレス反応を示しますが、耐えられるストレスの強さは個人や状況、体調で異なります。

　パワーハラスメントやセクシャルハラスメントは程度や当事者によっては強いストレスとなりますが、ハラスメントに限らずストレスは仕事上の責任重圧、ミス、目標未達、また、会社組織等の職場以外でも、個人の性格、対人関係、家族、結婚、失恋、転居等日常生活上にも存在します。

　メンタルヘルスが不調になると根気がなくなり、重要な決定困難、ミス連続、仕事遅延等の業務遂行能力の低下や遅刻、欠勤等自ら気付く変化と周囲が気付く変化が現れます。

　労働者のメンタルヘルスの状況を把握し、その変化にいち早く気付くためには定期的なストレスチェックがとても有効です。全労働者がストレスチェックを受検し個々の労働者のストレスの状況とメンタルヘルスへの影響をいち早く把握する必要があります（468頁参照）。

　うつ病や気分障害等精神障害発症へ繋がる可能性のあるメンタルヘルス不調の対処は、

466　第12章｜パワー・セクシャル・マタニティハラスメント

早期の発見と対応がとても重要なため、次のような自ら気付く変化と家族や同僚等の周囲が気付く変化のサインを見逃さないことが重要です。

もし上司や同僚がこれらのサインに気付いたら、早目に声掛けしたり話を聞くことが大事ですが、逆効果となる禁句は決していわないでください。

自分自身が気付く変化
・憂うつ、おっくう感、焦り、不安感、頭痛、めまい、吐き気 ・不眠や睡眠状態の変化、食欲の不振や急激な食欲の増進 ・下痢や便秘、体重の急な減少や増加、疲労感の継続等

周囲が気付く変化
・遅刻や欠勤の増加、ミスの増加、報告・連絡・相談の減少 ・判断力の低下、仕事の能率低下、会話の減少、昼食も1人 ・表情や様子が暗い、顔色が悪い、人との接触を避ける ・頭重感・頭痛・めまい・微熱・吐き気等の訴えがある

→ 変化を見逃さず、すぐに対応する。禁句はけっしていわない

けっしていってはならない禁句
・君には期待している ・ここが頑張りどころだ ・気合を入れて乗り超えろ ・そんなことではだめだ ・誰もが悩むんだ。君だけじゃない ・まわりの人が困っているぞ ・自分の立場や責任をわかっているのか ・仕事が停滞するぞ

2 労働者のメンタルヘルス不調に気付いたら、早目にストレスチェックや面接指導の機会を作り、あるいは、医師等の専門家への相談を促してください。

1 メンタルヘルス不調時の対応

　労働者のメンタルヘルス不調に気付いたら、早目にストレスチェックや面接指導の機会を作り、また、医師等の専門家への相談を促してください。けっして病名や療養期間等を勝手に推測したり決めつけたりせずに、医師の診断結果を待ちます。

　事業主や上司等による声掛けや相談は、酒席以外で他人に知られぬように行い、また、禁句はけっしていわないようにしてください。状況や病名を他人に伝える際は、必ず本人の同意を得てからとし、プライバシー保護を徹底してください。

　また、メンタルヘルス不調となっても同じ仕事させていると状況を悪化させる可能性が高まるため、必要に応じて長時間労働や過大責任、危険有害業務、苦情処理等の過重労働は変更を検討してください。ただし、拙速な変更や大幅な変更はかえってメンタルヘルスの不調度合いを重くするおそれもあるため、対象者を観察し会話しながら状況に応じて行うことが重要です。

2 産業保健総合支援センター

　産業医、衛生管理者、産業看護職、人事労務担当者等の産業保健関係者に、メンタルヘルス対策等産業保健に関する相談、研修、情報提供や関連セミナー等を無料で行うため、全国に産業保健総合支援センターが設置されています。また、地域産業保健センターでは、地域の労働者数50人未満の小規模事業場の事業主や労働者に対して、相談や健康診断事後対応、面接指導等を無料で実施していますので、ぜひ活用してください。

3 私傷病の精神障害発症の場合は、すぐに適切な措置を講じないと本人の症状が悪化し欠勤や遅刻、仕事のミス等の現象が現れて事業運営にも支障が出ます。

1 精神障害発生時の事業運営への影響

　私傷病の精神障害発症の場合は、すぐに適切な措置を講じないと本人の症状が悪化するだけでなく、次のような現象が現れて事業運営にも支障が出ます。業務外のメンタルヘルス不調や精神障害の発症後も、事業者が特に対処せずそのまま勤務を認めていると、後々事業者の責任が問われる可能性があります。

> **精神障害発生時の事業運営への影響**
> ① 遅刻早退や欠勤が多くなり、出勤しても通常の業務を処理できず職場全体が混乱する。
> ② 本人はつらく症状が悪化し、職場や同僚の士気が下がったり、顧客対応にミスが生じる等、事業運営に支障が出る。
> ③ 事業主が安全配慮義務を無視したため、労働者のメンタルヘルス不調が悪化したと主張される可能性が高まる。

2 労務不能時の対応

　労働契約は、労働者が使用者の指示命令のもとで労働し、使用者は指示命令に従い労働した労働者に賃金を支払うという契約です。労働者が傷病により労働できなくなった場合、あるいは指示命令に従った通常の労働ができなくなった場合は、労働契約に基づく労働ができなくなった状態となります。そのような場合は、主に次の対応が考えられます。

【精神障害発生時の対応】

> 症状、回復可能性を検討し負担軽減の代替業務等や労働時間短縮等による勤務を検討する。賃金等労働条件変更が必要な場合は、合意のうえで変更する

> 症状、回復可能性、能力、代替人員の状況等を検討し、必要なら有給休暇消化後も一定期間の療養欠勤を認める。療養欠勤終了後も労働できない場合の対処に合意しておく

症状、回復可能性、業務内容、能力、勤続年数等から解雇を猶予し期間を定めた療養休職を検討する。就業規則等に休職規定があれば、その規定に従う

労務不能のために自ら退職を申し出て退職した場合は、自己退職となる

療養専念のため事業主から提案された退職勧奨を受け入れた場合は、勧奨退職となる

労務不能や通常の労務提供が不能な状態を就業規則で解雇事由と定めた場合は、解雇も検討する。ただし、解雇するには、客観的合理的でありかつ社会通念上も相当な理由が必要となるため、医師の診断書をもとに本人とも話し合い、慎重に検討する必要がある

【精神障害発症で労務不能時の対処】

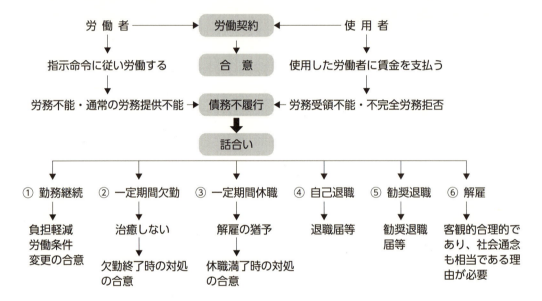

3 精神障害時の休職

　業務外の精神障害により労務不能となった場合でも、その症状や回復の可能性、担当していた業務内容、能力、勤続年数等から、自己退職にとどめ、あるいは解雇を猶予する対応として就業規則等の規定に基づいて期間を定めた療養休業を検討することがあります。療養休職には、次のような対応方法が考えられます。

【精神障害による休職時の対応】

就業規則等で休職を定めていればその規定に従い、定めていなくとも休職とする場合は、事前に休職期間や復職条件、期間満了時の条件に合意のうえで休職措置をとる

職務内容を知らない主治医が就労可と診断しても、従来と同一職務が遂行不能の場合もあるため、復職は使用者が本人、主治医や産業医等に面談し事業場の状況や担当職務内容を説明したうえで職場復帰の是非を判断するほうが診断に実態を反映しやすい

休職期間満了時の診断書や面談で休職事由が解消しないと判断した場合は、休職期間延長、休職期間満了自然退職、休職期間満了解雇等規定や合意による措置をとる

医師が労務不能と認めた業務外の欠勤や休職の賃金不支給期間について、労働者は健康保険に傷病手当金を請求できる可能性がある

4 業務上の精神障害

　精神障害が仕事からの強いストレスにより発症したと判断される場合に限り、業務上の精神障害と判断されます。業務上の認定には次の3つの要件を満たすことが必要となり、認定基準「心理的負荷による精神障害の認定基準について（平23・12・26基発1226第1号）」に従って次のように心理的負荷の強弱を判断します。

業務上の精神障害認要件
① 認定対象となる表（473頁）に定められた疾病の種類（F0～F9）の精神障害（心身症は除く）を発病している。
② 発病前おおむね6か月間に業務上の出来事による著しい心理的負荷「強」が認められる。
③ 業務以外の私生活上の心理的負荷や個体側要因により発病したとは認められない。

　発症した精神障害が業務上か否かは「業務上の心理的負荷の強度」と「私生活上の私生活上の心理的負荷や個体側要因により発病でない」ことを評価して判断しますが、その概略の評価方法は次のものです。

【業務上の出来事による心理的負荷の強弱の判断】

発症した精神障害が別表 1 の業務外の私生活上の心理的負荷・個体側要因から生じたものではない

発病前の業務上の出来事が別表 2 の特別な出来事に該当する場合は心理的負荷を「強」と評価する

特別な出来事に近い出来事ではその後の一連の状況を総合して心理的負荷を評価する

特別な出来事以外の出来事では、別表 3 の具体的出来事の「心理的負荷の総合評価点の視点」ごとの「心理的負荷の強度判断の具体例」及び別表 4 の「総合評価における共通事項」を参考に個々の事案ごとに強度を総合評価する

複数の出来事が関連して生じた場合は、全体を 1 つの出来事として最初の出来事を具体的出来事に当てはめ、他の出来事は出来事後の状況として全体を総合的に評価する

関連しない出来事が複数生じた場合は、各々の出来事の強度を評価後に内容と時間的な近接程度を考慮して強度を評価し、各々の強度をもとに全体の強度を総合強化する

精神障害が業務上と認定されると労災保険の給付対象となり、また、休業期間中とその後30日間は解雇制限(415頁参照)がかかります。さらに使用者責任も問われ損害賠償を請求される可能性も高まります。

なお、業務上による心理的負荷によってF0・F1・F2・F3・F4の精神障害(次頁参照)が発病したと認められる者が自殺を図った場合には、精神障害によって正常の認識、行為選択能力が著しく阻害され、または自殺行為を思いとどまる精神的な抑制力が著しく阻害されている状態で自殺が行われたものと推定し、原則として業務起因性が認められ業務上と認定される可能性があります(平11・9・14基発544号)。

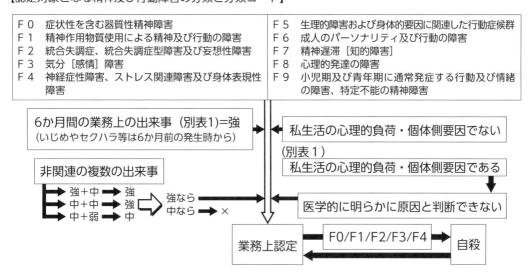

【業務以外の心理的負荷評価表】（別表１）

出来事の類型	具体的出来事	心理的負荷の強度		
		Ⅰ	Ⅱ	Ⅲ
① 自分の出来事	離婚または夫婦が別居した／自分が重い病気やケガをしたまたは流産した			★
	自分が病気やケガをした		★	
	夫婦のトラブル、不和があった／自分が妊娠した／定年退職した	★		
② 自分以外の家族・親族の出来事	配偶者や子供、親または兄弟が死亡した／配偶者や子供が重い病気やケガをした／親類の誰かで世間的にまずいことをした人が出た			★
	親族つきあいで困り、辛い思いをした／親が重い病気やケガをした		★	
	家族が婚約したまたはその話が具体化した／子供の入試・進学があったまたは子供が受験勉強を始めた／親子の不和、子供の問題行動、非行があった／家族が増えた（子供が生まれた）または減った（子供が独立して家を離れた）／配偶者が仕事を始めたまたは辞めた	★		
③ 金銭関係	多額の財産を損失したまたは突然大きな支出があった			★
	収入が減少した／借金返済の遅れ、困難があった		★	
	住宅ローンまたは消費者ローンを借りた	★		
④ 事件、事故、災害の体験	天災や火災等に遭ったまたは犯罪に巻き込まれた			★
	自宅に泥棒が入った／交通事故を起こした		★	
	軽度の法律違反をした	★		
⑤ 住環境の変化	騒音等、家の周囲の環境（人間環境を含む）が悪化した／引越した		★	
	家屋や土地を売買したまたはその具体的な計画が持ち上がった／家族以外の人（知人、下宿人等）が一緒に住むようになった	★		
⑥ 他人との人間関係	友人、先輩に裏切られショックを受けた／親しい友人、先輩が死亡した／失恋、異性関係のもつれがあった／隣近所とのトラブルがあった		★	

（注）心理的負荷の強度ⅠからⅢは、別表１と同程度で、強いほうからⅢ、Ⅱ、Ⅰと示しています。
※別表１及び２は抜粋のため、詳しくは厚生労働省の「心理的負荷による精神障害の認定基準について」（平23・l2・26基発1226第１号）別表１及び２を参照してください。

【特別な出来事】（別表2）

特別な出来事の類型	心理的負荷の総合評価を「強」とするもの
心理的負荷が極度のもの	・生死に関わる、極度の苦痛をともなう、または永久労働不能となる後遺障害を残す業務上の病気やケガをした（業務上の傷病により6か月を超えて療養中に症状が急変し極度の苦痛をともなった場合を含む） ・業務に関連し、他人を死亡させ、または生死にかかわる重大なケガを負わせた（故意によるものを除く） ・強姦や本人意思を抑圧して行われたわいせつ行為等のセクシュアルハラスメントを受けた ・その他、上記に準ずる程度の心理的負荷が極度と認められるもの
極度の長時間労働	・発病直前の1か月におおむね160時間を超えるような、またはこれに満たない期間にこれと同程度の（例えば3週間におおむね120時間以上の）時間外労働を行った（休憩時間は少ないが手待ち時間が多い場合等、労働密度が特に低い場合を除く）

【特別な出来事以外】（別表3）
（具体的出来事と強度評価の抜粋事例）

出来事の類型	具体的な出来事	心理的負荷の総合評価の視点	心理的負荷の強度判断の具体例
労働災害体験	病気・ケガ発症	傷病・後遺障害の程度／目撃の内容	目撃＝中／長期入院・後遺障害＝強
失敗・過重責任	人身・大事故関与	事故程度・責任追及・対応困難度	他人が重度のケガ・後遺障害＝強
	経営上重大ミス	内容程度・社会的影響・業績悪化	経営・信用棄損＝中／大損害賠償＝強
	無理な注文・クレーム	顧客重要度・要求内容・対応困難度	無理な注文＝中／大口顧客喪失予想＝強
仕事の量・質	仕事質・量大変化	内容能力責任度合・残業休日労働	急増＝中／残業1月100時間超・常時緊張＝強
	1か月80時間超の残業	困難度・長時間労働継続期間	残業1月80時間超＝中／2月120時間超＝強
役割・地位変化	退職・解雇強要	解雇退職強要経緯・人間関係	執拗な退職強要・突然通告＝強
	配置転換・転勤	能力と職務変化程度・単身・国内外	転換転勤＝中／未経験・左遷＝強
	非正規理由差別	差別不利益と理由程度・継続度	差別不利益有＝中／人格否定＝強
対人間関係	嫌がらせ・暴行	嫌がらせ・上司とトラブル・暴行程度	逸脱した叱責＝中／程度がひどい＝強
セクハラ	セクハラ発言・行動	胸腰接触・継続状況・会社対応度	会社が対応し解決＝中／会社が対応せず継続＝強

【特別な出来事以外】(別表４)

（総合評価における共通事項）

1　出来事後の状況の評価に共通の視点

　出来事後の状況として、表に示す「心理的負荷の総合評価の視点」の他、以下に該当する状況のうち、著しいものは総合評価を強める要素として考慮する。

① 仕事が孤独で単調となった、自分で仕事の順番・やり方を決めることができなくなった、自分の技能や知識を仕事で使うことが要求されなくなった等仕事の裁量性の欠如。

② 騒音、照明、温度(暑熱・寒冷)、湿度(多湿)、換気、臭気等職場環境の悪化等。

③ 仕事のやり方の見直し改善、応援体制の確立、責任の分散等、支援・協力がなされていない等職場の支援・協力等の欠如。

④ 上記以外の状況で、出来事に伴って発生したと認められる状況(他の出来事と評価できるものを除く)

2　恒常的長時間労働が認められる場合の総合評価

① 具体的出来事の心理的負荷の強度が労働時間を加味せずに「中」程度と評価される場合で、出来事の後に恒常的な長時間労働(月100時間程度の時間外労働)が認められる場合には、総合評価は「強」とする。

② 具体的出来事の心理的負荷の強度が労働時間を加味せずに「中」程度と評価される場合で、出来事の前に恒常的な長時間労働(月100時間程度の時間外労働)が認められ、出来事後すぐ(おおむね10日以内)に発病に至っている場合、すぐ発病してないが事後対応に多大な労力を費しその後発病した場合、総合評価は「強」とする。

③ 具体的出来事の心理的負荷の強度が、労働時間を加味せずに「弱」程度と評価される場合で、出来事の前後に恒常的な長時間労働(月100時間程度の時間外労働)が認められる場合には、総合評価は「強」とする。

第2節 パワーハラスメント

POINT

・事業者は身体・精神的な攻撃、仲間外し、過大過小な要求等のパワーハラスメント（パワハラ）言動の定義を定め、全員がその定義を共有してください。

・パワハラ言動には、就業環境の悪化や離職率が高まる経営リスクと不法行為、安全配慮義務違反、使用者責任、業務上災害等の認定という法的リスクがあります。

・パワハラ言動を未然に防止するには、パワハラ言動の定義を定めかつ経営トップが決してあってはならない旨を明示し、研修等で全員に周知啓発してください。

1 事業者は身体・精神的な攻撃、仲間外し、過大過小な要求等パワーハラスメント（パワハラ）言動の定義を定め、全員がその定義を共有してください。

1 使用者の安全配慮義務

　使用者には、労働者が安全に就労できるようにするため、次のような安全配慮義務が法で定められています。

① 使用者は、労働契約に伴い、労働者がその生命、身体等の安全を確保しつつ労働ができるよう必要な配慮をするものとします（労契法5条）。

② また、事業者は快適な職場環境の実現と労働条件の改善を通じて、職場における労働者の安全と健康を確保するようにしなければなりません（安衛法3条）。

2 パワーハラスメント

　パワーハラスメント（以下、パワハラという）とは、職場の同僚に対して職務地位や人間関係、専門知識等、様々な優位性を背景に、業務の適正範囲を超えて精神・身体的苦痛を与えまたは職場環境を悪化させる、主に次の6類型の言動をいいます。パワハラ言動は事業主や上司から部下への言動だけでなく、先輩・後輩や同僚同士の言動も含みます。

　厳しい経営環境のなかで事業を存続発展させるには、教育指導は必要ですが、業務の適

477

正な範囲を超えた教育指導はパワハラ言動となり、人の尊厳や人格を傷つけるだけでなく、事業の運営にも大きなダメージを与えます。

　教育や指導、注意等の言動が、業務の適正な範囲内なのか不適切なのかの基準は、事業所の歴史や文化、風土、業種や規模、部署だけでなく管理職や上司、個々の労働者ごとに異なります。パワハラを未然に防止するには、その言動が適正な業務の範囲なのか不適切なのかの基準をあらかじめ明確に定め、事業所の全員がその基準を共有する必要があります。

　そのため日常的に行われる教育や指導、注意の際の言動について適正な業務の範囲を明示しておくことが重要です。

パワハラ言動の6類型

① 身体的な攻撃＝丸めた紙等でたたく、物を投げつける、手で小突く、手で強く握る、殴る、足で蹴る等の暴行や傷害等

② 精神的な攻撃＝脅迫、名誉棄損、同僚の目の前での侮辱やひどい暴言、全員に罵倒メールを送信、長時間執拗にくり返す叱責等

③ 人間関係からの切り離し＝1人だけ別室に移動させる、歓送迎会に呼ばない、1人だけ自宅待機等の隔離をする、無視をする、仲間外し等

④ 過大な要求＝明らかに不要なノルマや未経験で遂行不可能なことを強制する、大量の仕事を命じる、他人の仕事を押し付ける等

⑤ 過少な要求＝雑用、トイレ掃除等低程度の仕事のみを与える、仕事を与えない、運転手に草むしりをさせる、事務職に倉庫の清掃を命じる等

⑥ 個の侵害＝交際相手や家族について聞く、個人・私的なことに立ち入る等

業務の正常な範囲を超える不適切な指導にあたる言動

① 人権や人格、人間性、尊厳を傷つける言動

② 職場での役割や存在までも否定する言動

③ 明らかに達成不可能なノルマ、成果を課す言動

④ 嫌悪感や否定的メッセージを発して心理的に追い込む言動

⑤ 能力や努力を否定し自信喪失させ、能力発揮不可能状態に追い込む言動

2 パワハラ言動には、就業環境の悪化や離職率が高まる経営リスク及び不法行為、安全配慮義務違反、使用者責任、業務上災害等の認定という法的リスクがあります。

1 パワハラ言動の経営上のリスク

　パワハラ言動は増加中であり、どこでも、誰にでも起こり得る問題として認識されています。パワハラ言動を受けた人は、相談等何もしてこないことが多いので気付きにくいのですが、パワハラ言動が続くと徐々にエスカレートする可能性が高く、その結果、被害者はメンタルヘルス不調やうつ等の精神障害を発症する可能性が高まるだけでなく、暴力行為による傷害事件になるおそれもあります。

　また、職場にパワハラ言動が続くと、被害者だけでなく周囲の同僚もいたたまれなくなり、仕事へ集中できず能率が低下したりミスが頻発したりして就業環境が悪化します。その結果、被害者だけでなく周囲の同僚も退職することになれば、せっかく採用した人材の離職率が高まり貴重な人材を失うことにもなります。

2 パワハラ言動が使用者に及ぼす法的リスク

　パワハラ言動には、使用者から労働者への言動、あるいは上司・部下間や先輩・後輩間、同僚間等の言動等がありますが、いずれの場合でもパワハラ言動が認定された場合は、使用者にとって次のような法的リスクがあります。そのためパワハラ言動が発生したら、いち早く対処しやめさせることが重要です。

【パワハラ言動による使用者の法的リスク】

業務命令権逸脱	使用者の言動がパワハラと認定されると使用者の業務命令権の範囲を逸脱し、労働者の権利を侵害したことになり損害賠償責任を問われる可能性がある
使用者責任	上司・部下や先輩・後輩、同僚間等、使用する労働者間の事業執行に関連する言動が労働者へのパワハラとして認定され、あるいは暴力行為により労働者が負傷したりすると、事業場内で傷害事件が認定されるだけでなく、使用者が使用者責任を問われる損害賠償を認定される可能性がある
安全配慮義務	使用する労働者間のパワハラ言動を知りながら放置したり是認(不作為)しているときに、言動を受けた労働者がメンタルヘルス不調や精神障害の発症、あるいは暴行等の傷害を受けた場合は、使用者が安全配慮義務違反と認定され損害賠償責任を問われる可能性がある
業務上災害	パワハラ言動で発病した精神障害が業務上災害と認定されると、労災保険の対象となり、かつ使用者責任や安全配慮義務違反として使用者が損害賠償を請求される可能性がある

法令チェック

・民法709条

　故意又は過失によって、他人の権利又は法律上保護される利益を侵害した者は、これによって生じた損害を賠償する責任を負う。

・民法710条

　他人の身体、自由若しくは名誉を侵害した場合又は他人の財産権を侵害した場合のいずれであるかを問わず、前条の規定により損害賠償の責任を負う者は、財産以外の損害に対しても、その賠償をしなければらない。

➡ パワハラ言動の行為者が不法言動の責任を負い、精神的損害についても賠償しなければなりません。

・民法715条（前段）

　ある事業のために他人を使用する者は、被用者がその事業の執行について第三者に加えた損害を賠償する責任を負う。

➡ パワハラ言動の行為者だけでなく使用者も使用者責任により損害賠償責任を負います。

・民法415条

　債務者がその債務の本旨に従った履行をしないときは、債権者は、これによって生じた損害の賠償を請求することができる。債務者の責めに帰すべき事由によって履行をすることができなくなったときも、同様とする。

➡ 労働者がその生命、身体等の安全を確保しつつ労働ができるよう必要な配慮を使用者が履行していない場合は、損害賠償責任を問われます。

3 パワハラ言動を未然に防止するには、パワハラ言動の定義を定めかつ経営トップが決してあってはならない旨を明示し、研修等で全員に周知啓発してください。

1 事業主の防止方針の明確化とその周知・啓発

パワハラ言動を防止するには、まず、パワハラとなる言動の定義を定めることが必要です。定義がなければその言動がパワハラに該当するか否かが明確にならないからです。

次に、パワハラ言動の発生原因や背景、事業所の風土を分析しそれを改善します。発生の原因や背景、風土を改善しなければパワハラ言動がなくならないためです。

そのうえで事業主は、パワハラの言動があってはならない旨の方針を明確に定め、同時に就業規則等でパワハラ言動をしてはならない旨の服務規律と懲戒について規定し、抵触した場合は厳正に対処する旨を、管理監督職はじめ全労働者に研修して周知啓発します。

2 相談体制の整備

事業主は、パワハラ言動により、労働者の就業環境が害されることのないよう、労働者からの相談に応じられる窓口とその担当者を整備する必要があります。相談窓口ではパワハラ言動が実際に発生した場合だけでなく、発生する可能性のある場合や言動がパワハラに該当するかしないか等の問合せ等にも、広く相談に応じるようにしてください。

また、この相談窓口はパワハラだけでなくセクハラや妊娠、出産、育児・介護休業等に関するハラスメント等にも対応できるようにすることで、ハラスメントの発生が複合的な原因や理由を持つ場合にも対応できるようになります。

3 プライバシーの保護と不利益取扱いの禁止

パワハラ言動が表面化すると、氏名や言動等が誇張され事業所全体に拡散するおそれがあります。そうなると、相談者やパワハラ言動の行為者とされた人が窮地に追い込まれ就業できなくなる可能性もあります。そのため事実関係が確認されるまでは、相談者だけでなくパワハラ言動の行為者とされている人のプライバシーを保護する対策も講じる必要があります。

また、相談窓口が機能し防止効果が発揮できるように、相談したことや事実関係の調査に協力したことを理由とした不利益取扱いは一切行わないと全労働者に周知することも必要です。

【パワハラ言動の予防対策】

経営トップの意志
経営トップがパワハラの不法性や悪影響及びその防止とあってはならない旨を定期的に伝え、研修を行い全員にその意識を共有させる

業務の適正範囲基準
教育・指導・注意等の業務の適正範囲と不適切な言動の基準を定め明示し研修することで、事業主や役員も対象とした全員にその基準を共有させる

対応ルール策定周知
就業規則にパワハラ言動を認めない服務規律及び言動行為者に対する懲戒を規定し、厳正対処することを事業主や役員も対象に含め全員に研修し、共有させる

相談苦情対応
相談窓口と担当者を定め、相談者からは話を真摯に聞きパワハラ言動を調査把握する体制を整備し、そのことを全員に共有させる

プライバシー保護
相続者や言動行為者等のプライバシーは個人情報のため、個人情報保護を徹底する。相談しやすくするため外部機関へ委託することも検討する

不利益取扱い禁止
パワハラを相談したこと、事実関係の確認に協力したこと等を理由とする不利益取扱いは一切しないことを定め、そのことを全員に共有させる

相談の奨励
パワハラ被害者やパワハラ言動を見た人は黙っていないで、すぐに相談窓口に相談するよう全員に徹底させる

アンケート
定期的なアンケートをとり、問題言動がないか調査する

4 パワハラ言動発生時の対処

パワハラ言動に関する相談があったときは、担当者は直ちに次の手順で対応する必要があります。

【パワハラ言動の相談があったときの対処】

担当者が相談内容に応じて事実状況の観察か、パワハラ言動の行為者からの事情聴取かを選択する

事情聴取が必要なら相談者、パワハラ言動の行為者とされる者に行い、事実関係を確認する

双方の主張が一致しない場合は、第3者からも事実関係を聴取する

事情聴取の際は当事者双方の言い分、希望等をよく聞き解決の方向性を探る

誤解と判断できる場合は、双方に説明し、パワハラ言動行為者とされる者に誤解を招く言動を中止させる

事実確認が困難な場合は労働局等へ助言・指導を申し出ることも検討する

5 パワハラ言動の事実を確認したときの対処

パワハラ言動の相談に対して、担当者が対応調査した結果、実際にその事実が確認できた場合は、その事実状況に応じて次のように対処する必要があります。

【パワハラ言動の事実が確認できたときの対処】

対処方法決定

相談担当者、人事労務担当者、役員等の検討委員会でパワハラ言動の事実関係と程度、被害の程度、再発防止を勘案し、注意や警告か、懲戒処分かを検討する

懲戒以外の処分

懲戒処分に該当しない場合は、注意指導や警告を行い、被害者支援、不利益回復、職場環境改善、配置転換、パワハラ言動の行為者の謝罪等を検討する

懲戒処分決定

懲戒処分が必要なら、就業規則の服務規律や懲戒規定に基づき、パワハラ言動の行為者をけん責、出勤停止、減給、諭旨解雇、懲戒解雇等、厳正に懲戒処分する

今後の対応

事実内容に応じて被害者の就業環境の改善と双方の関係改善を図るため、被害者を支援しながら不利益の回復、配置転換、異動、パワハラ言動の行為者の謝罪等を検討する

再発防止の周知

パワハラ言動の不法性、悪影響、懲戒処分対象、防止を事業所に再度周知し啓発を進め、再発防止を徹底する

第3節 セクシャルハラスメント

POINT

・労働者の意に反する性的な言動に起因する不利益や就業環境の悪化等をセクシャルハラスメント(セクハラ)といいます。

・セクハラを放置や是認すると労働者の尊厳を傷つけ就業環境を悪化させるとともに、言動がエスカレートし、重大な犯罪に繋がる可能性があります。

・セクハラ言動を未然に防止するには、セクハラ言動の定義と懲戒処分を定め、かつ経営トップが決してあってはならない旨を研修等により全員に周知徹底してください。

1 労働者の意に反する性的な言動に起因する不利益や就業環境の悪化等をセクシャルハラスメント(セクハラ)といいます。

1 使用者の安全配慮義務

使用者にはセクシャルハラスメント言動(以下、セクハラという)に関して、法的に次のような責務が課せられています。

① 使用者は、労働契約に伴い、労働者がその生命、身体等の安全を確保しつつ労働できるよう必要な配慮をするものとします(労契法5条)。

② また、事業者は快適な職場環境の実現と労働条件の改善を通じて職場における労働者の安全と健康を確保するようにしなければなりません(安衛法3条)。

③ さらに事業主は、職場で行われる性的な言動に対する労働者の対応により、その労働者が労働条件について不利益を受け、または就業環境が害されることのないよう、その労働者からの相談に応じ、適切に対応するために必要な体制や措置等を整備しなければなりません(男女雇用機会均等法11条)。

2 セクシャルハラスメント

　職場での、労働者の意に反する次のような性的な言動に起因する不利益や就業環境の悪化等を、セクハラといいます。

　労働者とは、非正規労働者を含む事業主が使用する全ての労働者をいいます。派遣労働者は派遣元事業主だけでなく、派遣先事業主も自ら使用する労働者と同様とみなします。

　事業主や上司、同僚、顧客、患者も性的な言動の言動行為者となり得ますし、男性から女性やその逆、同性間の言動も含みます。

　職場とは労働者が業務遂行する場所をいい、次の場所も、職務との関連性、参加者、参加が強制かどうか等により職場となります。

セクハラの発生する可能性のある職場の範囲

・取引先事務所　　・顧客自宅　　・出張先　　・取材先　　・業務中の車内
・取引先との打合せを行うための飲食店(接待の席も含む)等

【セクハラの言動例】

性的な発言例	・性的事実関係を尋ねること ・性的内容の情報(噂)を意図的に流布すること ・性的な冗談やからかいをいう ・個人的な性的体験談を話すこと ・食事やデートに執拗に誘うこと
性的な行動例	・性的な関係を強要すること ・必要なく身体へ接触すること ・わいせつ図画を配布、掲示、送信等すること ・強制わいせつ言動、強姦等(犯罪言動)

---

3 セクハラ言動の類型

　職場のセクハラ言動は、主に以下のような対価型と環境型に分類できます。対価型セクハラでは、現実にセクハラ言動を受けた労働者が不利益を受けており、また、環境型セクハラでは、就業環境が悪化することにより言動を受けた労働者だけでなく、他の労働者の労働の意欲や能率が低下する等の悪影響が生じます。

対価型セクハラ

労働者の意に反する性的な言動に対する労働者の拒否や抵抗等の対応により、その労働者が解雇、降格、減給、契約更新拒否等の不利益を受けること

具体例

① 事業主や上司が労働者に性的な関係を要求したが拒否されたので、解雇した

② 事業主や上司が事業場外で労働者の腰や胸等を触ったが抵抗されたため、不利益な異動や配置転換をした

③ 事業主や上司が職場で労働者に対する性的な事柄を公然と話していたが、抗議されたためその労働者を降格させた

環境型セクハラ

労働者の意に反する性的な言動により労働者の就業環境が不快なものとなったため、能力発揮に重大な悪影響が生じる等、その労働者が就業するうえで看過できない程度の支障が生じること

具体例

① 事業主や上司が事業場内で労働者の腰や胸を度々触ったため、その労働者が苦痛に感じて就業意欲が低下している

② 同僚が取引先で労働者に関する性的な内容の情報を意図的かつ継続的に流布したため、その労働者が苦痛に感じて仕事が手につかない

③ ヌードポスター等の掲示により労働者が苦痛に感じて業務に専念できない

2 セクハラを放置や是認すると労働者の尊厳を傷つけ就業環境を悪化させるとともに、言動がエスカレートし重大な犯罪に繋がる可能性があります。

1 セクハラ言動の経営上のリスク

セクハラ言動を受けた人は、1人で悩んで相談等は何もしてこないことが多く、対応しづらいこともあります。しかし、そのままセクハラ言動を黙認すると、セクハラ言動行為者は、好意があるまたは合意したと思い違いをして、徐々にエスカレートするおそれがり、

その結果、セクハラ言動を受けた被害者はメンタルヘルス不調やうつ等の精神障害の発症や、あるいは強制わいせつや強姦等犯罪になる可能性が高まります。

そのため使用者は、セクハラ言動を個人間の恋愛トラブル等とみなして放置したり当事者同士で解決させたりせず、事前に窓口を設ける等、相談のときから積極的な解決に取り組むことが重要です。

また、職場にセクハラ言動が続くと、言動を受けた人の尊厳が傷つくだけでなく、周囲の同僚もいたたまれなくなり、仕事へ集中できず能率が低下したりミスが頻発したりして就業環境が悪化します。その結果、セクハラ言動を受けた人だけでなく周囲の同僚も退職することになれば、せっかく採用した人材の離職率が高まり貴重な人材を失うことにもなります。

2 セクハラ言動の使用者の法的リスク

セクハラを放置や是認（不作為）すると、セクハラ言動行為者だけでなく使用者も次のような法的責任を問われかねません。

【セクハラ言動による使用者の法的リスク】

業務命令権逸脱	使用者の言動がセクハラと認定されると、使用者の業務命令権の範囲を逸脱し労働者の権利を侵害したことになり損害賠償責任を問われる可能性がある
使用者責任	労働者間の事業執行に関連する言動がセクハラとして労働者への不法行為が認定され、あるいは強制わいせつや強姦等により労働者が負傷したりすると、使用者が使用者責任を問われ損害賠償を認定される可能性がある
安全配慮義務	被害者が使用者にセクハラの事実や防止を相談しても事業所が適切に防止対応しない場合や、使用する労働者間のセクハラ言動を知りながら放置したり是認（不作為）しているときに、言動を受けた労働者がメンタルヘルス不調や精神障害の発症、あるいは強制わいせつや強姦等を受けた場合は、使用者が安全配慮義務違反と認定され損害賠償責任を問われる可能性がある
業務上災害	セクハラ言動で発病した精神障害や暴力行為が業務上災害と認定されると、労災保険の対象となり、かつ使用者責任や安全配慮義務違反として使用者が損害賠償を請求される可能性がある

なお法令の定めは、パワハラと同様です（480頁参照）。

③ セクハラ言動を未然に防止するには、セクハラ言動の定義と懲戒処分を定めかつ経営トップが決してあってはならない旨を研修等により全員に周知徹底してください。

1 事業主の防止方針の明確化とその周知・啓発

　セクハラ言動を防止するためには、まず、セクハラとなる言動の定義を定めることが必要です。定義がなければその言動がセクハラに該当するかしないかが明確にならないからです。次にセクハラ言動の発生原因や背景、事業所の風土を分析しそれを改善します。発生の原因や背景、風土を改善しなければセクハラ言動がなくならないためです。

　そのうえで事業主は、セクハラの言動があってはならない旨の方針を明確に定め、同時に就業規則等でセクハラ言動をしてはならない旨の服務規律と懲戒を規定し、抵触した場合は厳正に対処する旨を、管理監督職はじめ全労働者に研修を行い、周知徹底します。

2 相談体制の整備

　事業主は、セクハラ言動により、労働者の就業環境が害されることのないよう、労働者からの相談に応じられる窓口とその担当者を設置する必要があります。相談窓口ではセクハラ言動が実際に発生した場合だけでなく、発生する可能性のある場合や言動がハラスメントに該当するかしないか等の問合せ等にも広く相談に応じるようにしてください。

　また、この相談窓口はセクハラだけでなく、パワハラや妊娠、出産、育児・介護休業等に関するハラスメント等にも対応できるようにすることで、ハラスメントの発生が複合的な原因や理由を持つ場合にも対応できるようになります。

3 プライバシーの保護と不利益取扱い

　セクハラ言動が表面化すると、氏名や行為だけが興味本位に誇張され事業所全体に拡散するおそれがあります。そうなると、相談者やセクハラ言動の行為者とされた人が窮地に追い込まれ就業できなくなる可能性もあります。そのため事実関係が確認されるまでは、相談者だけでなく言動の行為者とされている人等のプライバシーを保護する対策も講じる必要があります。

　また、相談窓口が機能し防止効果が発揮できるように、相談したことや事実関係の調査に協力したことを理由とした不利益取扱いは行わないと全労働者に周知し啓発することも必要です。

【セクハラの予防対策】

 経営トップの意志
経営トップがセクハラハラの不法性や悪影響及びその防止とあってはならない旨を伝え、研修を行い全員に共有させる

 セクハラ言動基準
セクハラ言動となる基準を定め研修を行うことで、全員に共有させる

 対応ルール策定周知
就業規則にセクハラ言動を認めない服務規律と懲戒を規定するとともに、懲戒処分対象者には厳正に対処することを全員に研修を行い共有させる

 相談苦情対応
相談窓口と担当者を定めた相談体制を作り、被害者からは話を真摯に聞きセクハラ言動を調査把握する体制を整備し、全員に共有させる

 プライバシー保護
相談者や言動の行為者等のプライバシーは個人情報のため個人情報保護を徹底する。相談しやすくするため外部機関へ委託することも検討する

 不利益取扱い禁止
セクハラ言動を相談したこと、事実関係の確認に協力したこと等を理由とする不利益取扱いは一切しないことを定め、そのことを全員に共有させる

 相談の奨励
セクハラ被害者やセクハラ言動を見た人は黙っていないで、すぐに相談窓口に相談するよう全員に徹底させる

アンケート
定期的なアンケートをとり問題言動がないか調査する

4 セクハラ言動発生時の対処

　セクハラ言動に関する相談があったときは、担当者は直ちに次の手順で対応する必要があります。

【セクハラ言動の相談があったときの対処】

担当者が相談内容に応じて事実状況の観察か、セクハラ言動行為者からの事情聴取かを選択する

事情聴取が必要なら相談者、セクハラ言動の行為者とされる者から聴取し事実関係を確認する

双方の主張が一致しない場合は第3者からも事実関係を聴取する

事情聴取の際は当事者双方の言い分、希望等をよく聞き解決の方向性を探る

誤解と判断できる場合は、双方に説明し言動の行為者とされる者に誤解を招く言動を中止させる

事実確認が困難な場合は労働局等へ助言・指導を申し出ることも検討する

5 セクハラ言動の事実を確認したときの対処

　セクハラ言動の相談に対して、担当者が対応調査した結果、実際にその事実が確認できた場合は、その事実状況に応じて次のように対処する必要があります。

【セクハラ言動の事実が確認できたときの対処】

対処方法決定
相談担当者、人事労務担当者、役員等の検討委員会でセクハラ言動の事実関係と程度、被害度、再発防止を勘案し、注意や警告か、懲戒処分かを検討する

懲戒以外の処分
懲戒処分に該当しない場合は、被害者支援、不利益回復、職場環境改善、配置転換、言動行為者の謝罪等を検討する

懲戒処分決定
懲戒処分が必要なら、就業規則の服務規律や懲戒規定に基づき、言動行為者をけん責、出勤停止、減給、諭旨解雇、懲戒解雇等、厳正に懲戒処分する

今後の対応
事実内容に応じて被害者の就業環境の改善と双方の関係改善を図るため被害者を支援しながら不利益の回復、配置転換、異動、言動行為者の謝罪等を検討する

再発防止の周知
セクハラ言動の不法性、悪影響、懲戒処分対象、防止を事業所に再度周知し啓発を進め、再発防止を徹底する

| 第4節 | マタニティ・育児介護ハラスメント |

POINT

- ・事業主は、女性労働者が妊娠、出産、産前産後休業の請求その他妊娠や出産に関する事由を理由として、解雇その他の不利益な取扱いをしてはなりません。
- ・事業主は、育児休業、介護休業その他子の養育または家族介護のための制度利用に関する言動で労働者の就業環境が害されないようにしなければなりません。
- ・事業主は、妊娠、出産、育児・介護休業等に関するハラスメントの防止方針の旨とハラスメント言動の定義を定め、全員に研修して周知啓発してください。

1 事業主は、女性労働者が妊娠、出産、産前産後休業の請求その他妊娠や出産に関する事由を理由として、解雇その他の不利益な取扱いをしてはなりません。

1 妊娠、出産等に関する事業主の責務

　事業主には、女性労働者の結婚や出産に関して、法的に次の責務が課せられています。労働者とは、非正規労働者を含む事業主が使用する全ての労働者をいいます。派遣労働者は派遣元事業主だけでなく、派遣先事業主も自ら使用する労働者と同様とみなします。

① 事業主は、雇用する女性労働者が婚姻したことを理由として解雇してはならず、また、女性労働者が妊娠したこと、出産したこと、産前産後休業を請求したことその他妊娠や出産に関する事由を理由として、女性労働者に対して解雇その他の不利益な取扱いをしてはなりません（男女雇用機会均等法9条）。

② さらに、事業主は、雇用する女性労働者が妊娠したこと、出産したこと、産前休業を請求したこと等、妊娠や出産に関する言動で女性労働者の就業環境が害されることのないよう、女性労働者からの相談に応じ、適切に対応するために必要な措置を講じなければなりません（男女雇用機会均等法11条の2）。

493

2 マタニティハラスメント

事業主は、女性労働者が妊娠や出産等に関する事由の言動により、その女性労働者の就業環境が害させることのないようにしなければなりません。

職場における妊娠、出産等に関するハラスメント(以下、マタハラという)とは、上司または同僚から行われるもので、主に次の2つの形態の言動があります。なお、業務分担や安全配慮等の観点から客観的にみて業務上の必要性に基づく言動によるものは、職場におけるマタハラには該当しません。

マタハラの2形態

- 制度等の利用への嫌がらせ型＝産前産後休業等、制度利用に関する言動により就業環境が害されるもの
- 状態への嫌がらせ型＝女性労働者が妊娠したこと、出産したことその他妊娠や出産に関する言動により就業環境が害されるもの

---

3 マタハラの形態別の嫌がらせ事例

マタハラには「制度利用への嫌がらせ型」と「状態への嫌がらせ型」があり、これらの対象と嫌がらせの事例には、主に次のものがあります。

制度等の利用への嫌がらせ型

対象となる制度の内容(男女雇用均等法11条の2)	① 妊娠中及び出産後の健康管理に関する措置 ② 坑内業務及び危険有害業務の就業制限 ③ 産前休業 ④ 軽易な業務への転換 ⑤ 変形労働時間制での法定労働時間を超える時間の制限及び時間外労働、休日労働、深夜業の制限 ⑥ 育児時間

事例 **典型的な嫌がらせ**

① 女性労働者が制度の利用を請求したい旨上司に相談したこと、利用を請求したことまたは利用したことにより、上司が解雇その他不利益な取扱いを示唆する
② 女性労働者が制度の利用を請求したい旨上司に相談したところ、上司が請求しないようにいう。または請求したところ上司が請求を取り下げるようにいう

③ 女性労働者が制度の利用を請求したい旨同僚に相談したところ、同僚がくり返しまたは継続的に請求しないようにいう。または請求したところ同僚がくり返しまたは継続的に請求を取り下げるようにいう

④ 女性労働者が制度を利用したことにより、上司または同僚が、くり返しまたは継続的に嫌がらせ(言動をくり返す、業務に従事させない、もっぱら雑務に従事させる等)をする

事例 **具体的な嫌がらせ**

① 上司に妊娠と産前休業の取得を報告したら、「困ったな、そんなに長く休まれると仕事が進まなくなるから、他の人を雇うことになるね。早めに退職してもらってかまわないよ」といわれ、休業前から担当していた仕事を他の人に振り分けられた。同僚との会話もなくなり職場全体の雰囲気が悪化、仕事の効率も低下し就業上も看過できない状況となる。

② 妊婦検診のための休暇取得を上司に相談したら「みんなの迷惑を考えたら妊婦検診は休みの日の行くのが当たり前だ」といわれ、また、妊婦健診で休むたびに「妊婦検診で休まれると本当に迷惑だよな」とくり返しいわれ、これではとても産休や育児休業は無理だと考え退職した。その後、女性の退職が相次いだため、事業運営上も看過できない状況となる。

状態への嫌がらせ型

対象となる状態の内容(男女雇用機会均等施行則2条の3)	① 妊娠したこと ② 出産したこと ③ 危険有害業務等に従事しなかったこと ④ 産後休業したこと ⑤ つわり、妊娠悪阻、切迫流産、出産後の回復不全等で労務提供できないこと、労働能率が低下したこと等

事例 **典型的な嫌がらせ**

① 女性労働者が妊娠等したことにより、上司が解雇その他の不利益な取扱いを示唆すること

② 女性労働者が妊娠等したことにより、上司または同僚がくり返しまたは継続的に嫌がらせ等をすること

| 事例 | 具体的な嫌がらせ |

① 上司・同僚が、「妊婦はいつ休むかわからないから、仕事を任せられない」とくり返しまたは継続的にいい、仕事をさせない状況となり、就業上で看過できない程度の支障が生じる状況となる

② 上司・同僚が「妊娠するなら忙しい時期を避けるべきだった」とくり返しまたは継続的にいい、仕事をさせない状況となり、就業上で看過できない程度の支障が生じる状況となる

4 マタハラに該当しない言動

上司や同僚の妊婦に対する言動が、次のような業務上の必要性からなされた言動である場合は、マタハラに該当しないと考えられます。

【業務上の必要性に基づくためマタハラに該当しない言動】

制度等の利用	業務状況を考え上司が「次の妊婦検診はこの日を避けてほしいが、調整できるか」と確認すること
状態に関する言動	・上司が長時間労働している妊婦に対して「妊婦には長時間労働は負担が大きいだろうから業務分担を見直して、あなたの残業量を減らそうと思うがどうか」と配慮すること ・上司・同僚が「妊婦には負担が大きいだろうから、もう少し楽な業務に変わってはどうか」と配慮すること ・上司・同僚が「つわりで体調が悪そうだが、少し休んだほうがよいのではないか」と配慮すること

2 事業主は、育児休業、介護休業や子の養育または家族のための制度利用に関する言動で、労働者の就業環境が害されないようにしなければなりません。

1 育児・介護休業等における事業主の責務

　事業主には、労働者の子の育児や家族の介護に関して、法的に次の責務が課せられています。

　事業主は、雇用する労働者に対する育児休業、介護休業その他子の養育または家族の介護に関する制度等の利用に関する言動により、労働者の就業環境が害されることのないよう、労働者からの相談に応じ、適切に対応する体制の整備等、必要な措置を講じなければなりません（育児・介護休業法25条）。

　また、事業主は、雇用する労働者の配置の変更で就業場所の変更を伴うものをしようとする場合は、そのことにより子の養育や家族の介護を行うことが困難となる労働者がいるときは、子の養育または家族の介護の状況に配慮しなければなりません（育児・介護休業法26条）。この場合の「配慮」とは、子の養育や家族の介護が困難とならないように意を用いることをいい、配置変更しない等、労働者の育児や介護の負担を軽減するための積極的な措置を事業主に求めるものではありません。

　配慮の内容としては、通達により次の例示があります。

転居を伴う配置変更の配慮例（平21・12・28職発1228第4号、雇児発1228第2号）

① 子の養育や家族の介護の状況を把握すること

② 労働者本人の意向をしんしゃくすること

③ 配置変更で就業場所の変更を伴うものをした場合の子の養育または家族の介護の代替手段の有無の確認を行うこと等

---

2 育児休業等に関するハラスメント

　職場における育児・介護休業等に関するハラスメント（以下、育ハラという）とは、事業主や上司または同僚から行われるもので、育児休業の取得等、制度や措置の申出や利用に関する言動です。

　なお、業務分担や安全配慮等の観点から客観的にみて業務上の必要性に基づく言動によ

るものは、職場における育ハラには該当しません。

　事業主は、労働者が育児休業や介護休業等に関する事由の言動により、その労働者の就業環境が害されることのないようにしなければなりません。

制度等の利用への嫌がらせ型

育児・介護休業等、制度利用に関する言動により就業環境が害されるもの

対象となる制度の内容 （男女雇用機会均等法施行規則 2条の3）	① 育児休業 ② 介護休業 ③ 子の看護休暇 ④ 介護休暇 ⑤ 所定時間外労働の制限 ⑥ 時間外労働の制限 ⑦ 深夜業の制限 ⑧ 育児のための所定労働時間の短縮措置 ⑨ 始業時刻変更等の措置 ⑩ 介護のための所定労働時間の短縮

事例 典型的な嫌がらせ

① 労働者が、制度の利用を請求したい旨を事業主や上司に相談したこと、利用を請求したことまたは利用したことにより、上司が解雇その他不利益な取扱いを示唆する。

② 労働者が制度の利用を請求したい旨を事業主や上司に相談したところ、請求しないようにいう。または請求したところ、請求を取り下げるようにいう。

③ 労働者が、制度の利用を請求したい旨を同僚に相談したところ、同僚がくり返しまたは継続的に請求しないようにいう。

事例 具体的な嫌がらせ

① 労働者が、所定外労働や時間外労働の免除等について上司に相談したところ「次の査定は評価が低くなると思え」といわれた。

② 育児休業の取得を上司に相談したところ「男のくせに育児休業をとるなんてありえない」といわれ、取得をあきらめた。

③ 同僚に介護休業を請求したいと伝えたところ「私なら請求しない、あなたもそうすべき」といわれ、再度請求したいと伝えたがまた同じようにいわれ、あきらめざるを得なくなった。

④ 上司・同僚から「所定外労働、時間外労働の制限をしている人は大した仕事ができない」といわれ、もっぱら雑用ばかりさせられ、就業上も看過できない状況と

なった。

⑤ 上司・同僚から「自分だけ短時間勤務をしているなんてまわりを考えていない、迷惑だ」とくり返しいわれ就業上も看過できない支障が生じる状況となった。

3 育ハラに該当しない言動

上司や同僚の妊婦に対する言動が、次のように業務上の必要性からなされた場合は、育ハラに該当しないと考えられます。

業務上の必要性に基づくため育ハラに該当しない言動例

① 業務体制を見直すため、上司が育児休業をいつからいつまで取得するのか確認すること

② 同僚が自分の休暇との調整のために休業期間を尋ね、変更を相談すること

3 事業主は、妊娠、出産、育児・介護休業等のハラスメントの防止方針の旨とハラスメント言動の定義を定め、全員に研修を行い周知徹底してください。

1 事業主の防止方針の明確化とその周知・啓発

妊娠、出産、育児・介護休業等に関するハラスメントを防止するため、事業主は防止の方針とハラスメント言動の定義を定め、相談体制を整備しなければなりません（平21厚労省告示509号、平28厚労省告示312号）。

マタハラ・育ハラを防止するためには、まず、事業主がハラスメントとなる言動の定義を定めることが必要です。定義がなければその言動がハラスメントに該当するかしないかが明確にならないからです。

次にマタハラ・育ハラの言動の発生原因や背景、事業所内の風土を分析しそれを改善します。発生の原因や背景、風土を改善しなければハラスメントの言動がなくならないためです。

そのうえで事業主はマタハラ・育ハラの言動があってはならない旨の方針を明確に定め、同時に就業規則等でマタハラ・育ハラにあたる言動をしてはならない旨の服務規律とその

言動に対する懲戒を規定し、抵触した場合は厳正に対処する旨を、管理監督職はじめ全労働者に研修して、周知啓発します。

2 相談体制の整備

事業主は、マタハラ・育ハラの言動により、労働者の就業環境が害されることのないよう、労働者からの相談に応じられる窓口とその担当者を設置する必要があります。相談窓口ではハラスメントの言動が実際に発生した場合だけでなく、発生する可能性のある場合や言動がハラスメントに該当するかしないか等の問合せ等にも広く相談に応じるようにしてください。

また、この相談窓口はマタハラ・育ハラだけでなく、パワハラやセクハラ等にも対応できるようにすることで、ハラスメントの発生が複合的な原因や理由を持つ場合にも対応できるようになります。

3 プライバシーの保護と不利益取扱い

マタハラ・育ハラにあたる言動が表面化すると、氏名や言動だけが誇張され事業所全体に拡散するおそれがあります。そうなると、相談者や言動行為者とされた人が窮地に追い込まれ就業できなくなる可能性もあります。そのため事実関係が確認されるまでは、相談者だけでなく言動行為者とされている人等のプライバシーを保護する対策も講じる必要があります。

また、相談窓口が機能し防止効果が発揮できるように、相談したことや事実関係の調査に協力したことを理由とした不利益取扱いは、一切行わないことを全労働者に周知し啓発することも必要です。

【マタハラ・育ハラの予防対策】

経営トップの意志
経営トップがマタハラ・育ハラの不法性や悪影響及びその防止とあってはならない旨を全員に伝え、研修を行い全員に意識を共有させる

セクハラ言動基準
マタハラ・育ハラ言動となる基準を定め全員に研修することで共有させる

対応ルール策定周知
就業規則にマタハラ・育ハラ言動を認めない服務規律と懲戒を規定するとともに、研修を行い、懲戒処分対象者には厳正に対処することを全員に共有させる

相談苦情対応
相談窓口と担当者を定めた相談体制を作り、被害者からは話を真摯に聞きマタハラ・育ハラ言動を調査把握する体制を整備し、全員に共有させる

プライバシー保護
相談者や言動の行為者等のプライバシーのため個人情報保護を徹底する。相談しやすくするため外部機関への委託も検討する

不利益取扱い禁止
マタハラ・育ハラ言動を相談したこと、事実関係の確認に協力したこと等を理由とする不利益取扱いはしないことを定め、そのことを全員に共有させる

相談の奨励
マタハラ・育ハラ被害者やマタハラ・育ハラ言動を見た人は黙っていないで、すぐに相談窓口に相談するよう全員に徹底させる

アンケート
定期的なアンケートをとり問題言動がないか調査する

4 マタハラ・育ハラの言動発生時の対応

　マタハラ・育ハラ言動に関する相談があったときは、担当者は直ちに次の手順で対応する必要があります。

【マタハラ・育ハラ言動の相談があったときの対処】

担当者が相談内容に応じて事実状況の観察か、マタハラ・育ハラ言動の行為者からの事情聴取かを選択

事情聴取が必要なら相談者、マタハラ・育ハラ言動の行為者とされる者から聴取し事実関係を確認

双方の主張が一致しない場合は第3者からも事実関係を聴取

事情聴取の際は当事者双方の言い分、希望等をよく聞き解決の方向性を探る

誤解と判断できる場合は、双方に説明しマタハラ・育ハラ言動の行為者とされる者に誤解を招く言動を中止させる

事実確認が困難な場合は労働局等へ助言・指導を申し出ることも検討

5 マタハラ・育ハラ言動の事実確認時の対処

　マタハラ・育ハラ言動の相談に対して、担当者が対応調査した結果、実際にその事実が確認できた場合は、その事実状況に応じて次のように対処する必要があります。

【マタハラ・育ハラ言動の事実が確認できたときの対処】

対処方法決定
相談担当者、人事労務担当者、役員等の検討委員会でマタハラ・育ハラ言動の事実関係と程度、被害度、再発防止を勘案し、注意や警告か、懲戒処分かを検討する

懲戒以外の処分
懲戒処分に該当しない場合は、被害者支援、不利益回復、職場環境改善、配置転換、言動行為者の謝罪等を検討する

懲戒処分決定
懲戒処分が必要なら、就業規則の服務規律や懲戒規定に基づき、マタハラ・育ハラ言動の行為者をけん責、出勤停止、減給、諭旨解雇、懲戒解雇等、厳正に懲戒処分する

今後の対応
事実内容に応じて被害者の就業環境の改善と双方の関係改善を図るため被害者を支援しながら不利益の回復、配置転換、異動、言動行為者の謝罪等を検討する

再発防止の周知
マタハラ・育ハラ言動の不法性、悪影響、懲戒処分対象、防止を事業所に再度周知し啓発を進め、再発防止を徹底する

第 **13** 章

育児・介護休業

第1節 育児休業の申出と育児休業期間

POINT

- 1歳に満たない子を養育する労働者(日雇者除く)は、事業主に申し出ることにより、原則1回に限り希望した期間の育児休業を取得できます。
- 育児休業を希望する労働者は、育児休業開始予定日の1か月前までに、連続した休業期間等、一定事項について書面等により事業主に申し出てください。
- 労働者は、予定日前の出産や配偶者の死亡、傷病、同居解消等の事由がある場合は、育児休業開始予定日を1回に限り繰上げ変更できます。

1 1歳に満たない子を養育する労働者(日雇者除く)は、事業主に申し出ることにより、原則1回に限り希望した期間の育児休業を取得できます。

1 育児休業の申出対象者

　労働者(日雇者除く)は、養育する1歳に満たない子について、男女を問わず事業主に申し出ることにより、原則として1回に限り希望した期間の育児休業を取得できます。ただし、次頁のような特別な事情がある場合は2回目以降の申出もできます。

　期間を定めて雇用される労働者が育児休業する場合、締結されている労働契約期間の末日まで休業した後に、更新後の労働契約期間の初日を育児休業開始予定日とする申出の場合は、再度の申出ができます。

　男性労働者が出生日後8週間以内の産後休業期間中に取得した最初の育児休業(パパ育休)は、育児休業したことに含めません。この8週間は、出産予定日前の出産では出生日から出産予定日の8週間後までとし、出産予定日後に出生した場合は、出産予定日から出生日の8週間後までとなり、パパ育休はこの8週間以内に育児休業が終了していることが必要です(育児・介護休業法5条2項)。なお、出産した女性は出産日後56日間は産後休業となり就労が制限される期間(労基法65条)となるため、育児休業を申し出ることができる期間は産後休業期間が終了した出産日後57日目以降となります。

育児休業の再度の申出ができる特別の事情(育児・介護休業法施行規則5条)
① 育児休業期間が、新たな育児休業または産前産後休業の開始により途中で終了した後に、新たな育児休業期間または産前産後休業にかかる子が死亡または他人の養子になる等、労働者と同居しなくなったとき
② 育児休業期間が、介護休業の開始により途中で終了した後に、介護休業にかかる家族が死亡または親族関係が消滅したとき
③ 配偶者が死亡したとき
④ 配偶者が負傷、疾病、心身の障害により子を養育が困難になったとき
⑤ 離婚その他の事情で配偶者が育児休業にかかる子と同居しないこととなったとき
⑥ 育児休業にかかる子が、負傷、疾病、心身の障害により2週間以上世話を必要とする状態となったとき
⑦ 認可保育所での保育利用を希望し申し込んでも当面実施されないとき(認可外保育施設は対象外)

事例　育児休業に含めないパパ育休(育児・介護休業法5条2項)
① 出産予定日前の出産の場合、出生日から出産予定日の8週間後の日

② 出産予定日後の出産の場合、出産予定日から出生の日の8週間後の日

2　育児休業の対象となる子

　育児休業の対象となる養育する子には実子だけでなく、労働者と法律上の親子関係にある子であれば養子も含みます。また、次の関係にある子も対象となります(育児・介護休業法2条)。

育児休業の対象となる子
① 特別養子縁組のための試験的な養育期間にある子を養育している場合
② 養子縁組里親に委託されている子を養育している場合
③ 労働者を養子縁組里親として委託することが適当と認められるにも関わらず、実親等が反対したことにより、労働者を養育里親として委託された子を養育する場合

3 育児休業の対象とならない労働者

期間を定めた有期雇用契約の労働者は、申出時点で下記の全てを満たす場合は育児休業ができます。契約更新をくり返し実質的に期間の定めがない労働者は育児休業の申出ができ、短時間労働者は期間の定めがない場合は育児休業ができます(育児・介護休業法5条)。

事業主は、労働者からの育児休業の申出を拒むことはできません。ただし、事業主と労働者の過半数で組織する労働組合、その労働組合がない場合は、労働者の過半数を代表する者と書面による労使協定(以下、労使協定という)で、育児休業をすることができないと定めた次の労働者は申出を拒むことができます(育児・介護休業法5条、6条)。

申出の対象となる有期契約労働者
① 過去1年以上継続して雇用されていること
② 子が1歳6か月になるまでの間に雇用契約がなくなることが明らかでないこと

事例 有期契約労働者が対象とならない場合

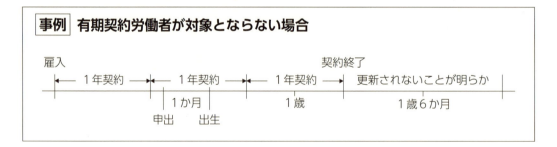

労使協定で育児休業の対象から除外できる労働者(育児・介護休業法施行規則8条)
① 引き続き雇用された期間が1年未満の者
② 申出日から1年以内に雇用関係が終了することが明らかな者
③ 1週間の所定労働日が2日以下の者

2 育児休業を希望する労働者は、育児休業開始予定日の1か月前までに、連続した休業期間等、一定事項について書面等により事業主に申し出てください。

1 育児休業の申出

　育児休業は、労働者が事業主に申し出ることにより取得できます。労働者の申出は、育児休業開始予定日の1か月前までに、連続した休業期間等一定事項について、書面の提出、ファクシミリでの送信、電子メールの送信のいずれかの方法(以下、書面等という)で行ってください。

　育児休業の申出を受けた事業主は、申出を受けた旨等次の事項を速やかに労働者へ同様の方法で通知しなければなりません(育児・介護休業法施行規則7条4項、5項、6項)。この場合の「速やかに」とは、おおむね2週間程度をいいます(以下、同様)。

　事業主は、育児休業を申し出た労働者に、この妊娠や出産、出産予定日、養子縁組の事実等を証明できる書類の提出を求めることができます。育児休業の申出後に子が出生したときは、労働者は速やかに子の氏名、生年月日、続柄を事業主に通知しなければなりません。

事業主への通知
1歳未満の子を養育する労働者が休業開始予定日の1か月前までに事業主に申し出る

労働者への通知
申出を受けた事業主は速やかに次の事項を労働者へ通知する
① 育児休業申出を受けた旨
② 育児休業の開始予定日及び終了予定日
③ 育児休業を拒む場合は、その旨と理由

2 育児休業開始日の指定

　育児休業を希望する労働者は、休業開始予定日の1か月前までに育児休業申出書により申し出てください。育児休業の申出が、育児休業開始予定日の1か月前までに行われなかった場合は、下図のように事業主は育児休業開始予定日から、休業申出日の翌日から1か月経過日までのいずれかの日に休業開始日を指定できます。育児休業開始予定日を指定

した事業主は、速やかに労働者に通知してください。

また、予定日前の出産等、下記のような事由がある場合は、休業開始予定日の1週間前までに申し出なければならず、申出が遅れた場合は、事業主は申出日の翌日から1週間経過日までの休業開始予定日以後の日に休業開始予定日を指定できます（育児・介護休業法6条第3項、育児・介護休業法施行規則10条、11条）。

なお、事業主の休業開始日の指定は申出日の翌日から3日以内に書面で行ってください。子が1歳以降1歳6か月までの育児休業申出の場合は、労働者は子の1歳の誕生日の2週間前までに育児休業を申し出なければなりません。

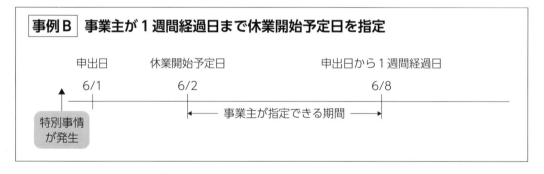

休業開始予定日の1週間前までに申出できる事由（育児・介護休業法施行規則10条）
① 出産予定日前に子が出生したこと
② 育児休業を申し出た子の親である配偶者の死亡
③ 配偶者が負傷または疾病により子の養育が困難になった場合
④ 配偶者が育児休業にかかる子と同居しなくなったとき
⑤ 子が負傷、疾病、心身の障害により2週間以上世話を必要とする状態になったとき
⑥ 認可保育所の利用を希望し申し込んでも当面その実施ができないとき（無認可施設は対象外）

3 労働者は、予定日前の出産や配偶者の死亡、傷病、同居解消等の事由がある場合は、休業開始予定日を1回に限り繰上げ変更できます。

1 休業開始予定日の繰上げ変更

　労働者は、育児休業開始予定日の前日までに、予定日前の出産や配偶者の死亡、傷病、同居解消等の事由(育児・介護休業法施行規則10条)がある場合は、休業開始予定日を1回に限り繰り上げて変更できます。この変更は休業開始予定日の1週間前までに書面等で申し出なければならず、遅れた場合は、事業主は申出日の翌日から1週間経過日までの休業開始予定日以後のいずれかの日に休業開始日を指定できます(育児・介護休業法7条1項、2項、育児・介護休業施行規則10条、13条)。

　なお、育児休業期間を短縮する育児休業開始予定日の繰下げ変更は、労働者の申出だけでは当然にできないため、労働者と事業主が話し合って決める必要があります。労働者が希望した場合には休業期間を変更できる旨やその手法について事前に就業規則等で定めておくことも検討してください。

2 休業終了日の繰下げ変更

　労働者は、事由を問わず休業終了予定日の1か月前までに書面等での申出により休業終了日を1回に限り繰下げ変更し、育児休業の期間を延長することができます(育児・介護休業法7条3項、育児・介護休業法施行規則16条)。繰下げ変更は、子が1歳に達するまでの休業について1回、子が1歳以降の休業について1回することができます。

　子が1歳6か月までの育児休業終了日の繰下げの場合は、当初の休業終了予定日の2週間前までに申し出なければなりません。

なお、育児休業期間を短縮する育児休業終了予定日の繰上げ変更は、労働者の申出だけでは当然にできないため、労働者と事業主が話し合って決める必要があります。労働者が希望した場合には休業期間を変更できる旨やその手続について事前に就業規則等で定めておくことも検討してください。

第2節 育児休業期間

POINT

・育児休業期間とは、養育する子が1歳(誕生日の前日)となる前までの期間のうちの、育児休業を申し出た育児休業開始予定日から終了予定日までの期間です。

・育児休業を取得できる期間は、子が1歳になる前までですが、1歳2か月まで延長されるパパママ育児休業プラスという特例があります。

・子の1歳(1歳6か月)到達日に育児休業しているときに、保育園に入所できない等の場合は、子が1歳6か月(2歳)までの必要な期間について育児休業できます。

1 育児休業期間とは、養育する子が1歳(誕生日の前日)となる前までの期間の、育児休業を申し出た育児休業開始予定日から育児休業終了予定日までの期間です。

1 育児休業をすることができる期間

　育児休業をすることができる期間とは、養育する子が1歳(誕生日の前日)となる前までの期間の、育児休業を申し出た育児休業開始予定日から育児休業終了予定日までの期間です。「子が1歳となる日」は誕生日の前日をいい、「1歳となる前までの日」とは誕生日の前々日をいいます。

　また、出産した女性は産後56日間までは産後休業期間となりますので、育児休業をすることができる期間は、産後57日目から子が1歳(誕生日の前日)となる前までの期間の休業を申し出た期間となります。

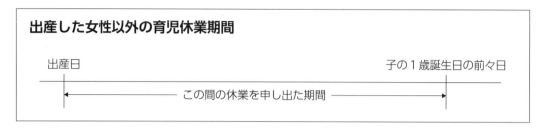

2 育児休業の終了

　育児休業期間は、次のいずれかの事情が生じた場合は、その事情が生じた日に終了します。

　育児休業の開始前に子を養育しないこととなった場合は、育児休業の申出はされなかったことになります。

　また、育児休業開始の前日までであれば、労働者は育児休業の申出を撤回できますが、その申出の対象となった子は、特別な事情がない限り再度育児休業の申出をすることはできません（育児・介護休業法 8 条、9 条、育児・介護休業法施行規則19条）。

育児休業の終了事由
① 子を養育しないこととなった場合
② 子が 1 歳に達した場合（ 1 歳 6 か月まで育児休業の場合は 1 歳 6 か月に達した場合）
③ 育児休業している労働者に、産前産後休業、介護休業または新たな育児休業が始まった場合

子を養育しないこととなった場合の具体例

- 子の死亡
- 養子であった子が離縁または養子縁組取消となった場合
- 労働者と対象の子が同居しなくなった場合
- 特別養子縁組の不成立等
- 休業を申し出た労働者が負傷、疾病、心身の障害により子を養育できない状態となったとき
- パパママ育休特例により子が1歳となった日の翌日以降育児休業する場合に、配偶者が育児休業していない場合

申出撤回後に再度申出できる特別な事情の具体例

① 配偶者の死亡
② 配偶者の負傷、疾病等により子の養育が困難な状態となった場合
③ 離婚等により配偶者が子と同居しないこととなった場合
④ 子が負傷、疾病、心身の障害等により2週間以上の期間世話を必要とする状態となった場合
⑤ 認可保育所の利用を希望し申し込んでも当面その実施できない場合(認可外は対象外)

---

2 育児休業を取得できる期間は、子が1歳になる前までですが、1歳2か月まで延長されるパパママ育児休業プラスという特例があります。

1 パパママ育休プラス制度

　育児休業を取得できる期間は、子が1歳になる前(誕生日の前日)までですが、1歳2か月まで延長されるパパママ育児休業プラス(以下、パパママ育休という)という特例があります。この特例は、ママだけでなくパパにも育児に参加することを促すために、両親がともに育児休業を取得した場合は、育児休業を取得できる期間を1年から1年2か月に延長できる制度です。

　パパママ育休は次のいずれにも該当する場合に適用されます。配偶者には事実婚の配偶

515

者を含み、公務員の育児休業も含みます。

　パパママ育休を取得すると子の出生日から１歳２か月までの間で、労働者（パパ）は１年間を、出産した母親（ママ）は出産日後の産後休業期間（56日間）と育児休業期間の合計が365（うるう年366）日を限度として育児休業ができます（育児・介護休業法９条の２）。

> **パパママ育休の要件**
> ① 育児休業しようとする労働者（本人）の配偶者が、子が１歳となる日（誕生日の前日）以前に育児休業を取得している
> ② 本人の育児休業開始予定日が、子の１歳の誕生日以前である
> ③ 本人の育児休業開始予定日が、配偶者がしている育児休業の初日以降である

2 配偶者が育児休業しない場合

　パパママ育休は、配偶者に労働者（本人）より先の育児休業予定があれば申出できます。配偶者が育児休業しない場合は、本人の休業終了予定日が子の１歳となる日より前なら申出どおり育児休業できますが、１歳となる日より後の場合は、育児休業申出はなかったとみなされます。以下、次の具体例で、パパママ育休について事例をもとに解説します。

> **事例の設定：パパママ育休の具体例**
> ・子の出生日＝10月10日　　・１歳となる日＝翌年10月９日
> ・１歳となる日の翌日＝10月10日　　・１歳２か月となる日＝翌年12月９日

事例Ａ 父親の育児休業開始日が子の１歳誕生日以前

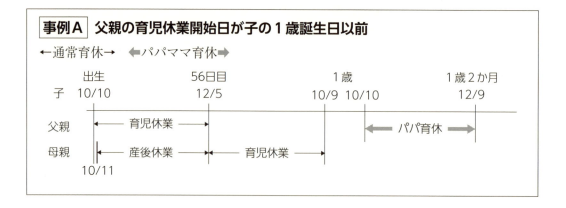

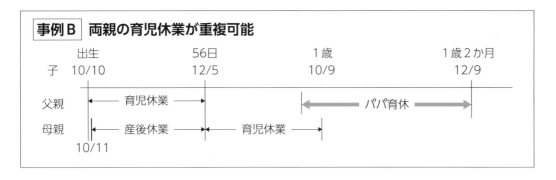
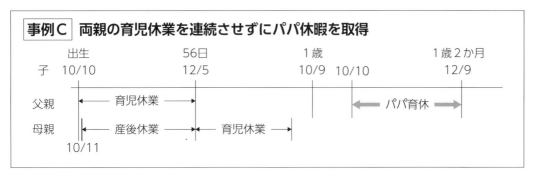
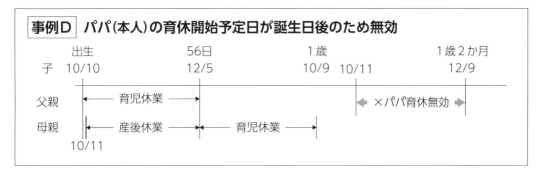
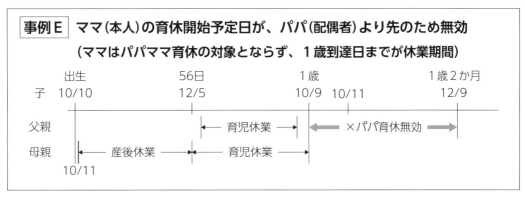

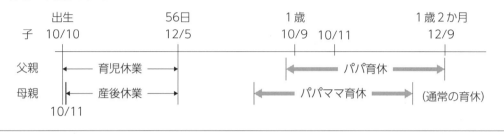

3 子の1歳（1歳6か月）到達日に育児休業しているときに、保育園に入所できない等の場合は、子が1歳6か月（2歳）までの必要な期間の育児休業を申出できます。

　子が1歳（1歳6か月）に達する時点で、労働者本人または配偶者が育児休業をしている場合で、育児休業が雇用の継続のため特に必要な場合には、子が1歳（1歳6か月）に達する日の翌日から子が1歳6か月（2歳）に達する日までの必要な期間について、事業主に申し出ることにより、育児休業を取得できます。この1歳6か月（2歳）までの休業は、1歳（1歳6か月）到達時点で更に休業が必要な場合に限って申出可能となり、1歳（1歳6か月）時点で可能な育児休業期間は子が1歳6か月（2歳）に達する日までとなります。

　また、この延長される育児休業の育児休業開始予定日は、原則として子が1歳（1歳6か月）に達する日の翌日となります（育児・介護休業法5条3項、4項）。

　子が1歳6か月から2歳までの延長は、平成29年10月より施行された制度です。

　なお、育児休業することが雇用の継続のために特に必要と認められる場合とは、次のいずれかに該当する場合をいいます。

育児休業が雇用継続のため特に必要な場合(育児・介護休業法施行規則6条、6条の2)

① 認可保育所等における保育の利用を希望し、申込を行っているが、1歳(1歳6か月)に達する日後の期間について、当面その実施が行われない場合(無認可施設除く)
② 子を養育する配偶者(育児休業に係る子のもう1人の親)であって1歳(1歳6か月)に達する日後の期間について常態として子の養育を行う予定であった者が死亡、負傷・疾病等、離婚等により子を養育することができなくなった場合

以下、次の設定で、事例をもとに解説します。

事例の設定：パパママ育休＋1歳6か月育休

- 子の出生日＝10月10日
- 1歳となる日＝翌年10月9日
- 1歳となる日の翌日＝10月10日
- 1歳2か月となる日＝翌年12月9日
- 育児休業終了予定日＝11月3日
- 1歳6か月までの育休開始予定日＝11月4日

事例G 育児休業終了予定日の翌日にパパの1歳6か月育休開始予定

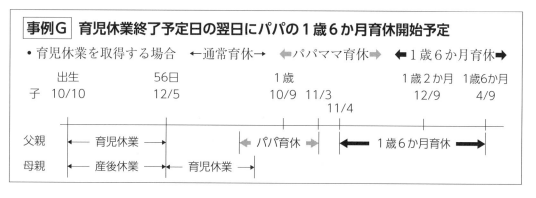

事例H 育児休業終了予定日の翌日にママの1歳6か月育休開始予定

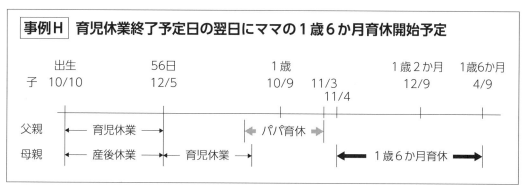

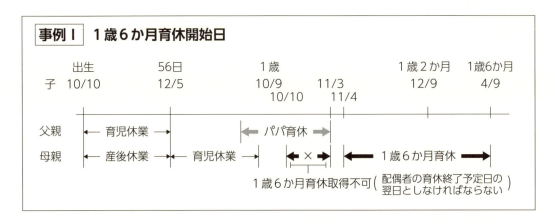

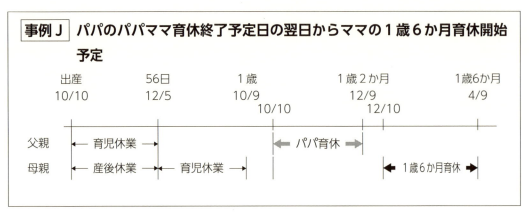

| 第3節 | 子を養育する労働者の所定外労働制限、時間外労働の制限、深夜業の制限 |

POINT

- ・事業主は、3歳未満の子を養育する労働者がその子の養育のため請求した場合は、法定労働時間未満であっても所定労働時間を超えて労働させられません。
- ・事業主は、小学校就学までの子を養育する労働者がその子の養育のため請求した場合は、1か月に24時間1年間に150時間を超える時間外労働はさせられません。
- ・事業主は、小学校就学までの子を養育する労働者がその子の養育のために請求した場合は、午後10時から午前5時までの深夜業をさせてはなりません。

1 事業主は、3歳未満の子を養育する労働者がその子の養育のため請求した場合は、法定労働時間未満でも所定労働時間を超えて労働させられません。

1 育児する労働者の所定外労働の制限

　パートタイマーの1日5時間等、労働条件で定めた労働時間を所定労働時間といいますが、3歳未満の子を養育する労働者(日雇者除く)が所定外労働の制限を請求した場合は、所定労働時間が法定労働時間未満であっても、その所定労働時間を超えて労働させられません。ただし、下記のような事業の正常な運営を妨げる場合はこの限りではありません。また、労働基準法で定める管理監督者と、労使協定で定めた次の労働者は除外できます(育児・介護休業法16条の8)。

労使協定で所定外労働の制限から除外できる者

① 継続雇用期間が1年未満の労働者

② 1週間の所定労働日が2日以下の労働者

事業の正常な運営を妨げる主な場合

　労働者の作業内容と繁閑、代替要員の配置の難易度等を考慮した次のような場合を事業の正常な運営を妨げる場合とします。

① 事業主が通常の配慮で代行者を配置しても、客観的に事業の正常運営が妨げられる場合

② 所定外労働が必要な繁忙期に、専門職が多数請求した場合で相当の努力をしても正常な事業運営の業務体制を維持することが困難な場合

2 所定外労働の請求

　所定外労働の制限の請求は、1回につき1か月以上1年以内の期間について、開始日と終了日を明らかにして、開始1か月前までに事業主に対して書面(ファックス・電子メール可)で請求しなければなりません。この請求は何回でもすることができます。

　ただし、所定外労働制限の請求は、時間外労働制限の請求期間と一部または全部が重複しないようにしなければなりません。所定労働時間の短縮期間と重複することは可能です(育児・介護休業法16条の8第2項)。

　なお、事業主は、請求に係る子の出生等を証明する書類の提出を求めることができます。

3 所定外労働制限の終了

　所定外労働の制限は、労働者の意思に関わらず次のいずれかの場合に終了します。子を養育しないこととなった労働者は、その旨を事業主に通知しなければなりません。

　なお、所定外労働の制限の開始前に子を養育しないこととなった場合は、所定外労働の制限の請求はされなかったことになります(育児・介護休業法16条の8第4項)。

所定外労働制限の終了事由(育児・介護休業法施行規則46条)

① 子を養育しなくなったとき

② 子が3歳に達したとき(誕生日の前日)

③ 新たな産前産後休業、育児休業、介護休業が始まった日の前日に達したとき

522　第13章│育児・介護休業

> **子を養育しないこととなった場合の具体例**
> - 子の死亡
> - 離縁や養子縁組の取消し
> - 子が他人の養子になった等による同居解消
> - 特別養子縁組の不成立等
> - 労働者の負傷、疾病等

2 事業主は、小学校就学までの子を養育する労働者が、その子の養育のため請求した場合は、1か月に24時間1年間に150時間を超える時間外労働はさせられません。

1 時間外労働の制限

　労働者に時間外労働（法定労働時間外労働）をさせるには、労働条件や就業規則でその旨を定め労働者の同意を得たうえで、かつ労使協定を締結し労基署に届け出なければなりませんが、その場合でも小学校就学までの子を養育する労働者（日雇者除く）がその子の養育のため請求した場合は、事業主は1か月に24時間1年間に150時間（この時間未満の労働条件の場合はその時間）を超える時間外労働はさせられません。ただし、事業の正常な運営を妨げる場合（所定時間外労働の制限と同様）はこの限りではありません（育児・介護休業法17条）。

　例えば、請求期間が5か月の場合は、各月24時間までとなるため請求期間の時間外労働時間は「24時間×5か月＝120時間」が上限となります。

　また、期間を定めて雇用される労働者はこの制限を請求できますが、労働基準法で定める管理監督者と次の労働者は対象から除外できます。

> **時間外労働の制限対象となる労働時間**
>
> ① 法定労働時間
>
> ② 1か月単位の変形労働時間制における労働時間
>
> ③ フレックスタイムにおける労働時間
>
> ④ 1年単位の変形労働時間制における労働時間
>
> ⑤ 1週間単位の変形労働時間における労働時間

> **時間外労働制限の対象から除外される労働者**
>
> ① 継続して雇用された期間が1年に満たない労働者
>
> ② 1週間の所定労働日数が2日以下の労働者

2 時間外労働の制限の請求方法

　時間外労働の制限は、労働者が1回につき1か月以上1年以内の期間で、開始日と終了日を明示して、制限開始予定日の1か月前までに事業主に書面(ファックス・電子メール可)で請求します。この請求は何度でもできます。

　時間外労働制限の請求期間は、所定外労働の制限期間と重複しないようにしなければなりません。

　なお、事業主は、請求に係る子の出生等を証明する書類の提出を求めることができます。

3 時間外労働制限の終了

　時間外労働の制限は、労働者の意思に関わらず次のいずれかの場合に終了します。子を養育しないこととなった労働者は、その旨を事業主に通知しなければなりません。

　なお、時間外労働の制限の開始前に子を養育しないこととなった場合には、時間外労働の制限の請求はされなかったことになります(育児・介護休業法17条4項、5項、育児・介護休業法施行規則54条、55条)。

> **時間外労働制限の終了事由**
>
> ① 子を養育しなくなったとき
>
> ② 子が小学校就学の始期に達したとき(6歳に達した年度の4月1日)
>
> ③ 新たな産前産後休業、育児休業、介護休業が始まった日の前日に達したとき

子を養育しないこととなった場合の具体例
- 子の死亡
- 養子縁組、離縁
- 子が他人の養子になった等による同居解消
- 特別養子縁組の不成立等
- 労働者の負傷、疾病、心身の障害等

 事業主は、小学校就学までの子を養育する労働者が、その子の養育のために請求した場合は、午後10時から午前5時までの深夜業をさせてはなりません。

1 深夜業の制限

労働者に午後10時から午前5時までの深夜業をさせるには、労働条件や就業規則でその旨を定め同意を得る必要がありますが、その場合でも、小学校就学までの子を養育する労働者(日雇者除く)がその子の養育のために請求した場合は、事業主は深夜業(所定労働時間内も含む)をさせてはなりません。この制限は、特定曜日や特定深夜時間の制限等状況に応じた弾力的な運用も認められます。ただし、事業の正常な運営を妨げる場合(所定外労働の制限と同様)はこの限りではありません(育児・介護休業法19条)。

なお、パート・アルバイト等、期間を定めて雇用される労働者はこの制限を請求できますが、次の労働者は請求できません(育児・介護休業法施行規則60条)。

深夜業の制限を請求できない労働者
① 継続して雇用された期間が1年に満たない労働者
② 深夜に子を常態として保育できる次の全てに該当する16歳以上の同居家族のいる労働者
  - 深夜に就業していないこと(深夜の就業が月に3日以下の場合を含む)
  - 傷病等、心身の状況によりその子の保育が困難な状態でないこと
  - 6週間(多胎妊娠は14週間)以内に出産予定でないかまたは産後8週間を経過していないこと

③　１週間の所定労働日数が２日以下の労働者

④　所定労働時間の全てが深夜にある労働者

2　深夜業の制限の請求

深夜業の制限は、１回につき１か月以上６か月以内の期間について、その開始日及び終了日を明らかにして、深夜業の制限開始日の１か月前までに事業主に一定事項を記載した書面(ファックス・電子メール可)で請求しなければなりません。この請求は何度でもすることができます。

なお、事業主は、請求できない労働者に該当する同居家族がいないことを証明する書類の提出を求めることができます(育児・介護休業法19条２項、育児・介護休業法施行規則62条)。

3　深夜業の制限の終了

深夜業の制限は、労働者の意思に関わらず次のいずれかの場合に終了します。子を養育しないこととなった労働者は、その旨を事業主に通知しなければなりません。

なお、深夜業の制限の開始前に子を養育しないこととなった場合には、深夜業の制限の請求はされなかったことになります(育児・介護休業法19条３項、４項、５項、育児・介護休業法施行規則63条、64条)。

深夜業制限の終了事由

①　子を養育しなくなったとき

②　子が小学校就学の始期に達したとき(６歳に達した年度の４月１日)

③　新たな産前産後休業、育児休業、介護休業が始まった日の前日に達したとき

子を養育しないこととなった場合の具体例

・子の死亡

・離縁や養子縁組の取消し

・子が他人の養子になった等による同居解消

・特別養子縁組の不成立等

・労働者の負傷、疾病、心身の障害等

第4節 所定労働時間の短縮措置、小学校就学前の子を養育する労働者への努力義務

POINT

- 事業主は、育児休業をしないで3歳未満の子を養育する労働が申し出た場合は、所定労働時間を6時間とする短時間勤務を講じなければなりません。
- 業務の性質等からみて所定労働時間の短縮が困難な労働者は、労使協定で所定労働時間の短縮制度から除外ができますが、代替措置を講じなければなりません。
- 事業主には、小学校就学までの子を養育する労働者の養育する子の区分に応じて、始業終業時刻の変更や所定外労働の制限等を講じる努力義務があります。

事業主は、育児休業をしないで3歳未満の子を養育する労働が申し出た場合は、所定労働時間を6時間とする短時間勤務を講じなければなりません。

1 育児短時間勤務

　事業主は、育児休業から復帰しまたは育児休業せずに3歳未満の子を養育する労働者（日雇者除く）が申し出た場合は、1日の所定労働時間を6時間以下に短縮しなければなりません。ただし、1日の所定労働時間が6時間以下の者は対象から除外されます。この場合、1か月単位及び1年単位の変形労働時間制では、平均した1日の労働時間ではなく全ての労働日の所定労働時間が6時間以下の労働者は除外されます。

　また、育児短時間勤務の対象からは、労働基準法で定める管理監督者及び労使協定で定めた労働者は除外できます（育児・介護休業法23条）。

　なお、1歳未満の子を育てる女性労働者が請求できる育児時間（労基法67条）は、子の所定労働時間の短縮とは目的が異なるため、所定労働時間の短縮等とは別に与えなければなりません。

2 短時間勤務の内容

労働者が申し出た所定労働時間を短縮する短時間勤務の内容は、1日の所定労働時間を6時間とすることを原則として、本来の所定労働時間が7時間45分の場合は5時間45分とする等、短縮後の所定労働時間を1日5時間45分から6時間までとする措置を含むものとしなければなりません（育児・介護休業法施行規則34条）。

また、1日の所定労働時間を6時間としたうえで、他の日を7時間とする、あるいは隔日勤務の所定労働時間を短縮する措置をあわせて導入することもできます。

2 業務の性質等からみて所定労働時間の短縮が困難な労働者は、労使協定で所定労働時間の短縮制度から除外ができますが、代替措置を講じなければなりません。

1 短時間勤務の対象から除外される労働者

業務の性質や実施体制からみて所定労働時間の短縮が困難と認められるため、労使協定で短時間勤務制度から除外できる労働者とは次の労働者をいいます（平28厚労告313号第2の9(3)）。

業務の性質や実施体制から労使協定で短時間勤務から除外できる労働者

① 業務の性質に照らして対象とすることが困難と認められる業務
- 国際路線等に就航する航空機で従事する客室乗務員や操縦士等

② 業務の実施体制に照らして対象とすることが困難と認められる業務
- 労働者数が少ない事業場において、その業務に従事できる労働者数が著しく少ない業務

③ 業務の性質と実施体制に照らして対象とすることが困難と認められる業務
- 流れ作業方式による製造業務であって、短時間勤務の者を勤務体制に組み込むことが困難な業務
- 交替制勤務による製造業務であって短時間勤務の者を勤務体制に組み込むことが困難な業務
- 個人ごとに担当する企業、地域等が厳密に分担されていて、他の労働者では代替

が困難な業務

2 短時間労働の対象外労働者の代替措置

労使協定で短時間勤務の対象から除外される労働者には、子の養育をしやすくするための代替措置として、育児休業に関する制度に準ずる措置や次のいずれかの措置を講じなければなりません。

所定労働時間の短縮から除外された労働者の代替措置

① フレックスタイム制

② 始業終業時刻の繰上げ・繰下げ制度（所定労働時間を変更しない時差出勤）

③ 事業所内保育所の設置運営やベビーシッター費用の負担等

---

3 事業主には、小学校就学までの子を養育する労働者の養育する子の区分に応じて、始業終業時刻の変更や所定外労働の制限等を講じる努力義務があります。

事業主には、小学校就学までの子を養育する労働者には、その養育する子の区分に応じて、次の必要な措置を講じる努力義務があります（育児・介護休業法24条）。

育児休業せず小学校就学前の子を養育する労働者に対する努力義務

① 1歳（1歳6か月）未満の子を養育する労働者で育児休業を取得しない労働者

- 始業終業時刻変更（フレックスタイム、始業終業時刻の繰上げ・繰下げ、保育所運営等）

② 1歳から3歳までの子を養育する労働者

- 育児休業に関する措置（法令と同一でなくとも選択方法や男女とも対象とする等同じ考え方の制度）
- 始業終業時刻変更（フレックスタイム、始業終業時刻の繰上げ・繰下げ、保育所運営等）

③ 3歳から小学校就学前の子を養育する労働者

- 育児休業に関する措置(同上)
- 所定外労働の制限に関する措置
- 育児のための所定労働時間の短縮措置
- 始業終業時刻変更(フレックスタイム、始業終業時刻の繰上げ・繰下げ、保育所運営等)

第5節 介護休業

POINT

・要介護家族を介護する労働者は、対象家族１人につき１つの要介護状態ごとに３回まで通算93日を限度に、事業主に申し出ることにより介護休業が取得できます。
・「常時介護を必要とする状態」とは、２週間以上常時介護が必要な状態をいい、家族とは、配偶者、父母、子、祖父母、兄弟姉妹、孫、配偶者の父母をいいます。
・介護休業の申出は、休業開始予定日の２週間前までにしてください。遅れた場合は、事業主が申し出た休業開始予定日以後に休業開始日を指定できます。

1 要介護家族を介護する労働者は、対象家族１人につき１つの要介護状態ごとに３回まで、通算93日を限度に、事業主に申し出ることにより介護休業が取得できます。

1 介護休業の対象者

　常時介護を必要とする家族を介護する労働者(日雇者除く)は、対象家族１人につき１つの要介護状態ごとに３回まで、通算93日を限度に、事業主に申し出ることで介護休業ができます。「１つの要介護状態」とは、同一の家族について以前に介護休業をしたときから同一の要介護状態が引き続いている状態をいい、いったん介護を必要としない状態となったときにその要介護状態は終了します。ただし、前回の介護休業から引き続き要介護状態にある場合及び介護休業等日数がすでに93日に達している場合は介護休業が取得できません(育児・介護休業法11条)。

　事業主は、経営困難、事業繁忙その他どのような理由があっても介護休業の申出を拒むことはできません。

　期間を定めた労働者は次の全てに該当する場合のみ介護休業が取得できますが、期間の定めがあっても更新をくり返し実質的に期間の定めがない契約と同じ者は、その名称を問わず全て介護休業が取得できます。

　パートタイマー等１日の労働時間が正規労働者に比べ短い労働者でも、期間の定めがな

い労働契約で働いている場合は、介護休業が取得できます。

介護休業が取得できる有期契約労働者
① 同一事業主に引き続き雇用された期間が1年以上であること
② 介護休業開始予定日から起算して93日経過日から6か月経過日までに労働契約が満了することが明らかでないこと

また、事前に労使協定で介護休業が取得できないものと定めている次の労働者は、事業主は介護休業の申出を拒むことができます（育児・介護休業法12条2項、育児・介護休業法施行規則24条）。

労使協定で介護休業から除外できる労働者
① 継続して雇用された期間が1年に満たない労働者
② 申出の日から93日以内に労働契約が終了することが明らかな労働者
③ 1週間の所定労働日数が2日以下の労働者

介護休業対象外の有期契約労働者のうち、下記事例のような場合は拒否が可能です。

事例A 労働契約更新回数の上限が明示されており、その上限まで契約が更新された場合の労働契約期間の末日が、介護休業取得予定日から起算して93日経過日から6か月経過する日の前日までの間にあるため介護休業を取得できない。

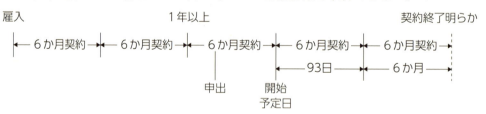

事例B 労働契約の更新をしないことが明示されており、申出時点で労働契約期間の末日が介護休業取得予定日から起算して93日経過日から6か月経過する日の前日までの間にあるため、介護休業を取得できない。

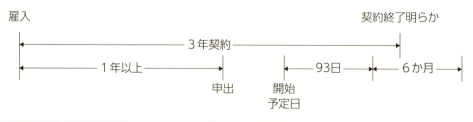

2 介護休業日数

　介護休業期間は、対象家族１人につき１つの要介護状態ごとに３回まで、介護休業等日数が通算93日を限度に申し出た期間です。そのため介護休業をしたことがある労働者は、対象家族について３回の介護介護休業をした場合及び２回以上の介護休業をした場合は、介護休業ごとの日数を合計した日数が93日に達していると介護休業の申出ができません。休業終了予定日が通算93日より後の場合は、通算93日目が介護休業終了日となります(育児・介護休業法11条)。

　この介護休業日数の93日は、対象家族ごとに計算するため、例えば介護休業の日数が、が実父の介護のため93日、実母の介護のため30日の場合は、実父のための新たな介護は申出できませんが、実母の介護のためには新たな介護の申出ができます。

　この場合６月３日を介護休業開始予定日として実母の介護休業を開始しようとする場合、開始予定日の前日における介護休業等日数が30日ならば、63日(93－30)目となる８月４日まで介護休業を取得することができます。

　なお、「介護休業等日数」とは次の日数を合算した日数です。

介護休業等日数

① 介護休業をしていた日

② 勤務時間の短縮等の措置が講じられた日

➡①と②の合算日数が介護休業等日数

---

2 「常時介護を必要とする状態」とは、2週間以上常時介護が必要な状態をいい、家族とは、配偶者、父母、子、配偶者の父母、祖父母、兄弟姉妹、孫をいいます。

1 要介護状態にある家族

「常時介護を必要とする状態」とは、負傷、疾病または心身の障害により2週間以上常時介護を必要とする状態をいいます。家族とは、配偶者(事実婚含む)、父母、子、祖父母、兄弟姉妹、孫及び配偶者の父母をいいます。

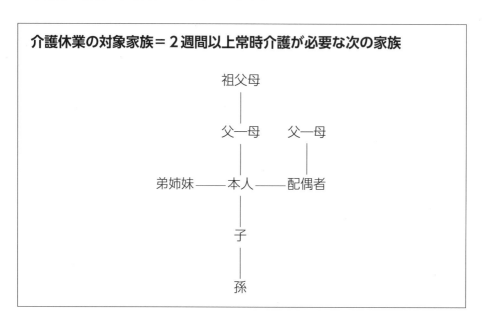

2 要介護状態の判断

要介護状態である「常時介護を必要とする状態」とは、対象家族が次の①または②のいずれかに該当する場合であることをいいます。
① 介護保険制度の要介護状態区分において要介護2以上であること
② 次の表の項目(1)～(12)のうち、状態区分の2が2つ以上または3が1つ以上該当し、かつ、その状態が継続すると認められること

項目／状態	1 (注1)	2 (注2)	3
（1）座位保持(10分間1人で座っていることができる)	自分で可	支えてもらえれば、できる (注3)	できない
（2）歩行(立ち止まらず座り込まず5m程度歩くことができる)	つかまらないで、できる	何かにつかまれば、できる	できない
（3）移乗(ベッドと車いす、車いすと便座の間を移る等の乗り移りの動作)	自分で可	一部介助、見守り等が必要	全面的介助が必要
（4）水分・食事摂取 (注4)	自分で可	一部介助、見守り等が必要	全面的介助が必要
（5）排泄	自分で可	一部介助、見守り等が必要	全面的介助が必要
（6）衣類の着脱	自分で可	一部介助、見守り等が必要	全面的介助が必要
（7）意思の伝達	できる	ときどきできない	できない
（8）外出すると戻れない	ない	ときどきある	ほとんど毎回ある
（9）物を壊したり衣類を破くことがある	ない	ときどきある	ほとんど毎日ある (注5)
（10）周囲の者が何らかの対応をとらなければならないほどの物忘れがある	ない	ときどきある	ほとんど毎日ある
（11）薬の内服	自分で可	一部介助、見守り等が必要	全面的介助が必要
（12）日常の意思決定 (注6)	できる	本人に関する重要な意思決定はできない (注7)	ほとんどできない

(注1) 各項目の1の状態中、「自分で可」には、福祉用具を使ったり、自分の手で支えて自分でできる場合も含む。

(注2) 各項目の2の状態中、「見守り等」とは、常時の付き添いの必要がある「見守り」や、認知症高齢者等の場合に必要な行為の「確認」、「指示」、「声かけ」等のことである。

(注3) 「（1）座位保持」の「支えてもらえればできる」には背もたれがあれば1人で座っていることができる場合も含む。

(注4) 「（4）水分・食事摂取」の「見守り等」には動作を見守ることや、摂取する量の過小・過多の判断を支援する声かけを含む。

(注5) （9）3の状態（「物を壊したり衣類を破くことがほとんど毎日ある」）には「自分や他人を傷つけることがときどきある」状態を含む。

(注6) 「（12）日常の意思決定」とは毎日の暮らしにおける活動に関して意思決定ができる能力をいう。

(注7) 慣れ親しんだ日常生活に関する事項(見たいテレビ番組やその日の献立等)に関する意思決定はできるが、本人に関する重要な決定への合意等(ケアプランの作成への参加、治療方針への合意等)には、指示や支援を必要とすることをいう。

3 介護休業の申出は、休業開始予定日の2週間前までにしてください。遅れた場合は事業主が、申し出た休業開始予定日以後に休業開始日を指定できます。

1 介護休業の申出

　労働者が介護休業の申出をする場合は、介護休業開始予定日の2週間前までに一定事項を記載した書面(ファックス・電子メール可)で事業主に申し出なければなりません。

　休業開始予定日が、申出日の翌日から2週間経過日より前の場合は、事業主は申出日の翌日から2週間経過日までの休業開始予定日以後に休業開始日を指定できます。事業主が休業開始日を指定する場合は、申出日の翌日から3日以内に書面を交付してください(育児・介護休業法12条3項)。

　なお、期間を定めた労働者が、労働契約期間の末日まで介護休業した後、労働契約の更新に伴い、更新後の労働契約期間の初日を介護休業開始予定日とする申出の場合は、2週間前までに申出されない場合でも、事業主は休業開始日を他の日に指定できません(育児・介護休業法12条4項)。

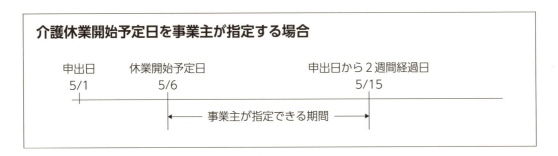

介護休業開始予定日を事業主が指定する場合

2 介護休業終了日の変更

　介護休業を申し出た労働者は、当初の介護休業終了予定日の2週間前までに申し出ることにより、1回に限り事由を問わず介護休業終了予定日を繰下げ変更できます。

　なお、介護休業終了予定日の繰上げ変更は、労働者の申出だけでは当然にできません。労働者が希望した場合は繰上げ変更できる旨やその手続等をどのようにするか事業主とよく話し合う必要があります(育児・介護休業法13条)。

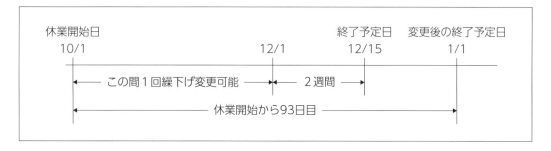

3 介護休業の終了

　介護休業期間は、労働者に次のいずれかの事情が生じた場合は、その生じた日に終了します(育児・介護休業法15条3項、育児・介護休業法施行規則30条)。家族を介護しないこととなった労働者は、その旨を事業主に通知しなければなりません。なお、介護休業の開始前に対象家族を介護しないこととなった場合は、介護休業の申出はされなかったことになります。

介護休業の終了事由
① 対象家族を介護しないこととなった場合
② 介護休業終了予定日までに、労働者に産前産後休業、育児休業、新たな介護休業が始まったときはその前日

対象家族を介護しないことの具体例
- 対象家族の死
- 離婚・婚姻取消・離縁等により親族関係の消滅
- 労働者の負傷、疾病、心身の障害等で介護できない状態となったこと

4 介護休業申出の撤回

　介護休業を申し出た労働者は、介護休業開始予定日の前日までに申し出ることにより、申し出た介護休業を撤回することができます。
　事業主は、撤回された介護休業に係る対象家族について介護休業申出が2回連続して撤回された場合は、それ以降の介護休業の申出を拒むことができます。これは1回目の申出を撤回した後に、2回目の申出による介護休業をすれば(1回目の休業)、3回目の申出を事業主から拒まれることはありませんが、2回目の申出も撤回した場合は、3回目以降の申出については、事業主は拒むことができます。

第6節 家族介護を行う労働者の所定外労働の制限・時間外労働の制限・深夜業の制限

POINT

・事業主は、家族介護を行う労働者が請求した場合は、事業の正常な運営を妨げる場合を除き、法定労働時間未満でも所定労働時間を超えて労働させられません。
・事業主は、要介護家族を介護する労働者が請求した場合は、事業の正常な運営を妨げる場合を除き、月に24時間年150時間を超える時間外労働はさせられません。
・事業主は、要介護家族を介護する労働者が請求した場合は、事業の正常な運営を妨げる場合を除いて、午後10時から午前5時までの深夜業をさせてはなりません。

事業主は、家族の介護を行う労働者が請求した場合は、事業の正常な運営を妨げる場合を除き、法定労働時間未満でも所定労働時間を超えて労働させられません。

1 家族介護する労働者の所定外労働の制限

　パートタイマーの1日5時間等労働条件で定めた労働時間を所定労働時間といいますが、家族を介護する労働者(日雇者除く)が所定外労働の制限を請求した場合は、所定労働時間が法定労働時間未満であっても、その所定労働時間を超えて労働させられません。ただし、次のような事業の正常な運営を妨げる場合はこの限りではありません(育児・介護休業法16条の9)。また、労働基準法で定める管理監督者と労使協定で定めた次の労働者は除外できます。

> **事業の正常な運営を妨げる主な場合**
> 　労働者の作業内容と繁閑、代替要員の配置の難易度等を考慮した次のような場合を事業の正常な運営を妨げる場合とします。
> ① 事業主が通常の配慮で代行者を配置しても、客観的に事業の正常運営が妨げられる場合

② 時間外労働が必要な繁忙期に、専門職が多数請求した場合で相当の努力をしても正常な事業運営の業務体制を維持することが困難な場合

労使協定で所定外労働制限の対象外にできる労働者
① 継続雇用期間が１年未満の労働者
② １週間の所定労働日が２日以下の労働者

2 所定外労働の制限の請求

　所定外労働制限の請求は、１回につき１か月以上１年以内の期間について、開始日と終了日を明らかにして、開始１か月前までに事業主に対して一定事項を記載した書面（ファックス・電子メール可）で請求しなければなりません。この請求は、何回でもすることができます。

　ただし、所定外労働制限の請求は、時間外労働制限の請求期間と一部または全部が重複しないようにしなければなりません。所定労働時間の短縮期間と重複することは可能です。

　なお、事業主は、請求に係る対象家族等を証明する書類の提出を求めることができます（育児・介護休業法施行規則49条）。

3 所定外労働制限の終了

　所定外労働の制限は、労働者の意思に関わらず次のいずれかの場合に終了します（育児・介護休業法16条の９）。家族を介護しないこととなった労働者は、その旨を事業主に通知しなければなりません。なお、所定外労働の制限の開始前に対象家族を介護しないこととなった場合は、所定外労働の制限の申出はされなかったことになります。

所定外労働の制限の終了事由
① 対象家族を介護しないこととなった場合
② 労働者に産前産後休業、育児休業または介護休業が始まった場合

対象家族を介護しないこととなった場合の具体例

- 対象家族の死亡
- 離婚・婚姻取消、離縁等で親族関係が消滅したこと
- 労働者の負傷、疾病、心身の障害等により介護できない状態となったこと

2 事業主は、要介護家族を介護する労働者が請求した場合は、事業の正常な運営を妨げる場合を除き、月に24時間年150時間を超える時間外労働はさせられません。

1 家族を介護する労働者の時間外労働の制限

働きながら家族を介護する労働者にとって、その介護時間を確保できなければ介護に支障をきたし、仕事と介護の両立が難しくなります。

労働者に時間外労働をさせるには、労働条件や就業規則でその旨を定め同意を得てかつ労使協定を締結し労基署に届け出なければなりませんが、その場合でも要介護家族を介護する労働者（日雇者除く）が、その介護のために請求した場合は、1か月に24時間1年間に150時間を超える時間外労働をさせてはなりません。ただし、事業主は事業の正常な運営を妨げる場合（所定外労働の制限参照）はこの限りではありません。

労働条件や就業規則で定めた時間外労働時間がこの限度時間を下回る場合は、その定めた時間外労働時間を限度時間とします。なお、期間を定めて雇用される労働者はこの制限を請求できますが、労働基準法における管理監督者及び次の労働者は請求できません（育児・介護休業法18条）。

時間外労働制限の対象となる労働時間

① 法定労働時間
② 1か月単位の変形労働時間制における労働時間
③ フレックスタイムにおける労働時間
④ 1年単位の変形労働時間制における労働時間
⑤ 1週間単位の変形労働時間における労働時間

> **時間外労働制限から除外できる労働者**
> ① 継続して雇用された期間が1年に満たない労働者
> ② 1週間の所定労働日数が2日以下労働者

2 時間外労働の制限の請求

　時間外労働の制限は、1回につき1か月以上1年以内の期間について、その開始日及び終了日を明らかにしたうえで、制限開始予定日の1か月前までに事業主に一定事項を記載した書面(ファックス・電子メールも可)で請求しなければなりません。この請求は何度でもすることができます。

　この時間外労働制限の請求期間は、所定外労働の制限期間と重複しないようにしなければなりません。

　また、事業主は、請求された事項を証明する書類の提出を労働者に求めることができます(育児・介護休業法施行規則57条)。

3 時間外労働の制限の終了

　時間外労働の制限は、労働者の意思に関わらず次のいずれかの場合に終了します(育児・介護休業法18条、育児・介護休業法施行規則58条、59条)。

　家族を介護しないこととなった労働者は、その旨を事業主に通知しなければなりません。なお、時間外労働制限の開始前に対象家族を介護しないこととなった場合は、時間外労働の制限の請求はされなかったことになります。

> **時間外労働の制限の終了事由**
> ① 対象家族を介護しないこととなった場合
> ② 労働者に産前産後休業、育児休業または介護休業が始まった場合

> **対象家族を介護しないこととなった場合の具体例**
> • 対象家族の死亡
> • 離婚・婚姻取消、離縁等による親族関係の消滅
> • 労働者の負傷、疾病、心身の障害等により介護できない状態となったこと

3 事業主は、要介護家族を介護する労働者が請求した場合は、事業の正常な運営を妨げる場合を除いて、午後10時から午前5時までの深夜業をさせてはなりません。

1 家族の介護をする労働者の深夜業の制限

労働者に午後10時から午前5時までの深夜業をさせるには、労働条件や就業規則でその旨を定め同意を得なければなりませんが、その場合でも要介護家族を介護する労働者(日雇者除く)が、その家族の介護のために請求した場合は、事業主はその労働者に深夜業をさせてはなりません。ただし、事業の正常な運営を妨げる場合(所定外労働の制限参照)はこの限りではありません(育児・介護休業法20条、育児・介護休業法施行規則65条)。

この深夜業の制限には、特定曜日や特定深夜時間の制限等状況に応じた弾力的な運用も認められます。

なお、パート・アルバイト等の期間を定めて雇用される労働者はこの制限を請求できますが、次の労働者は請求できません。

深夜業の制限を請求できない労働者

① 継続して雇用された期間が1年に満たない労働者

② 深夜に家族を常態として介護できる次のすべてに該当する16歳以上の同居家族がいる労働者

  • 深夜に就業していないこと(深夜就業が月に3日以下の場合を含む)

  • 傷病等心身の状況によりその家族の介護が困難な状態でないこと

  • 6週間(多胎妊娠は14週間)以内に出産予定でなくまたは産後8週間以内でないこと

③ 1週間の所定労働日数が2日以下の労働者

④ 所定労働時間の全部が深夜にある労働者

---

2 家族介護する深夜業の制限の請求

深夜業の制限の請求は、1回につき1か月以上6か月以内の期間について制限開始予定日の1か月前までに、事業主に一定事項を記載した書面(ファックス・電子メールも可)で請求しなければなりません。この請求は、何度でもできます。

3 深夜業の制限の終了

　深夜業の制限は、労働者の意思に関わらず次のいずれかの場合に終了します（育児・介護休業法20条、19条4項、育児・介護休業法施行規則68条、69条）。

　家族を介護しないこととなった労働者は、その旨を事業主に通知しなければなりません。なお、深夜業の制限の開始前に対象家族を介護しないこととなった場合は、深夜業の制限の請求はされなかったことになります。

深夜業の制限の終了事由

① 対象家族を介護しないこととなった場合

② 産前産後休業、育児休業または介護休業が始まった場合

対象家族を介護しないこととなった場合の具体例

- 対象家族の死亡

- 離婚・婚姻取消、離縁等による親族関係の消滅

- 労働者の負傷、疾病、心身の障害等

第7節	介護短時間勤務、子の看護休暇、介護休暇

POINT

・事業主は、要介護家族を介護しながら介護休業を取得していない労働者が申し出た場合は、３年以上短時間勤務等の措置を講じなければなりません。
・小学校就学前の子を養育する労働者は、事業主に申し出れば年次有給休暇の他に１年度に５日、子が２人以上の場合は10日を限度に子の看護休暇を取得できます。
・要介護家族の介護や世話をする労働者は、事業主に申し出ることで年次有給休暇とは別に５日、要介護家族が２人以上の場合は10日の介護休暇を取得できます。

1 事業主は、要介護家族を介護しながら介護休業を取得していない労働者が申し出た場合は、３年以上短時間勤務等の措置を講じなければなりません。

1 家族を介護する労働者の介護短時間勤務等

　事業主は、要介護家族を介護する労働者で介護休業を取得していない労働者（日雇者除く）が申し出た場合は、働きながら家族の介護を行うことを容易にするため、連続する３年以上の期間にわたり対象家族１人につき、介護休業等日数の通算93日を超える勤務時間の短縮等、次頁に挙げるいずれかの措置を講じなければなりません（育児・介護休業法23条３項）。過去に介護休業を取得したことがあっても、現在は介護休業を取得していない労働者は対象となります。

　この措置は、２回以上利用できるようにする必要があり３年以上の期間は措置の利用開始日から起算します。

　事業主はこれらのいずれかの措置を講ずればよく、労働者の希望に応じた複数の措置を講じる必要はありませんが、なるべく労働者の選択肢を広げ仕事と介護を容易にできるよう配慮してください。

　なお、この措置は、期間を定めた雇用者は対象となりますが、次の労使協定で定めた労働者は対象となりません。

要介護家族を介護する労働者について講じる措置(育児・介護休業法施行規則74条3項)

① 所定労働時間の短縮等の措置
- 1日の所定労働時間を短縮する制度(8時間は2時間以上、7時間は1時間以上の短縮が望ましい)
- 週または月の所定労働時間を短縮する制度
- 週または月の所定労働日数を短縮する制度(隔日勤務、特定曜日勤務等)
- 労働者が個々に勤務しない日や時間を請求できる制度

② フレックスタイム制
③ 始業・終業時刻の繰上げ・繰下げ(時差出勤)
④ 労働者が利用する介護サービスの費用の助成その他これに準ずる制度

労使協定で所定労働時間の短縮等から除外できる労働者

① 継続して雇用された期間が1年に満たない労働者
② 1週間の所定労働日数が2以下の労働者

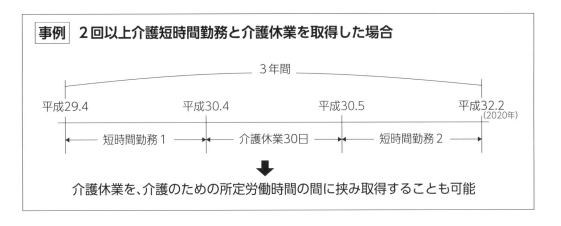

2 介護休業等日数の通算

　所定労働時間の短縮等の措置は、連続する3年以上の期間に通算93日を超える期間であることが義務付けられています。

　この日数は、介護休業等の日数がある場合は、その日数を差し引いた日数以上の期間となります。例えば、実父の介護のため所定労働時間の短縮等の措置を受けようとした場合、その実父の介護のため過去に25日の介護休業を取得した場合は、その日数を差し引いた68

日間（93−25）を超える期間の所定労働時間の短縮等の措置を講じなければなりません。

短時間勤務制度の日数を介護休業等日数に通算する場合は、後日の誤解を防ぐため、その旨及び通算する期間の初日を労働者に明示してください。

2 小学校就学前の子を養育する労働者は、事業主に申し出れば年次有給休暇の他に1年度に5日、子が2人以上の場合は10日を限度に子の看護休暇を取得できます。

1 子の看護休暇

小学校就学前の子を養育する労働者（日雇者除く）は、傷病にかかった子の世話や予防接種、健康診断受診のために、事業主に申し出ることにより、年次有給休暇とは別に1年度に子が1人の場合は5日、子が2人以上の場合は10日を限度に1日単位または半日単位で子の看護休暇を取得できます。この場合の1年度とは、事業主が特に定めない場合は毎年4月1日から翌年3月31日までとします（育児・介護休業法16条の2、16条の3）。

子の看護休暇は、期間を定めて雇用される労働者や配偶者が専業主婦の労働者も取得できますが、労使協定で定めた次の労働者は取得できません。ただし、以下に挙げる③の労働者は1日単位で子の看護休暇を取得することはできます。

労使協定で子の看護休暇から除外できる労働者

① 継続して雇用された期間が6か月に満たない労働者

② 1週間の所定労働日数が2日以下の労働者

③ 半日単位で子の看護休暇を取得することが困難と認められる業務に従事する労働者

半日単位で子の看護休暇の取得が困難な業務（平29.9.27厚労告307号）

① 国際路線就航の航空機の客室乗務員や操縦士等の業務

② 長時間の移動を要する遠隔地での業務で半日では処理が困難な業務

③ 流れ作業や交代制勤務の業務で半日単位休暇の組入れが困難な業務

---

2 子の看護休暇の取得

　子の看護休暇の取得は、1日単位または半日単位(所定労働時間の2分1)で取得できますが、事業主は、仕事と子の養育を両立させるため時間単位の取得等、弾力的な利用に配慮してください。ただし、1日の所定労働時間が4時間以下の労働者は、半日単位の取得はできません。なお、労使協定により1日の所定労働時間の2分1以外の時間を半日と定めることができます。

　また、子の傷病の種類や程度に特段の制限はないため、風邪等による発熱のように短期間で治癒するような傷病でも取得できます。急な傷病等緊急を要する場合等は、当日の電話等、口頭での申出と後日の申請書の提出も認めてください。

　なお、事業主は申し出た労働者に対して、子の傷病の事実を証明する書類の提出を求めることができますが、医師の診断書だけでなく薬購入の領収書や、突然の傷病の場合等は事後の提出も認める等、労働者の負担を軽減する配慮が求められます。

3 要介護家族の介護や世話をする労働者は、事業主へ申し出ることで年次有給休暇とは別に5日、要介護家族が2人以上の場合は10日の介護休暇を取得できます。

1 介護休暇

　要介護状態の対象家族の介護や世話を行う労働者(日雇者除く)は、事業主に申し出ることにより年次有給休暇とは別に、1年度に対象家族が1人の場合は5日、2人以上の場合は10日を限度として介護休暇を取得できます(育児・介護休業法16条の5、16条の6)。

　世話とは介護や通院付添い、介護サービスを受ける手続等をいい、付与日数は申出時の対象家族数で決まり、1年度とは原則として毎年4月1日から翌年3月31日までとします。

　なお、期間を定めて雇用される労働者は介護休暇を取得できます。労使協定で対象外として定めた次の労働者は介護休暇を取得できません。ただし、以下に挙げる③の労働者は1日単位で介護休暇を取得することができます。

547

> **労使協定で介護休暇から除外できる労働者**
> ① 継続して雇用された期間が６か月に満たない労働者
> ② １週間の所定労働日数が２日以下の労働者
> ③ 半日単位で介護休暇を取得することが困難と認められる業務に従事する労働者。
>   子の看護休暇も同様

2 介護休暇の取得

　介護休暇の申出は、突発的な事態に対応できるよう当日口頭の申出と後日の申出書の提出も認めなければなりません。

　申出された事業主は、対象家族の氏名、続柄、扶養事実、要介護状態の証明書等の提出を要求できますが、事後の提出も認めてください。

　子の看護休暇の取得は１日単位または半日単位(所定労働時間の２分１)で取得できますが、１日の所定労働時間が４時間以下の労働者は、半日単位の取得はできません。

　なお、労使協定により１日の所定労働時間の２分１以外の時間を半日と定めることができます。

　事業主は、労働者が仕事と子の養育を両立させるため時間単位の取得を可能にする等、より弾力的な利用に配慮してください。

第**8**節 不利益取扱いの禁止

POINT

・事業主は、育児・介護休業、子の看護・介護休暇、所定外労働・時間外労働・深夜業の制限の申出や取得を理由とした不利益取扱いをしてはなりません。
・労働者に対する不利益取扱いとなる行為には、解雇、契約更新拒否、労働条件の引下げ強要、昇進昇格や昇給賞与の引下げ評価、不利な配置変更等があります。
・育児・介護休業等の期間や所定労働時間の短縮措置等で現に労働していない日や時間の賃金を支払わない等の取扱いは、不利益な取扱いに該当しません。

1 事業主は、育児・介護休業、子の看護・介護休暇、所定外労働の制限・短縮措置、時間外労働・深夜業の制限の申出や取得を理由とした不利益取扱いをしてはなりません。

　事業主は、労働者に対して、育児休業、介護休業、子の看護休暇、介護休暇、所定外労働の制限、所定労働時間の短縮措置等、時間外労働の制限及び深夜業の制限について、その申出をしたこと、または取得等を「理由」とした解雇その他不利益な取扱いをしてはなりません。不利益な取扱いの「理由」とは、労働者が育児介護休業等の申出等をしたこととの間に「因果関係のある行為」をいいます。

　育児休業等の申出または取得をしたこと等の事由を「契機」として行われた不利益取扱いは法令違反となります。「契機」については、その事由と時間的に接近（1年以内）してその不利益取扱いが行われたか否かで判断します。ただし、1年を超えていても、実施時期が事前に決まっている、またはある程度定期的になされる措置（人事異動、人事考課・昇給、雇止め等）については、その事由の終了後の最初のタイミングまでの間に不利益取扱いがなされた場合は、「契機としている」と判断されます。ただし、次の例外に該当する場合は除きます（育児・介護休業法10条、16条、16条の4、16条の7、16条の10、18条の2、20条の2、23条の2）。

549

不利益取扱いとならない場合

① 不利益取扱いの例外（契機に有利な影響の存在は加味する）
- 業務上の必要性から不利益取扱いをせざるを得ないとき
- 業務上の必要性が、当該不利益取扱いにより受ける影響を上回ると認められる特段の事情が存在するとき

② 不利益取扱いの例外
- 労働者がその不利益取扱いに同意している場合
- 育児休業及びその取扱いにより受ける有利な影響の内容や程度が、その取扱いにより受ける不利な影響の内容や程度を上回り、その取扱いについて事業主から労働者に対して適切に説明がなされる等、一般的な労働者であれば同意するような合理的な理由が客観的に存在するとき

【労働者への不利益取扱い】

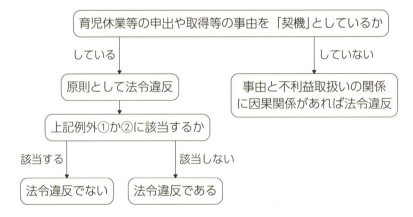

2 労働者に対する不利益取扱いとなる行為には、解雇、契約更新拒否、労働条件の引下げ強要、昇進昇格や昇給賞与の引下げ評価、不利な配置変更等があります。

労働者に対する不利益取扱いとなる主な行為には、次のものがあります。

労働者に対する不利益取扱いとなる行為

① 解雇すること

② 期間を定めて雇用される者について、契約の更新をしないこと

③ あらかじめ契約の更新回数の上限が明示されている場合に更新回数を引き下げること

④ 退職、または正社員をパートタイムにする等の非正規社員とするような労働契約変更の強要(勧奨退職や非正規社員への労働契約変更の労働者の同意が真意でなければ該当する)

⑤ 自宅待機を命ずること(休業終了予定日を超えた休業や申出以外の日の子の看護・介護休暇を強要することは該当する)

⑥ 労働者が希望する期間を超えて、その意に反して所定外労働・時間外労働・深夜業の制限または所定労働時間の短縮措置等を提供すること

⑦ 降格させること

⑧ 減給し、または賞与等において不利益な算定を行うこと(まだ休業期間に入っておらず労務の不提供がないにも関わらず賃金、賞与、退職金を減額することは該当する)

⑨ 昇進・昇格の人事考課において不利益な評価を行うこと(育児・介護休業期間を超える一定期間昇進・昇格の選考対象としない人事評価制度は該当する)

⑩ 不利益な配置変更を行うこと(通常の人事異動のルールから十分説明できない配置変更により労働者に相当程度経済的または精神的な不利益を生じさせることは該当する)

⑪ 就業環境を害すること(業務に従事させない、専ら雑用に従事させることは該当する)

⑫ 派遣先が派遣労働者に係る役務の提供を拒むこと(派遣労働者が育児休業取得を申し出たことを理由にその派遣労働者の交替を求めることは該当する)

事例 昇格要件の取扱いが不利益取扱いに該当する

　昇格要件が3年連続A評価の場合に、2016年のA評価を3年目として取り扱わず、2016年度から再度3年連続A以上の評価を必要とすることは不利益取扱いに該当する。

評価年度	2013	2014	2015	2016
評価結果	A	A	休業	A

事例	一定期間の昇進・昇格対象としない制度は、合理性・公平性を勘案して判断する

```
   2013              2014              2015              2016
    |    評価期間      |    評価期間      |    評価期間      |
    |─────────────────|─────────────────|─────────────────|
         |←── 休業期間16か月 ──→|
  ┌────┐          ┌──────┐        ┌──────┐          ┌────┐
  │対象│          │対象除外│        │対象除外│          │対象│
  └────┘          └──────┘        └──────┘          └────┘
```

3 育児・介護休業等の期間や所定労働時間の短縮措置等で現に労働していない日や時間の賃金を支払わない等、次のような取扱いは不利益な取扱いに該当しません。

1 休業期間や労働していない時間の賃金

　育児・介護休業等の期間や所定労働時間の短縮措置等で現に労働していない日や時間の賃金を支払わない等、次のような取扱いは不利益な取扱いに該当しません。ただし、実際の休業期間や労働していない時間を超えて控除することは禁止されます。

不利益な取扱いにならない行為

① 育児休業、介護休業期間中や看護休暇、介護休暇を取得した日、所定労働時間の短縮措置等の現に労働しなかった時間について賃金を支払わないこと

② 賞与や退職金の算定にあたり現に勤務した日数を考慮する場合に、休業した期間、休暇を取得した日数、所定労働時間の短縮措置等の適用により現に短縮された時間の総和に相当する日数分は日割りで算定対象から控除すること等、専ら育児休業等により労務を提供しなかった期間は働かなかったものとして取り扱うこと

---

2 育児介護休業や所定労働時間の短縮期間中等の労働条件

　有無や昇給、復帰後の役職、部署、職務、勤続年数等の取扱いは重要な労働条件であるため、事業主は次の事項について事前に定め周知するため努力しなければなりません(育児・介護休業法21条)。

　なお、雇用保険の被保険者には育児企業期間や介護休業期間に保険給付が支給される場

合があるため、必ず被保険者ごとに受給資格の要件を確認してください。

事業主があらかじめ定めるべき事項（平29.9.27厚労告307号）

① 育児休業及び介護休業時間中の賃金、賞与、退職金、教育訓練等待遇に関する事項

② 育児休業及び介護休業から復帰後の賃金、配置、有給休暇その他の労働条件

③ その他の事項（休業しないこととなった場合の就労時期、社会保険料の支払方法等）

---

3 育児・介護休業期間中の教育訓練

　長期間の休業後に職場復帰する労働者は、大きな不安を持っています。そこで復帰後の就業を円滑にするために休業期間中の職業能力の開発や向上を図るための教育訓練制度等を設ける場合は、次の措置を講じるよう努力してください（育児・介護休業法22条）。

能力開発・向上制度設置時の努力義務（平29.9.27厚労告307号）

① 労働者がその適用を受けるかどうか選択できるものであること

② 労働者の職種、職務上地位、職業意識等の状況に的確に対応しかつ計画的に講じること

---

4 育児・介護休業の紛争解決

　育児・介護休業に関する労働者の苦情や労使紛争が生じた場合は、次の方法で労使が自主的に解決するように努めてください。育児・介護休業法の規定に違反する事業主に対する厚生労働大臣の違反是正の勧告に事業主が従わなかった場合は、厚生労働大臣はその旨を公表できます（育児・介護休業法52条の2）。

紛争解決の方法

① 苦情は、専門担当者や労使で構成する苦情処理機関で自主的解決

② 労使双方か一方の求めに応じて都道府県労働局での助言、指導、勧告による解決

③ 労使双方か一方の求めに応じて両立支援調停会議での事情聴取と調停による解決

判例チェック

　最高裁平27.12.16医療法人稲門会事件では、遅刻、早退や年次有給休暇の取得、業務上災害の休業は昇給審査の対象とし、前年度に3か月以上の育児休業を申し出た労働者だけの職能給を昇給させないと定めた規定は、育児・介護休業法10条に違反しており無効であるとしています。

　また、医療法人は職能給を昇給させなかったことで生じた給与、賞与、退職金の差額を支払う義務があるとしました。

第 **14** 章

外国人の雇用

第1節 外国人の在留資格

POINT

- 外国人は、在留資格で認められた活動以外の活動を行ってはなりません。「永住者」「日本人の配偶者等」「定住者」等、活動に制限のない在留資格もあります。
- 外国人が、認められた在留資格以外の在留資格の活動を行うには、事前に在留資格変更の許可を受けなければなりません。
- 外国人が、在留資格で認められた活動以外の収入を伴う事業の運営活動や報酬を受ける活動を行う場合は、事前に資格外活動の許可を受けなければなりません。

外国人は、在留資格で認められた活動以外の活動を行ってはなりません。「永住者」「日本人の配偶者等」「定住者」等、活動に制限のない在留資格もあります。

1 外国人の在留資格

在留資格とは、日本に入国する外国人が入国・在留の目的に応じて、入国審査官から在留資格の認定を受けて与えられる資格です。在留資格は次の表のとおり28種類あり、その中の別表1・2・3の19種類の在留資格では活動内容が制限されたうえで就労できます。

日本に在留する外国人は、入国の際に認められた在留資格の範囲内と在留期間に限って在留活動ができます。

別表2の「永住者」「日本人の配偶者等」「永住者の配偶者等」「定住者」の在留資格には活動に制限がないため、この在留資格で入国した日系二世三世の人を単純労働分野で就労させることは可能です。ただし、日系人でも上記以外の在留資格で滞在している場合は、その在留資格の範囲内での活動に制限されます。

【別表1】就労が認められる在留資格（活動制限有）

平成29年11月現在

在留資格	本邦において行える活動	該当例
外　交	政府が接受する外交使節団、領事機関職員やその家族	大使、公使等
公　用	外国政府、国際機関の公務従事者やその家族	大使、領事館員等
教　授	大学やその準ずる機関での研究、研究指導、教育の活動	大学教授等
芸　術	収入を伴う音楽、美術や文学その他の芸術活動	作曲家、画家等
宗　教	外国の宗教団体より派遣された宗教家の布教活動	宣教師等
報　道	外国の報道機関との契約に基づく報道上の活動	記者、カメラマン
高度専門職	高度専門的能力を有し学術・経済の発展に寄与する活動	ポイント制高度人材
経営・管理	事業の経営者や管理者としての活動	経営者、管理者
法律・会計	有資格者が行う法律、会計業務に従事する活動	弁護士、会計士等
医　療	有資格者が行う医療に係る活動	医師、看護師等
研　究	研究業務に従事する活動（教授活動除く）	研究者
教　育・技　術・人文知識・国際業務	小中学校等で語学教育やその他の教育をする活動	中高の語学教師等
	理学・工学・その他自然科学の知識を要する業務の活動	工学技術者等
	法律学・経済学・社会学等の知識を要する業務の活動	マーケティング業等
	外国文化に基盤を有する思考や感受性を要する活動	通訳、デザイナー等
企業内転勤	本邦機関の外国事業所の職員が転勤して行う活動	外国からの転勤者
介　護	有資格者が介護または介護の指導の業務を行う活動	介護福祉士
技　能	産業上特殊な分野に熟練した技能を要する業務の活動	調理師、操縦士等
技能実習	雇用関係により技能を習得、熟練、熟達する活動	技能実習生
興　行	演劇演奏や芸能、スポーツ等の興行活動	俳優、歌手等

【別表2】活動に制限のない在留資格

永住者	法務大臣が永住を認める者	永住許可を受けた者
日本人の配偶者等	日本人の配偶者もしくは特別養子または日本人の子とし出生した者	日本人の配偶者、子、特別養子
永住者の配偶者等	永住者等の配偶者もしくは永住者等の子として本邦で出生しその後引き続き本邦に在留している者	永住者等の配偶者、子
定住者	法務大臣が特別な理由を考慮して一定の在留期間を指定し居住を認める者	定住難民、日系3世、残留孤児等

【別表3】就労の可否は指定される活動によるもの

在留資格	本邦において行える活動	該当例
特定活動	法務大臣が個々の外国人について特に指定する活動	ワーキングホリデー等

【別表４】就労が認められない在留資格

在留資格	本邦において行える活動	該当例
文化活動	収入を伴わない学術・芸術・文化を研究取得する活動	文化研究者等
短期滞在	短期滞在して観光、保養、スポーツ等を行う活動	観光客、会議参加者等
留　学	大学、高専、小中高学校等で教育を受ける活動	学生、生徒
研　修	本邦の機関に受け入れられて技術等を習得する活動	研修生
家族滞在	就労資格で在留する外国人の配偶者、子の日常的活動	配偶者、子

2 外国人が、認められた在留資格以外の在留資格の活動を行うには、事前に在留資格変更の許可を受けなければなりません。

　外国人は、在留資格で認められた活動内容から勝手に他の在留資格の活動を行うことはできません。

　在留資格を付与された外国人が在留目的を変更して他の在留資格に該当する活動を行うとする場合は、法務大臣に在留資格の変更許可申請を行い、新しい在留資格に変更する許可を受けておかなければなりません。この手続により、外国人は日本からいったん出国することなく別の在留資格への変更を申請できます。

　法務大臣は、適当と認める相当の理由がある場合に限り、在留資格の変更及び在留期間の変更を許可します。この判断は法務大臣の自由な裁量に委ねられ、次の事項を考慮します。

在留資格または在留期間の変更許可の考慮事項

① 行おうとする活動が別表１の在留資格に該当すること、または別表２の在留資格の身分や地位を有していること

② 外国人が入国の際の上陸許可基準等に適合していること

③ 素行が不良でないこと。強制退去に準ずる刑事処分や不法就労あっせん行為等がないこと

④ 独立の生計を営むに足りる資産または技能を有すること。公共負担の場合は人道上で判断

558　第14章│外国人の雇用

⑤ 就労している、またはしようとしている場合は雇用・労働条件が適正であること
⑥ 納税義務がある場合は、納税義務を履行していること
⑦ 入管法に定める届出等の義務を履行していること

外国人が、在留資格で認められた活動以外の収入を伴う事業の運営活動や報酬を受ける活動を行う場合は、事前に資格外活動の許可を受けなければなりません。

　外国人が、在留資格で認められた活動以外の収入を伴う事業の運営活動や報酬を受ける活動を行おうとする場合は、事前に資格外活動の許可を受けていなければなりません。

　資格外活動の許可は、在留カード(裏面記載)や認証シール(旅券に貼付)または「資格外活動許可書」で確認できます。

　資格外活動の「個別的許可」では、内定した雇用主の企業等の名称、所在地、業務内容等が記載され、「包括的許可」では、活動時間が週28時間以内であること及び風俗営業等が営まれていないことを条件として企業等の名称、所在地、業務内容等を指定しない許可が記載されます。

　包括的許可が受けられる在留資格は「留学」「家族滞在」の他に、本邦の大学を卒業し、または専修学校専門課程等での専門士の称号を取得した留学生であって、就職活動を継続するため「特定活動(継続就職活動)」の在留資格で在留する者も、資格外活動の包括的許可を申請することができます。他の在留資格を有する場合は、就労先が内定してから個別的許可を申請することになります。詳細は地方入国管理局で確認してください。

第2節 就労が可能な外国人

POINT

・不法就労とは、就労許可のない者、一定範囲の職の就労しか認められていない者が、許可を得ずまたは一定範囲を超えて違法な状態で就労することをいいます。

・就労可能な在留資格を有する外国人が、認められた範囲内の就労活動ができます。就労できない在留資格では、資格外活動の許可を受けなければなりません。

・外国人を雇用しようとする事業主は、在留カード等により在留資格、在留期間等、及び雇用後の就労活動が在留資格の範囲内かどうかを確認する必要があります。

---

1 不法就労とは、就労許可のない者、一定範囲の職の就労しか認められていない者が、許可を得ずまたは一定範囲を超えて違法な状態で就労することをいいます。

1 不法就労

　不法就労とは、就労の地位または許可を有していない者あるいは一定範囲の職の就労しか認められていない者が、それらの地位・許可を得ずまたは限定された許可範囲を超えて違法な状態で就労することをいいます。例えば、「観光目的の在留資格者の薬物密売は違法だが、アルバイト就労なら合法」といった仕事の内容によることではなく、アルバイト就労自体が違法です。また興行の在留資格を持つ歌手やダンサーがホステスとして働く場合は、興行では接客できないため不法就労となります。

　「文化活動」、「短期滞在」、「留学」、「研修」、「家族滞在」の在留資格で滞在する外国人は就労できませんが、資格外活動許可を受けている場合は、その許可の範囲内の活動ができます。

　不法就労が発覚する等、退去強制事由に該当すると疑う相当の理由があれば、その外国人は収容命令書により茨城県牛久市あるいは長崎県大村市にある入国管理センターに収容されます。退去強制令書が発布されると、入国警備官は退去強制を受ける外国人に退去強制令書を示して、速やかにその外国人を国籍国等へ送還しなければなりません。

560　第14章｜外国人の雇用

不法就労は法で禁止されており、不法就労した外国人だけでなく不法就労させた事業主も処罰の対象となります。不法就労には、次の３つの場合があります。

不法就労の３つのケース

① 不法滞在者が働く場合

　　例：密入国者やオーバーステイの入国者が働く場合

② 入国管理局から働く許可を受けずに働く場合

　　例：観光目的の入国者が働く、留学生が許可を受けずにアルバイトで働く場合

③ 入国管理局から認められた範囲を超えて働く場合

　　例：外国料理のコックとして就労が認められた人が、機械工場で単純労働者として
　　　　働く

---

2 不法就労助長罪

不法就労の外国人を雇っていた事業主は「不法就労助長罪(出入国管理法73条の２)」に問われます。不法就労助長罪は、次のような場合に適用され、罰則が定められています。なお、外国人を雇用しようとする際に、事業主がその外国人が不法就労者であることを知らなかったとしても、在留カードを確認していない等の過失がある場合には処罰は免れないため、十分な注意が必要です。

主な不法就労助長罪

① 事業活動に関して、外国人を不法就労の状態で雇用し活動させる行為

② 外国人に不法就労させるために、自己の支配下に置く行為

③ 業として外国人に不法就労活動をさせる行為、または②の行為に関して斡旋する
　行為

罰則

就労が認められていない外国人を事業活動に雇い、働かせ、業として斡旋した等

➡ ３年以下の懲役または300万円以下の罰金

2 就労可能な在留資格を有する外国人が、認められた範囲内の就労活動ができます。就労できない在留資格で就労するには、資格外活動の許可を受けなければなりません。

　就労可能な在留資格を有する外国人が、在留許可で認められた範囲内で就労活動ができます。就労できない在留資格を有する外国人が就労しようとする場合は、事前に申請した上で資格外活動の許可を受けなければなりません。在留資格ごとの就労の是非は次のようになります。

1 在留資格に定められた範囲内で就労活動できる在留資格

　在留資格に定められた範囲内で就労活動できる在留資格は、次のものです。これらの在留資格を持つ外国人は、在留資格ごとに認められた活動ができますが、それ以外の活動はできません。ただし、資格外活動の許可を受けている場合はその許可の範囲内の活動ができます。

就労可能な在留資格				
• 外交	• 公用	• 教授	• 芸術	• 宗教
• 報道	• 高度専門職	• 経営―管理	• 法律―会計業務	• 医療
• 研究	• 教育	• 技術	• 人文知識―国際業務	
• 企業内転勤	• 介護	• 興行	• 技能	• 技能実習

2 就労活動ができない在留資格

　原則として就労活動が認められない在留資格は、次の5種類です。このうち、留学生等及び家族滞在者がアルバイト等を行おうとするときは、事前に地方入国管理局で「資格外活動許可」を受けておかなければなりません。資格外活動許可は就労時間が週28時間以内（長期休業中は1日8時間以内で1週40時間以内）で、風俗営業または風俗関連営業が営まれている事業所での就労でないものを行うことが包括的に許可されます。

就労が認められない在留資格
• 文化活動　• 短期滞在　• 留学　• 研修　• 家族滞在

3 就労活動に制限がない在留資格

就労活動に制限がない在留資格は、別表2の4種類です。

日系2世、3世の人は、日本人の配偶者等または定住者として在留する場合に限って就労活動に制限はありませんが、「短期滞在」の在留資格で在留している人は、地方入国管理局で在留資格の変更許可を受けなければ就労できません。

就労に制限がない在留資格

・永住者　・日本人の配偶者等　・永住者の配偶者等　・定住者

---

4 法務大臣が許可した在留資格

法務大臣が、1人1人の外国人について指定した内容により就労が認められる在留資格は、別表3の「特定活動」1種類です。特定活動とは、個別の外国人ごとに法務大臣が特定の活動を認める在留資格で、活動を記した指定書の記載内容で就労可能かどうか確認します。なお、日本における観光旅行費用を補うためのワーキングホリデーは特定活動であり一定範囲の就労が認められています。

3 外国人を雇用しようとする事業主は、在留カードにより在留資格、在留期間等及び雇用後の就労活動が在留資格の範囲内かどうかを確認する必要があります。

1 在留カード

日本に在留する外国人は、入国の際に与えられた在留資格の範囲内で、認められた在留期間に限って在留活動（就労）が認められています。

外国人を雇用しようとする場合は、パスポート（旅券）または在留カード等により、在留資格、在留期間、在留期限及び雇用後の就労活動が在留資格の範囲内かどうかを確認する必要があります。

在留カードとは、企業等への就労や日本人との結婚等、入管法上の在留資格を持って適法かつ中長期（3か月を超える期間）に日本に滞在する外国人に交付されるカードです。観光客等の一時的に滞在する人や不法滞在者には交付されません。

特別永住者を除いて、在留カードを持っていない人は原則として就労できません。ただし、在留カードを所持していなくとも就労できる次のような場合があるので、旅券や外国人登録証明書等で就労できるかどうか確認してください。

> **在留カードを所持しなくとも就労できる場合がある人**
> ① 旅券に後日在留カードを交付する旨の記載がある人
> ② 外国人登録証明書から在留カードへの切替えを済ませていない人
> ③ ３か月以下の在留期間が付与された人
> ④「外交」「公用」等の在留資格が付与された人

2 在留カードでの就労確認方法

外国人が就労できるかどうかは、在留カード表面の「就労制限の有無」欄で確認します。就労不可と記載されている場合は、原則として雇用できません。具体的には次の手順で就労の是非を確認します。

（1）在留カード表面の確認

在留カードの表面に「就労制限なし」と記載されている場合は、就労内容に制限はありません。「一部制限あり」と記載されている場合は、次のいずれかの制限内容の記載を確認してください。ただし、以下の②と③は法務大臣が個々に指定した活動等が記載された指定書を確認してください。

① 「在留資格に基づく就労活動のみ可」
② 「指定書記載機関での在留資格に基づく就労活動のみ可」＝技能実習の在留資格
③ 「指定書により指定された就労活動のみ可」＝特定活動の在留資格

「就労不可」と記載されている場合は原則として雇用はできませんが、在留カード裏面の「資格外活動許可欄」を確認してください。

（2）在留カード裏面の「資格外活動許可」の確認

在留カードの表面に「就労不可」と記載されている場合は、次に在留カード裏面の「資格外活動許可欄」を確認してください。この欄に次のいずれかの記載がある場合は、就労することができます。ただし、就労時間や就労場所に制限がありますので注意してください。

① 許可（原則週28時間以内・風俗営業等の従事を除く）
② 許可（資格外活動許可書に記載された範囲内の活動）➡資格外活動許可書を確認する

3 在留カードの有効性の確認

在留カードの有効性は、在留カードの番号を照会することで確認できます。

入国管理局のホームページ上には、在留カード及び特別永住者証明書（以下、在留カードという）の有効性を確認できる「在留カード等番号失効情報照会」があります。

外国人を雇用しようとする場合は、この画面の入力欄に在留カードの番号と有効期間を入力すると、その番号が有効かまたは有効でないかが確認できます。

外国人を雇用しようとする際に、事業主がその外国人が不法就労者であることを知らなかったとしても、在留カードの有効性を確認していない等の過失がある場合は、事業主も不法就労者を雇用したとして処罰が免れません。在留カードの偽造変造や悪用される事例も発生しているため、充分注意が必要です。なお、これらの事例を発見した場合は最寄りの入国管理局へ問い合わせてください。

【在留カード】

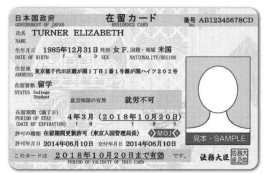

4 就労資格証明書

外国人を雇用しようとする事業主は、事前に就労資格の有無を確認できれば安心ですし、外国人も就労資格を証明できれば就職がスムーズになります。在留資格は旅券や外国人登録証明書、資格外活動許可書でも確認できますが、もっと具体的な就労活動を容易に確認できるように、外国人が希望すれば就労資格証明書を交付します。

ただし、就労資格証明書自体は外国人の就労の根拠とはならず、また、これがなければ就労できないというものでもありません。

第3節 在留資格—高度専門職

POINT

・高度専門職とは、高度で専門的な能力を有する外国人材の受入を促進する在留資格であり、高度専門職1号と2号があります。

・高度人材ポイント制では、高度人材外国人の3つの活動内容に応じて学歴、職歴、年収ごとのポイントの合計が70点に達した人が高度専門職と認定されます。

・高度専門職の外国人は、在留資格の高度専門職1号と高度専門職2号に応じて、在留活動の許容や在留期間延長等の出入国管理上の優遇措置が認められます。

1 高度専門職とは、高度で専門的な能力を有する外国人材の受入を促進する在留資格であり、高度専門職1号と2号があります。

　在留資格の「高度専門職」とは、高度の専門的な能力を有する外国人材の受入れ促進のため、新たに平成27年4月に設けられた制度です。

　この在留資格には、高度人材に対するポイント数の合計点が70点以上となり高度人材として認められた人を対象とした「高度専門職1号」と、この1号の在留資格をもって一定期間在留した人を対象に、活動制限を大幅に緩和しかつ在留期限が無期限となる在留資格「高度専門職2号」が設けられました。

　高度人材とは国内の資本・労働と補完関係にあり、代替のできない良質な人材であり、日本の産業にイノベーションをもたらすとともに、日本人との切磋琢磨を通じて専門的・技術的な労働市場の発展を促し、労働市場の効率性を高めることが期待される人材です。

　高度専門職1号の具体的な活動は次の内容となります（在留資格別表1）。

【高度専門職1号の活動内容】

高度専門職1号イ	本邦の公私の機関との契約に基づき行う研究、研究指導、教育またはその活動と関連事業の経営等を行う高度学術研究活動
高度専門職1号ロ	本邦の公私の機関との契約に基づき行う自然科学または人文科学の分野に属する知識または技術を要する業務に従事する活動
高度専門職1号ハ	本邦の公私の機関において貿易その他事業の経営を行いまたは管理に従事する活動またはその関連事業の経営活動

2 高度人材ポイント制では、高度人材外国人の3つの活動内容に応じて学歴、職歴、年収ごとのポイントの合計が70点に達した人が高度専門職と認定されます。

1 高度人材ポイント制

高度人材ポイント制は、高度人材外国人の活動内容を、「高度学術研究活動(高度専門職1号イ)」、「高度専門・技術活動(高度専門職1号ロ)」、「高度経営・管理活動(高度専門職1号ハ)」の3つに分類し、それぞれの特性に応じて「学歴」、「職歴」、「年収」等の項目ごとにポイントを付け、そのポイントの合計が70点以上に達した人が高度人材と認められます。活動内容と項目ごとのポイント数は、ポイント計算表(569頁参照)を参照してください。

2 これから入国する高度専門職1号の在留資格認定証明書の交付申請

これから入国する外国人が、高度専門職1号の在留資格認定証明書の交付を申請するには、「在留資格認定証明書交付申請」を地方入国管理局の窓口に提出します。このとき、行おうとする活動に係るポイント計算表とそのポイントを立証する資料を提出し、高度人材の認定を申請します。なお、この申請は入国予定の外国人の受入れ機関等が行うのが一般的です。

入国管理局が「上陸条件への適合性」を審査してポイント計算を行い、高度専門職1号の在留資格に該当し上陸条件に適合している場合は、「在留資格認定証明書」を交付します。

3 すでに在留中の外国人とすでに高度専門職と認定されている高度人材外国人

すでに日本に在留している外国人が、高度専門職の在留資格に変更する場合及びすでに

567

高度専門職と認定されている高度人材外国人が在留期間を更新するには、「在留資格変更許可申請・在留期間更新許可申請」を地方入国管理局の窓口に提出します。

　このとき在留資格変更と在留期間更新のどちらの場合でも、行おうとする活動に係るポイント計算表とそのポイントを立証する資料を提出してください。必要な要件を満たさない場合は、変更申請は不許可となります。なお、在留資格の変更申請が不許可となった場合は、現在の在留資格による在留期間があれば、その在留資格による在留が継続できます。

　提出された申請書について、入国管理局が次の項目をもとに高度人材該当性を審査します。

在留中の高度人材外国人の審査項目

- 行おうとする活動が高度人材としての活動であること
- ポイント計算の結果が70点以上であること
- 在留状況が良好であること

【ポイント計算表】

	高度学術研究分野		高度専門・技術分野		高度経営・管理分野	
学歴	博士号（専門職に係る学位を除く。）取得者	30	博士号（専門職に係る学位を除く。）取得者	30	博士号又は修士号取得者（注7）	20
	修士号（専門職に係る博士を含む。）取得者	20	修士号（専門職に係る博士を含む。）取得者（注7）	20		
	大学を卒業又はこれと同等以上の教育を受けた者（博士号又は修士号取得者を除く。）	10	大学を卒業又はこれと同等以上の教育を受けた者（博士号又は修士号取得者を除く。）	10	大学を卒業又はこれと同等以上の教育を受けた者（博士号又は修士号取得者を除く。）	10
	複数の分野において，博士号，修士号又は専門職学位を有している者	5	複数の分野において，博士号，修士号又は専門職学位を有している者	5	複数の分野において，博士号，修士号又は専門職学位を有している者	5
職歴（実務経験）（注1）			10年〜	20	10年〜	25
	7年〜	15	7年〜	15	7年〜	20
	5年〜	10	5年〜	10	5年〜	15
	3年〜	5	3年〜	5	3年〜	10
年収（注2）	年齢区分に応じ，ポイントが付与される年収の下限を異なるものとする。詳細は②参照	40〜10	年齢区分に応じ，ポイントが付与される年収の下限を異なるものとする。詳細は②参照	40〜10	3000万円〜	50
					2500万円〜	40
					2000万円〜	30
					1500万円〜	20
					1000万円〜	10
年齢	〜29歳	15	〜29歳	15		
	〜34歳	10	〜34歳	10		
	〜39歳	5	〜39歳	5		
ボーナス①〔研究実績〕	詳細は③参照	25〜20	詳細は③参照	15		
ボーナス②〔地位〕					代表取締役，代表執行役	10
					取締役，執行役	5
ボーナス③			職務に関連する日本の国家資格の保有（1つ5点）	10		
ボーナス④	イノベーションを促進するための支援措置（法務大臣が告示で定めるもの）を受けている機関における就労（注3）	10	イノベーションを促進するための支援措置（法務大臣が告示で定めるもの）を受けている機関における就労（注3）	10	イノベーションを促進するための支援措置（法務大臣が告示で定めるもの）を受けている機関における就労（注3）	10
ボーナス⑤	試験研究費等比率が3%超の中小企業における就労	5	試験研究費等比率が3%超の中小企業における就労	5	試験研究費等比率が3%超の中小企業における就労	5
ボーナス⑥	職務に関連する外国の資格等	5	職務に関連する外国の資格等	5	職務に関連する外国の資格等	5
ボーナス⑦	本邦の高等教育機関において学位を取得	10	本邦の高等教育機関において学位を取得	10	本邦の高等教育機関において学位を取得	10
ボーナス⑧	日本語能力試験N1取得者（注4）又は外国の大学において日本語を専攻して卒業した者	15	日本語能力試験N1取得者（注4）又は外国の大学において日本語を専攻して卒業した者	15	日本語能力試験N1取得者（注4）又は外国の大学において日本語を専攻して卒業した者	15
ボーナス⑨	日本語能力試験N2取得者（注5）（ボーナス⑦又は⑧のポイントを獲得した者を除く。）	10	日本語能力試験N2取得者（注5）（ボーナス⑦又は⑧のポイントを獲得した者を除く。）	10	日本語能力試験N2取得者（注5）（ボーナス⑦又は⑧のポイントを獲得した者を除く。）	10
ボーナス⑩	成長分野における先端的事業に従事する者（法務大臣が認める事業に限る。）	10	成長分野における先端的事業に従事する者（法務大臣が認める事業に限る。）	10	成長分野における先端的事業に従事する者（法務大臣が認める事業に限る。）	10
ボーナス⑪	法務大臣が告示で定める大学を卒業した者	10	法務大臣が告示で定める大学を卒業した者	10	法務大臣が告示で定める大学を卒業した者	10
ボーナス⑫	法務大臣が告示で定める研修を修了した者（注6）	5	法務大臣が告示で定める研修を修了した者（注6）	5	法務大臣が告示で定める研修を修了した者（注6）	5
ボーナス⑬					経営する事業に1億円以上の投資を行っている者	5
合格点		70		70		70

①最低年収基準

高度専門・技術分野及び高度経営・管理分野においては，年収300万円以上であることが必要

②年収配点表

	〜29歳	〜34歳	〜39歳	40歳〜
1000万円	40	40	40	40
900万円	35	35	35	35
800万円	30	30	30	30
700万円	25	25	25	—
600万円	20	20	20	—
500万円	15	15	—	—
400万円	10	—	—	—

③研究実績

	高度学術研究分野	高度専門・技術分野
特許の発明 1件〜	20	15
入国前に公的機関からグラントを受けた研究に従事した実績 3件〜	20	15
研究論文の実績については，我が国の国の機関において利用されている学術論文データベースに登録されている学術雑誌に掲載されている論文（申請人が責任著者であるものに限る。）3本〜	20	15
※ 上記の項目以外で，上記項目におけるものと同等の研究実績があると申請人がアピールする場合（著名な賞の受賞歴等），関係行政機関の長の意見を聴いた上で法務大臣が個別にポイントの付与の適否を判断	20	15

※高度学術研究分野については，2つ以上に該当する場合には25点

(注1)従事しようとする業務に係る実務経験に限る。
(注2)※1 主たる受入機関から受ける報酬の年額
※2 海外の機関からの転動の場合には，当該機関から受ける報酬の年額を算入
※3 賞与（ボーナス）も年収に含まれる。
(注3)就労する機関が中小企業である場合には，別途10点の加点
(注4)同等以上の能力を試験（例えば，BJTビジネス日本語能力テストにおける480点以上の得点）により認められている者も含む。
(注5)同等以上の能力を試験（例えば，BJTビジネス日本語能力テストにおける400点以上の得点）により認められている者も含む。
(注6)本邦の高等教育機関における研修については，ボーナス⑦のポイントを獲得した者を除く。
(注7)経営管理に関する専門職学位（MBA, MOT）を有している場合には，別途5点の加点

（法務省入国管理局ホームページより）

3 高度専門職の外国人は、在留資格の高度専門職1号と高度専門職2号に応じて、在留活動の許容や在留期間延長等の出入国管理上の優遇措置が認められます。

高度人材と認定された外国人には、付与された在留資格である高度専門職1号と高度専門職2号に応じて、次の出入国管理上の優遇措置が認められます。

1 高度専門職1号の優遇措置

（1）複合的な在留活動の許容

外国人は通常、許可された1つの在留資格で認められた活動しかできませんが、高度人材外国人は、例えば大学での研究活動と併せて関連する事業を経営する活動を行う等、複数の在留資格にまたがるような活動ができます。

（2）在留期間5年の付与

高度人材に対しては、法律上の最長の在留期間である5年が一律に付与されます。

（3）在留歴に係る永住許可要件の緩和

永住許可を受けるには原則として引き続き10年以上日本に在留していることが必要ですが、高度人材外国人としての活動を、引き続き概ね5年間行っている場合に永住許可の対象となります（高度人材活動が引き続き4年6か月以上の場合は永住許可申請が受理される）。

（4）配偶者の就労

配偶者としての在留資格をもって在留する外国人が、在留資格「教育」、「技術・人文知識・国際業務」等に該当する活動を行おうとする場合には、学歴・職歴等、一定要件を満たしたうえで、これらの在留資格を取得する必要がありますが、高度人材外国人の配偶者の場合は、学歴・職歴等の要件を満たさない場合でも、これらの在留資格に該当する活動を行うことができます。

（5）一定条件下での親の帯同の許容

就労目的の在留資格で在留する外国人の親の受入れは認められませんが、次のいずれかに該当する場合は、一定の要件下であれば高度人材外国人またはその配偶者の親（養親含

む）の入国・在留が認められます。

【要件】

高度人材外国人またはその配偶者の7歳未満の子（養子含む）を養育する場合	・高度人材外国人本人と同居すること ・高度人材外国人の世帯年収が800万円以上であること（本人と配偶者の合算）
高度人材外国人の妊娠中の配偶者または妊娠中の高度人材外国人本人の介助等を行う場合	・高度人材外国人またはその配偶者のどちらかの親に限ること

（6）一定条件下での家事使用人の帯同の許可

外国人の家事使用人の雇用は、「経営・管理」、「法律・会計業務」等で在留する一部の外国人に対してのみ認められていますが、高度人材外国人については次のような要件のもとで、外国人の家事使用人の帯同が認められます。

【要件】

外国で雇用していた家事使用人を引き続き雇用する場合（入国帯同型）	・高度人材外国人の世帯年収が1,000万円以上あること ・帯同できる家事使用人は1名まで ・家事使用人に月額20万円以上の報酬を支払う ・帯同する家事使用人が本邦入国前に1年間以上その高度人材外国人に雇用されていたこと ・高度人材外国人が本邦から出国する場合、ともに出国することが予定されていること
上欄以外の家事使用人を雇用する場合（家庭事情型）	・高度人材外国人の世帯年収が1,000万円以上あること ・帯同できる家事使用人は1名まで ・家事使用人に月額20万円以上の報酬を支払う ・家庭の事情（申請時点で13歳未満の子または病気等により日常の家事に従事することが配偶者を有すること）が存在すること

2 高度専門職2号の優遇措置

高度専門職1号で認められる活動の他に、その活動と併せて就労に関する在留資格で認められるほぼ全ての活動を行うことができます。また、在留期間が「無期限」となります。

前述の高度専門職1号の優遇措置（3）から（6）までが受けられます。

第4節 外国人技能実習制度

POINT

・外国人実習制度は、雇用関係のもとで外国人技能実習生に日本の技能、技術、知識を移転することで、帰国後に出身国の発展に役立ててもらうことを目的とする制度です。

・技能実習の在留資格には、入国1年目の技能を習得する技能実習1号、2年目の技能に習熟する技能実習2号、いったん帰国後に技能に熟達する技能実習3号があります。

・外国人技能実習生は、雇用関係のもとで報酬を受ける労働者であり、日本人労働者と同じく労働関係法令と労働保険・社会保険が適用されます。

・技能実習生の行方不明者の発生防止には、受入機関の努力だけではなく送出し機関と連絡を密にして信頼関係を構築し必要な対策を講じてください。

1 外国人技能実習制度は、雇用関係のもとで外国人技能実習生に日本の技能、技術、知識を移転することで、帰国後に出身国の発展に役立ててもらうことを目的とする制度です。

1 外国人技能実習制度

　外国人技能実習制度は、発展途上国へ日本の技能、技術、知識を移転することでその国の発展に役立てることを目的にする国際貢献の制度です。外国人の技能実習生が日本の企業に雇用されながら実習を通じて技能を習得しその技能を習熟させてもらい、帰国後に出身国への移転を期待します。技能実習生の受入れ方法には、次の2つの方法があります。

2 企業単独型の受入れ方法

　企業単独型の受入方法では、日本の企業等が海外の現地法人、合弁企業や取引先企業の職員を受け入れて技能実習を実施します。受入企業である実習実施者は、あらかじめ外国

人技能実習機構に対して、実習生ごとの技能実習生計画を提出し認定を受けなければなりません。

> **企業単独型：外国人技能実習生の入国までの流れ**
> ① 外国人労働者と受入企業が雇用契約を結ぶ
> ② 受入企業が外国人実習機構に技能実習計画の認定を申請する
> ③ 外国人技能実習機構から申請した実習計画の認定を受ける
> ④ 受入企業が地方入国管理局へ在留資格認定証明書交付申請を行う
> ⑤ 在留資格認定証明書が交付後に在留許可を受けて入国が許可される
> ⑥ 外国人労働者が入国し技能実習を行う

3 団体監理型の受入れ方法

団体監理型では、許可を受けた非営利の監理団体(事業協同組合、商工会議所、中小企業団体等)を通じて実習実施者である企業が技能実習生を受け入れて技能実習計画に基づき技能実習を実施します。実習実施者は届出制とし技能実習計画は認定制とします。

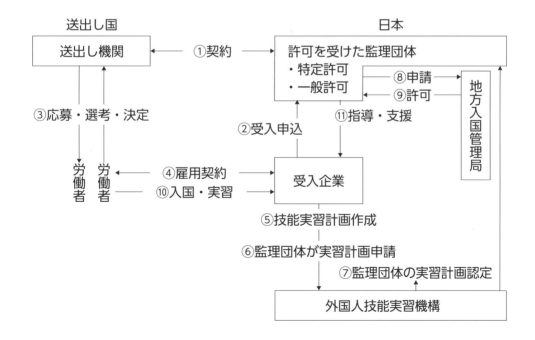

監理団体型：技能実習生の入国までの流れ

① 外国の送出し機関と監理団体が技能実習契約を結ぶ

② 受入企業が監理団体に技能実習生の受入を申し込む

③ 送出し機関が技能実習生の応募・選考・決定を行う

④ 外国人労働者と受入企業が雇用契約を結ぶ

⑤ 受入企業が実習生ごとの技能実習計画作成し監理団体に提出する

⑥ 監理団体が団体としての技能実習計画を外国人実習機構に申請する

⑦ 外国人技能実習機構が団体の技能実習計画を認定する

⑧ 監理団体が地方入国管理局へ在留資格認定証明書交付申請を行う

⑨ 在留資格認定証明書が交付後に在留許可を受けて入国が許可される

⑩ 外国人労働者が入国し、受入企業で技能実習を開始する

⑪ 監理団体が受入企業を指導・支援する
---

4 技能実習計画

実習実施者は、技能実習生ごとに技能実習計画を監理団体を通じて外国人技能実習機構に申請し認定を受けなければなりませんが、技能実習計画は次の目標達成と内容を含むことが認定基準となります。

在留資格第1号	技能検定基礎級かこれに相当する技能実習評価試験の実技試験及び学科試験への合格等
在留資格第2号	技能検定3級かこれに相当する技能実習評価試験の実技試験の合格
在留資格第3号	技能検定2級かこれに相当する技能実習評価試験の実技試験の合格

技能実習の内容

• 同一の作業の反復のみによって修得できるものではない

• 2号、3号（次頁参照）については2号移行対象職種・作業(578頁参照)に係るものである

• 技能実習を行う事業所で通常行う業務である

• 移行対象職種・作業の業務従事時間は全体の2分の1以上を必須業務とし、関連業務は時間全体の2分の1以下、周辺業務は時間全体の3分の1以下とする

• 技能実習生は、従事業務と同種業務に外国で従事経験等を有し、または技能実習を必要とする特別の事情がある(団体監理型のみ)

• 帰国後に本邦で修得等した技能等を要する業務への従事が予定されている

- 第3号の技能実習生の場合は、第2号修了後に1か月以上帰国している
- 技能実習生や家族に保証金徴収や違約金を定めていない（技能実習生が書面で明示）
- 第1号の技能実習生に日本語・出入国や労働関係法令等の入国後講習が行われる
- 複数職種の場合は、いずれも2号移行対象職種である、相互に関連性がある、合わせて行う合理性がある

2 技能実習の在留資格には、入国1年目の技能を習得する技能実習1号、2年目の技能に習熟する技能実習2号、いったん帰国後に技能に熟達する技能実習3号があります。

1 技能実習生の在留資格

技能実習生の在留資格は、入国年数及び企業単独型と団体監理型の受入方法ごとに次のようになります。

入国年数	企業単独型の在留資格	団体監理型の在留資格
入国1年目（技能等の習得）	技能実習1号イ	技能実習1号ロ
入国2・3年目（技能等の習熟）	技能実習2号イ	技能実習2号ロ
入国3・4年目（技能等の熟達）	技能実習3号イ	技能実習3号ロ

2 技能実習の流れ

技能実習生が入国した後の技能実習の流れは、次のようになります。

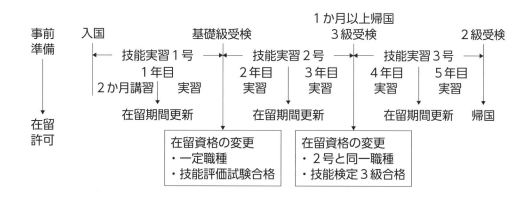

【技能実習生の入国から技能実習の流れ】

 事前準備
外国人技能実習機構から技能実習計画の認定を受けた後に、地方入国管理局へ在留資格認定証明書交付申請を行い、在留許可を受ける

 入　国
技能実習1号で入国し雇用関係でなく座学講習を2か月間受講。その後雇用関係のもとで実習を開始する。監理団体は実習実施者に訪問指導や監査を行う

 2年目
- 技能実習2号の技能実習計画の認定を外国人技能実習機構から受ける
- 技能評価制度のある一定職種において技能検定基礎級試験（学科試験と実技試験必須）の合格者について地方入国管理局へ在留資格変更許可申請を行う
- 技能実習2号への変更許可後に、技能実習2号を開始する

 3年目
地方入国管理局へ在留期間の更新を行う

4年目
- 第3号の技能実習管理を行う監理団体は優良な監理団体基準を満たしている
- 第3号の技能実習を行う実習実施者は優良な実習実施者基準を満たしている
- 技能実習3号の技能実習計画の認定を外国人技能実習機構に申請し認定を受ける
- 技能評価制度のある一定職種において技能検定3級試験（実技試験必須）の合格者について地方入国管理局へ在留資格変更許可申請を行う
- 技能実習生はいったん1か月以上一時帰国する
- 技能実習3号への変更許可後に、技能実習3号を開始する

 5年目
地方入国管理局へ在留期間の更新を行う

 5年後
技能試験2級（実技試験必須）を受検後に帰国する

3 技能実習生の受入れ可能人数

実習実施者が受け入れる技能実習生については上限数が定められています。団体監理型、企業単独型それぞれの人数枠は以下の表のとおりです。

【基本人数枠（常勤職員数には、技能実習生（1号、2号、3号）は含まれない）】

実習実施者の常勤の職員の総数	技能実習生の人数
301人以上	常勤職員総数の 20分の1
201人〜300人	15人
101人〜200人	10人
51人〜100人	6人
41人〜50人	5人
31人〜40人	4人
30人以下	3人

【団体監理型の人数枠】

人　数　枠				
第1号 基本人数枠	第2号 基本人数枠の2倍	優良基準適合者		
		第1号（1年間） 基本人数枠の2倍	第2号（2年間） 基本人数枠の4倍	第3号（2年間） 基本人数枠の6倍

・優良基準適合者とは技能を習得させる能力が省令で定める基準に適合している者

【企業単独型の人数枠】

企　業	第1号 （1年間）	第2号 （2年間）	優良基準適合者		
継続・安定的な実習体制の企業	基本人数枠	基本人数枠の2倍	第1号（1年間）	第2号（2年間）	第3号（2年間）
			基本人数枠の2倍	基本人数枠の4倍	基本人数枠の6倍
それ以外の企業	常勤職員総数の20分の1	常勤職員総数の10分の1	常勤職員総数の10分の1	常勤職員総数の5分の1	常勤職員総数の10分の3

注）法務大臣及び厚生労働大臣が継続的で安定的な実習を行わせる体制を有すると認める企業の場合は、団体監理型の表が適用され、団体監理型の人数枠と同じになる
・常勤職員数には、技能実習生（1号、2号及び3号）は含まない
・企業単独型、団体監理型ともに、下記の人数を超えることはできない
　1号実習生＝常勤職員の総数
　2号実習生＝常勤職員数の総数の2倍
　3号実習生＝常勤職員数の総数の3倍
　特有の事情のある職種（介護職種等）については、事業所管大臣が定める告示で定められる人数となる

【技能実習2号移行対象職種・作業範囲　77職種139作業】（2017年12月6日現在）

1　農業関係（2職種6作業）

職種名	作業名
耕種農業	施設園芸
	畑作・野菜
	果樹
畜産農業	養豚
	養鶏
	酪農

2　漁業関係（2職種9作業）

職種名	作業名
漁船漁業	かつお一本釣り漁業
	延縄漁業
	いか釣り漁業
	まき網漁業
	曳網漁業
	刺し網漁業
	定置網漁業
	かに・えびかご漁業
養殖業	ホタテガイ・マガキ養殖作業

3　建設関係（22職種33作業）

職種名	作業名
さく井	パーカッション式さく井工事作業
	ロータリー式さく井工事作業
建築板金	ダクト板金作業
	内外装板金作業
冷凍空気調和機器施工	冷凍空気調和機器施工作業
建具製作	木製建具手加工作業
建築大工	大工工事作業
型枠施工	型枠工事作業
鉄筋施工	鉄筋組立て作業
と　び	とび作業
石材施工	石材加工作業
	石張り作業
タイル張り	タイル張り作業
かわらぶき	かわらぶき作業
左　官	左官作業
配　管	建築配管作業
	プラント配管作業
熱絶縁施工	保温保冷工事作業
内装仕上げ施工	プラスチック系床仕上げ工事作業
	カーペット系床仕上げ工事作業
	鋼製下地工事作業
	ボード仕上げ工事作業
	カーテン工事作業
サッシ施工	ビル用サッシ施工作業
防水施工	シーリング防水工事作業
コンクリート圧送施工	コンクリート圧送工事作業
ウェルポイント施工	ウェルポイント工事作業
表　装	壁装作業
建設機械施工	押土・整地作業
	積込み作業
	掘削作業
	締固め作業
築炉	築炉作業

4　食品製造関係（9職種14作業）

職種名	作業名
缶詰巻締	缶詰巻締
食鳥処理加工業	食鳥処理加工作業
加熱性水産加工	節類製造
食品製造業	加熱乾製品製造
	調味加工品製造
	くん製品製造
非加熱性水産加工	塩蔵品製造
食品製造業	乾製品製造
	発酵食品製造
水産練り製品製造	かまぼこ製品製造作業
牛豚食肉処理加工業	牛豚部分肉製造作業
ハム・ソーセージ・ベーコン製造	ハム・ソーセージ・ベーコン製造作業
パン製造	パン製造作業
惣菜製造業	惣菜加工作業

5　繊維・衣服関係（13職種22作業）

職種名	作業名
紡績運転	前紡工程作業
	精紡工程作業
	巻糸工程作業
	合撚糸工程作業
織布運転	準備工程作業
	製織工程作業
	仕上工程作業
染　色	糸浸染作業
	織物・ニット浸染作業
ニット製品製造	靴下製造作業
	丸編みニット製造作業
たて編ニット生地製造	たて編ニット生地製造作業
婦人子供服製造	婦人子供既製服縫製作業
紳士服製造	紳士既製服製造作業
下着類製造	下着類製造作業
寝具製作	寝具製作作業
カーペット製造	織じゅうたん製造作業
	タフテッドカーペット製造作業
	ニードルパンチカーペット製造作業
帆布製品製造	帆布製品製造作業
布はく縫製	ワイシャツ製造作業
座席シート縫製	自動車シート縫製作業

6　機械・金属関係（15職種29作業）

職種名	作業名
鋳造	鋳鉄鋳物鋳造作業
	非鉄金属鋳物鋳造作業
鍛造	ハンマ型鍛造作業
	プレス型鍛造作業
ダイカスト	ホットチャンバダイカスト作業
	コールドチャンバダイカスト作業
機械加工	旋盤作業
	フライス盤作業
	数値制御旋盤作業
	マシニングセンタ作業
金属プレス加工	金属プレス作業
鉄　工	構造物鉄工作業
工場板金	機械板金作業
めっき	電気めっき作業
	溶融亜鉛めっき作業
アルミニウム陽極酸化処理	陽極酸化処理作業
仕上げ	治工具仕上げ作業
	金型仕上げ作業
	機械組立仕上げ作業
機械検査	機械検査作業
機械保全	機械系保全作業
電子機器組立て	電子機器組立て作業
電気機器組立て	回転電機組立て作業
	変圧器組立て作業
	配電盤・制御盤組立て作業
	開閉制御器具組立て作業
	回転電機巻線製作作業
プリント配線板製造	プリント配線板設計作業
	プリント配線板製造作業

7　その他（14職種26作業）

職種名	作業名
家具製作	家具手加工作業
印　刷	オフセット印刷作業
製　本	製本作業
プラスチック成形	圧縮成形作業
	射出成形作業
	インフレーション成形作業
	ブロー成形作業
強化プラスチック成形	手積み積層成形作業
塗　装	建築塗装作業
	金属塗装作業
	鋼橋塗装作業
	噴霧塗装作業
溶　接	手溶接
	半自動溶接
工業包装	工業包装作業
紙器・段ボール箱製造	印刷箱打抜き作業
	印刷箱製箱作業
	貼箱製造作業
	段ボール箱製造作業
陶磁器工業製品製造	機械ろくろ成形作業
	圧力鋳込み成形作業
	パッド印刷作業
自動車整備	自動車整備作業
ビルクリーニング	ビルクリーニング作業
介　護	介護
空港グランドハンドリング	航空機地上支援作業

3 外国人の技能実習生は、雇用関係のもとで報酬を受ける労働者であり、日本人労働者と同じく労働関係法令と労働保険・社会保険が適用されます。

技能実習生は、実習機関との雇用関係のもとで報酬を受ける労働者であるため、日本人の労働者と同じく労働基準法等、労働関係の法令及び労働保険と社会保険の法令が適用されます。

1 外国人技能実習生に対する主な労働条件

技能実習生に関しては、特に次の取扱いに注意してください。

① 労働契約の締結時には労働時間、賃金、就労場所等、労働条件を書面で明示してください。

② 講習手当・賃金からは税金や社会保険料を除き監理費・管理費等を控除してはなりません。

③ 技能実習期間の途中で帰国した場合等に違約金や損害賠償を予定してはなりません。

④ 前借金その他労働することを条件とする前貸しの債権と賃金を相殺してはなりません。

⑤ 労働契約に付随して貯蓄契約をさせ、貯蓄金を管理する契約をしてはなりません。

⑥ 賃金は、最低賃金額以上の額を、通貨で直接本人に毎月1回一定日に支払ってください。

⑦ 法定時間外・法定休日労働、深夜業には法定以上の割増賃金を支払ってください。

⑧ 旅券、在留カード、上陸許可書等は技能実習生本人が保管し事業主は預からないでください。

2 労働保険（労災保険、雇用保険）

労働保険とは、労働者災害補償保険（以下、労災保険という）と雇用保険の総称です。

（1） 労働者災害補償保険（労災保険）

業務上の傷病については労基法で事業主に災害補償義務が課せられており、その補償を行うための制度が労災保険です。

労災保険は、業務上災害、通勤途上災害の傷病について、療養補償、休業補償、障害補償、遺族補償、葬祭料、傷病補償、介護補償、二次健康診断補償等の保険給付を行う制度です。

労災保険の適用事業では、国籍を問わず全ての労働者が保険給付の対象となります。技

能実習生も全て労災保険の保険給付の対象となります。

労災保険は一部の暫定任意適用事業(個人経営で労働者5人未満の農業、漁業等)以外の全ての事業所が加入を義務付けられており、また、技能実習制度に関しては入管関係法令で技能実習生を受け入れる農家等についても労災保険への加入を規定しています。

(2) 雇用保険

雇用保険は、主に離職後の失業しているときの基本手当や、雇用継続給付、育児・介護休業給付等の保険給付を行う制度です。被保険者となるのは国籍を問わず週の労働時間が20時間以上で31日以上の雇用が見込まれる者であり、技能実習生も要件を満たせば雇用保険被保険者の対象となります。

雇用保険は、一部の任意適用事業(個人経営で労働者5人未満の農林水産業等)以外の全ての事業所が加入を義務付けられています。また、技能実習生を受け入れる農家等については、技能実習生を含む労働者と農家の意思により、雇用保険への加入申請をするかしないか決めるよう指導しています。

3 社会保険(健康保険、厚生年金保険)

健康保険と厚生年金保険(以下、厚生年金という)を総称して社会保険といいます。健康保険は、被保険者の業務外の傷病について療養給付、傷病手当金、出産手当金、育児一時金、埋葬料等の保険給付を行う制度です。厚生年金は、被保険者に対して老齢年金、障害年金、遺族年金を給付する制度です。

技能実習生は、雇用関係のもとで技能実習を実施するため、国籍を問わず社会保険が適用されます。ただし、講習期間中の技能実習生または適用事業でない事業所で実習に従事する技能実習生は、社会保険の適用はありませんので、国民健康保険と国民年金へ加入することになります。

社会保険は、一部の任意適用事業(5人未満使用の法定16業種の個人事業と個人経営の農林水産業、飲食・自由業等)以外の事業に適用されます。適用要件を満たす技能実習機関は社会保険の適用事業所となり、この適用事業所で使用される技能実習生は健康保険と厚生年金の被保険者となります。

4 技能実習生の行方不明者の発生防止には、受入れ機関だけの努力ではなく送出し機関と連絡を密にして信頼関係を構築し必要な対策を講じてください。

技能実習生の行方不明者が増加しています。行方不明者発生の防止には受入機関だけの努力ではなく送出し機関と連絡を密にし信頼関係を構築して次の対策を講じてください。

1 技能実習生の選抜

技能実習生の選抜では、監理団体、実習実施機関の責任者や担当者が現地で派遣元企業での就業状況を確認のうえ、選抜試験や面接には積極的に関わり熱意のある心身ともに健康な技能実習生を選抜してください。また、技能実習の目的は帰国後に学んだ技能を活かして活躍することを、本人と家族に十分理解してもらってください。

2 ミスマッチをなくす

（1）職種のミスマッチ

希望を持ち来日した技能実習生を失望させないよう、技能実習生の選抜時は、実習する職種と作業、修得する技能を十分に説明してください。

（2）処遇・技能実習環境のミスマッチ

講習手当・賃金の額、技能実習時間等は、面接時や入国直後の講習で「講習中の待遇概要書」を交付して確認してください。また、雇用契約書(母国語併記)で処遇や社会保険料等の法定控除項目、寮費・水道光熱費等の法定外控除項目や時間外労働の割増賃金等も説明し十分理解させてください。

（3）日常生活のミスマッチ

技能実習生に日本の文化、風習、食文化、社会ルールの違い等の日本の生活様式を具体的に教えてください。また、母国の生活スタイルについて配慮できることは積極的に導入し違和感を減らします。生活指導員は技能実習生が早く日本に慣れ安心できるよう、技能実習生の立場に立ち助言・指導してください。

3 技能実習生のケア

技能実習生と積極的にコミュニケーションをとり不適切情報による悩み不安、集中力の欠如等、様子の変化を見逃さず親身に話を聞き世話や指導を行います。複雑な問題については送出し機関に応援を要請し、補完し合ってサポートしてください。

4 法令違反・人権侵害行為は行わない

法令違反の過重労働はさせず、また、行方不明を憂慮しすぎて技能実習生を部屋に閉じ込める、四六時中見張り自由行動を制限する、本人携帯義務のあるパスポートや在留カードを一括保管する等の人権侵害行為は絶対に行わないでください。

第5節 外国人留学生の採用

POINT

・海外進出企業や貿易業務、技術開発を強化したい企業等が外国人留学生を新卒募集するには、求人票を学校やハローワークに提出します。

・外国人留学生を雇用するには、その留学生の在留資格を「留学」から就労可能な「技術・人文知識・国際」、「介護」の在留資格に変更しなければなりません。

・自然・人文科学の技術や知識を要する活動では、学歴要件または実務経験要件を満たし外国文化の思考・感受性を必要とする業務の活動では実務経験が必要です。

1 海外進出企業や貿易業務、技術開発を強化したい企業等が外国人留学生を募集するには、求人票を学校やハローワークに提出します。

1 外国人留学生の求人

海外進出企業や貿易業務、技術開発を強化したい企業等を中心に外国人留学生の新卒採用が増えています。特に海外進出時における現地の販売、生産担当のための人材や専門的・技術的分野の外国人留学生に対しては、企業等からの期待が高まっています。

また、慢性的な人手不足の状況にある介護業界では、今後の要介護者の増加に備えて介護分野での外国人留学生の採用が期待されています。

これらの企業等では、新卒者の採用に際しては日本人と同じように外国人留学生の募集、選考、採用を行い、多様な留学生を受け入れているところも増えてきています。

新卒外国人留学生を募集するには、日本人学生と同様に新卒用の求人票を学校や管轄のハローワークに提出します。全国のハローワーク及び東京、名古屋、大阪の外国人雇用サービスセンターでは留学生を紹介しています。求人票には留学生の応募を歓迎する旨と受入れ態勢の状況を記載すると効果的です。

2 職種と履修専攻学科との関連性

外国人留学生の採用で特に注意しなければならないのは、募集する職種と留学生が履修専攻していた学科との関連性です。履修専攻していた学科と従事予定の職種とに関連性がない場合や、語学力を必要としない職種の場合は、在留資格が「留学」から就労可能な「技術・人文知識・国際」への変更が許可されず、その場合は採用した留学生を雇用できなくなります。そのため、外国人の募集採用の際は、募集職種と履修専攻学科の関連性の有無に注意が必要です。

また、外国人留学生が留学の在留資格を介護に変更するには介護福祉士の国家資格を取得しなければなりません。

なお、外国人留学生の選考に際しては、日本人と同じく本人の能力や適正をもとに判断し、決して性別や国籍等による差別的な取扱いをしないでください。

2 外国人留学生を雇用するには、その留学生の在留資格を「留学」から就労可能な「技術・人文知識・国際」、「介護」の在留資格に変更しなければなりません。

1 「技術・人文知識・国際」、「介護」の在留資格の活動内容

大学や専門学校を卒業した留学生を雇用するには、その留学生の在留資格を事前に「留学」から就労可能な「技術・人文知識・国際」、「介護」の在留資格に変更しなければなりません。

「技術・人文知識・国際」または「介護」の在留資格で認められる活動内容は次のものです。採用後に外国人留学生が働ける職種は、変更後の在留資格で認められた活動に応じた職種となります。

> **「技術・人文知識・国際」の在留資格の分類と活動内容**
>
> Ａ＝理学、工学その他自然科学の分野に属する技術や知識を要する業務に従事する活動
>
> Ｂ＝法律学、経済学、社会学その他人文科学の分野に属する技術や知識を要する業務に従事する活動
>
> Ｃ＝外国の文化に基盤を有する思考もしくは感受性を必要とする業務に従事する活動

> **「介護」の在留資格の活動内容**
>
> 介護福祉士の資格を有する者が介護または介護の指導を行う業務に従事する活動

2 外国人留学生の在留資格の変更

　在留資格を変更するには、留学生が地方入国管理局に対して「在留資格変更申請書」と必要な添付書類を提出しなければなりません。地方入国管理局では提出された書類をもとに、Ａの自然科学やＢの人文科学の技術や知識を要する業務では、大学等での専攻分野と採用後の職種や職務内容の関連性を、Ｃの外国文化を基盤にする思考や感受性を有する業務では、その業務に就くことを前提に業務内容と実務経験あるいは語学力とともに、申請した留学生の報酬額や安定性、継続性、在留の経緯や状況をもとに総合的に審査して、許可するか否かを決めます。

　この審査には通常１か月から３か月程度の期間がかかるため、留学生を卒業後に採用するには、留学生が事前に居住地を管轄する地方入国管理局へ在留資格の変更申請を行い、就労可能な在留資格へ変更しておく必要があります。在留資格の変更申請は、卒業の約３か月前から受け付けています。

3 外国人留学生が卒業までに就職が決まらない場合

　大学を卒業しまたは専門学校で専門士の称号を取得した外国人が、卒業までにわが国での就職が決まらないという場合もあるでしょう。その場合はその外国人の在留状況に問題がなく、就職活動を継続するにあたり卒業した教育機関の推薦がある等の場合は、在留資格を「留学」から就職活動を行うための在留資格への変更申請を行ってください。申請が認められると「特定活動」の在留資格と在留期間６か月が決定されます。この在留期間はさらに１回在留期間更新許可申請を行うことができますので、最大１年間にわたり日本に在留することができます。

3 自然・人文科学の技術や知識を要する活動には学歴要件または実務経験要件を満たし、外国文化の思考・感受性を必要とする業務の活動では実務経験が必要です。

1 技術・人文知識・国際の在留資格の要件

「技術・人文知識・国際」の在留資格で認められた活動内容のうち、前頁に挙げたAの自然科学もしくはBの人文科学の分野に属する技術や知識を要する業務に就くために必要な「技術・人文知識・国際」の在留資格を認められるには、次の「学歴要件」か、または「実務経験要件」のいずれかに該当していることが必要です。

ただし、情報処理に関する技術または知識を要する業務に従事しようとする場合は、法務大臣が告示で定める情報処理技術の試験に合格しているか告示で定める情報情報処理技術の資格を保有している場合はこの限りではありません。

Aの理学、工学その他自然科学及びBの法律学、経済学、社会学その他の人文科学の技術や知識を要する業務に従事する活動をするには、次の学歴要件かまたは実務経験要件のいずれかの要件を満たす必要がある

学歴要件	① 従事しようとする業務に必要な技術または知識に関連する科目を専攻して大学を卒業し、またはこれと同等以上の教育を受けていること ② 従事しようとする業務に必要な技術または知識に関連する科目を専攻して日本の専修学校の専門課程を修了し、専門士または高度専門士と称することができること
実務経験要件	10年以上の実務経験を有すること（この10年には大学、高等専門学校、高等学校、中等教育学校の後期課程または専修学校の専門課程において当該技術または知識に係る科目を専攻した期間を含む）

また、Cの外国の文化に基盤を有する思考もしくは感受性を必要とする業務に就労するためには、次のいずれにも該当していることが必要です。

C ＝外国文化に基盤を有する思考や感受性を必要とする業務に従事する活動は次のいずれもの要件を満たす必要がある

① 翻訳、通訳、語学の指導、広報、宣伝、海外取引業務、服飾もしくは室内装飾に係るデザイン、商品開発その他これらに類似する業務に従事すること	ただし、大学を卒業した者が翻訳、通訳または語学の指導に係る業務に従事する場は左記の限りではない
② 従事しようとする業務に関連する業務について３年以上の実務経験を有すること	

2 介護の在留資格の要件

外国人留学生が留学の在留資格を介護に変更するには、介護福祉士養成施設で２年以上修学したうえで、介護福祉士の国家資格を取得しなければなりません。養成施設の既卒業者も介護福祉士を取得しなけばなりません。ただし、平成33年（2021年）度までの卒業者には卒業後５年間の経過措置が設けられています。

第6節 外国人労働者の雇用管理、労働保険、社会保険

POINT

- 事業主が、外国人労働者を雇用し、あるいはその雇用する外国人労働者が離職した場合は、必要な届出事項をハローワークへ届け出てください。
- 業務上災害の傷病の療養や休業等の補償義務は事業主にあります。労災保険・雇用保険の適用事業所で使用される外国人は、労災保険、雇用保険の適用対象です。
- 適用事業所で就労する外国人は、社会保険に加入します。就労せずに在留期間が3か月を超える外国人は住民登録し国民健康保険、国民年金に加入します。

事業主が、外国人労働者を雇用し、あるいはその外国人労働者が離職した場合は、必要な届出事項をハローワークへ届け出てください。

1 外国人労働者の届出

　事業主は、特別永住者を除く外国人労働者を雇用し、あるいはその外国人労働者が離職した場合は、雇用保険の被保険者であるか否かに関わらず、次の事項をハローワークに届け出なければなりません。

　留学生のアルバイトも同じであり、事業主は就労可能か否か必ず在留カード等で在留資格と資格外活動の許可を確認したうえでハローワークに届け出てください。

　届出を怠り虚偽の届出を行った場合には、30万円以下の罰金が課せられることもあります。なお、常時10人以上の外国人を雇用する事業主は、労働者のなかから雇用労務責任者を選任してください。

外国人労働者の登録事項

- ・雇用保険被保険者となる外国人労働者

  事業主は、雇用保険被保険者資格を有する外国人労働者を雇用したときは、雇用保険資格取得届にあわせて翌月10日までに、離職したときはその翌日から10日以内に喪失届にあわせて次の事項を届け出ます。

  ①氏名(通称でなく本名)、②在留資格、③在留期間、④生年月日、⑤性別、

  ⑥国籍、⑦資格外活動の許可の有無等、雇用保険資格取得届に記載すべき事項

  ②、③、⑥、⑦は備考欄に記載

- ・雇用保険被保険者とならない外国人労働者

  雇用保険被保険者資格を有しない外国人労働者の場合は、上記の①から⑥までを届出書(様式第3号)に記載し雇用時と離職時に、事業所管轄のハローワークに翌月末日までに届け出ます。

2 届出事項の確認方法

　氏名や在留資格等は、旅券(パスポート)、在留カード、就労資格証明書、資格外活動許可書等の提示を求めたうえで記載内容を確認してください。

外国人労働者の届出事項の確認

① 氏名

　姓、名、ミドルネーム(3つ目以降は全てミドルネーム)の順で記載されています。

② 在留資格・在留期限

　在留カードか旅券の上陸許可証印の記載どおりに記入してください。在留期限を超えて在留している場合は不法残留となります。

③ 資格外活動許可の有無

　資格外活動許可書がある場合は許可の有無を記入してください。

2 業務上災害の傷病の療養や休業等の補償義務は事業主にあります。労災保険・雇用保険事業所で使用される外国人は、労災保険、雇用保険の適用対象です。

　労災保険と雇用保険の適用事業所で使用される外国人は、日本人と同様に労災保険、雇用保険を適用させなければなりません。

1 外国人労働者と労災保険

　労災保険は一部の暫定任意適用事業(個人経営で労働者5人未満の農業、魚業等)以外の全ての事業所が加入を義務付けられています。

　労災保険の適用事業では、国籍を問わず全ての労働者が保険給付の対象となります。

　外国人労働者でも日本国内の事業に使用される場合は、労災保険が適用されます。なお、不法就労の外国人でも業務上や通勤途上で傷病等となった場合は、労災保険から保険給付されます。

　外国人を雇用する事業主は、業務災害や通勤災害を被災した外国人が確実に労災保険の給付を受けられるよう事前に給付の内容や手続の説明等を積極的に行い援助をしなければなりません。

2 外国人労働者と雇用保険

　雇用保険は、主に離職後の失業しているときの基本手当や、雇用継続給付、育児・介護休業給付等の保険給付を行う制度です。

　雇用保険は、一部の任意適用事業(個人経営で労働者5人未満の農林水産魚業等)以外の全ての事業所が加入を義務付けられています。

　雇用保険の被保険者となるのは、国籍を問わず週の労働時間が20時間以上で31日以上の雇用が見込まれる人であり、日本国内で雇用される外国人労働者は、外国公務員や外国の失業補償制度が適用されることが立証される人を除き、被保険者の要件に該当すれば国籍を問わず雇用保険の被保険者となります。

　ただし、外国で雇用され国内に赴任する人は、赴任終了後帰国するため原則として被保険者となりません。

　外国人を雇用する事業主は、失業した外国人が確実に雇用保険の給付を受けられるよう事前に給付の内容や手続の説明等の援助をしなければなりません。

3 適用事業で就労する外国人は社会保険に加入します。就労せずに在留期間が３か月を超える外国人は、住民登録し国民健康保険、国民年金に加入します。

1 外国人労働者と社会保険（健康保険・厚生年金保険）

　社会保険は、一部の任意適用事業（５人未満使用の法定16業種の個人事業と個人経営の農林水産業、飲食・自由業等）以外の事業に適用されます。適用要件を満たす事業所は社会保険の適用事業所となり、適用事業所で使用される人は国籍、年齢、意思を問わず健康保険と厚生年金の被保険者となります。ただし、75歳以上の人は健康保険の被保険者とはならず、また、70歳以上の人は厚生年金の被保険者となりません。

　なお、一定期間社会保険の加入を猶予する社会保障協定が締結されている国の外国人は、その期間は協定の対象となる制度に加入する必要はありません。

2 外国人の国民健康保険と国民年金

　在留期間が３か月を超える外国人は、在留カードが交付された後、住民票が作成され住所が決まります。国民健康保険と国民年金は、就労しないで日本に在留し住所がある人ならば国籍を問わず加入対象となりますので、在留カードが交付された外国人は、市区町村で手続することにより、国民健康保険と国民年金に加入できます。ただし、次のいずれかに該当する外国人は国民健康保険に加入できません。

国民健康保険に加入しない人

- 在留期間が３か月以下の人
- 在留資格が短期滞在の人
- 在留資格が特定活動の人のうち「医療を受ける活動またはその人の日常の世話をする活動の人」
- 在留資格が特定活動の人のうち「観光、保養その他これらに類似する活動を行う18歳以上の人またはその人と同行する外国人配偶者」
- 不法滞在者、在留資格のない人

---

3 社会保険制度の説明

外国人にとってみれば、母国に健康保険の制度や厚生年金の制度がない、または制度はあっても普及しておらず、制度の仕組みを理解していない場合もあります。そのため事前に社会保険制度ごとの内容をよく説明しておく必要があります。

（1）健康保険

健康保険は、国籍を問わず被保険者の業務外の傷病について療養給付、傷病手当金、出産手当金、育児一時金、埋葬料等の保険給付を行う制度です。健康保険はどのような場合に、どこで使い、どんな給付（＝メリット）があるかをきちんと説明してください。

（2）厚生年金

厚生年金は、国籍を問わず被保険者に対して老齢年金、障害年金、遺族年金を給付する制度です。ただし、厚生年金・国民年金の老齢年金を受給するには受給資格期間が10年（平成29年8月以降）以上必要であるため、受給資格期間が10年未満で帰国した場合は老齢年金が支給されません。そのため制度への理解が難しいと思いますが、もしもの場合の障害年金や遺族年金の制度とともに、短期在留外国人が老齢年金等を受給できない場合の、脱退一時金の制度も説明してください。

（3）社会保障協定の締結国

日本と相手国との間で「社会保障協定」を締結している場合は、相手国への派遣期間が5年を超えない見込みの場合は、相手国の社会保険法令の適用を免除し自国の社会保険法令を適用することができる場合があります。ただし、相手国からの派遣ではなく、日本での現地採用の場合は、日本の社会保険が適用されます。

（4）健康・厚生年金・雇用保険料

健康保険、厚生年金保険、雇用保険に加入すると、各制度の保険料が賃金から天引きで控除されます。さらに源泉所得税や住民税も控除されるため、実際の手取り賃金額は、支給総額よりも少なくなります。このことを事前にきちんと説明しておかないと誤解を生み、あるいは支給総額をもとに立てた労働者の生活設計に支障をきたしてしまいます。日本の賃金の控除金は、必ず事前に説明してください。

■著者紹介

五十嵐芳樹（いがらし・よしき）

特定社会保険労務士、年金コンサルタント、神奈川県社会保険労務士会年金相談員。

1988年、五十嵐社会保険労務士事務所を開設。

多数の顧問先中小企業・医療機関・財団法人などの社会保険・労災保険・雇用保険の手続、労務管理の相談や人事・賃金コンサルティング及び老齢・障害・遺族年金等の請求手続を行うかたわら、金融機関等で講演及び年金相談を行っている。

［主な著作］

『1週間でわかる会社の保険・労務』『年金が超かんたんにわかる本』（厚有出版）、『図説・労働基準法 労働安全衛生法 労働保険法』（中小企業労働福祉協会）、『新年金実務講座・確定拠出年金』（共著、商工会議所年金教育センター）、『オール図解でスッキリわかる介護保険の実務ガイドブック』『取り戻そう！あなたの年金Q＆A』『オール図解でスッキリわかる社会保険・労働保険の事務手続』『フローチャートでよくわかる！ 社会保険・労働保険 事務手続の基礎の基礎』（以上、清文社）等多数。

実務に直結！ 人事労務の手続と書式

2018年7月27日　発行

著　者　　五十嵐　芳樹　ⓒ

発行者　　小泉　定裕

発行所　　株式会社 清文社
　　　　　東京都千代田区内神田1−6−6（MIFビル）
　　　　　〒101-0047　電話 03（6273）7946　FAX 03（3518）0299
　　　　　大阪市北区天神橋2丁目北2−6（大和南森町ビル）
　　　　　〒530-0041　電話 06（6135）4050　FAX 06（6135）4059
　　　　　URL http://www.skattsei.co.jp/

印刷：亜細亜印刷㈱

■著作権法により無断複写複製は禁止されています。落丁本・乱丁本はお取り替えします。
■本書の内容に関するお問い合わせは編集部までFAX（03-3518-8864）でお願いします。
■本書の追録情報等は、当社ホームページ（http://www.skattsei.co.jp/）をご覧ください。

ISBN978-4-433-65718-5